本书获江苏高校“青蓝工程”、江苏高校境外研修计划和
南京财经大学2019教学成果培育项目(JXCG1902)的支持

中国税制

（第二版）

朱 军 吴 健 主 编

南京大学出版社

图书在版编目(CIP)数据

中国税制/朱军,吴健主编. —2 版. —南京:南京大学出版社,2019.12

ISBN 978-7-305-22764-6

Ⅰ.①中… Ⅱ.①朱… ②吴… Ⅲ.①税收制度-中国-高等职业教育-教材 Ⅳ.①F812.422

中国版本图书馆 CIP 数据核字(2019)第 285862 号

出版发行 南京大学出版社
社　　址 南京市汉口路 22 号　　邮编 210093
出 版 人 金鑫荣

书　　名 中国税制(第二版)
主　　编 朱 军 吴 健
责任编辑 王日俊 叶 婷

照　　排 南京理工大学资产经营有限公司
印　　刷 盐城市华光印刷厂
开　　本 787×1 092 1/16 印张 23.25 字数 610 千
版　　次 2019 年 12 月第 2 版 2019 年 12 月第 1 次印刷
ISBN 978-7-305-22764-6
定　　价 60.00 元

网　　址:http://www.njupco.com
官方微博:http://weibo.com/njupco
微信服务号:njuyuexue
销售咨询热线:(025)83594756

作者简介

朱军(1980—　),男,江苏建湖人,南京财经大学教授、财政与税务学院院长、公共财政研究中心主任,经济学博士、博士后,德国柏林洪堡大学高级访问学者,硕士生导师。

2009 年毕业于中央财经大学,获得经济学博士学位。目前主要从事"动态财政经济学、财税理论与政策、高等教育管理"等方面的教学和研究。曾在 *China Finance and Economic Review*、《经济研究》《经济学季刊》《财政研究》《税务研究》等权威 CSSCI 期刊发表论文 50 余篇。主持完成国家社会科学基金青年项目一项,入选 2017 年江苏省"青蓝工程"优秀青年骨干教师、2018 年江苏省第五期"333 工程"第三层次培养对象。个人成果曾获中国数量经济学会第十届优秀科研成果奖论文一等奖、中国税务学会第六次全国税收学术研究优秀成果一等奖,担任中国系统工程学会社会经济系统理事会副理事长、中国财政学会第十届理事会理事、全国高校财政学教学研究会理事。

吴健(1973—　),男,江苏沭阳人,国家税务总局宿迁市税务局副处长、高级会计师、中国注册会计师、注册税务师,省级"稽查能手",国家税务总局所得税人才库成员,参与个人所得税法修订以及企业所得税年度纳税申报表等重大税收政策制定。

先后就职于大型金融保险机构、税务师事务所、扬州税务学院等单位。出版与参编《个人所得税实务:政策解读、实务操作、案例分析》《个人所得税政策精析》等专著 9 本。

作者简介

序

当今世界，随着税收理论和实务研究的迅速发展，中国税收学相关优秀教材缺乏的短板愈发凸显。中国财税改革的阔步前进，也使得现有教材的陈旧内容难以跟上时代的步伐。为了提高教学质量、强化中国的财税学科建设，编写出一本高水平、高质量、上台阶，融理论与实务、集知识性与启发性于一体的教材显得格外迫切。在此，朱军、吴健下决心合作编写的适用本科生、研究生的基础教材，有强烈的现实需求。

《邓小平文选》中讲到“改革开放是决定中国命运的致命一招”①，中国自 1978 年掀起的改革开放大潮给中国带来的巨大变化，无疑是 20 世纪后半期以来世界范围内最具影响力的伟大事件之一。税收收入是财政收入的主要来源，税收制度的改革是中国经济体制总体配套改革的一个重要组成部分。可以说，税制改革是一个永恒的主题，任何一个国家的税收制度总要植根于一定的经济社会环境并随着经济社会环境的变化而做出调整或改革。在当前，完善税收制度是全面改革的关键环节——建立现代财政制度的重要内容。

以美国特朗普“减税政策”为特征的新一轮税收竞争引发了许多专业人士、学者热烈的讨论；而对资管产品增值税、最优资本税、单一税等问题的讨论，推动着税收理论和实务的发展。与此同时，当代世界经济也迈进了“新经济时代”，以往的税收征管手段已不能满足信息时代电子商务模式下的税收管理需求。因此，关于信息化管税、电子商务税收征管已成为各国税收法律体系面临的全新而亟待解决的难题。在中国，全面“营改增”掀起了中国税制改革的浪潮之后，环境保护税、房地产税、个人所得税改革等法案亟待陆续完善。在此背景之下，税收实务政策也不断更新。这些方面的最新动态，也确实需要一本全新的教材给予总结和概括。

因此，在深化财税各项改革的大背景下，朱军、吴健对《中国税制》教材进行全新编写，重点梳理了税收学相关前沿理论，融合了最新的实务知识。这一教材具有以下几个方面的鲜明特色：

第一，反映专业中的最新理论，内容精致又结合实际。首先，本教材在原有税收理论的基础上，吸收了当前税收理论的新发展，其中包括信息化征税、电子商务征税、最优资本税收理论、单一税制、BEPS 问题等新发展。其次，编写过程中积极吸纳、融合哈佛大学、斯坦福大

① 《邓小平文选》第 3 卷，人民出版社 1993 年版，第 368 页。

学的著名公共经济学学者的前沿税收理论和最新的研究成果。再次,注重学科的方法论基础和介绍,突出税收学与计量经济学、行为经济学等学科的交叉融合,前瞻性地展示税收理论研究的重要方法和发展方向。最后,本书实务部分由一线税收实务人士编写,充分发挥理论专长和实务专长的共生融合、优势互补。

第二,编写形式难易结合,内容翔实但又有区分。编写者在编写过程中,根据本科、研究生的特点,对热点、难点问题分篇章综合论述,由易到难,引导学生进一步深入学习。

第三,教材框架体系完整,内容新颖且教研相长。第一章论述税收的起源,第二章论述税收的基本原则,第三章对最优税收理论体系进行概述,第四章研究税负的转嫁与归宿,第五章介绍中国税制体系,随后进入中国税制实务内容,最后一章融合现代税收前沿理论知识,对税收理论中的热点问题进行阐述,紧跟前沿发展,使读者对中国税制的前沿发展和中国税收亟须解决的问题有较为明确的理念和方向。此外,部分章节具有前沿性、科学性、系统性,相关结论和观点对今后的教学、研究都具有重要的理论价值和现实意义。

在中央财经大学学习期间,该书编者朱军博士就刻苦钻研财税理论知识,拥有较好的理论功底和系统的专业知识。在平时的科研工作中,朱军博士积极关注税收前沿理论问题,对全球税收的理论研究和学术动态进行清晰的梳理和分析,因此,该书的编写确实也是他们发自内心的,要为中国的税收事业做一点点贡献的作品。

当然,这本书对中国税制问题的研究并非完美无瑕,也有一些不足之处,譬如对于税收的法律问题尚有进一步深入研究的空间。诸如此类的问题,希冀朱军博士在今后不断强化这一方面的教学和研究。

最后,祝愿朱军博士在未来的教学、科研、育人之路上不断强化自身的理论基础,扎根中国问题,多出精品,多出优质成果!年轻的他们,也只有认真体味、感悟中国的经济社会制度变迁,深入研究中国经济、社会中的财税问题,才能够书以咏志,不负青春!

中国税收教育研究会副会长
中央财经大学财政税务学院教授、博士生导师
汤贡亮

目 录

第一篇 基本理论

第二篇 货物与劳务税

第三篇 所得税

第四篇 财产行为税

第五篇　资源和环境税

第六篇 特定目的税

第七篇　理论与实务前沿

第一篇

基 本 理 论

第一章　税收概述

税收是文明的代价。我愿意缴税，通过纳税，我换取文明。

——［美］霍尔姆斯

税收是国家财政的主要来源。世界上许多国家税收收入占财政收入的比重超过90%，其对财政的重要性不言而喻。税收渗透日常生活中的方方面面，公民的直观感受就是他们需要将其收入和财富的一部分上交国家。究其本质来说，基于马克思主义政治经济学的观点，税收是国家凭借政治权力对国民收入进行再分配而形成的一种分配关系。国家，作为一个主体，从国民收入这个“大蛋糕”上切下来一块“小蛋糕”，就是所谓的“税收”。

第一节　税收的起源

在历史的发展过程中，人类经历了从原始文明到农业文明，从农业文明到工业文明，最后到后工业文明时代。与此同时，税收也随着时代的发展而不断演进。

人类进入文明社会之后，无论在地球的哪个角落，也不管是处于哪种社会形态、何种经济体制之中，税收都是一种客观存在。“世界上只有两件事是不可避免的，那就是税收和死亡。”(In this world nothing can be said to be certain, except death and taxes.)

税收与国家有着天然的联系，税收的历史与国家的历史一样悠久。社会条件和经济条件是税收产生的两个重要前提。经济条件是指出现私有制；社会条件是指国家体制的出现。这两个条件相互影响，共同影响税收的产生。

一、税收产生的社会条件

税收产生的社会条件是国家的产生和存在。一方面，国家的出现意味着公共权力的产生，国家行使权力、维护权力需要资金，而国家本身是难以从事生产活动，创造价值的。为了解决这个困境，税收便应运而生。另一方面，国家是社会公共产品的提供者，税收是以国家为主体，以国家权力为依据，参与社会产品分配而形成的一种特定的产品分配方式。其他私人机构难以完全替代政府提供社会公共服务，更无法征收税款。所以，国家体制、国家权力的出现使得税收的出现成为可能。

二、税收产生的经济条件

税收产生的经济条件是私有制的存在。私人占有生产资料是私有制的特征；而税收本质上是国家动用政治权力，强制对公民私有财产的再分配。换言之，如果私有制不存在，所有产品归公，则税收就不复存在。

第二节　税收的概念

一、税收范围的界定

什么是税收？税收具有古老的历史，随着税收的不断发展，人们对税收基本概念的界定与讨论始终没有明确的结论。不同的学者给出了不同的表述。

英国经济学家亚当·斯密(Adam Smith)指出："人民必须拿出自己的一部分私人收入，给君主或者国家来作为一笔公共收入。"

法国经济学家让·巴蒂斯特·萨伊(Jean Baptiste Say)指出："所谓赋税，是指一部分国民产品从个人手中转移到政府手中，以支付公共费用或用来供给公共消费。"

德国财政学家阿道夫·瓦格纳(Adolf Wagner)在《财政学》中写道："从社会政策的意义上来看，赋税是在满足财政需要的同时，或者说不论财政上有无必要，以纠正国民所得的分配和国民财产的分配，调整个人所得和以财产的消费为目的而征收的赋课物。"

虽然经济学家对税收的界定存在一定的差异，但是我们也可以从中看出共性的认识。

(一) 税收是国家取得财政收入的主要形式

国家需要通过财政收入募集资金，进而向社会提供公共产品与服务。因此，税收首先体现为国家为提供公共产品而取得的一种财政收入形式。从古至今，国家取得财政收入的形式多样，如税收、收费等，但使用时间最长、最稳定有效的当属税收。

(二) 国家征税是为了实现其职能，满足社会的公共需要

国家是由一定阶级掌握的公共权力机关。这一概念包括以下两层含义：其一，国家是一个阶级统治机构，它总是代表着占统治地位阶级的利益，使国家具有明显的阶级性；其二，国家是一个履行公共职能、管理社会公共事务从而构成国家存在的客观基础。国家为了履行社会职能、提供社会公共产品，需要消耗一定的财力和物力，这就需要税收的存在。

(三) 国家凭借其政治权力征税

税收总是与国家紧密联系在一起的，它依附于国家而存在，因而，政府征税权来源于国家的政治权力。众所周知，社会产品分配必须依托于一定的权力。马克思说过："在我们面前有两种权力，一种是财产权力，也就是所有者的权力；另一种是政治权力，即国家的权力。"由于国家一般不直接占有生产资料从事物质生产，因此，国家课税必须以政治权力为依据。依据政治权力进行的税收分配，体现为把满足社会公共需要的资源从各个个人(家庭)和企业取出，以供政府支配的过程。

(四) 税收的征税必须有法可依

法律是体现国家意志，强制性地调整人们行为的社会规范。由于政府征税涉及社会各阶级、阶层、集团的经济利益，税收负担轻重关系着社会经济发展乃至社会安定，因而决定了

税收的征收和调节必须借助法律形式进行。所谓有税必有法,无法不成税,这是税收区别于其他财政收入形式的一个重要特点。各国政府都通过立法和执法程序使税收制度和征管制度法律化,以便把整个税收活动纳入规范、有序的轨道。

(五)税收是对国民收入的再分配

税收课征的对象是社会产品,但不是全部的社会产品,而只是社会产品扣除补偿生产过程中消耗掉的价值部分以后的余额,即社会新创造的国民收入。税收课征的对象无论是当年生产的国民收入,如增值税、所得税、消费税等的课征;还是过去年度积累下来的国民收入,如各种财产税的课征,都属于税收对国民收入的再分配。

现代税收认为,税收是政府为满足社会成员的公共产品需求,凭借政治权力无偿地征收实物或者货币以用来取得财政收入的一种工具。税收目前已成为政府对经济进行宏观调控的一项重要手段。

根据现代税收的定义可以得出:首先,税收的征税主体是政府,政府具有行使公共权力的职能,任何组织或者个人无法替代。正是政府凭借这种公共权力才有了征税的可能。而这种公共权力是由全体社会成员赋予让渡政府的,所以,这种公共权力的拥有与之对应必然是公共产品的提供和公共需求的满足。其次,税收的根本目的是为了满足整个社会公共产品的需要,公共产品的非竞争性、非排他性和不可分割性决定了该类产品通过政府提供才是最具有效率的。因此,税收的直接目的是为政府筹集提供公共产品与政府日常运作的财政资金。最后,随着经济的发展,税收日益成为宏观调控、稳定经济发展的重要政策手段。

二、税收的特征

税收的特征通常被概括为无偿性、强制性和确定性,它体现的是税收范畴与其他财政收入形式之间的区别。一般来说,只有同时具备无偿性、强制性和确定性这三方面特征的财政收入形式才是税收;反之,则不属于税收范畴。

(一)税收的无偿性

税收的无偿性是指在形式上政府不需要向纳税人付出任何代价就占有和支配一部分社会资源。税收的无偿性仅仅是就政府和具体纳税人对社会资源的占有关系而言的,它体现在政府取得税收收入的不直接偿还上。

就政府与全体纳税人之间的关系看,税收也体现出了一种利益关系。政府的征税使得部分纳税人丧失了部分经济利益,但从总体角度来看,全体纳税人无偿地享用了政府提供的公共产品、公共服务,从这个角度来说,税收对全体纳税人而言是有偿的,即整体有偿性。对具体的社会成员来说,税收并不是一种等价交换,税收也无法用价格体系来衡量,税收是一种不完全对等的利益关系。一般而言,高收入群体纳税较多,但低收入群体享受税收提供的公共服务更多。

税收整体上的有偿性是税收深层次的本质问题。但税收形式上的无偿性和本质上的整体有偿性之间也存在着一定的关联,这是因为整体利益的层次越高、范围越广,整体利益与个人利益之间的相关性也就越低,在形式上表现为无偿。

（二）税收的强制性

税收的强制性是指任何按照法律的相关规定负有纳税义务的单位和个人都必须依法纳税，否则就要受到法律的制裁。税收的强制性，具体包括纳税义务形成上的强制性和纳税义务履行上的强制性两方面内容。由于税收是政府以其拥有的公共权力为依托征收的，而不是依据生产资料所有权进行的，所以政府征税可以不受生产资料所有权归属的限制。

在现代社会，税收是公共产品和服务提供的价格，但由于公共产品具有非竞争性和非排他性，无法利用市场来供给。公共产品和服务在其提供过程中经常出现“搭便车”的行为，如果任凭社会公众“自觉”纳税，则必然产生大量的偷、逃、漏税现象，使得政府缺乏足够的财力为社会公众提供其生产生活所必不可少的公共产品和服务。政府往往利用手中的公共权力采取强制性的方式，来克服“搭便车”可能带来的种种困难和问题。但强制性的实施有明确的限制，只有获得代议机关的同意或者授权，政府才能使用公共权力采取强制性措施。因此，强调税收的强制地位，强调“税收法定”非常重要。

（三）税收的确定性

税收的确定性常被称为规范性或者固定性，它是指税收按照法律事先规定的范围和标准，征收和缴纳税款。税收制度是由立法机关以法律的程序来确认并得到普遍认可的，这就使得税收在内容和形式上都具有确定性。税收的确定性一方面可以约束企业、个人按时履行纳税义务，另一方面也约束政府必须按规定征收税款，维护社会的稳定。

由于政府征税直接减少了纳税人的经济利益，所以只有在税收具有确定性的情况下，生产者才能从长安排自己的生产经营活动，消费者才能从长安排自己的消费活动。只有在税收具有确定性的情况下，经济才能持续发展，社会才能不断进步。税收之所以能够发展成为政府唯一的基本财政收入形式，与其具有的确定性有很大的关系。

虽然税收、政府公债、收费等财政收入形式直观上都可以表现为财富由私人经济活动主体向政府的转移，但不同的财政收入形式之间还是存在或大或小的区别。税收的形式特征，是将税收和其他财政收入形式区别开来的主要判断标准。

在现代社会，税收、政府公债和政府收费是最主要的财政收入形式，将这三种主要的财政收入形式区别开来尤为必要。政府公债是政府以债务人的身份，以信用为基础取得财政收入的一种形式。政府发行公债只是将本来属于企业和居民支配的资金使用权，在一定时期内让渡给政府，债务到期后政府必须连本带息一并归还给企业或居民。是否具有直接偿还性是公债与税收最鲜明的区别。另一方面，在市场经济条件下，政府公债的发行一般都是建立在自愿原则基础上的，由企业或居民自由认购。如果强制摊派，势必会影响企业流动资金的正常周转或居民的实际购买能力，从而对生产、生活产生极为不利的影响。而税收则不同，只要发生应税行为，都必须缴纳税款，否则将受到处罚。税收是按照事先确定的标准来连续取得财政收入，而政府公债的发行在相当大的程度上取决于政府的财力状况和宏观经济调控能力。一般来说，政府公债是根据需要间断发行而取得的一种收入，不具有确定性的特征。

政府收费是各级政府部门在一定的范围内提供某些特定的服务或规制某些经济行为而向相关经济主体收取的一种费用。在市场经济条件下，规范的政府收费只有使用者收费（User Charges）和规费（Fees）两种形式。交款人缴纳费用后即可从政府提供的产品或服务中获取利益，这一点与税收具有明显区别，政府收费活动具有直接有偿性。在税收活动中，征纳双方之间是不存在对等的利益报偿关系的。政府收费的直接有偿性有别于税收形式上的无偿性和本质上的整体有偿性，这是区别税收和政府收费的重要标志。

税收的形式特征可将税收与其他财政收入形式区分开来。例如，税收形式上的无偿性和整体的有偿性，使得税收与罚没收入等有所区分；税收的强制性使得税收与捐赠收入等有所区分。

三、税收的要素

（一）征税对象

税收的基本要素包括征税对象、纳税人与税率。

征税对象亦称“课税对象”或者“课税客体”，是指对什么征税，即征税的标的物或行为。课，在税收学上有两种含义：一是征，二是税，如盐课即盐税，房课即房税。

征税对象规定着不同税种征税的基本范围，反映着征税的广度，是一种税区别于另一种税的主要标志。征税对象与税源、税收负担问题有关。因为税收调节经济的作用点在征税对象上，但作用的归宿在税源上，因此，分析税收调节作用应研究征税对象和税源的关系。从这个意义上来说，征税对象是税收的最基本要素。

征税对象随着经济发展而变化。在自然经济下，由于不存在商品流转情况，征税对象主要是土地和人丁。在商品经济或市场经济条件下，商品流转额、企业利润和个人所得成为主要的征税对象。在税法中，为了具体计算税额，还必须对征税对象做具体的规定，由此形成了税目的概念。税目是征税对象的具体化，是税法规定的应当征税的具体项目或品目，因此它是征税对象的具体化。税目的作用，一方面在于明确具体的征税范围，划分征免界限；另一方面就在于可以区别征税对象的不同情况，如不同质量、不同数量等，来制定高低不同的税率，以利于财政经济政策和税收政策准确实施。

（二）纳税人

纳税人是纳税义务人的简称，即税法上直接负有纳税义务的单位和个人，也称纳税主体。它是税收的基本要素之一。税法规定的直接负有纳税义务的，可以是单位也可以是个人。

纳税人和负税人并不是一致的概念。纳税人是指直接负有纳税义务的单位和个人。负税人是指最终承担税收负担的单位和个人，或者说是税负的最终承担者。

（三）税率

税率是税法上对征税对象或税目从价或从量的征税比率或征收额度。

税率反映征税的深度。它的高低直接关系到国家财政收入和税收负担状况，是税收的中心环节和基本要素。税率有固定税率、变动税率、加成加倍等多种形式。

1. 固定税率

固定税率是指不区分课税对象量的多少而规定的一个税率。固定税率在实际应用中有两种形式,一种是从价规定的固定征收比例,俗称比例税率;一种是从量规定的固定征收额度,即固定税额或定额税率。

(1) 比例税率。比例税率又称从价固定税率,就是对征税对象的价值或价格直接规定的固定比例税率。比例税率根据课税对象的不同可以分为:行业从价固定税率、产品从价固定税率、地区从价固定税率以及幅度从价固定税率。

(2) 定额税率。定额税率又称从量固定税率,是按照征税对象的自然单位直接规定的固定税额。从量固定税率可以分为产品从量固定税率、地区从量固定税率、分类分级从量固定税率和幅度从量固定税率。

2. 变动税率

变动税率,根据征税对象数额的大小,划分为若干个等级部分而规定的相应等级的税率。变动税率又可以分为累进变动税率、累退变动税率。累退税率,通常是对税收负担而言的,即税源愈小,税收负担愈重。累进税率,就是征税对象数额愈大,税率愈高的税率形式。累进税率,依据累进的方式不同又有全累形式和超累形式;按累进的依据不同分为额累形式、率累形式、倍累形式。

3. 加成加倍

加成,就是在原征税额的基础上,按照规定的成数(1/10 或者一成)再加征。加倍,就是在原征税额的基础上,按照规定的倍数再加征。这种方法一般是一种限制或惩罚性措施。但是,在制定税收制度设计税率表时,又往往把加征的成数或倍数换算出来,作为延伸的税级税率。所以,从这个意义上来说,它们又是税率的特殊形式。特殊就在于它们不是直接相对于征税对象而言的,而是直接相对于原税率而言的。

(四) 减税、免税

减税、免税是一项优惠措施,是对某些纳税人或征税对象给予减轻或免予征税的一种激励和照顾措施。统一的税收制度与千差万别的社会经济生活之间往往有许多不相适应的地方,这就需要运用减税、免税的灵活手段加以协调。所以,减税、免税规定是必要的,也是税收的一个要素。

(五) 纳税环节

一种商品从生产到消费的过程中,需要经过许多流转环节。纳税环节即商品需在此环节缴纳税款。具体选择哪个环节缴纳税款,主要依据哪个环节商品增加值孰高的原则,选择产品纯收入高的环节进行课税,有利于组织财政收入,便于税收征管。

(六) 纳税期限

纳税期限,是指税制规定的纳税人应当缴纳税款的期限。税收确定性特征要求明确规定缴纳税款的期限。如果可以任意拖延纳税时间,税收的确定性就无法保障,税收收入的连续性、均衡性也就无法实现。

不同的生产经营活动具有不同的特点,纳税期限的确定要根据不同的征税对象和经济部门生产经营的不同特点来决定,应根据纳税人应纳税款的多少来决定,应根据应税行为发生的特殊情况来决定。

第三节 中国税收发展简史

一、中国古代税收[①]

(一) 先秦时期

夏朝采取法律形式确立国有赋税制度。即以50亩地为计量单位,并取其平均值的十分之一,作为向国家缴纳的贡赋。"贡"法出现于原始社会末期。

商朝的赋税立法没有准确翔实的直接史料。《孟子·滕文公上》有"殷人七十而助"说。孟子在此解释"助"就是"籍也",即耕种公有土地的平民为商王提供的力役地租。其税率按孟子说法,应是十一税率。

周朝基本上是沿袭了夏商的赋税制度。西周仍实行井田制,在此基础上推行"彻法"。

两周时期的赋税制度在春秋战国时代有了很大的改变。公元前685年左右,管仲相齐,实行"井田畴均,相地而衰征","以上壤之满补下壤之虚";同时,"划二岁而税一,上年什取三,中年什取二,下年什取一,岁饥不税,岁饥驰而税",按土地质量等级和年景的好坏向土地占有者征收赋税。公元前645年,晋国"作辕田","作州兵",据说就是把土地赏给实际占有者,按占有土地多少负担军需兵器。公元前594年始,鲁国实行"初税亩""作丘甲""用田赋",按私人占有土地面积计亩征收税、军赋、田赋等。公元前548年,楚国"书土田,量入修赋",进行私有土地的登记,根据收入的多少和土地的等级来确定赋税。公元前538年,郑国"作封洫",承认土地占有的现实;"作丘赋",按私有土地收赋税。公元前408年,秦国"初租禾",按私人耕地的收获量征税。春秋时期各国的赋税制度改革促进了社会经济的发展,也带动了其他相关制度的改革。

战国时期,井田制为中心的土地所有制被废除,封建田赋制度确立。当时,田赋征收有"税地"和"税人"之说。"訾粟而税,则上壹而民平""为田开阡陌封疆而赋税平",把土地与粟作为田赋征收依据。

(二) 秦、汉时期

秦统一六国后,在原有赋税制度的基础上,对赋税制度进行了改进。田租、赋税是秦国的重要财产来源。秦除按地收租外,还论户取赋,也就是所谓的口赋,即人头税。秦时的赋税除上述两项外,还有徭役制度,就是无偿征取力役之课,是秦赋役制度的重要部分。

赋役乃汉代国家赖以生存的经济命脉。汉代的赋税除最主要的税种——田租外,还有一项重要的税源就是口赋。这是承袭秦的税制。

(三) 隋、唐时期

赋役和力役是封建国家主要的财政来源,历代统治者都十分重视赋役立法。隋及唐前

① 此节转引自马金华.中国赋税史[M].北京:对外经济贸易大学出版社,2012;中国古代赋税制度发展史.税收史话[EB/OL]. http://www.ahhf-l-tax.gov.cn/hefei/rdzt/dswh/sssh/index_2.htm.

期的赋税制度均是以均田制为基础的租庸调制。

租庸调法始于隋朝,以人丁为基本依据和计量单位。隋初规定,"始令人以二十一成丁,岁役不过二十日,不役者收庸"。后来,年老者收庸免役成为定制:"民年五十,免役收庸。"唐武德七年,在实施均田制时重新颁行租庸调法。租,即每个受田的成丁男子每年纳租粟二石或稻三石;调,即随乡土所产,蚕乡每丁每年纳绫或绢二丈,棉三两,非蚕乡纳布二丈五尺,麻三斤;庸,即每丁每年服役二十日,如不服役,每日纳庸三尺或布三尺七寸五分。

唐中后期,均田制遭破坏,大量失去土地以及没有获得足额授田的农民无力承担租庸调制下的赋役义务,国家财政大幅下降。为解决财政危机,唐德宗建中元年(780年),宰相杨炎主持制定"两税法"。该法取消了原来租庸调法按人丁为依据征收赋役的做法,改为以户为单位,按土地、财产多少分别征收地税和户税两项。"两税法"按土地及财产征税的做法,有利于税收的均衡负担,是符合当时实际的措施。执行的结果是朝廷的税收明显增加,对稳定唐王朝的统治起了一定的作用。唐中后期,由于国家财政困难,唐政府采纳大臣建议,开始对盐、茶、酒征税,同时沿袭前朝旧制,继续征收商税和关税。唐代后期还恢复沿行一种税赋——契税,契税始于东晋南朝的"估税"。

(四) 宋、元时期

宋仍沿袭唐两税法,但将两税分为田和赋,"宋田赋率每亩在一斗上下"。宋开始实行钞盐法,商人向政府交钱领取钞盐券,凭券买盐销售。宋盐税是国家主要财政收入。另外,宋还对出海贸易的商舶及海外诸国来华贸易的商舶征税。

元政权占有中原的时间先后不同,各地原来的法制也有差异,形成元朝田赋法的不统一。南北税制不同,税赋不一,素有"南重于粮,北重于役"之说。北方仿行唐租庸调法,江南仿唐两税法。元继续实行盐专卖,盐利是元财政收入的主要支柱。元的茶税也是政府的一项大宗收入。除上述盐、茶专卖外,元对酒、醋等也实行专卖并课税。另外,元还实行市舶课税法和商税法。

(五) 明、清时期

明和历代一样,仍是以农业为主的经济,农业税、田赋是国家最大的财政进项,辅之以丁赋、差役。明代初行两税法,田赋分夏税、秋粮,中叶以后改行"一条鞭法"(明万历年间,张居正在全国主推),赋、役渐有合并之势。明初年,为保证政府的财政收入,对全国大部分地区的户籍、土地状况进行了清查,编造了记载户籍的"黄册"和记载土地状况的"鱼鳞图册",作为征收赋税的依据。国家税收收入中仅次于赋役的税收,就是盐税,明代继承宋元制度,通过盐引专卖来收取。明代对内对外贸易有了很大的发展,商业十分发达。明政府为了增加国库的收入,对投入流通的产品都依法征收赋税,国家由开始的"法无明文规定任意征税"到重视"以法征税"。明代的商税主要包括市税、关税和舶税三种。关税,又称"通过税",是指在商人必经交通要道设关立卡,征收通过税。明中叶以后,由于赋税沉重,百姓逃亡严重,原有的赋税制度日渐失效,严重影响财政收入。为此,自嘉靖十年起,推行"一条鞭法"的赋役改革,将各种赋役尽可能归并为几项货币税,以征收货币代替征收实物和征发差役。其主要内容是以土地为主要征税对象,以征收白银代替实物的征收;以县为单位统计差役、杂役所需人力、物力的总额,平摊到全县土税务中,作为土税务一起征收白银;另外,将各种"均徭"改为按人丁数征收白银,称为"丁银",由官府自行征收解运代替原来的"民收民解"。"一条鞭法”是中国古代赋役制度的一次重大改革，它以货币税代替实物税，结束了历代以来以征收实物为主的国家税收方式，废除了古老的直接役使农民人身自由的赋役制度，使人身依附关系有所松弛；以资产计税为主代替原来以人头为主的税收制度，有利于税赋的合理分担。该法的推行反映了明朝商品经济发展的要求，反过来又促进了商品经济的发展。

我国自秦汉以来，人民对官府或国家历来承担着两类义务，一是徭役，唐是租庸调制，人民可以庸代役，实际上是人丁税；一是田赋，按地亩征收，或实物（粮谷等）或折银，实际上是土税务。宋改行两税法，明发展为“一条鞭法”，使人丁与田赋两种税制渐有合一的趋势。清初以来，随着经济的发展，人口的增加，土地买卖的放开，将人口与土地绑缚在一起已经显得没有意义了。终于在康熙末年命令废止人丁税，实行地丁合一的制度。康熙五十一年上谕宣布“盛世滋生人丁永不加赋”。地丁合一，或叫“摊丁入亩”政策使得土地的开垦和人口的增加达到了历史空前水平，对中国社会的发展有深远影响。至乾隆中期，人口已达三亿以上。对于地丁合一的政策，康熙五十二年户部遵旨议准为定例，雍正三年修律正式作为条例纂入律中。地丁合一作为一项重大政策，在律例中特设专条，表明这项关系国计民生的决策更加有了法律保证。

（六）总结

中国赋税历史源远流长，夏代开始，就出现了贡。进入战国，以鲁国“初税亩”为标志，开始征收实物田税。租税制一直延续到秦、汉、两晋。北魏实行均田制，至唐发展成为租庸调制。安史之乱以后，唐开始实行以土地、财产为征税标准、分夏秋两季征收的“两税法”。“两税法”一直沿用到明代。明朝中期，开始推行将田赋、徭役和杂税合并的“一条鞭法”。清朝建立以后，在田赋征收上仍沿用“一条鞭法”。雍正年间，实行“摊丁入地”，简化征收手续，完成了赋和役的合一。

二、近代中国税收

到民国时期为止，随着商品经济的冲击，以及近代民族工商业的形成和发展，税收制度逐渐发生了明显的改变。先是对城市工商业课征的间接税超过历史上的田赋，逐渐上升为主要的税收。国民党政府的间接税，除了关税、盐税以外，于 1928 年又创立了统税，对卷烟、面粉、棉纱、火柴、水泥等各种商品征收。据统计，20 世纪 30 年代国民党政府的关、盐、统三大间接税占当时财政收入的比重已达到 60%～70%左右。比较重要的是，这一时期从外国引进了近代直接税。近代直接税于 18 世纪末的英国首先创立，19 世纪在资本主义各国普遍推行。在我国，则从 20 世纪三四十年代才开始实行，当时国民党政府财政部曾经为此专设了直接税署，起先是于 1936 年 10 月首次开征所得税，继之于 1939 年 1 月开征过分利得税，后来又于 1940 年 7 月开征遗产税。

三、新中国时期的税收

新中国成立以来，我国的税制体系基本上建立了双主体税复合税制的模式，即以流转税和所得税为主体税，辅之以其他税种的税制体系。特别是以 1994 年税制改革为分水岭，我国税制进入了全面改革和深化的阶段，建立了符合社会主义市场经济体制的新税制。2018 年中国共产党第十九届中央委员会第三次全体会议通过《深化党和国家机构改革方案》（以下简称《方案》），《方案》指出将改革国税税务征管体制，构建优化高效统一的税收征管体系。

新中国成立后的税制改革历程如下：

1950 年建立新中国的税收制度。中华人民共和国成立初期，税制很不统一。为了迅速恢复国民经济，建立全国统一的政治、经济和社会制度，巩固刚刚建立起来的国家政权，提供保证国家机器正常运转所必需的财力，就必须废除原政府的旧税制，统一税法、税收政策，建立起新的税收制度和税务组织机构。为此，1950 年 1 月政务院发布了《全国税政实施要则》《关于统一全国税收政策的决定》和《全国各级税务机关暂行组织规程》，明确规定了新中国的税收政策、税收制度和税务组织机构等一系列税收建设的重大原则，建立了统一的新中国的税收制度、税收政策和税务工作体系。经过 1953 年修正税制，将税收简并为商品流通税、货物税、工商业税、印花税、盐税、关税、牲畜交易税、城市房地产税、文化娱乐税、车船使用牌照税、屠宰税、利息所得税、农(牧)业税、契税等 14 种，基本适应了当时经济发展的要求。1958 年和 1973 年的税制改革以简并税制为主题思想，对税制进行了改革简并。从根本上改变了原来实行的多税种、多次征的税收制度，使税制结构开始出现了以流转税为主体的格局，税收制度由原来的 14 种税简并为 9 种税，在调节经济方面的作用已逐渐减弱。

1978 年以来，随着对内改革、对外开放政策的实行，我国经济领域发生了深刻变化，出现了多种经济成分、多种经营方式。原有的单一税收制度因税种过少，难以适应多种经济成分并存的新形势，也不利于对外开放政策的执行，并且税收征税范围过小，取得收入的来源不够普遍，税负不公平，集体商业和个体工商业户的税负偏重，不利于多种经济成分公平竞争。为适应经济情况的变化，中国对税收制度进行了改革。

(一) 建立和健全涉外税制

1980 年 9 月，公布了《中华人民共和国中外合资经营企业所得税法》和《中华人民共和国个人所得税法》，1981 年公布了《中华人民共和国外国企业所得税法》，同时明确规定涉外企业继续沿用修订后的工商统一税，并要缴纳车船使用牌照税和城市房地产税。至此，我国的涉外税制初步建立起来。

(二) 两步“利改税”

1983 年为了通过用税收来规范国家与国营企业的利润分配关系，国家实行第一步利改税改革，即对国有企业征收所得税，简称利改税。主要内容是：凡有盈利的国营大中型企业，按 55%的税率缴纳所得税，税后的利润一部分采取多种形式上缴国家，一部分按照国家核定的留利水平留给企业；凡有盈利的国有小型企业，按八级超额累进税率缴纳所得税，税后利润原则上归企业支配。第一步利改税对调动企业生产的积极性，激发企业活力起到了一定作用。

1984 年国家实行第二步利改税，即对工商税制进行全面改革。发布了关于征收国营企业所得税、国营企业调节税、产品税、增值税、营业税、盐税、资源税等税种的行政法规。主要内容是：把原来的工商税按性质划分为产品税、增值税、营业税和盐税 4 种税；对某些采掘矿产资源的企业开征资源税；恢复和开征房产税、城镇土地使用税、车船使用税和城市维护建设税等 4 个地方税；对企业继续征收所得税，并对国营大中型企业征收国营企业调节税。两步“利改税”完成后，一方面基本理顺了国家与企业的利润分配关系，用法律的形式将国家与企业的分配关系固定下来，扩大了企业自主权，增强了企业活力，也使国家财政有了稳定增长。另一方面初步确立了以流转税和所得税为主体的税收体系。

到 1993 年,我国的税收制度共由 37 种税构成,具体包括:产品税、增值税、营业税、城市维护建设税、特别消费税、国营企业所得税、国营企业调节税、集体企业所得税、私营企业所得税、城乡个体工商业户所得税、个人收入调节税、资源税、盐税、城镇土地使用税、固定资产投资方向调节税、烧油特别税、国营企业奖金税、集体企业奖金税、事业单位奖金税、国营企业工资调节税、筵席税、印花税、房产税、车船使用税、牧畜交易税、集市交易税、屠宰税、契税、外商投资企业和外国企业所得税、个人所得税、工商统一税、车船使用牌照税、城市房地产税、农(牧)业税(包括农林特产税)、耕地占用税、关税、船舶吨税。

1994 年税制改革的主要内容:第一,全面改革了货物和劳务税制,实行了以比较规范的增值税为主体,消费税、营业税并行,内外统一的货物和劳务税制。第二,改革了企业所得税制,将过去对国营企业、集体企业和私营企业分别征收的多种所得税合并为统一的企业所得税。第三,改革了个人所得税制,将过去对外国人征收的个人所得税、对中国人征收的个人收入调节税和个体工商业户所得税合并为统一的个人所得税。第四,对其他税收做了大幅度的调整,如扩大了资源税的征收范围,开征了土地增值税,取消了盐税、烧油特别税、集市交易税等若干税种,并将屠宰税、筵席税的管理权下放到省级地方政府,新设了遗产税、证券交易税(这两种税后来没有立法开征)。

2000 年以后,我国继续完善税种,逐步推进农村税费改革。2005 年,全国人民代表大会常务委员会决定从 2006 年起取消农业税;从 2005 年到 2006 年,国务院先后取消牧业税和屠宰税,对过去征收农业特产税的烟叶产品改征烟叶税。不断完善所得税制,从 2005 年到 2007 年,全国人民代表大会常务委员会先后 3 次修改《个人所得税法》。2007 年,全国人民代表大会将过去对内资企业和外资企业分别征收的企业所得税合并为统一的企业所得税,自 2008 年起施行。通过这些改革,中国的税制进一步简化、规范,税负更加公平,宏观调控作用增强,在促进经济持续快速增长的基础上实现了税收的连年大幅度增长。

随着经济的发展,中国新一轮税制改革逐渐拉开序幕。2011 年,经国务院批准,财政部、国家税务总局联合下发营业税改增值税试点方案。从 2012 年 1 月 1 日起,在上海交通运输业和部分现代服务业开展营业税改增值税试点。自 2012 年 8 月 1 日起至年底,国务院扩大营改增试点至 8 省市;2013 年 8 月 1 日,"营改增"范围已推广到全国试行,将广播影视服务业纳入试点范围。2014 年 1 月 1 日起,将铁路运输和邮政服务业纳入营业税改征增值税试点,至此交通运输业已全部纳入营改增范围。从 2016 年 5 月 1 日起,将试点范围扩大到建筑业、房地产业、金融业、生活服务业,并将所有企业新增不动产所含增值税纳入抵扣范围,确保所有行业税负只减不增。至此,营业税正式退出历史舞台。

2016 年 12 月 25 日,中华人民共和国第十二届全国人民代表大会常务委员会第二十五次会议通过《中华人民共和国环境保护税法》。2018 年 1 月 1 日起,《中华人民共和国环境保护税法》正式实施,环保税作为一个新的税种出现在中国税收体系中。

2018 年,《深化党和国家机构改革方案》指出:改革国税税务征管体制。为降低征纳成本,理顺职责关系,提高征管效率,为纳税人提供更加优质高效便利服务,将省级和省级以下国税税务机构合并,具体承担所辖区域内各项税收、非税收入征管等职责。为提高社会保险资金征管效率,将基本养老保险费、基本医疗保险费、失业保险费等各项社会保险费交由税务部门统一征收。国税税务机构合并后,实行以国家税务总局为主与省(自治区、直辖市)政府双重领导管理体制。国家税务总局要会同省级党委和政府加强税务系统党的领导,做好党的建设、思想政治建设和干部队伍建设工作,优化各层级税务组织体系和征管职责,按照“瘦身”与“健身”相结合原则,完善结构布局和力量配置,构建优化高效统一的税收征管体系。继 1994 年分税制改革之后,新一轮税收征管体系改革正式开始。

第四节 西方税收发展简史

一、前资本主义时期西方国家的税收

首先,从前资本主义时期西方国家税收发展过程来看。在西方,罗马帝国崩溃以后,欧洲进入了中世纪,从此千年战争不断,经济几近崩溃,饥荒蔓延,民不聊生,统一的强有力的政治中心不复存在。与封建领主庄园制相联系,中世纪的国家由于统治领土,财政收入主要来源于土地收入。在欧洲,随着罗马帝国的崩溃,租税也随之消失;在民族国家开始形成之际,租税权又随之复活。税收制度的恢复不成体系而且不同地区发展极端不平衡,税种主要是一些临时税,例如,12 世纪教皇为十字军征收的税、13 世纪少数地方出现可变动的财产税、炉灶税等。中世纪末期即 15 世纪前后,生产力的快速发展推动了封建领主制度的崩溃瓦解,民族国家开始出现。其主要原因是市场经济的规模随着商业的逐步兴起而不断扩大。大规模的庄园可以有效降低生产的内部成本,因此,庄园合并成民族国家成为一种潮流。

其次,生产力的发展使欧洲社会的生产关系发生重大变化。商人的力量逐步得到认可,教会干涉的程度减弱,君王的力量增强成为可能,经济发展不平衡也使得经济力量强大的国王兼并其他国王或领主成为可能。随之,战争频繁起来,战争规模扩大,装备水平提高,从而使军事开支膨胀,国家支出增加。在这一过程中,除扩大国王领地及更有效地开发领地资源以增加国家收入、应付日益增加的财政支出外,税收和借款也逐渐成为国王募集资金的手段,与借款相比,税收具有先天的优势,逐渐受到国王的青睐。

财力的需要导致税收逐渐恢复,税收随着经济的稳定发展为政府支出提供了稳定的财源保证。各国因国情的不同,形成了以不同税种为主体的税收形式。

(1) 以关税为主体。此类税收主要体现在对外贸易发达的国家,这些国家多为港口国家,海上进出口贸易具有易于征收、税额丰厚的特点。中世纪末期,英格兰的羊毛出口税占有重要地位。

(2) 以财产税为主体。此类税收主要在商业活动不发达或商品贸易税款难以征收的国家。商品税的征收成本较高,导致国家以直接税(财产税)作为征税的主体。路易十一时期(14 世纪中后期)法国的非贵族俗人财产税(贵族免税)税额占其总收入的 85%。

(3) 以消费税为主体。此类税收主要在商业贸易、商品流通发达的国家。意大利当时处于贸易中心,在其城市财政收入中,酒类消费税占有较大的比重。

最后,从西方各国奴隶社会和封建社会的税收制度来看。在农业经济中,西方各国的税收制度大多为直接税,以土地、人头等为征税对象,还有对城市手工业和资产阶级课征的工商业税。这种工商业税因按徒工人数等课征,所以也是一种简单的直接税。在封建社会中期、后期,间接税也占一定比例,但其数量和比重都远远小于直接税。

二、资本主义时期西方国家税收的发展

（一）迎合商品经济发展的时期

资产阶级革命并夺取政权以后，资产阶级国家为了削弱封建势力，促进商品经济发展，应付战争需要，在原有税制基础上逐步建立以消费税和关税为主体的税制。这是资本主义国家税制发展的第一阶段，大约在17至18世纪。当时西方各国的财政收入有五个方面：第一，古代和中世纪保留下来的对土地的征收、罚没收入、王权土地及职位出售的收入；第二，来源于政府和私人联合投资的合股公司的投资收益；第三，有价值的矿产资源的垄断开采收入；第四，关税和消费税为主的间接税；第五，18世纪后期，拿破仑战争期间出现所得税。关于所得税，我国学者认为1799年在英国创立；西方学者有的认为英国只是引进，法国从雅各宾革命专政开始就普遍实行，有的认为起源于意大利文艺复兴时期。不管产生在哪里，可以断定，当时所得税只是一种临时税，收入规模不大。

（二）迎合全球贸易发展的时期

18世纪至20世纪初为西方资本主义国家税制发展的第二阶段。税制结构是消费税和关税及间接税为主体。“可是，久而久之，由于现代分工，由于大工业生产，由于国内贸易直接依赖于对外贸易和世界市场，间接税制度就同社会消费发生了双重的冲突。在国境上，这种制度体现为保护关税政策，它破坏或阻碍同其他国家进行自由交换。在国内，这种制度就像国库干涉生产一样，破坏各种商品价值的对比关系，损害自由竞争和交换。”①间接税由于大多对流通环节的消费品课税，对生产环节的商品不征收税款，生产者可以选择自给自足，进而避免被征收税款。这就对资本主义大生产的扩大造成了不利的影响。在这个意义上，间接税并不能推动资本主义的发展，多环节、多次课税不利于社会分工协作。因此，寻找一种税收形式取代间接税的主体地位成为必然趋势，所得税于是开始推行，并逐渐从临时税变为经常税，成为越来越重要的税种。但20世纪以前的劳动人民收入极低，对课征所得税反对很坚决，对资产阶级的所得课税则直接违背资产阶级利益，所得税的征税仍然断断续续。

（三）建立福利社会与直接税占主导的时期

第一次世界大战之后，西方各国的间接税对经济的负效应日益突出。阶级矛盾的激化要求国家发挥调节社会分配不公的职能。生产力进步，人均生活水平上升，生产社会化、商品化、货币化程度提高，信息时代到来，全面征收所得税特别是个人所得税成为可能。在各方面因素的促进下，所得税收入逐渐增加。关贸总协定多边贸易谈判达成的关税减让，使得各国关税税率普遍下降，收入额减少。国内流转税仍占据重要地位，但比重不断降低。所得税从而成为主体税，使西方各国均形成以所得税为主体的税收结构。曾经存在所得税与流转税势均力敌的时代，但时间很短。这是西方资本主义国家税制发展的第三阶段。在这一时间段，直接税特别是个人所得税成为社会的主体税种，与此同时，人们享受到的社会服务质量和数量显著提升，“福利国家”体系逐渐形成。在商品流通领域，法国的增值税制度受到追捧，西欧各国逐渐建立起以增值税为主体的间接税制度，促进了商品经济的发展。

---

① 转引自：马克思恩格斯全集(第八卷)[M].北京：人民出版社，1981：543－544.

从西方税收起源和发展中可以看到，随着资本主义私有制的发展，国家直接占有或经营企业的现象越来越少，其资产的收益无法保证政府的正常运转；国家拥有的权力随财产私有权的扩大而“损失”，私有财产占有者为了赔偿国家的损失，也就允许国家课税。税收存在于国家生产资料占有权丧失或国有资产收益不足以满足国家实现其职能需要的场合，是作为政治权力主体的国家与物质财物特别是生产资料私人或集团占有者之间的分配关系。具体税收形式即税制模式选择和发展的直接动因是国家政治权力职能范围的扩大，深层原因是生产力的进步和社会矛盾的发展。

第五节　税收理论与研究的方法概述

现代经济学理论和方法的创新大大丰富了税收学的研究内容。现代经济学普遍采用计量经济学、实验经济学、行为经济学、空间与地理经济学、动态宏观经济学、结构模型方法和公共预算的量化方法等方面来研究公共政策与公共财政问题。这些专题研究的系统化促使了新的税收学分支学科的创建。经济学方法在公共财政领域的大量应用，使得税收理论研究与计量经济学、行为经济学、实验经济学、动态经济学、现代公共财务管理等领域结合产生新的专业领域。虽然部分专业领域还不太成熟，但相关理论研究正朝着成熟的体系进行。

一、计量经济学与政策评估方法

计量经济学的出现特别是和公共经济学的结合有效地推动了税收学的发展。基于时间序列、截面数据和面板数据模型的计量经济学方法，能够有效地分析公共经济学领域的经济现象。这一方面的集中性研究成果是A.F.奥特(A. F. Ott)和R. J. 采布拉(R. J. Cebula)于2006年编辑的《埃尔加公共经济学指南：实现公共经济学》(*The Elgar Companion to Public Economics*：*Empirical Public Economics*)。

在国外，应用经济数理模型，如可计算一般均衡(Computational General Equilibrium)模型、动态随机一般均衡(Dynamic Stochastic General Equilibrium)模型以及计量经济学模型与方法(包括蒙特卡罗模拟方法)，对经济政策进行量化评估已经相当流行。政策(或项目)评估计量经济学(Econometrics of Program Evaluation)的出现拓宽了计量经济学研究的领域。所谓政策评估计量经济学，是应用计量经济学方法与工具，在经济数据的基础上，对社会经济政策进行量化分析，其主要目的是测度某个政策实施后对某个群体、某个行业或某个地区的“因果”影响。①

政策评估计量经济学已被广泛应用于经济学和社会科学很多领域，包括劳动经济学、工业组织、发展经济学、社会学等领域。例如，卡德和克鲁格(Card & Krueger，1994)运用双重差分法(Difference in Difference，DID)研究了美国最低工资法对于就业的影响。德赫贾和瓦巴(Dehejia & Wahba，1999)使用倾向匹配得分(Propensity Score Matching)估计就业再训练政策对于收入的影响。哈恩等(Hahn et al.，2001)应用断点回归方法评估了美国反歧视联邦法对少数族裔就业的影响。②

常见的政策评估方法有工具变量法(Instrumental Variable，IV)、断点回归法

①② 洪永淼.提倡定量评估社会经济政策，建设中国特色新型经济学智库[J].经济研究，2015，50(12)：19－22.

(Regression Discontinuity)、双重差分法(Difference in Differences)、倾向匹配法(Propensity Matching)。

工具变量法:工具变量法的基本思想是当某个说明变量与随机项相关时,选择一个与此说明变量强相关而与相应的随机变量又不相关的前定变量作为工具,来达到消除该说明变量与随机项之间依赖关系的目的。安格里斯特(Angrist,1990)和安格里斯特等(Angrist,et al,1991)分别用工具变量法研究了参加越战对老兵收入的影响和教育背景对收入的影响,从而充分显现了运用工具变量法进行因果推断的价值。

断点回归法:断点回归法最早是由美国西北大学的心理学家坎贝尔(Campbell)于1958年首先发展设计出来的。其主要思想是设定一个临界值,当个体的某一选定变量高于临界值时,相当于个体接受了政策影响;而低于临界值时,相当于个体不接受政策影响。

双重差分法:双重差分法近年来应用于计量经济学中对公共政策或项目实施效果的定量评估。双重差分法处理选择偏差的基本思想是:允许存在不可观测因素的影响,但假定它们是不随时间变化的。赫克曼等(Heckman,et al,1985,1986)最早提出使用双重差分方法对社会公共政策的实施效应进行评估。此后,双重差分法得到了广泛的应用。例如,斯图尔特(Stewart,2004)针对英国1999～2001年引入的最低工资制度这一政策,利用双重差分法,对就业的影响进行了评估。双重差分法最大的优势是其允许不可观测因素的存在,而且允许不可观测因素对个体是否接受干预的决策产生影响。由于现实中政策存在诸多不可观测因素,这一优势的存在使得政策评估更加接近于现实,从而得到了较大的应用。

倾向匹配法:匹配是一种非实验方法,是对于一些没有采用或不方便采用实验方法区分实验组和控制组的数据采用的一种近似实验的方法。匹配方法假定,控制协变量之后,具有相同特征的个体对政策具有相同的反应。在实证分析中,根据选择控制组时匹配方法的不同,倾向匹配法又可分为协变量匹配(Covariant Matching,CVM)和倾向得分匹配(Propensity Score Matching,PSM)等。

二、宏观建模与模拟

宏观经济模型起源于1939年,是一种对宏观经济进行建模、预测的经济分析工具,它在经济决策中扮演重要的角色。第一个宏观经济模型是由丁伯根(Tinbergen,1937)和克莱因(Klein,1950)两位经济学家建立,丁伯根和克莱因并因此获得了诺贝尔经济学奖。该理论用来指导模型中随机方程左侧与右侧变量的选择,并且使用一致性估计技术来估计所得到的方程,例如:两阶段最小二乘法。20世纪70年代以来,宏观经济模型的各种理论和应用得到了充足的发展。20世纪80年代以后出现了向量自回归(VAR)模型和可计算一般均衡(CGE)模型,同时理性预期思想在宏观经济建模中也得到了广泛应用,动态随机一般均衡模型(DSGE)得到了高度的重视。

一般来说,建立宏观经济模型涉及至少三个方面的内容。首先,需要能够将足够丰富的理论运用于经济问题分析的同时,模型处于连贯与易于理解的状态;其次,该模型与数据紧密联系并与先前理论有所衔接;最后,在不同预测假设下使得该模型可靠、高效。

由表1-1可以看出,在基于克莱因模型的基础上,宏观经济模型发展迅速,模型不断改进和提升,理性预期等新的理论在宏观经济模型中得到应用和发展。宏观经济模型少数涉及对宏观经济政策的效果评价和判断,大部分在预测方面发挥着巨大的作用。宏观经济模型注重从现实出发,在实践中的作用也逐步显现。

表1-1 国外一些宏观经济模型比较分析表

模型名称	作　者	年代	建模方法	理论基础	主要应用
荷兰宏观经济计量模型	丁伯根	20世纪30年代	计量	凯恩斯理论	预测
克莱因—戈德伯格模型(Klein Goldberger Model)	克莱因、戈德伯格	20世纪50年代	计量	凯恩斯理论	模型的主要功能是预测和政策模拟。克莱因—戈德伯格模型的结构可以看作是广义基本凯恩斯体系的第一个经验表达式
布鲁金斯模型(Brookings Model)	克莱因、布鲁金斯	20世纪60年代	计量和投入产出法	凯恩斯理论	主要用于预测和政策模拟
沃顿模型(Wharton Model)	达格尔、克莱因和麦卡锡	20世纪70年代	计量	凯恩斯理论、新古典理论	短期预测、乘数研究、政策模拟
希克曼-库恩模型(Hickman Kuhn Model)	希克曼、库恩	20世纪70年代	计量	凯恩斯理论、新古典理论	预测、政策模拟、长期政策分析
结构型向量自回归模型(VAR Model)	布兰查德(Blanchard)和柯(Quah)	20世纪80年代	时间序列回归	凯恩斯理论	预测。方法通常用于预测,很少用于政策评价
CGE模型(CGE Model)	基德兰德(Kydland)和普雷斯科特(Prescott)	20世纪80年代	投入产出线性规划	新古典理论	预测、中期计划和政策分析
墨菲模型(Murphy Model)	墨菲	20世纪90年代	计量(结构性协整向量自回归)	凯恩斯理论、新古典理论、理性预期理论	模型用于宏观政策分析和预测
智利模型	克劳斯·施密特·赫希尔(Klaus Schmidt Hebbel)和路易斯·塞文(Luis Serven)	1995年	计量	新古典理论、凯恩斯理论、理性预期理论	分析和量化财政和货币紧缩的宏观经济影响

资料来源:根据国外相关文献和专著摘要整理。

三、税收与博弈论

博弈论是研究理性的不同利益主体之间冲突与合作的理论,它重视不同利益主体行为特征和规律的分析,特别是不同利益主体之间的相互作用、利益冲突与一致、竞争与合作等方面的研究。从税收角度来看,政府课税会直接减少纳税人的既得利益,税款缴纳、税款征收一定程度上是纳税人与税务机关的税收博弈行为。

那么,如何界定税收博弈?由于在税收博弈中,纳税人损失的一部分既得利益被税务机关获得,从这个角度来看,税收博弈属于零和博弈。博弈双方的损失和收入之和为零。税收博弈同样是非对称信息博弈。纳税人的全部信息不会也不可能被税务机关全部掌握,而税务机关的政策方针由于税收固定性的原因都要向纳税人公开。从这个角度看，税收博弈属于非对称信息博弈。

从博弈论的角度研究税收，能够有效地分析双方的征纳行为，为探索最优税收征管提供了不错的思路。

四、实验与行为经济学

实验经济学方法在微观经济领域的广泛应用，使得实验经济学逐渐独立成为一个经济学的分支[①]。弗农·史密斯(Vernon Smith)教授作为实验经济学的重要创始人之一，其2002年在《实验经济学》(*Experimental Economics*)发表的《实验中的方法：修辞与现实》(*Method in Experiment: Rhetoric and Reality*)为实验经济学的发展提供了重要的指引。作为经济学的基础方法学分支之一，实验经济学的研究视野拓宽也不可避免地延伸到了财政税收领域。以实验财政学为例，实验财政学所涉及的内容主要包括：公共产品自动供给的组织因素、公共政策评估的实验分析、财政政策选择程序的实验分析、个体对政策反应规律的行为分析、经济情景变换的财政政策实验分析、微观财政政策机制的设计等。

行为经济学将心理学原理用于经济决策，促进相关的社会科学重新整合。毫无疑问，这是一门交叉学科。行为经济学旨在用心理学来增强经济分析的基础，在经济学分析框架内开辟新的视角，以使其能更合理地解释经济现象，提供更好的建议。这一研究方法侧重于多种方法的结合，更加注重综合应用和与其他学科(特别像心理学、生态学等一些自然学科)的交叉渗透。

行为财政学本质上属于实验经济学的范畴，只不过实验经济的研究范畴更多地定位于利用受控实验对已有的经济理论进行检验或发现经济规律，具体是通过微观实验的方法来研究人对于外在政策的反应。行为经济学目前在公共领域研究的视野涉及：不对称信息下的税收政策和行为、心理视角的外部性和公共产品供给问题、纳税遵从行为的决定因素等。

总之，当代经济学的发展呈现出各学科相互融合的特点，现代经济学理论与研究方法的创新与发展极大地丰富了税收学的研究内容。税收学与计量经济学、实验经济学、行为经济学等学科的融合促使税收学的理论研究不断丰富与发展。当前，我国财政学(含税收)虽然有了重要的方法论创新和研究范式突破，但是这些研究都是支离破碎的研究，不具有系统性，我国税收学的高端理论研究仍处于基础阶段。结合当代经济学分支的不断完善和发展，税收学理论研究也亟待厘清研究方向并融入新的分支，促进研究的现代化、国际化与前沿化。

课后习题

一、选择题

1. 税收是国家凭借(　　)，取得财政收入的一种形式。

A. 经济权力　　B. 财产权力　　C. 政治权力　　D. 经济权利

2. 税收的基本要素包括(　　)。

① 相关讨论参见朱军.财税理论的前沿发展及其对中国启示[J].税收经济研究，2014(4).

A. 纳税人　　B. 征税对象　　C. 税率　　D. 纳税期限

3. 国家征税以后，其收入就成为国家所有，不再直接归还纳税人，也不支付任何报酬，这就是税收的(　　)。

A. 无偿性特征　　B. 固定性特征　　C. 强制性特征　　D. 法定性特征

二、思考题

1. 国家为什么征税？凭借什么征税？

2. 税收发展过程中形式上、结构上分别有哪些变化？

3. 简述累进税率、比例税率、定额税率的主要区别与联系。

第二章 税收原则

税收这种技术，就是拔最多的鹅毛，听最少的鹅叫。

——[法]柯尔贝尔

税收原则是指导一国税制建立、发展和制定税收政策的准则或规范，体现一国政府治理主体行为的意志。例如，在资本主义自由竞争时期，亚当·斯密提出的"赋税四原则"，反映了新兴资产阶级在税收方面的历史要求；而随后德国新历史学派财政学者瓦格纳的赋税"四目九条原则"，则对垄断资本主义各国的税收制度和税收政策产生过重大影响。税收原则是政府在设计税收制度、实施税法过程中应遵循的基本指导思想，也是评价税收制度优劣、考核税务行政管理状况的基本标准。现代税收原则基本包括财政、公平、效率、法定、适度等原则。税收原则的侧重点随着历史推进而发生着改变，符合从"野蛮、粗暴"到"制约、理性"的进步趋势。

第一节 税收原则的主要观点

一、西方古代税收原则思想

西方古代税收原则一般指的是19世纪以前的税收原则。具有代表性的有威廉·配第(William Petty)、亚当·斯密等人关于税收原则的初步阐述。

(一) 威廉·配第的税收原则

威廉·配第在其著作《赋税论》《政治算数》中深入研究了与税收相关的问题，是第一个提出税收原则的经济学家。威廉·配第所在的时代，英国正处于早期资本主义阶段，税制冗杂并不公平。基于此，配第认为公平是税收原则的核心，并指出税制设计应促进经济的发展，反对重税负。税收制度应当根据经济发展情况做出相应的调整。威廉·配第的税收制度核心可以概括为"公平""简便""节省"。

(二) 亚当·斯密的税收原则

亚当·斯密的代表作《国富论》中详细阐述了财税相关问题。在自由资本主义迅速发展的时代，亚当·斯密主推"看不见的手"自动调节经济的运行，政府不应干预经济发展，不能干预社会生产。其核心观点也体现在税收原则中。亚当·斯密的税收原则可以概括为"平等原则""确实原则""便利原则"和"最小征收费用原则(节省原则)"。

1. 平等原则

“一国国民,都必须在可能的范围内,按照各自能力的比例,即按照各自在国家的保护下享得的收入的比例,缴纳国赋,维持政府。”①从财富分配角度,平等原则的实质是税收不对纳税人原有的财富产生影响,即征税不能改变原有财富分配比例,税收保持中性。从纳税人员角度来说,所有国民应一律纳税,无论是贵族还是平民,都要按照能力大小依法纳税,能力大小体现为个人在国家保护的情况下享受的利益,即获得的财富。

2. 确实原则

“各国民应当完纳的赋税,必须是确定的,不得随意变更。完纳的日期,完纳的方法,完纳的额数,都应当让一切纳税者及其他的人了解得十分清楚明白。”② 确实原则指的是明确确定。征税条文一旦确定,不可随意变更。

3. 便利原则

“各种赋税完纳的日期及完纳的方法,须予纳税者以最大便利。”③ 亚当·斯密在《国富论》中以房租税和奢侈品税为例,对征收日期及缴纳方法给予纳税者的便利性做出了说明。便利性从纳税时间角度来看,税收应在纳税人手头充裕的情况下征收;从纳税方法上来看,应当简便可行,避免冗杂手续。

4. 最少征收费用原则

最少征收费用原则衡量的是纳税人缴纳收入与国家获得税收收入之间的差额,差额越小,越符合最少征收费用原则。“一切赋税的征收,须设法使人民所付出的,尽可能等于国家所收入的。”④ 斯密认为如果人民付出的不等于国家收入,那么有以下四种原因造成:(1) 征税官吏过多,薪俸消耗过大;(2) 征税打压了劳动人民积极性;(3) 逃税处罚侵及了社会资本,造成社会资本损失;(4) 频繁的税务稽查分散纳税人员精力,影响其生产活动。

二、近代西方税收原则思想

近代西方税收原则中,最具有代表性的是西斯蒙第(Sismondi)的税收原则和瓦格纳的税收原则。

(一) 西斯蒙第的税收政策

西斯蒙第(1773—1842),瑞士著名经济学家,他从经济发展的角度对亚当·斯密的税收原则进行了扩充,提出以下四项原则:(1) 税收不可侵及资本;(2) 税收不可以总产品为课税对象;(3) 税收不得侵及纳税人正常生活;(4) 税收不可促使国内财富转移到国外。

西斯蒙第关于税收的研究围绕经济发展进行,他对社会财富进行分类,认为税收只能对每年增加的收入课税。这部分收入一般只用于消费,不再用于生产,对它征税不会减少财富。只有这样,才能保证课税不对经济发展产生不利影响。他提出,课税不应该以总产品为征税依据。总产品包括了生产需要的土地、固定资本部分和流动资本部分,如果课税过重,不仅妨碍流动资本进行再生产,而且导致纳税人争相向国外转移财富避税,不利于本国经济发展。

(二) 瓦格纳的税收原则

德国新历史学派代表人瓦格纳(1835—1917)是税收原则理论的集大成者。他总结前人

---

①②③④ 亚当·斯密:《国富论》。

关于税收原则的论述，基于自由资本主义向垄断资本主义转变的时代特征，丰富和发展了税收原则。

瓦格纳将税收原则归纳为“四目九条”。

1. 财政政策原则

财政政策原则又称财政收入原则，是指税收应成为政府财政支出的财源保证。财政政策原则包括收入充分原则和收入弹性原则。

收入充分原则是指税收收入要足以满足国家财政职能。税收收入与其他财政收入总和要满足现阶段国家的日常开支，两者需要相互协调配合，当其他财政收入不足时，可以通过增加税收收入来满足国家财政需要。收入弹性原则指税收收入随着经济的发展而不断增长。以间接税为主体的税制受到瓦格纳的推崇。经济增长时，间接税随着经济的发展而增长。

2. 国民经济原则

国民经济原则是指国家征税不能阻碍经济的正常发展，课税不涉及税源。它主要包括慎选税源和慎选税种原则。

慎选税源原则要求国家必须在不侵及税本的基础上慎重选择税源，保证政府征税不会对经济发展产生不利影响。慎选税种重点关注公平问题，不同的税种有不同的转嫁规律。瓦格纳认为，为了维护税制的公平，政府应选择难以转嫁或者转嫁方向可以判断的税种。

3. 社会公平原则

社会公平原则是指税负需要在全体国民间进行公平的分配，税收需要承担再分配的职能。该原则包括普遍原则和平等原则。

普遍原则指税款应普遍征收，社会中任何人都负有纳税义务，不因身份、地位的不同而有所差异。平等原则指量能课税，每个人纳税的数额应当与其收入（纳税能力）相匹配。由此，瓦格纳认为累进税制最利于社会公平。

4. 税务行政原则

税务行政原则是对税务行政管理方面的要求，具体包括确实原则、便利原则与节省原则。

确实原则指税收法律法规必须简洁确实，各级税务机构必须在法律的规定下征收税款。便利原则指税款征收要给纳税人最大限度的便利，在纳税时间、地点以及缴款方式上要充分考虑纳税人的实际情况。节省原则指税务机构应该尽量减少征收费用支出，确保征收税款与缴库税款的差额最小。

瓦格纳关于税收的研究和论述是对亚当·斯密税收原则的完善和补充，两者根据自己所处的不同时代提出了各自的税收原则，有所不同但一脉相承。

第二节 税收效率

税收的效率原则是就资源配置而言的，也就是税收对经济资源配置所要依据的效率准则，或者所要实现的效率目标。在市场决定资源配置的情况下，税收的征收应当使得经济保持中性，即征税不应对经济产生超额的负担。

一、经济效率

经济效率是指投入产出的比例，充分利用资源使得资源得到最合理的配置，以最少的资源投入来获得最大的经济效益。

帕累托效率(Pareto Efficiency)是衡量经济效率常用的指标。帕累托效率是指一种经济状态，即当前资源配置已经达到某种状态，在这种状态下——资源的重新分配不可能使社会中的一些人境况变好而又不使另一些人的境况变坏；或者说，任何人境遇的变好都是以其他某些人境遇变坏为代价的。这种状态表明资源配置已经达到社会最优，即帕累托最优。

同资源配置最优状态相联系的问题是资源配置效率的改进。如果生产资源在各部门之间的分配和使用处于这样一个状态，即当生产资源重新配置时，在社会上任何人利益不受损的情况下，一部分人获得了额外的收益，那么，这种资源重新配置就是一种效率的提高；或者说，资源配置使得社会一部分人收益提升，一部分人收益损失，但收益的提升大于收益的损失，那么，这种资源重新配置也可以视为一种效率的提高。

二、税收对市场经济效率的影响

在自由竞争市场中，当价格和边际成本相等时，生产者可以获得最大利润，消费者效用最大化。在这个过程中，价格发挥着关键的作用。此时，如果对商品进行课税，税收会造成价格扭曲，扭曲消费者和生产者之间的价格交换，使得生产者得到的价格低于消费者支付的价格，损害了价格作为引导资源有效配置的信号作用，造成了额外的经济效率损失。为了进一步说明税收所造成的经济效率损失，我们可以借助无差异曲线来进行分析。(见图 2-1)

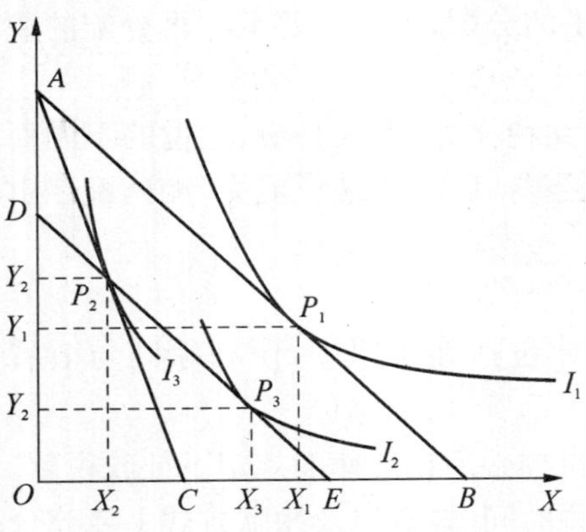

资料来源：根据《税收经济学》(伯纳德·萨拉尼耶著)整理形成。

图 2-1 选择性商品税的效率损失

在图 2-1 中，横轴表示商品 X，纵轴表示收入 Y，AB 为预算曲线。当不对商品 X 征税时，预算曲线与无差异曲线 I_1 相切于 P_1 点。这时，消费者购买 OX_1 的商品 X，OY_1 的商品 Y，其效用最大化。当对商品 X 征税时，由于 X 价格上涨，消费者将减少购买，预算曲线改变为 AC，与无差异曲线 I_2 相切于 P_2 点。这时，消费者购买 OX_2 的商品，保留 OY_2 的收入，效用达到最大化。和征税前相比，消费者是在较低水平的无差异曲线上达到效用最大化的，也就是说，消费者损失了一定的效用。

假如不对商品 X 征税，而是采取人头税的形式，使消费者减少同样的收入，那么，预算曲线将由 AB 变为 DE。由于人头税并没有改变商品的相对价格，而只是减少了纳税人的收入，因此，DE 必然平行于 AB。同时，DE 也必然经过 P_2 点，因为消费者在缴纳同样数额的商品税或人头税后，都有能力在保留 OY_2 收入的情况下购买 OX_2 的商品。这时，预算曲线 DE 与无差异曲线 I_3 相切于 P_3 点。在该点上，消费者购买 OX_3 商品，保留 OY_2 收入，效用达到最大化。和 P_2 点相比，P_3 点处于更高水平的无差异曲线上。换言之，和人头税相比，商品税或销售税造成了经济效率的损失。

三、税收效率的原则

税收效率原则包括提高资源配置效率和减少效率损失两个方面。从上述分析我们可以知道，当市场属于完全竞争市场时，价格机制发挥作用，可以达到帕累托最优的状态。此时，如果政府征收税款，将不利于市场效率的提升，甚至导致效率的损失。然而价格机制并不是完美的。当市场出现公共产品、垄断等情况时，价格机制无法发挥有效作用，资源并不处于最优配置状态，那么有可能通过税收进行资源配置，提升经济效率，达到帕累托最优。

当市场配置已经处于最优状态，此时征收税款将导致资源配置偏离最优配置的状态，这就是税收效率损失。税收导致的效率损失可以用税收导致的超额负担来说明，也可以用税收导致的偏离帕累托最优的条件来说明。

（一）税收产生超额负担

税收负担是指纳税人的福利损失大于政府所取得的税收收入，税收的超额负担是效率净损失的一种表现。消费者剩余的净损失可以用来表示税收超额负担情况。消费者剩余是消费者在购买商品时，由边际收益曲线所决定的愿意支付的价格与实际支付价格的差额。征税使得消费者支付价格上升，需求数量减少，消费者剩余减少，政府税收收入增加。消费者剩余减少大于政府税收增加的差额称为消费者剩余净损失。消费者剩余净损失引起的超额负担，用公式可以表示为：超额负担$=1/(2\eta)P_0Q_0t^2$，其中，η 是该商品需求弹性的绝对值。

超额负担也可以用生产者剩余净损失来说明。所谓生产者剩余，是出售商品实际取得价格与由生产的边际成本曲线所决定的生产者希望得到的价格之间的差额，征税使生产者生产成本上升，供给数量减少，生产者剩余减少，但政府税收增加，生产者剩余减少大于政府税收增加的差额，称为生产者剩余净损失。生产者剩余净损失引起超额负担，用公式表示为：超额负担$=1/(2\varepsilon)P_0Q_0t^2$，其中，$\varepsilon$ 是该商品供给弹性的绝对值。

消费者剩余和生产者剩余的净损失总和为征税引起的总超额负担。总超额负担$=1/2P_0Q_0t^2\left(\frac{1}{\eta}+\frac{1}{\varepsilon}\right)$，超额负担的大小同需求弹性 η、供给弹性 ε、税率 t 和税前购买支出 P_0Q_0 相关，尤其同税率 t 呈几何相关。

（二）税收改变消费选择

税款的征收影响了生产者、消费者的选择，使得资源配置偏离帕累托最优状态，这是税收引起超额负担的主要原因。现有 X 和 Y 两种商品，现假定对 X 商品征税，而对 Y 商品不征税。税后个人消费与税前相比，会减少对 X 商品消费，增加对 Y 商品消费。这种商品税对个人消费选择的影响可分为税收收入效应和替代效应。其中收入效应是指由于征税使商品价格提高，在预算收入不变的情况下，可购买的商品数量减少。收入效应的结果是个人同时减少对 X 商品和 Y 商品的消费，而不改变个人对两种商品选择的组合。替代效应是指由于只对 X 商品征税，而对 Y 商品不征税，使得 X 商品相对于 Y 商品价格提高，因此，个人以增加 Y 商品消费来替代 X 商品消费。这种替代效应的结果是个人减少对 X 商品消费，增加对 Y 商品消费，改变个人对 X 和 Y 的两种商品选择的组合。

(三)税收改善资源配置效率

当市场没有处于完全竞争或存在外部性的情况下,在经济未处于帕累托最优的情况时,如果征收税款,税收有可能会改善资源配置效率。

1. 税收与具有外部成本的商品

外部成本是指在私人成本中未得到反映的成本。例如,一家排污企业向河流排放污水,这一举措并没有增加甚至减少了企业自身的成本,但却给社会带来额外的损失。

当存在外部成本时,社会成本高于私人成本,所以由社会成本决定的价格高于由私人成本决定的价格,按社会成本决定的产出就会小于按私人成本决定的产出。由于按私人成本而没有按社会成本计算产出,增加的产出就会给社会带来损害。为此,需要控制产生外部成本的企业生产,而税收是一种比较有效可行的办法。现假定对该产生污染的产品征税,税率 t 相当于边际损害,征税时企业成本上升,税后均衡价格与产出同由社会成本决定的价格和产出一致,征税后价格上升,产出数量减少。通过征税,一方面减少社会损害,另一方面导致超额负担,但减少的社会损害大于超额负担,由于减少社会损害相当于增加社会福利,扣除超额负担,征税带来社会损害净减少或社会福利净增加,改善资源配置效率。

2. 税收与具有外部收益的商品

外部收益是相当于内在收益而言的,也就是在私人收益中没有得到反映的收益。如利用“三废”(废水、废气、废渣)作为原材料生产的三废利用品就属于比较典型的没有计入企业收益,企业无法获得却给社会带来福利的外部效应。由于企业按 $MR=MC$,即边际收益等于边际成本时利润极大化来决定产出价格和产出数量,在存在外部收益的情况下,$MR=MC$ 无法确定最优的产量,若企业按照内部收益衡量产出,对应的产出将小于社会收益计算的产出。此时,如果对外部收益的商品进行补贴或税收优惠,可以使得企业按照社会收益生产,增加社会福利。

3. 税收与社会有益(害)商品

有益或有害商品是指给消费者带来物质以外利益或损害的商品,无法以货币或价格来衡量,有益商品最为典型的是教育。如果教育商品化,那么教育不仅提供给受教育者知识技能,而且提高受教育者的道德情操,是一种有利于社会进步的商品。因此,交易商品的收益不能完全以货币来衡量。而有害商品如烟酒,烟酒不仅有损消费者的身心健康,而且容易引发社会问题,因此烟酒的成本也不能完全以货币来衡量。文化商品也是一种有益商品或有害商品,由于文化商品内容的特殊性,因此也不能完全以货币来衡量它的价值。对于不同类型的商品,政府应实行不同的政策鼓励或限制。对于有益商品,政府可以给予税收优惠或补贴;对于有害商品,政府可以增加税款征收。

提高资源配置效率和减少资源损失是税收经济效率的两大方面。通过上述分析我们知道,当市场中资源配置尚未达到最优状态时,应当强化税收杠杆作用,政府通过税收手段参与经济资源的重新配置,使资源配置达到帕累托最优状态。政府的税收政策应当保持税收中性原则,避免造成额外的效率损失。税收中性是指:一方面,税收不应使消费者遭受额外的效率损失;另一方面,税收不应对一切经济活动产生影响。若政府所获得收入小于纳税人的福利损失,则产生税收的超额负担,进而引起税收效率损失。

四、税收行政效率原则

税收行政效率原则的实质是征收成本最小化，即税款征收的实际收入与名义收入的差额最小。

（一）税收成本

税收成本是在税款征收、入库过程中形成的有形或无形的耗费。按行为主体及其相关影响划分，它可以分为征税成本、纳税成本、社会成本。从影响范围考虑，它又有广义和狭义之分：广义的税收成本包括征税成本、纳税成本、社会成本和经济成本；狭义的税收成本一般指征收成本，即税务行政成本。

税款的征收需要征税部门投入人力、物力、财力，这些都构成税款征收的成本，国家需要为税务人员支付各项工资和费用。征收成本也可以称为税务行政成本。同时，纳税人为了缴纳税款也需要付出一定的成本代价。纳税人为了正确缴纳税款，可能需聘任专业财务人员代理涉税事宜，这属于直接纳税成本。纳税人在履行纳税义务的过程中所受到的精神压力属于间接纳税成本。

广义的税收成本概念是在狭义的税收成本概念的基础上，随着经济的发展和人们认识的提高而逐步形成的，其中最早最主要的是税收征收成本。

（二）影响税收成本的主要因素

1. 税收制度

(1) 税制的复杂性。一套极复杂的税制在征收管理方面一定会面临无法绕过的障碍，征收管理由于复杂的税制而使得征收成本高昂。设置的复杂性同税制本身所包含的差异性特征相联系，而这种差异性一般来自基于纯粹的经济管理所要求的税收工具必须具备的特征。征税对象如何确定？税率如何计算？以上都是直接造成税制复杂性和征收管理困难的因素，税收制度越复杂，征税成本也就越高。

(2) 税基的可监管程度。越容易监测的税基，征收成本越低。税基易于监测要求税基具有较高程度的可观察性和易于测度，各类税基的可监测度有很大的差异。具有现实交易基础的税，其税基最易于监测和监测得最多，如商品税的税基。赠与税和遗产税，其税基的可监测性稍低。例如，财产税、公司所得税，该类税收缺乏现实交易的基础，税基难以准确监测，所拥有的税基往往存在较大程度的偏离，从而使税基易于遭受侵蚀。税基越易于监测，所受到的信息可获取方面的限制程度越低，征税成本也越低。所得税这类税基，要得到一个准确的税基，需要掌握大量的信息，因此，要使其全面而准确地反映纳税能力，并在此基础上按能力标准征税，是十分困难的。当然，在现代社会中，政府具有更高的获取必要信息的手段与能力，信息可获性对于税基优选所施加的限制比过去低很多，因此一些税基较难检测的税，如公司所得税，也能在现代社会中占有重要的地位。

(3) 税类、税种和纳税主体。一般来说，间接税通常比直接税的征收成本要低，一次性征收数额较大的税种成本较低，反之则较高。因而对银行总行的增值税的征收成本最小，屠宰税的征收成本最高。大型企业与较小企业相比由于有健全的会计核算制度，因此，征税成本较低。

(4) 征管制度。在现有的征收管理体制中，如果改变征管手段可以带来更多的税收收入,那么改变征管制度有利于征管成本的下降。征管制度包括人员素质、技术手段、机构设置等。

(5) 税收环境。经济发展程度和税源状况与征税成本呈负相关。经济税源总量是征税成本的基础与前提,经济相对发达经济税源富足的区域,其征税成本相对较低。在经济税源总量既定的前提下,税源的集中化程度从整体上决定征税成本,税源的集中化程度越高,其相对征税成本会越低。

征税成本及纳税成本与社会管理技术水平的高低呈负相关,与征纳双方信息非对称性的强弱呈正比。对于一个高度发达的银行商业系统和信息充分的计算机社会,征纳双方信息具有较好的信息对称性,一切交易与所得的信息均能随时存入和调出,税基的可监测度和可控度较高,纳税的遵从程度也较高。对此,税务机关便可以在较少的成本耗费的基础上组织税收入库,额外税收损失便越小。

公民的税法观念和纳税习惯与征税成本、税收机会成本呈负相关。公众的税法观念强,对国家利益持关注态度,就能够意识到征税人员以税谋私,纳税人偷逃税是对自己利益的侵犯,并由此提出指控,给违法者以压力。公民有良好的纳税习惯,对征税工作配合,在以纳税为荣的大环境下,拒绝纳税或偷漏税款所遭受的道德谴责比对其进行法律惩罚还要严重。这样不仅征税成本低廉,纳税机会成本也不易发生。

行政协助功能的完善程度与征税成本、税收机会成本呈负相关。工商、银行、海关等机构的协税义务在法律上得到明确,其协税功能强,也较容易形成协税合力,偷逃税被发现的概率就高,征税成本与税收机会成本就低。

第三节　税收公平

税收公平主要分析在市场所决定的个人收入分配前提下,税收对个人收入分配的影响,以及如何通过税收来调节公平。

一、税收公平原则的含义

税收对收入的再分配所依据的准则或所实现的目标是公平。从不同的角度分析,评价公平主要有机会标准、效用标准和均衡标准三种标准。

1. 机会标准

公平的机会标准意味着每个人都具有相同的机会来参与市场经济活动。个体之间形成差异的原因主要包括个人在智力、体力、偏好等的差异。机会标准重视参与竞争的权利和机会,而忽视竞争后的结果,即只要个人参与竞争权利和机会是均等的,不管最后分配结果有多大差异,均被视为是公平的。

2. 效用标准

效用标准是从社会效用角度来考虑公平。根据效用原则,个人的总效用随着收入的增加而增加,边际效用随着个人收入的增加而逐步减少。如果社会中个人效用可以转移,将高收入者的收入转给低收入者,就可以在社会总体效用不减少的情况下,增加社会的总效用,最终使得社会个人的边际效用相等,达到社会效用的最大化。效用标准为政府进行收入再分配措施提供了一定的依据。

3. 均等标准

均等标准从极端意义上来讲，是指均等财富或均等收入分配，或者称平均主义分配。均等标准和机会标准是两种完全不同的公平观。按机会均等标准，公平分配在于分配的前提。只要机会是均等的，即使社会收入或财富分配存在极大差异，也被认定是公平的，这种公平可以称为公平竞争。按均等标准，公平分配在于分配的结果。只要社会收入或财富的分配结果存在差异，不管这种分配的前提条件如何，都被认定为不公平。均等标准和效用标准是两种相近的公平观，分别以收入财富和边际效用相等作为衡量公平的标准，在个人效用曲线相同的情况下，均等标准和效用标准是一致的。因为在个人效用曲线相同的情况下，当个人边际效用相等时，社会效用极大化，个人收入也均等化。然而，效用曲线不一致的情况下，个人的边际效用相等，达到社会效益极大化，但个人收入没有均等化。极端均等标准是均等收入和财富，除此以外非极端的和比较缓和的均等标准，并不要求收入和财富的分配绝对平均，但从人道主义角度考虑，既承认收入和财富差异，又要缩小这种差异，并保证每个社会成员生存权利，成员都必须具有为生存而必需的基本收入或财富。

二、衡量税收公平的准则

对于衡量税收公平的准则，主要有以下三种不同的观点：

（一）机会原则

机会原则对应公平的机会标准。获利机会多的纳税人应当多分担税收，获利机会少的纳税人应当少分担税收。从理论上看，机会原则有一定的合理性。但在现实中，纳税人拥有获利的机会只代表其拥有获利的可能性，但最终能否获利，还要受到其他诸多因素的影响。所以，从现实情况看，机会原则的实施并不能带来真正的公平。

（二）受益原则

受益原则是指纳税人根据享受多少政府提供的服务而缴纳对应额度的税款。在市场分配合理的情况下，该原则有一定的合理性。但是从公共产品提供角度看，公共产品的非排他性将导致“搭便车”行为的产生，此时很难按照利益原则来衡量。此外，相比富人，穷人享受到的政府服务一般更多，若按照利益原则征税，则有悖伦理。

（三）能力原则

能力原则是指以纳税人的纳税能力确定征税及其额度。纳税能力大的人多纳税，纳税能力小的人少纳税，无纳税能力的人不纳税。那么，如何确定纳税能力？

各国实际税收政策的制度，在大多数情况下都是以纳税人的负担能力为依据的。负担能力原则的运用，首先必须解决这样一个问题，即以什么作为衡量纳税人纳税能力的依据和尺度。对于此，目前有客观标准和主观标准两个标准来衡量。

1. 客观标准

客观标准选择客观事物或能力作为衡量标准。分别以个人收入、支出和财产作为测定纳税能力的三个衡量准则。

收入可以作为衡量一个人纳税能力的指标，但存在不同纳税人因个人生活情况的不同（单身、已婚等）而具有不同的纳税能力，这给纳税能力的确定带来技术上的困难。

支出可以作为衡量纳税能力的指标。一般而言,消费越多,纳税能力越大。但衡量一个人固定年度的消费支出比较困难,并且不同个人之间支出存在较大的差异性,支出作为征税依据具有一定的困难性。

财产也可以作为衡量纳税能力的指标,对财产征税相当于对个人的未来所得征税。财产可以为纳税人增加收入,进而提升纳税能力。财产种类多样,这一定程度上给征管带来一定的困难。

以上三种衡量纳税人负担能力的客观标准中,收入原则是最理想的选择。因为收入不仅包含财产收入,同时也制约着支出水平。所以,从公平的角度看,收入是最理想的税基。但在税制的设计过程中,要注意避免税制的复杂性,过于复杂的税制将导致征管、纳税成本的上升,提高偷漏税发生的概率。

2. 主观标准

主观标准认为,纳税能力应当以纳税人感受到的牺牲程度为依据。根据效用理论,政府征税使纳税人的货币收入和满足程度减少,使纳税人牺牲效用,因此效用牺牲程度,可以作为衡量纳税人负担能力的标准。主观标准原则有均等牺牲说、比例牺牲说和最小牺牲说三种不同的理论。均等牺牲说是指征税后所有纳税人牺牲的效用相等;比例牺牲说是指征税后纳税人牺牲的效用与其收入成相同比例,即收入高的人多征税,收入低的人少征税;最小牺牲说是指征税后全体纳税人牺牲的总效用最小,即应对高收入者征高税,对低收入者征低税或免税。

以上三种学说虽然有一定的道理,但由于效用牺牲是纯主观的感受,很难用某种指标来精确衡量,因此,在实践中难以操作。

第四节 税收稳定

税收稳定主要从税收对经济的宏观影响出发,分析税收对总需求和总供给的影响,运用税收政策来实现经济稳定,促进经济稳定发展。

一、经济稳定

经济稳定是政府宏观经济政策的重要政策目标,包括物价稳定、充分就业、经济增长等。

(一) 物价稳定

一般以价格指数来反映物价稳定的状况。价格指数是计算期价格同基期价格比率,当价格指数大于1时,说明价格总水平上升;反之则说明价格总水平下降。价格总水平的上升一般又称通货膨胀,而价格总水平的下降一般又称通货紧缩。无论是通货膨胀还是通货紧缩,都是经济不平稳的表现。在现代经济中,价格不稳定主要反映为通货膨胀,包括由于社会总需求大于商品可供量而引发的需求拉升型通货膨胀,以及由于工资、原材料、资源等成本上升而引发的成本推动型通货膨胀。因此,实现物价稳定,应分别就价格不稳定原因,控制需求或控制成本,消除膨胀的缺口或紧缺的缺口。

(二) 充分就业

这是指劳动力资源的充分利用。与就业相对的是失业,失业率是非自愿失业人数与劳动力人数的比率，各国一般采用失业率来衡量充分就业状况。失业率分为自愿失业与非自愿失业。非自愿失业，按其形成原因可分为以下四类：

(1) 摩擦性失业。它是在劳动力流动过程中由于辞去原来工作寻找新工作的过程中出现的暂时性失业。

(2) 结构性失业。它是在经济环境发生变化的情况下，由于经济结构性调整，一些新的行业和职业不断形成，而一些旧的行业和职业不断淘汰，从而出现在劳动力供求总量平衡的前提下，一部分人找不到工作，而一部分工作却没有人做的情况。

(3) 需求不足性失业。由于总需求和总供给共同决定国民总产出水平，总产出水平又决定就业总水平，而当总需求不足时，国民总产出就达不到资源充分利用的国民总产出(包括劳动力资源的充分利用)，就不能提供应有的就业机会，从而出现失业。

(4) 季节性失业。由于生产的季节性而出现的临时性失业。

以上是四种失业，摩擦性失业和季节性失业属于临时性的正常失业，是无法消除解决的。失业的存在使得资源没有得到充分的利用，影响经济效率。

(三) 经济增长

经济增长通常以国民生产总值或人均国民生产总值的增长率来衡量，以经济增长速度指标来反映。经济增长率即国民生产总值增量对国民生产总值的比率。经济增长取决于经济能力的增强。因为经济增长取决于劳动力资本等要素投入的增加以及主要由技术进步所决定的要素生产率的提高。在正常情况下，要素投入和技术进步共同决定了经济增长速度。由于经济增长速度决定了一个国家的经济实力和国民的经济利益，因此，经济增长速度也就成为经济发展的重要目标。但是经济高速增长也可能引起资源浪费、结构失衡、效益下降，并且受瓶颈部门的制约而使经济大起大落，导致经济不稳定。为促进经济稳定发展，经济应保持均衡、持续、适度增长。

二、税收的稳定机制

税收对经济的稳定可分为税收自动稳定机制和税收政策相机抉择两种稳定方式。前者是一定的税收制度自身所固有的一种功能，而后者是政府应对宏观经济环境变化做出的政策选择。

(一) 税收的自动稳定器功能

税收的自动稳定机制也称税收的自动稳定器功能，是税收制度对经济的一种自动反应能力。

当经济出现衰退时，GDP 的下降导致了国民收入的下降，进而引起税收收入的下降。税收的减少意味着居民可支配收入一定程度上的提升，在居民消费倾向不变的情况下，收入的增加会刺激居民进行消费，进而刺激经济的复苏；当经济过热时，居民收入增加，税收也随着增加，这就限制了居民的消费需求，进而缓和通货膨胀的程度。

(二) 税收自动稳定功能的规律

由于税收稳定功能取决于其弹性系数，而不同税的弹性系数并不相同，因此，各种不同税的自动稳定性功能有如下规律：

1. 比例税

比例税的自动稳定性较累进税的低。比例税的 GDP 弹性仅取决于税基对 GDP 的反应,税收收入的内在弹性等于税基的弹性。而累进税的 GDP 弹性,除受此影响外,还要受平均税率对税基的反应,收入增加,税率对税基的弹性增大。因此,累进税的稳定性较高。

2. 所得税

所得税的内在稳定性最高,商品税次之,财产税最低。因为公司所得税的税基波动比 GDP 更敏感,因此公司所得税的 GDP 弹性最大,稳定性也最好。累进的个人所得税更是如此。商品税由于其税基与 GDP 变动基本保持一致,甚至在较低水平上,从而税收弹性接近于 1,稳定性较差。财产税由于估值的时滞,其弹性很低,小于 1,稳定性最低。

3. 社会保险税

社会保险税的征收直接意味着个人可支配收入的减少,经济膨胀时期,随着劳动就业的增加,社会保险税收收入增加,从而相应地减少居民需求,抑制经济膨胀;反之,在经济萧条时期,就业减少,社会保险税收收入减少,从而相对增加居民需求,刺激经济增长。

(三) 税收自动稳定机制局限

税收自动稳定机制作为一种稳定经济的内生机制,主要优点是它的自动反应能力,能够根据经济发展的状况自动调整,克服政策决策的时滞性因素。但是这种机制本身也存在一定的局限性。

(1) 只能缓和不能消除经济波动。从本质上看,自动稳定器作用的发挥主要依赖于经济的变化,但作用机制有限。在经济偏离理想状态(如充分就业、物价稳定等)时,尤其是存在较大的偏离,自动稳定机制虽然可以对经济起到一定的矫正作用,但不能解决所有的问题。因此,这种稳定机制仅仅缓解经济周期变化的波动幅度,而无法消除经济周期波动。

(2) 自动稳定机制对经济增长形成拖累。当经济由萧条转向复苏时,由于税收的自动稳定机制,一部分增加的国民收入被税收吸收了,这种自动反应就削弱了经济复苏的速度和力度,在经济增长过程中成为一种紧缩的因素,从而对经济增长形成拖累。另一方面逼迫增大相机抉择政策实施的力度。

三、税收相机抉择机制

政府为了弥补市场自发调节的不足,根据经济发展的状况,运用税收政策,有意识地调节经济发展,熨平经济波动。与税收的自动稳定机制相比,相机抉择机制更加灵活主动。

(一) 税收相机抉择机制

相机抉择的税收稳定政策主要包括扩张性税收政策和紧缩性税收政策。

(1) 扩张性税收政策。当市场中总需求下降,出现经济萎缩,此时政府应当推行扩张性的税收政策。减少政府收税,扩大财政支出,增加个人可支配收入,通过乘数效应扩大税收、财政政策的影响,促进私人消费支出的增加,社会总需求的扩大。

(2) 紧缩性税收政策。在经济发生通货膨胀时期,政府推行紧缩性的税收政策,增加政府税收,减少个人可支配收入,减少私人消费支出,社会总需求缩小,降低国内生产总值水平。

（二）税收政策抉择的局限性

相机抉择税收机制的实施固然有很大的灵活性，但也存在以下弊端。

1. 时滞问题

税收政策抉择的主要优点是政策选择的灵活性，即能根据经济情况变化和政策需要对经济做出调整。但税收政策抉择的主要局限在于时滞因素。一般来说，税收政策的时滞包括三种类型，即认识时滞、执行时滞和反应时滞。

（1）认识时滞。当经济出现膨胀或紧缩时，政府部门发现问题、制定政策需要一定的时滞。

（2）执行时滞。政策的出台到执行阶段需要政府有关部门的配合，需要一定的时间。

（3）反应时滞。当政策完全执行时，私人部门接收到政策后需要一定的时间调整自己的支出水平，这同样需要时间。

2. 多重目标

它使得税收政策的变动缺乏弹性。某些情况下税收甚至是政治妥协的产物，并不容易轻易变动。一般而言，紧缩性的税收政策（增税）较之刺激需求的扩张性政策（减税）更不容易得到公众的配合。此外，增税对经济还存在反激励效应，在边际税率本已很高的情况下，增税的反激励效应更为明显。有些经济学家认为，为尽量减少税收对经济行为的扭曲效应，政府应尽可能地采用平稳税率，即税率只有在政府长期财政收入需要变动时才应变，而不应随政府的短期需要而频繁变动。

3. 理性预期

相机抉择的税收政策是建立在无理性预期基础上的。可是随着扩张性的税收政策的实施，引起通货膨胀的发生，但公众对通货膨胀有预期，公众会根据预期调整自己的经济行为，税收政策效果就会受到影响。

课后习题

一、选择题

1. 集中讨论财政税收问题，并首次提出税收原则的《赋税论》，是（　　）的代表作。

A. 亚当·斯密　　B. 威廉·配第　　C. 瓦格纳　　D. 西斯蒙第

2. 在各种税率形式中，具有横向公平性，而且计算简便、便于征收和缴纳的税率形式有（　　）。

A. 比例税率　　B. 累进税率

C. 定额税率　　D. 差别化比例税率

3. 在市场对经济的资源配置有效的情况下，从效率出发，税收的目标是（　　）。

A. 保持税收中性　　B. 强化税收杠杆作用

C. 税收收入最大化　　D. 以上都不是

二、思考题

1. 什么是超额负担？征税如何产生超额负担？

2. 应该选择什么指标来体现能力原则征税？

3. 税收自动稳定器机制和相机抉择机制的主要区别是什么？

第三章　最优税收理论分析

好牧羊人的职责是剪羊毛，而不是扒羊皮。

——［罗马共和国］提布瑞斯·恺撒

税收的基本原则主要为“效率与公平”，最优税制应该是同时兼顾“效率原则与公平原则”的税制。最优税收的核心目标之一是实现税收中性，让宏观税负保持在合理水平，消除不合理的税制或不当税负对经济增长的不利影响。最优税收的另一个侧重点是针对经济的“激励—相容”条件、动态增长与福利改进，矫正税收的“扭曲”行为。

本章以税类为顺序提供了各个部分的经典文献，并结合前沿的“新税制理论”介绍了最优税收问题。

第一节　最优商品税理论

商品税的重要结论便是拉姆齐法则（Ramsey Rule），亦即逆弹性命题（Inverse Elasticity Rule）。拉姆齐分析了一个只有一个家庭（这种情况与一个人或具有同质的许多人一样）的社会中政府课税的情形，得出如下结论：如果一种商品对另一种商品的替代需求弹性越高，则这种商品的税率应该越低；如果一种商品对另一种商品的替代需求弹性越低，则这种商品的税率应该越高。对于这一命题，本节通过理论模型进行分析。

一、拉姆齐法则的静态模型分析

（一）分析基础——税收替代效应的效率损失

对于最优商品税的拉姆齐法则，可以通过静态税收效率模型进行实现。假设经济中有两种商品 X、Y，代表性消费者对两种商品的消费受到预算约束线 AB 的约束。在这一约束下，代表性消费者力图实现对两种商品 X、Y 消费的效用最大化，表现为无差异 U_1 与预算约束线切于点 E_1。具体如图 3-1。

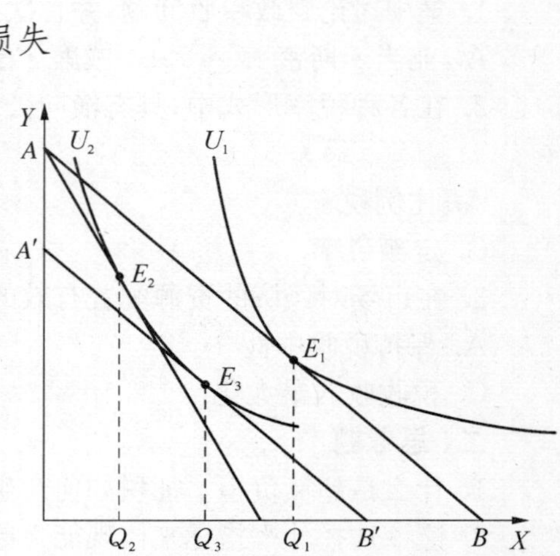

图 3-1　税前与税后的消费量变化

对照图 3-1，假设对商品 X 征收税率为 T_X 的线性商品税，则新的均衡点为 E_2。此时，对商品 X 的消费从消费量 Q_1 减少为 Q_2。对于具体的税收效应，通过补偿需求曲线 $A'B'$ 可以将其分为收入效应和替代效应。其中，对商品 X 的消费从消费量

Q_1减少为Q_3，这是税收的收入效应；对商品X的消费从消费量Q_3减少为Q_2，这是税收的替代效应。对于这一过程中的经济效率损失，可以通过图3-2进行分析。

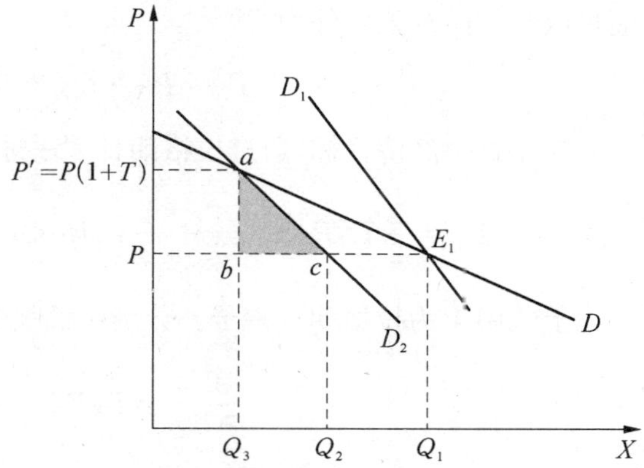

图3-2　替代效应下的效率损失

对于上述的税收经济效应，可以通过价格与税收之间的关系进行分析。其中曲线D为马歇尔需求函数，而D_1、D_2分别为补偿需求函数。而对于税收替代效应的效率损失(Efficiency Loss)，即为图3-2中的阴影部分——三角形abc的面积(刘宇飞，2000)。这是因为：征税之后消费者剩余的损失为梯形$acPP'$，而梯形$abPP'$为政府的税收所得，从而整个社会的效率损失为$\triangle abc$。对于这一社会效率损失的大小，可以通过下式进行具体的计算。

$$TEL_X=\frac{1}{2}\cdot \Delta P_X\cdot \Delta Q_X \tag{3-1}$$

根据替代需求弹性$\varepsilon_X=\dfrac{\Delta Q_X/Q_X}{\Delta P_X/P_X}$可知，新增的商品量$\Delta Q_X$为：

$$\Delta Q_X=\varepsilon_X\cdot Q_X\cdot \frac{\Delta P_X}{P_X} \tag{3-2}$$

而商品价格的变化即为税收带来的变化，亦即：

$$\Delta \mathrm{P_X}=P'_X-P_X\cdot \mathrm{X}=P_X(1+T_X)-P_X=P_X\cdot \mathrm{T_X} \tag{3-3}$$

在此根据式(3-3)可知$\dfrac{\Delta P_X}{P_X}=T_X$，代入到式(3-2)可得：

$$\Delta Q_X=\varepsilon_X\cdot Q_X\cdot T_X \tag{3-4}$$

从而将价格的增量关系式(3-3)与商品X的增量关系式(3-4)同时代入到总的社会效率损失式(3-1)可得：

$$TEL_X=\frac{1}{2}\cdot P_X\cdot T_X\cdot \varepsilon_X\cdot Q_X\cdot T_X=\frac{1}{2}T_X^2\cdot P_X\cdot Q_X\cdot \varepsilon_X \tag{3-5}$$

在此，得到了社会效率损失与替代需求弹性ε_X之间的关系。

（二）“逆弹性命题”的形成

对于前面的式(3-5)，类似地应用于商品Y，可以形成Y商品的社会效率损失表达式：

$$TEL_Y=\frac{1}{2}\cdot P_Y\cdot T_Y\cdot \varepsilon_Y\cdot Q_Y\cdot T_Y=\frac{1}{2}T_Y^2\cdot P_Y\cdot Q_Y\cdot \varepsilon_Y \tag{3-6}$$

对于经济中的政府而言，要求基于一定的税收收入R形成社会总效率损失的最小化。

而税收收入的约束条件为：

$$T_X \cdot P_X \cdot Q_X + T_X \cdot P_Y \cdot Q_Y \leqslant R \tag{3-7}$$

对于这一经济目标，通过拉格朗日方法进行求解。首先定义拉格朗日方程：

$$L_1 = \frac{1}{2} T_X^2 P_X Q_X \varepsilon_X + \frac{1}{2} T_Y^2 P_Y Q_Y \varepsilon_Y + \lambda(R - T_X P_X Q_X - T_Y P_Y Q_Y) \tag{3-8}$$

上式中 λ 为拉格朗日乘子。分别对税收变量 T_X 和 T_Y 求一阶条件可得：

$$\frac{\partial L_1}{\partial T_X} = T_X P_X Q_X \varepsilon_X - \lambda P_X Q_X = 0 \tag{3-9}$$

$$\frac{\partial L_1}{\partial T_Y} = T_Y P_Y Q_Y \varepsilon_Y - \lambda P_Y Q_Y = 0 \tag{3-10}$$

将式(3－9)、式(3－10)等式左边的第二项移至右边，约去同类项并将两式相除可得：

$$\frac{T_X \varepsilon X}{T_Y \varepsilon Y} = 1 \tag{3-11}$$

即：

$$\frac{T_X}{T_Y} = \frac{\varepsilon Y}{\varepsilon X} \tag{3-12}$$

从而得到了静态模型下的最优商品税结论。这也就是说，商品 X 或 Y 的税率与其替代需求弹性成反比；如果对一种商品课税，从最优角度考虑，该商品的需求弹性越高，税率应当越低；反之，税率应当越高。这就是最优商品税的"逆弹性命题"。

二、最优商品税的发展

值得一提的是商品税不对劳动所得课征，故一般不会像所得税那样直接影响劳动供给。然而，若将闲暇视为一种特殊商品，我们就会发现，由于一般商品并不把闲暇这种特殊商品作为征税对象，而闲暇与其他商品之间并不具有弱可分性，也就是说没有任何商品与闲暇有替代或互补关系。此时若课征单一商品税，则会扭曲人们在闲暇和一般商品消费之间的选择，鼓励人们多消费闲暇而减少劳动供给。那么在设计税制时，需要将商品课税对"工作—闲暇"的干扰纳入考量，即对闲暇互替的商品(与劳动互补的商品，如工作服)等课征较低的税率。

拉姆齐所讨论的是不对闲暇进行课税的情形。克里特和黑格(Corlett 和 Hague，1953)讨论了存在两种商品的情形下，应当对闲暇互补性(更小的替代性的商品)征收重税。高税率会阻碍对互补商品的消费，从而阻止人们从事闲暇活动——让他们别无选择去工作。克里特-黑格法则与逆弹性法则是一致的，可以说是其一个具体实例。逆弹性法则要求对无需求弹性的商品课征高税，而克里特-黑格法则要求对闲暇互补的商品课征高税。为了说明这两个法则的一致性，就需要分析商品无弹性需求和闲暇互补之间的关系。如果能够说明无弹性需求的商品是闲暇的互补品，那么这两个法则就不会存在矛盾。

总体而言，拉姆齐法则所讨论的基础是基于完全竞争市场、单个家庭经济。此后，研究者逐渐放宽拉姆齐研究的限制条件。戴蒙德(P. Diamond)和莫里斯(J. Mirrlees)将拉姆齐法则推广，由单一家庭扩大至多个不完全相同的家庭。由此得出，税收效率的要求应当对与闲暇互补的商品征收高税率;公平要求对穷人购买的商品征收较低的税率。税收制度的设计应当兼顾效率与公平。

三、最优商品税的局限

以拉姆齐的研究为代表的最优商品税备受质疑的一点就是“过于理想化”。最优商品税的模型假定条件过于严苛。单一消费者、独立商品、个人偏好完全独立的情况与现实生活相差甚远。同时,交叉价格弹性的符号、数值大小无法计算得出。诸多条件限制使得最优商品税仅存在于理论中。虽然后期研究者逐渐放宽了假设条件限制,但仍难以应用于实践。

虽然最优商品税的研究在现实中缺乏可操作性,但是最优商品税的理论模型能为税制设计中“公平和效率”的平衡提供一定的思路。

第二节　最优劳动所得税理论

现代西方税收理论对所得税的优化主要是在个人收入税领域的研究。对于最优收入税的研究主要集中在税率方面,其中,累进税制能够有助于公平目标的实现。

一、埃奇沃斯(Edgeworth)模型

埃奇沃斯建立如下模型。他假定:

(1) 在取得既定税收收入的前提下,应使得个人效用之和达到最大,即:

$$\text{Max.}W = U_1 + U_2 + U_3 + \cdots + U_n \tag{3-13}$$

其中,U_i表示第 i 个人的效用,W 表示社会福利,n 表示人数。

(2) 个人的效用函数一致,效用的大小取决于他们的收入。根据经济学原理,随着收入的不断增加,个人所得到的效用或满足感是不断递减的。

(3) 确定可获得收入的总额。

如果个人效用函数是相同的,边际收入相等只有在个人收入水平相同的情况下实现。

如果满足埃奇沃斯提出的三个假设,最优所得税制应当使人们税收收入分配相等,对高收入群体征收高税,对低收入群征收低税,从而达到公平的收入分配。

埃奇沃斯模型的假设条件是十分严格的。社会收入总额是固定的假设意味着税率不会对社会产出产生影响。此外,在埃奇沃思模型中,闲暇作为影响收入的因素并没有被考虑在模型中。

二、斯特恩(Stern)模型

斯特恩将个人工作情况纳入最优所得税模型中考量,个人将在工作和闲暇中进行选择。假设在所得与闲暇之间具有替代关系,并在此假设前提下,研究所得税的累进程度,他提出了一种具有固定的斜率(边际税率)和固定截距(补助)的线性税收(Flat Tax)模型:

$$T = -G + Y \times t \tag{3-14}$$

T、G、Y 和 t 代表税收收入、政府一次性总额补助、个人收入和边际税率,政府一次性总

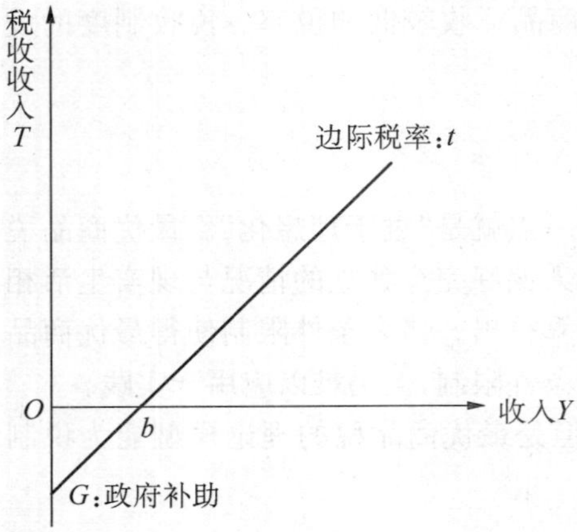

图 3-3　线性税

额补助和税率均为正数。利用图示表示如图 3-3 所示。

如图 3-3,纵轴表示税收收入,横轴表示个人收入,纳税人收入为 0 时,他从政府获得补助 G,当纳税人的收入大于 0 时,每获得 1 美元所得,他从政府获得的收入就会减少 t 美元或者向政府支付 t 美元,t 美元即为边际税率,由图 3-3 可以看出,该边际税率是不变的。最优收入税就是要找到 G 和 t 之间的最优组合。

斯特恩的模型比埃奇沃斯模型更加接近现实,但其还局限在单一边际税率研究的基础上。在现实中,社会福利函数、弹性测度等问题仍困扰着最优收入税模型的应用。

三、莫里斯模型

对于税收"公平与效率"的平衡,莫里斯(Mirrlees,1971)等进行的最优收入税理论是对这一问题的较好回答,在此基础上,现代财政学者建立了一个比较完整的静态最优收入税理论体系。这一方面的研究也成为公共财政理论,特别是税收理论的研究重点。

在有关最优税收的理论分析中,维克里(Vickrey,1947)最早提出了最优收入税的框架,莫里斯在 1971 年完善了这个框架,形成了一般收入税的理论分析和数值模拟结果;谢辛斯基(Sheshinski)在 1972 年同样完善了这个框架,形成了一般线性收入税的理论分析。埃伯特(Ebert)在 1992 年改进了莫里斯的分析框架,形成了更一般的理论分析。当能力 S 有界时,高收入者的边际税率为零,即 $T'(S_H)=0$。

在莫里斯(Mirrlees,1971)的框架中,最优税收问题是一个纳税人与社会计划者之间的不完美信息博弈。社会计划者要对高能力者课征高税收,但是计划者需要确认税收制度不能诱导高能力者伪装低能力者逃避课税。

现代莫里斯式分析常常建立在"显示性原则"基础上。个人自愿对所提供的激励做出回应的政策,能够实现任何资源最优配置的目标。也就是说,中央计划者(拥有完全信息、无扭曲、无摩擦的分配主体)必须确认税收给高能力者提供了最高的激励,将生产维持在与其能力相称的高水平。

具体地,莫里斯(Mirrlees,1971)研究了劳动所得的边际税率。他认为,税率结构应该是"倒 U 形",即个人适用的税率应该是累进的,然后转向累退,收入最高的人所适用的边际税率应该为零,如图 3-4、图 3-5 所示。假设一个经济体中赚得高收入的个人收入是 y,正的边际税率对个人努力有负激励效应,带来效率成本。如果该人超过 y 的收入的边际效率税率为零,那么政府收入数量不变,且避免了税率成本。这样,高收入者适用正边际税率不可能是最优的。

莫里斯认为,在考虑所得税时,我们面临的就是在馅饼的大小及分配之间的著名的权衡取舍问题。由于个体之间存在差异,征税会对劳动产生鼓励或抑制作用。因此,一个认真对待这个问题的模型,必须体现出抑制作用和个人差别这两个方面的内容。莫里斯提出的模型从许多方面看,是最简单的包含这些特点的模型。

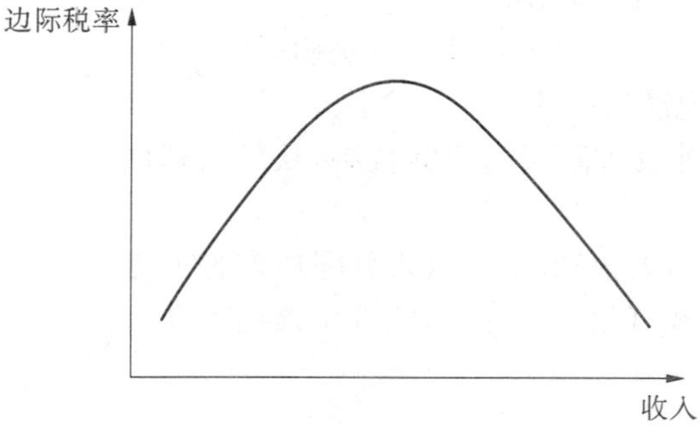

图 3－4 最优劳动所得税的边际税率图

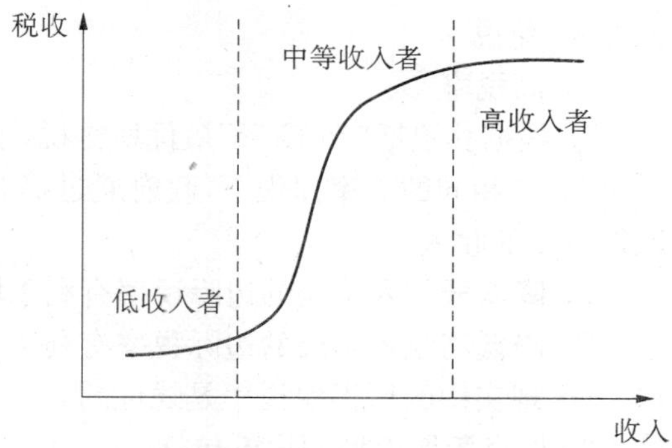

图 3－5 不同能力消费者的最优劳动所得税

对于完备市场中这一最优劳动税收的纯理论，其与现实经济不相吻合。实际上，许多国家对高收入者征收较高的累进税率。当然，纯理论分析时的假设条件非常苛刻，要求政府对所有消费者的收入能力是完全信息的，要求消费者显示与其实际收入相对应的消费偏好。此外，这一经济系统并没有考虑税收的征管成本，未考虑政府其他职能的发挥及其消费者对政府公共支出的效用等。因而，这也使得最优收入税的理论研究价值大于实际应用价值。

第三节 最优资本收入税理论

自从最优收入税提出之后，除了对上一小节的劳动所得税进行深入研究，还有许多关于最优资本收入税的前沿研究。其中，较早的经典分析便是贾德（Judd，1985）和钱利（Chamley，1986）的研究。他们认为，如果假定消费者的生存期限相同，将休闲纳入模型考虑，平衡经济状态下的福利最大化资本收入税应该为零。在模型中，家庭根据未来利率和资本净回报来决定是否储蓄，在长期均衡中，他们的储蓄率和税收收益有着强正相关关系。资本收入税的征收会导致家庭为获取同样的税后收益而支付更多的税前资产，这样会降低资本存量和减少经济产出，对经济产生扭曲作用。即使没有从储蓄的角度来看，和劳动所得税相比，这种扭曲也是相当大的（Mankiw，2000）。资本的全球化也使得资本流动对资本课税的反应迅速而强烈。

钱利在一个新古典增长框架下，研究了最优资本收入税模型。钱利假定个体具有无限的生命，并且没有生产的不确定性，在这种情况下，经济处于均衡状态时最优资本收入税收收入应该为零。

随后的最优资本收入税研究，基本都是放松钱利假设的约束条件，或是考虑微观经济理论中的激励—相容问题、信息不对称问题，进行动态化的设计。论证的结论或是最优资本收入税是扭曲的，或是最优资本收入税大于零（或最优资本收入税小于零）。基于这一方面的研究，形成了“新动态公共财政理论”。

课后习题

一、选择题

1. 根据最优商品税理论，应当对生活必需品适用（ ）。

A. 免税　　B. 低税率

C. 高税率　　D. 以上答案均不正确

2. 根据莫里斯“倒 U 形”最优所得税,下列说法错误的是(　　)。

A. 在相同的效率损失下,政府通过提高中等收入阶层的边际税率,从较富裕的人手中取得更多的收入

B. 降低低收入阶层的边际税率有利于增进穷人福利,促进收入分配功能的实现

C. 降低高收入阶层的边际税率有利于促进经济效率的提高,实现帕累托改进

D. 现实中的所得税税率是线性的

3. 埃奇沃斯模型假设不包括(　　)。

A. 政府要获得的收入是一定的,最优所得税的设计要达到的目标是使个人效用之和,即社会福利达到最大

B. 社会成员具有相同的效用函数,并且此函数只取决于他们的所得水平

C. 所能获得的所得总额是固定的

D. 所能获得的所得总额是可变的

二、思考题

1. 简述拉姆齐法则。

2. 最优税收理论在现实中有很多缺陷,为什么该理论还能够不断地得到重视?

3. 最优商品税、资本收入税理论对我国税制改革有何启示?

第四章　税收负担转嫁与归宿

轻田野之税，平关市之征，省商贾之数，罕兴力役，无夺农时，如是则国富已。

——《荀子·富国》

税种按其是否可以转嫁，划分为流转税和非流转税；在流转税下，纳税人和实际负税人并不一致。流转税包括增值税和消费税等常见税种，税负依次通过生产、流通和消费环节，最终由消费者承担。在非流转税，即直接税体系下，税负难以转嫁，纳税人和负税人重合，直接税的纳税人就是税负的归宿。准确认识税负的转嫁与归宿，对税收的运行机理和设置良好的税收制度举足轻重。税收负担主要研究国家征税由谁负担，负担水平如何确定，影响税收负担主要有哪些因素，应选择什么样的税收负担政策。

第一节　税收负担

税收负担是指纳税人（负税人）因为税款的征收而承担的损失。税收负担一般为相对值，反映一定时期的税负状况。

税收负担问题是税收制度、政策考量的关键问题。对影响宏观税负的因素进行分析，有助于选择符合本国国情的合理的税负水平。影响一国宏观税负水平的因素有很多，经济发展水平、经济结构、国家职能定位、经济体制和财政体制的模式等因素是影响税负水平差异的主要原因。

一、经济发展水平

经济发展水平是影响税收负担最根本的因素。经济越发展，生产力发展水平越高，国家可供分配的社会产品就越丰富，税源和税基就相对丰富。此时，纳税人或负税人能够承担的税负也越多。相反，如果一国处于经济衰退的情况，此时若征收过多的税款将会对经济发展产生较大的消极影响。

二、经济结构

税基和税源的分布受产业结构分布的影响，产业结构的调整直接会对税基和税源产生影响，进而影响税负结构。

三、国家职能定位

尽管经济发展水平是影响税负的决定性因素，一般来说，经济发展水平较高的国家税收负担也相应较高。

四、财政体制的模式

不同的财政体制模式同样会影响税收负担。在计划经济时代,财政集中度较高,政府需要提供大量的公共产品来满足社会需求。同样的,政府除了税收之外有国有企业利润收入、公债收入等。当其他收入无法满足政府公共服务提供时,税收负担提升。

第二节　税收负担的衡量指标

税收负担通常用负担率来衡量。根据不同的层次,税收负担可以分为宏观税负、中观税负和微观税负。

一、宏观税负衡量指标

由于税收直接为政府公共服务提供资金支持,宏观税负的高低一定程度上反映了政府职能的强弱。税收负担率并不是越高越好或越低越好。税收负担过高,会影响私人部门投资消费,进而产生经济紧缩。税收负担过低,无法满足政府日常开支,则不能满足社会公共需要。

(一) 拉弗曲线

美国供给学派的代表者阿瑟·拉弗(Arthur B. Laffer)利用"拉弗曲线"(见图 4-1)描述税率水平与税收收入之间的关系。拉弗的核心思想是税率和税基共同决定税收收入的大小,高税率并不一定能够带来高收入,过高的税率会对经济主体的生产和生活产生负面影响,进而削弱税基,造成税收收入的减少。

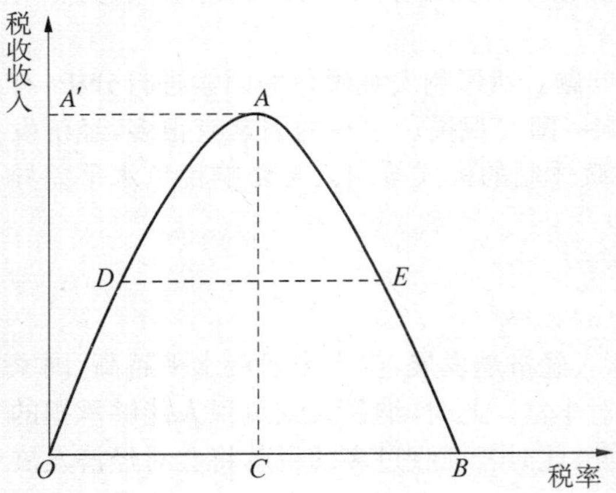

图 4-1　拉弗曲线

拉弗曲线说明了税率与税收收入及经济增长之间的一般关系,体现在:

(1) 高税率不一定能够带来高收入,高收入也不必然要求高税率。

(2) 在相同的税收收入水平上政府可以采取两种不同的税率。例如,在 D 点和 E 点,税收收入相同,却存在不同的税率。在 D 点,税率较低,刺激经济发展;在 E 点,高税率抑制私人投资和生产,对经济发展产生负面影响。

(3) 在税率增加的过程中,一定存在一个最优税率,即图中 C 点,在这一点,政府获得的税收收入最高。

(二) 我国宏观税负衡量指标体系

宏观税负是指一个国家的总体税负水平,可以通过一定时期内政府税收收入占同期 GDP 的比重反映。在我国,由于政府收入统计口径较多,由此形成了大、中、小三层次的宏观税负评价体系。

$$小口径宏观税负=\frac{税收收入(T)}{国内生产总值(GDP)}\times 100\%$$

$$中口径宏观税负=\frac{财政收入(T)}{国内生产总值(GDP)}\times 100\%$$

$$大口径宏观税负=\frac{政府收入(T)}{国内生产总值(GDP)}\times 100\%$$

同样地，宏观税负还有其他的衡量指标，税收、财政和政府收入与国民生产总值(GNP)、国民收入(NI)的比率可以得到国民生产总值税收负担率、国民收入税收负担率。

二、中观税负衡量指标

中观税负是指某个地区国民经济某个部门或某个税种的税收负担，例如可分别计算国民经济各重点行业的税负水平，或计算某行业某种税的税负水平。该负担率能够体现税负在不同地区、行业之间的差距，为国家制定税收政策提供必要的依据。

衡量中观税负的指标主要包括：

$$某地区税收负担率=\frac{地区税收总额(T)}{地区同期国内生产总值(GDP)}\times 100\%$$

$$某行业税收负担率=\frac{行业税收总额(T)}{行业同期国内生产总值(GDP)}\times 100\%$$

$$某税种税收负担率=\frac{该税种税收总额(T)}{该税种计税依据数量}\times 100\%$$

三、微观税负衡量指标

微观税负是从微观角度考察税收负担的指标。微观税负指标可以反映纳税人所承受税负的程度。微观税负指标主要包括企业流转税负担率、企业所得税负担率、个人税收负担率等。

(一) 企业流转税负担率

流转税是国家在商品流转环节征收的一种税款。企业流转税负担率是指企业在一定时期内缴纳的流转税税额占其同期销售收入或营业收入的比例，用公式表示为：

$$企业流转税负担率=\frac{实纳流转税税额}{同期销售收入(或营业收入)}\times 100\%$$

(二) 企业所得税负担率

企业所得税负担率是指一定时期内企业实际缴纳的所得税税额，占其同期利润总额的比例，用公式表示为：

$$企业流转税负担率=\frac{企业所得税税额}{同期利润总额}\times 100\%$$

该指标可以用来比较不同类型、不同地区企业之间的税负差距,为政府根据不同行业的特点制定不同的税收政策提供决策依据。

(三)个人税收负担率

个人税收负担率是指一定时期内居民个人缴纳的各种税款占同期个人收入总额的比例,用公式表示为:

$$个人税收负担率=\frac{个人实际缴纳税额}{同期个人收入总额}\times100\%$$

个人缴纳的税收主要是个人所得税、社会保险税等税收,该指标反映出一定时期内个人缴纳税收的情况,体现了税收参与个人收入分配。

第三节　税负转嫁和税负归宿

税负转嫁和税负归宿是税收负担运动过程中的两个重要环节。

一、税负转嫁

税负转嫁是将本应该由自己承担的税负转移给其他人承担。税负转嫁会对税收政策原有的经济效果产生一定的扭曲。

(一)税负转嫁的方式

根据税负运动方向的不同,税收负担的转嫁方式可以区分为前转和后转两个最基本的形式。其他税负转嫁方式都是前转、后转这两个基本形式的特例或组合。

1. 前转

税收负担向前转嫁是指纳税人将其所缴纳的税款通过提高销售价格的方法,向前转移给商品或生产要素的购买者或最终消费者承担。如图4-2,政府在生产制造环节对产品的制造商征税,那么制造商就会提高该产品的出厂价格,把税收负担转嫁给批发商,批发商会在此基础上再提高产品的批发价格,将税收负担转嫁给零售商,然后零售商通过提高该产品的零售价格的方式,又把税收负担转嫁给消费者来承担。从商品流转角度看,"前转"又称为"顺转"。

税收负担向前转嫁是税负转嫁最典型也是最普通的一种形式。名义税收负担和实际税收负担在转嫁的过程中发生了分离,在"前转"的过程中,名义上的纳税人是生产厂商,但税收的实际承担者是消费者。

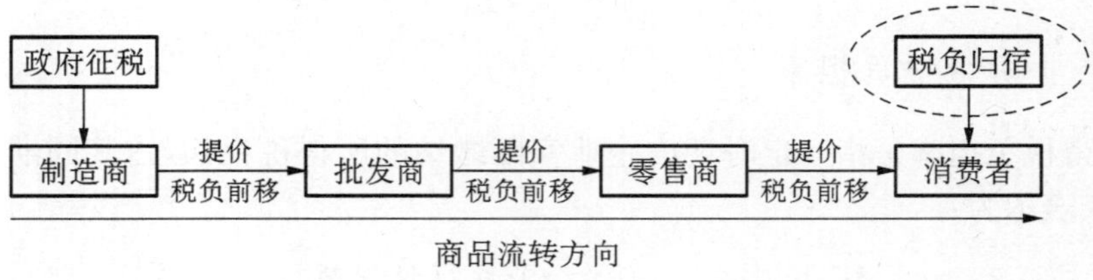

图4-2　税负前转

2. 后转

税收负担向后转嫁是指纳税人通过降低购进价格的方法，将由其缴纳的税款向后转嫁给商品或生产要素的销售者承担。如图 4-3，政府在零售环节对商品销售商征税，但销售商可能会由于诸多条件的限制而无法在征税后相应地提高销售价格，他就只有设法压低进货价格，将税收负担向后转嫁给商品制造商。同样，商品制造商也会通过压低进货价格把税收负担转嫁给中间产品生产商，中间产品生产商通过同样的办法向后转嫁税款。由于税收负担向后转嫁是纳税人在经济交易过程中逆着课税商品的流转方向将税收负担转移出去，所以常常被称为"逆转"。

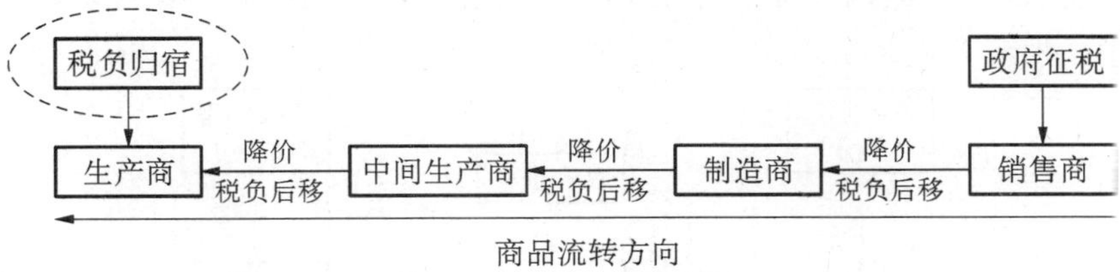

图 4-3 税负后转

税收负担之所以要向后进行转嫁，主要是因为市场供求条件下，纳税人无法通过提高销售价格而将税负前转。税收负担向后转嫁在国际贸易中，尤其是在贸易保护主义盛行的情况下比较常见。

3. 税收资本化

税收资本化是指生产要素的购买者将所购买的生产要素未来要缴纳的税款，按一定的贴现率折现，然后通过从购进价格中预先一次性扣除的方式向后转嫁给生产要素的出售者承担，它是税收负担向后转嫁的一种特殊形式。与一般意义上的税收负担向后转嫁不同的是，税收资本化是将未来多年多次应缴纳的税款转化为现期税收负担，并做一次性转嫁。税收资本化大多发生在诸如土地和房屋等具有长期收入的资本品的交易中。如政府对土地征税，土地购买者便会将预期要缴纳的土地税折入资本，将税款转嫁给土地出售者负担，从而引起地价下降。名义上土地购买者缴纳税款，实际上的税款是由土地出售者负担的。假设土地在以后年度能够产生税收收入用 R_i 表示，各年的利率和贴现率用 r_i 表示，那么土地现值的计算公式为：

$$PV=\frac{R_1}{1+r_1}+\frac{R_2}{(1+r_2)^2}+\cdots+\frac{R_n}{(1+r_n)^n}=\sum_{i=1}^{n}\frac{R_i}{(1+r_i)^i}$$

假设每年土地收入征收的税款用 T 表示，则其现值就变为

$$PV'=\frac{R_1-T_1}{1+r_1}+\frac{R_2-T_2}{(1+r_2)^2}+\cdots+\frac{R_n-T_n}{(1+r_n)^n}=\sum_{i=1}^{n}\frac{R_i-T_i}{(1+r_i)^i}$$

当土地出售时，买方就可能因为未来政府要对其征税而将购买土地愿意支付的价格从 PV 下降为 PV'，从而将土地以后应缴纳的税收一次性转嫁给买方。土地价格的下降额就是所有未来税收支付的现值，即税负转嫁总量为：

$$PV-PV'=\sum_{i=1}^{n}\frac{T_i}{(1+r_i)^i}$$

这种税收流合并到资本价格中的过程就是资本化的过程，因此，它也被称为税收折入资本。

4. 混转

在现实社会经济生活中，税收负担的运动并不总是单纯地沿着一个方向转嫁。税负转嫁的方向和程度要受到诸多经济因素和现实条件的影响，现实中的税负转嫁过程往往是一部分税收负担向前转嫁，而另一部分税收负担向后转嫁。这两种转嫁的混合就是"混转"或"散转"。如图 4-4，政府对中间产品生产商征税，那么中间产品生产商就可以通过提高中间产品出厂价格的方式把一部分税收负担向前转嫁给最终产品的生产商，同时也可以通过压低生产该中间产品原料的购进价格的方式，将一部分税收负担向后转嫁给原材料生产商。

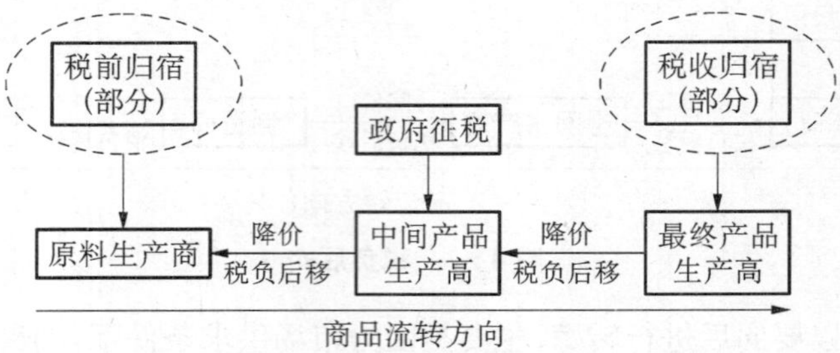

图 4-4 税负混合转嫁

(二) 税负转嫁的条件

税款的征收会减少纳税人的既得利益，税负转嫁是具有独立经济利益的纳税人的一般行为倾向。如果纳税人没有独立的经济利益，那么税负转嫁就会失去内在的动力。本质上，税负转嫁是由客观经济条件所决定的。

税收负担转嫁是一个非常复杂的经济现象，其主要途径和形式往往是多种多样的，但是税收负担转嫁始终离不开商品交易中的自由价格机制，如果脱离了商品交易中的供求关系和价格变化，纳税人即使有将税收负担转嫁出去的动机，税收负担实际上也是无法得以转嫁的。可见，税收负担能否实现转嫁以及能转嫁多少，最基本的条件是价格机制能否发挥作用。在计划经济体制下，由于价格受到政府计划的严格控制，纳税人无法自主地通过提高或压低商品价格的方式来转嫁税收负担，所以这一时期严格来说是不存在税负转嫁的。在市场经济条件下相对容易实现税负转嫁的税种，主要是那些与商品流转以及供求价格密切相关的间接税。

(三) 税负转嫁的实质

在发生税收负担转嫁的情况下，纳税人与负税人是相互分离的。此时，税负转嫁就变成了国民收入在名义纳税人和实际负税人之间的再分配问题。即由于发生了税负转嫁，一部分人的可支配收入增加了，而另一部分人的实际可支配收入却减少了。但从整个社会角度来看，税收负担转嫁既没有增加政府的税收收入总量，也不会减少政府税收收入总量。可见，税负转嫁的实质是在宏观税负或宏观税收收入水平既定的情况下，税收负担在纳税人与负税人之间的一种再分配。

政府运用税收手段来调控社会经济的运行，本质就是通过对特定对象征收一定的税款来调节收入分配。但税负转嫁的存在易导致政策偏离，使政府的调控目标难以实现。为此，政府制定税收政策时必须考虑税负转嫁的影响。

二、税负归宿

税负转嫁其实就是一个税收负担不断运动的过程，不论这一过程是一次转嫁就完成还是需要多次转嫁才能完成，终将会有人承担该税款，这就是税负归宿。

税负归宿可以区分为法定税负归宿和经济税负归宿。法定税负归宿是指根据税法相关规定有纳税义务的经济主体，它表明的是谁在法律上应缴纳税款的问题。经济税负归宿是指税收负担的最终承担者，它回答的是到底是谁真正负担了税收。如果没有发生税负转嫁，那么法律上的税负归宿就是经济上的税负归宿；当发生税负转嫁时，法律上的税负归宿与经济上的税负归宿就会出现背离，最初缴纳税款的法定纳税人就不一定是该项税收的最终承担者。税收负担的法定归宿始终只有一个，而经济归宿则可能是一个、两个甚至更多。

第四节　税负转嫁的影响因素

在税收负担能够转嫁的情况下，税收负担的转嫁程度会受到特定社会经济条件的影响。税负转嫁的程度主要受供需弹性、市场结构、税种的性质以及征税范围的宽窄等因素的制约。

一、税收负担的分担和税负转嫁

在价格可以自由变动的前提下，税负转嫁的程度主要体现在政府征税前后的价格变动情况，或者说消费者支付的价格和生产者获得的价格之间差额可以用来反映税负转嫁的程度。如果政府对生产者征税后销售价格保持不变，税收负担完全由生产者独自负担。如果销售价格上升幅度与税额相等，那么税收负担就全部转嫁给消费者承担。如果销售价格上升幅度小于税额，税收负担只发生了部分转嫁，不管转嫁出去多少，税收负担最终会在交易双方之间进行分摊。

图 4－5 可以用来说明政府征税后税收负担在交易双方间的分担情况以及税收负担的转嫁程度。政府课税之前，供给曲线 S 与需求曲线 D 相交于 E_0点，这就决定了税前均衡价格为 P_0、均衡数量为 Q_0。此时消费者支付的价格与生产者获得的价格均为 P_0。如果政府对商品生产者课征数量为 T 的定额税，那么供给曲线会因此向左上方平移至 S'，它与需求曲线相交于 E_1点，决定了政府征税以后商品均衡价格上升为 P_1，均衡数量却降至 Q_1。虽然此时消费者支付的价格为 P_1，但由于单位商品需交纳 T 数量的税收，因而生产者实际获得的价格只有 P_2，此时 P_2等于消费者价格 P_1与税收 T 之间的差额。政府征税，相当于在商品的供给和需求之间打进了一个税收楔子。税收楔子不仅使供给曲线和需求曲线的相对位置发生移动，而且使

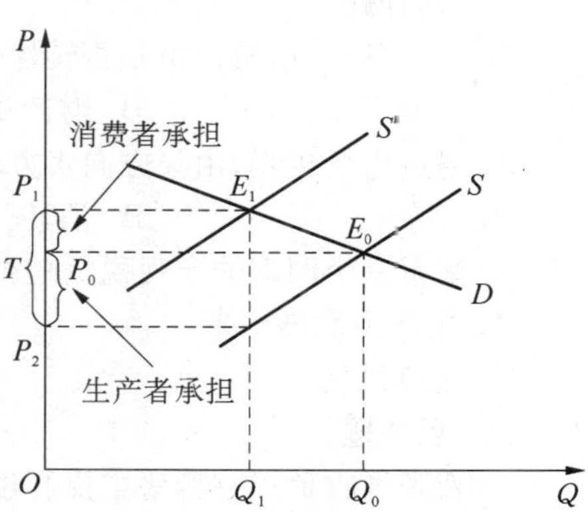

图 4－5　税收负担的变化

政府征税后消费者支付的价格和生产者得到的价格不再重合。与征税前相比,消费者支付的价格由 P_0上升为 P_1,这表明消费者承担的税收负担为 P_0P_1;而生产者实际得到的价格却由 P_0下降至 P_2,这表明生产者承担的税收负担为 P_0P_2。可见,政府向生产者征税,生产者会通过提高商品售价的方式将政府征税后的消费者价格与政府征税前的消费者价格之间的差额部分转嫁给了消费者承担,而自己则承担了相当于政府征税前的生产者价格与政府征税后的生产者价格之间差额部分的税收负担。

二、供需弹性对税负转嫁程度的影响

根据上述分析可以看出,供给曲线和需求曲线的斜率(弹性)对税负转嫁的程度有明显的影响。根据分析,如政府对某一商品征收税款,该商品的需求弹性越大(如高档奢侈品),消费者对一单位商品价格的变化反应比较敏感,生产者难以通过提价的方式将税款转嫁给消费者。商品的需求弹性越小(如生活必需品),消费者对单位商品价格的变动不敏感,生产者可以通过提高售价的方式将税款转嫁给消费者承担。同样,供给弹性也会影响税负的转嫁程度。

商品的供需弹性存在完全无弹性和完全有弹性两种极端情况,对于商品供需弹性对税负转嫁的影响,可以从四个不同的情况进行分析。

当需求完全无弹性时,生产者提高价格,消费者的需求并不会发生任何变化,即还按照原来的需求量购买商品。在这种情况下,生产者可以通过提高价格将税收负担完全转移给消费者承担。

当需求完全有弹性时,生产者提高价格时,消费者对价格非常敏感,细微的价格变动能够引起消费者需求量的大量减少。在这个情况下,生产者难以通过提高价格将税负前转给消费者,所有税收负担将由生产者承担。

当供给完全无弹性时,此时政府如果对商品进行课税,由于商品的供给完全无弹性,所以政府征税之后生产者的供给曲线不会发生移动,消费者的价格水平不变,生产者承担全部税收。

当供给完全有弹性时,生产者对价格的反应非常敏感,价格变动将会导致商品的供给量减少。此时如果政府征税,作为纳税人的生产者可以将税收负担全部向前转嫁给消费者。

课后习题

一、选择题

1. 下列各项中,按税负是否转嫁分类,所得税属于(　　)。

A. 流转税　　B. 财产税　　C. 直接税　　D. 间接税

2. 通过市场买卖,由买方向卖方转嫁的税负转嫁方式是(　　)。

A. 后转　　B. 消转　　C. 前转　　D. 税收资本化

3. 衡量一个国家的宏观税负是否合理,要看该国的(　　)。

A. 生产力发展水平　　B. 人均国民收入

C. 税制结构　　D. 经济结构

二、思考题

1. 宏观税收负担有哪些主要衡量指标?

2. 你认为当前我国宏观税负合理吗?请阐述观点并说明理由。

第五章　中国税制体系

百姓足，君孰与不足？百姓不足，君孰与足？

——《论语·颜渊》

税收体系反映了一国财政收入主要的来源形式和制度形式，关系着一国税收组织的合法性、合规性，以及税收职能作用的传导和发挥，因此从宏观上鸟瞰税制体系甚为必要。

第一节　现行税制体系

一个国家在一定时期内、一定体制下以法定形式规定的各种税收法律规范的总和，称为税法体系。税法体系就是通常所说的税收制度，简称税制。它反映国家与纳税人之间的经济关系，是国家财政制度的主要内容。一个国家制定什么样的税收制度，是由生产力发展水平、生产关系性质、经济管理体制以及税收应发挥的作用决定的。

税收制度的内容主要有三个层次：一是不同的要素构成税种。构成税种的要素主要包括：纳税人、征税对象、税目、税率、纳税环节、纳税期限、减免税等。二是不同的税种构成税收制度。构成税收制度的具体税种，国与国之间差异较大，但一般都包括所得税（直接税）、流转税（间接税）及其他一些税种，如财产税、行为税等。三是规范税款征收程序的法律规范，如税收征收管理法等。

中国现行税制，也是由税收实体法与税收程序法构成的，如表 5－1 所示。税收实体法可分为货物与劳务税、所得税、财产行为税、资源税与环境保护税、特定目的税，共计 18 个税种；税收程序法主要有税收征收管理法、发票管理办法等。

表 5－1　中国现行的税制体系

	体　系	项　目	内　容
中国税制体系	税收实体法体系	货物与劳务税	增值税 消费税 关税
		所得税	个人所得税 企业所得税
		财产行为税	房产税 契税 车船税 印花税

续　表

<table>
<tr><th colspan="2">体　系</th><th>项　目</th><th>内　容</th></tr>
<tr><td rowspan="4">中国税制体系</td><td rowspan="2">税收实体法体系</td><td>资源和环境保护税</td><td>资源税
环境保护税
土地增值税
城镇土地使用税</td></tr>
<tr><td>特定目的税</td><td>城市维护建设税
车辆购置税
耕地占用税
烟叶税
船舶吨税</td></tr>
<tr><td rowspan="2">税收程序法体系</td><td>由税务机关负责征收的税种的征收管理</td><td>按照全国人大常委会发布实施的《税收征收管理法》执行</td></tr>
<tr><td>由海关机关负责征收的税种的征收管理</td><td>按照《海关法》及《进出口关税条例》等有关规定执行</td></tr>
</table>

第二节　税收实体法

我国现行税制就其实体法而言，是1949年新中国成立后经过几次较大的改革逐步演变而来，后经过1994年工商税制改革逐渐完善形成的。中国目前以货物劳务税和所得税为双主体的税制结构，现有税种按其性质和作用大致分为如下几类。

一、货物与劳务税

货物与劳务税，一般是以商品和劳务服务为征税对象，就其销售额征税的一个税类。现行实体法体系中，增值税、消费税和关税都属于货物与劳务税。

(一) 增值税

增值税于20世纪50年代在法国首先初步实践成功，我国于1979年试点，1994年全面推行，它是一种对商品或应税劳务流转各个环节上的增值额课征的税。2016年5月1日起全面“营改增”改革后，我国对货物和劳务统一征收增值税。

(二) 消费税

消费税是对消费品和消费行为征收的一种税。我国现行消费税作为一种选择型消费税，主要对在我国境内从事生产、委托加工和进口应税消费品的单位和个人就列举的产品销售征税。

(三) 关税

关税是对进出口的货物或物品征收的一种税。它通常可以分为进口关税和出口关税，凡从事进口货物的收货人、出口货物的发货人,不论其国籍,都是关税的纳税人。关税由海关负责征收管理。

二、所得税

所得税又称所得课税、收益课税,是指国家对法人、自然人和其他经济组织在一定时期内的各种所得征收的一类税收。

所得税是对所得的征税。它随着资本主义制度和资本主义商品经济的发展,借助于战争催生剂而首先产生于英国。1798年英国积极组织反法联盟,进行对拿破仑一世的战争,财政大臣W.皮特为筹措战争军费,进行一系列财政、税制改革,创设“三级税”,实为所得税的雏形。但因税法不健全,漏税甚多,于1799年被废除,采用新的所得税法,从而奠定了英国和现代所得税制度的基础。

近代中国资本主义发展缓慢,缺乏实行所得税制度的社会经济条件,直到民国时期,北洋政府于1914年1月颁布《所得税条例》,这是中国历史上的第一部所得税法。

与货物和劳务税相比,所得税的特征为:(1)所得税是对人征税,而非对物征税。所得税的出发点是先将人列入征税范围,然后才对他们的所得征税,这与货物与劳务税系由物及人不同。(2)所得税为直接税。所得税类税种的纳税人本身就是负税人,一般不存在税负转移或转嫁问题,所以也称为直接税。(3)所得税是公平税。和其他税类相比,所得税负担最为公平。所得税以纯所得为标准,劳动所得和非劳动所得可以实行区别对待,可采用累进征收,可规定生计扣除,可给予特定减免等,从而使得税负更加公平合理。(4)一般采用累进税率和综合税制。所得税可以采用累进税率,一般实行超额累进税率。如我国个人所得税中的工资、薪金等综合所得,采用3%～45%七级超额累进税率。应税所得额高者,税率高;应税所得额少者,税率低,体现了“多取富者,少取贫者”的基本原则。

根据纳税人的属性不同,所得税大致可以划分为两大类:一类为个人所得税,包括对自然人的综合收入、专业收入、权利金收入,以及非居民纳税人取得的上述收入所课征的税;另一类是企业所得税,一般又称为“公司税”或“法人所得税”,包括对企业的经营利润、资本利得以及非居民公司的上述收入所课征的税。绝大多数国家同时开征个人所得税和公司所得税。

我国现行的所得税包括企业所得税(由原内资企业所得税、外商投资企业和外国企业所得税修改合并而成,自2008年1月1日起施行)和个人所得税两个税种。主要是在国民收入形成后,对生产经营者的利润和个人的纯收入发挥调节作用。

(一)企业所得税

我国现行的《企业所得税法》,是2007年3月16日第十届全国人民代表大会第五次会议审议通过,2017年2月24日第十二届全国人民代表大会常务委员会第二十六次会议修改的《中华人民共和国企业所得税法》。

2007年11月28日,国务院第197次常务会议审议原则通过,12月6日第512号国务院令正式发布《中华人民共和国企业所得税法实施条例》,自2008年1月1日起与《企业所得税法》同步实施。

与《外商投资企业和外国企业所得税法》《企业所得税暂行条例》相比,《企业所得税法》的重大变化,表现在以下方面:一是法律层次得到提升,改变了过去内资企业所得税以暂行条例(行政法规)形式立法的做法。二是制度体系更加完整,在完善所得税制基本要素的基础上,充实了反避税等内容。三是制度规定更加科学,借鉴国际通行的所得税处理办法和国际税制改革新经验,在纳税人分类及义务的判定、税率的设置、税前扣除的规范、优惠政策的调整、反避税规则的引入等方面,体现了国际惯例和前瞻性。四是更加符合我国经济发展状况,根据我国经济社会发展的新要求,建立税收优惠政策新体系,实施务实的过渡优惠措施,服务于我国的经济社会发展。

(二) 个人所得税

我国现行的《个人所得税法》诞生于1980年,采用分类(项)的征收制度。1980年9月10日第五届全国人民代表大会第三次会议审议通过了《中华人民共和国个人所得税法》,并同时公布实施。

现行《个人所得税法》自实施以来,先后经过了7次修改。2019年开始实施综合与分类相结合的个人所得税制改革,将工资薪金所得、劳务报酬所得、稿酬所得、特许权使用费所得作为综合所得,并采取按月或按次预扣预缴,按年汇算清缴的征收办法。提高基本费用扣除标准至5 000元,增加子女教育、大病医疗等专项附加扣除。将个体工商户的生产经营所得和对企事业单位的承包承租经营所得合并为经营所得。调整现行税率结构,逐步统一内外籍人员的税收优惠等。

三、财产行为税

财产行为税其实是两类税:财产税和行为税。财产税是对纳税人拥有的动产或不动产所征收的税,行为税是国家为了对某些特定行为进行限制或开辟某些财源而课征的一类税收。

财产行为税的作用主要表现在:(1) 筹集地方财政资金,提供地方政府行使其职能所需的部分财力。大部分实行分税制的国家,财产行为税多划归为地方税。(2) 调节经济,有利于促进社会发展和节制社会财富分配不均。由于开征财产税,使财产税税额与拥有或支配的财产成正比,有利于减轻无产者的税收负担,在一定程度上改变社会财富分配不均的现象,促进社会生产的发展。

在我国税收实体法体系中,属于财产行为税的税种主要有房产税、契税、车船税、印花税,主要对某些财产和行为发挥调节作用。

四、资源和环境保护税

我国现行税种中属于资源和环境保护税类的有资源税、环境保护税、土地增值税和城镇土地使用税,主要是对因开发和利用自然资源差异而形成的级差收入发挥调节作用。

根据党的十八届三中全会提出的环境保护费改税要求,为促进形成节约能源资源、保护生态环境的产业结构、发展方式和消费模式,加快转变经济发展方式,保护和改善环境,减少污染物排放,推进生态文明建设。2016年12月25日,第十二届全国人民代表大会常务委员会第二十五次会议表决通过了《中华人民共和国环境保护税法》,规定自2018年1月1日起征收环境保护税,这是我国第一部专门体现"绿色税制"的单行税法。

五、特定目的税

特定目的税类包括城市维护建设税、车辆购置税、耕地占用税、烟叶税和船舶吨税,主要是为了达到特定目的，对特定对象和特定目的发挥调节作用。

上述18个税种中，关税和船舶吨税由海关征收，其他税种由税务机关征收。

第三节　税收程序法

税收程序法是指规范税款征收程序的法律规定，如税收征收管理法和发票管理办法等。《中华人民共和国税收征收管理法》1992年9月4日第七届全国人民代表大会常务委员会第二十七次会议通过，1993年1月1日起施行，1995年2月28日第八届全国人民代表大会常务委员会第十二次会议修正；2001年4月28日第九届全国人民代表大会常务委员会第二十一次会议通过了修订后的《中华人民共和国税收征收管理法》，并于2001年5月1日起施行。2002年和2005年，全国人民代表大会常务委员会又对其进行过两次修订。

税收征收管理法的主要内容包括：税务管理、税款征收、税务检查、法律责任等内容。

一、税务管理

税务管理的主要内容包括税务登记、账簿和凭证管理、纳税申报等。

（一）税务登记管理

税务登记是税务机关对纳税人的生产、经营活动进行登记，并据此对纳税人实施税务管理的一种法定制度。它是税务机关对纳税人实施税务管理的首要环节和基础，是征纳双方法律关系成立的依据和证明，也是纳税人必须履行的法定义务。税务登记分为：开业税务登记，变更、注销登记，停业、复业登记。

（二）账簿和凭证管理

账簿和凭证管理是继税务登记后税收管理的又一重要环节，在税收征管中占有十分重要的地位。《税收征收管理法》规定，纳税人、扣缴义务人按照有关法律、行政法规和国务院财政、税务主管部门的规定设置账簿，根据合法、有效凭证记账，进行核算。纳税人、扣缴义务人的财务、会计制度或者财务、会计处理办法与国务院或者国务院财政、税务主管部门有关税收的规定抵触的，依照国务院或者国务院财政、税务主管部门有关税收的规定计算应纳税款、代扣代缴和代收代缴税款；从事生产、经营的纳税人、扣缴义务人必须按照国务院财政、税务主管部门规定的保管期限保管账簿、记账凭证、完税凭证及其他有关资料。账簿、记账凭证、完税凭证及其他有关资料不得伪造、变造或者擅自损毁。

（三）纳税申报管理

纳税申报是纳税人按照税法规定的期限和内容，向税务机关提交有关纳税事项书面报告的法律行为，是纳税人履行纳税义务、界定纳税人法律责任的主要依据，是税务机关税收征管信息的主要来源和税务管理的重要制度。

《税收征收管理法》规定，纳税人必须依照法律、行政法规规定或者税务机关依照法律、行政法规的规定确定的申报期限、申报内容如实办理纳税申报，报送纳税申报表、财务会计报表以及税务机关根据实际需要要求纳税人报送的其他纳税资料。

纳税人、扣缴义务人不能按期办理纳税申报或者报送代扣代缴、代收代缴税款报告表的，经税务机关核准，可以延期申报。经核准延期办理规定的申报、报送事项的，应当在纳税期内按照上期实际缴纳的税额或者税务机关核定的税额预缴税款，并在核准的延期内办理税款结算。

二、税款征收

税款征收是税收征收管理的中心环节，是全部税收征管工作的目的与归宿，在整个税收工作中占据着极其重要的地位。包括税款征收的原则、税款征收的方式、税款征收制度等内容。

《税收征收管理法》规定，税务机关依照法律、行政法规的规定征收税款，不得违反法律、行政法规的规定开征、停征、多征、少征、提前征收、延缓征收或者摊派税款。

扣缴义务人依照法律、行政法规的规定履行代扣、代收税款的义务。对法律、行政法规没有规定负有代扣、代收税款义务的单位和个人，税务机关不得要求其履行代扣、代收税款义务。扣缴义务人依法履行代扣、代收税款义务时，纳税人不得拒绝。纳税人拒绝的，扣缴义务人应当及时报告税务机关处理。税务机关按照规定付给扣缴义务人代扣、代收手续费。

三、税务检查

税务检查管理的内容包括税务检查的形式、税务检查的方法和税务检查的职责等。

《税收征收管理法》规定，税务机关有权进行下列税务检查：

(1) 检查纳税人的账簿、记账凭证、报表和有关资料，检查扣缴义务人代扣代缴、代收代缴税款账簿、记账凭证和有关资料。

(2) 到纳税人的生产、经营场所和货物存放地检查纳税人应纳税的商品、货物或者其他财产，检查扣缴义务人与代扣代缴、代收代缴税款有关的经营情况。

(3) 责成纳税人、扣缴义务人提供与纳税或者代扣代缴、代收代缴税款有关的文件、证明材料和有关资料。

(4) 询问纳税人、扣缴义务人与纳税或者代扣代缴、代收代缴税款有关的问题和情况。

(5) 到车站、码头、机场、邮政企业及其分支机构检查纳税人托运、邮寄应纳税商品、货物或者其他财产的有关单据、凭证和有关资料。

(6) 经县以上税务局(分局)局长批准，凭全国统一格式的检查存款账户许可证明，查询从事生产、经营的纳税人、扣缴义务人在银行或者其他金融机构的存款账户。税务机关在调查税收违法案件时，经设区的市、自治州以上税务局(分局)局长批准，可以查询案件涉嫌人员的储蓄存款。税务机关查询所获得的资料，不得用于税收以外的用途。

四、发票管理

发票，是指在购销商品、提供或者接受服务以及从事其他经营活动中，开具、收取的收付款凭证。现行增值税发票分为增值税专用发票、增值税普通发票、增值税电子普通发票和机动车销售统一发票。

根据《税收征收管理法》的规定，税务机关是发票的主管机关，负责发票印制、领购、开具、取得、保管、缴销的管理和监督。单位、个人在购销商品、提供或者接受经营服务以及从事其他经营活动中，应当按照规定开具、使用、取得发票。发票的管理办法由国务院规定。

现行《中华人民共和国发票管理办法》1993 年 12 月 12 日国务院批准、1993 年 12 月 23 日财政部令第 6 号发布，根据 2010 年 12 月 20 日《国务院关于修改〈中华人民共和国发票管理办法〉的决定》修订。

五、税收征管制度改革

为适应新形势下税收征管工作需要，规范税收征收和缴纳行为，保护纳税人合法权益，根据党的十八届三中全会对税收制度改革提出的新要求，需对现行《税收征管法》进行修订。

（一）与有关法律相衔接

一是与行政强制法相衔接，将“滞纳金”更名为“税款滞纳金”，以与行政强制法中的滞纳金相区别，并完善税收行政强制执行程序和费用承担规定。二是与《刑法修正案（七）》相衔接，将“偷税”改为“逃避缴纳税款”，并增加“漏税”的相关规定。三是与行政许可法相衔接，明确注册税务师和税务师事务所的法律地位。

（二）规定相关方信息报告义务

政府部门和有关单位应当及时向税务机关提供所掌握的涉税信息，明确银行和其他金融机构应当提供的涉税信息范围，并规定授权国务院制定涉税信息管理具体办法。

（三）增加对个人纳税人的税收征管规定

建立纳税人识别号制度，将税收保全、强制执行的范围由“从事生产经营的纳税人”扩大到包括自然人在内的所有纳税人，并规定可以对个人取得收入的单位与纳税相关的账簿和资料进行税务检查。

最后，值得一提的是，由海关机关负责征收的税种，需要按照《海关法》及《进出口关税条例》等执行。这在关税一章中将详细介绍。

课后习题

一、选择题

1. 发票是指在购销商品、提供或者接受服务以及从事其他经营活动中，开具、收取的收付款凭证。现行发票包括（　　）。

A. 增值税专用发票　　B. 增值税普通发票
C. 增值税电子普通发票　　D. 机动车销售统一发票
E. 建筑业营业税发票

2. 我国现行税法体系由税收实体法与税收程序法构成。下列税法中由全国人大制定的法律有（　　）。

A. 个人所得税法　　B. 企业所得税法
C. 税收征收管理法　　D. 车船税法
E. 环境保护税法

二、思考题

1. 中国现行的 18 个税种中,有多少是经过人大立法的?税收的立法与依法治税如何推进?

2.《税收征管法》应如何适应经济组织形式、经济发展形势的变化?

第二篇

货物与劳务税

第六章　增值税

但凡天下大事，乱世看兵事，盛世谈科举，日常则论刑诉，然则天下之根基乃是财税！

——二月河《雍正王朝》

增值税起源于1954年的法国，中国自1979年开始试行增值税，于1984年、1993年、2012年、2016年、2018年有5次大的改革。增值税在欧洲国家较为普遍，但美国却不征收增值税。从经济学的视角和经济流转、运行的视角来看，增值税是对流通中的增加值征税，最终由消费者承担，体现了一个层层转嫁、上下游联通的特征。

第一节　纳税人与扣缴义务人

一、增值税概述

（一）增值税分类

各国在增值税立法中，出于财政收入或者投资政策的考虑，在确定法定增值额时，除了对一般性外购生产资料（即非固定资产项目）普遍实行扣除外，对于某一纳税人的外购生产资料中的固定资产的价值扣除，规定不完全相同。根据税基和购进固定资产的进项税额是否扣除及如何扣除的不同，各国增值税可以分为生产型、收入型和消费型三种类型：

（1）生产型增值税，是指在计算应纳税额时，只允许从当期销项税额中扣除原材料等劳动对象的已纳税款，而不允许扣除固定资产所含税款的增值税。

（2）收入型增值税，是指在计算应纳税额时，除扣除中间产品已纳税款，还允许在当期销项税额中扣除固定资产折旧部分所含税金。

（3）消费型增值税，是指在计算应纳税额时，除扣除中间产品已纳税款，对纳税人购入固定资产的已纳税款，允许一次性地从当期销项税额中全部扣除，从而使纳税人用于生产应税产品的全部外购生产资料都不负担税款。

（二）我国增值税制变革

增值税是我国税收体系中最主要的税种，是我国的第一大税种。增值税作为中性税在减少税收干预、发挥市场对资源基础配置中发挥着重要作用。

1979年，我国在部分地区实行增值税试点。1984年，在总结试点经验的基础上，国务院发布《中华人民共和国增值税条例（草案）》。1994年的税制改革对增值税制进行了较为彻底的重新构造。

2004 年 7 月 1 日起,东北三省实行增值税转型试点。2009 年,我国全面实行增值税转型改革。

2012 年起,上海率先实行增值税扩围试点。2016 年 5 月 1 日起全面实行营业税改征增值税改革。

现行增值税的基本法律规范由《中华人民共和国增值税暂行条例》(国务院令第 691 号)、《中华人民共和国增值税暂行条例实施细则》以及财政部、国家税务总局《关于全面推开营业税改征增值税试点的通知》(财税[2016]36 号)等法规、规章和规范性文件构成。

现行的《中华人民共和国增值税暂行条例》是 1993 年 12 月 13 日中华人民共和国国务院令第 134 号公布、2008 年 11 月 5 日国务院第 34 次常务会议修订通过,根据 2016 年 2 月 6 日《国务院关于修改部分行政法规的决定》第一次修订,根据 2017 年 11 月 19 日《国务院关于废止〈中华人民共和国营业税暂行条例〉和修改〈中华人民共和国增值税暂行条例〉的决定》第二次修订。

二、纳税义务人

(一) 增值税的纳税人

1. 纳税人的一般规定

《增值税暂行条例》第 1 条规定,在中华人民共和国境内销售货物或者加工、修理修配劳务(以下简称劳务),销售服务、无形资产、不动产以及进口货物的单位和个人,为增值税的纳税人,应当依照本条例缴纳增值税。

单位,是指企业、行政单位、事业单位、军事单位、社会团体及其他单位。个人,是指个体工商户和其他个人。

2. 承包、承租、挂靠经营的纳税人

销售服务、无形资产或不动产的单位以承包、承租、挂靠方式经营的,承包人、承租人、挂靠人(以下统称承包人)以发包人、出租人、被挂靠人(以下统称发包人)名义对外经营并由发包人承担相关法律责任的,以该发包人为纳税人。否则,以承包人为纳税人。

销售或进口货物以及提供加工、修理修配劳务的单位租赁或者承包给其他单位或者个人经营的,以承租人或者承包人为纳税人。

(二) 一般纳税人与小规模纳税人

纳税人分为一般纳税人和小规模纳税人。

应税销售行为的年应征增值税销售额(以下称应税销售额)超过财政部和国家税务总局规定标准的纳税人为一般纳税人,未超过规定标准的纳税人为小规模纳税人。

年应税销售额超过规定标准的其他个人不属于一般纳税人。年应税销售额超过规定标准但不经常发生应税行为的单位和个体工商户可选择按照小规模纳税人纳税。

小规模纳税人的年销售额标准为不超过 500 万元。

一般纳税人应当向主管税务机关办理登记。小规模纳税人会计核算健全,能够提供准确税务资料的,可以向主管税务机关办理登记,不作为小规模纳税人,依照有关规定计算应纳税额。

会计核算健全，是指能够按照国家统一的会计制度规定设置账簿，根据合法、有效凭证核算。

除国家税务总局另有规定外，一经登记为一般纳税人后，不得转为小规模纳税人。

三、扣缴义务人

（一）销售劳务的扣缴义务人

中华人民共和国境外（简称境外）的单位或者个人在境内销售劳务，在境内未设有经营机构的，以其境内代理人为扣缴义务人；在境内没有代理人的，以购买方为扣缴义务人。

（二）销售服务、无形资产、不动产的扣缴义务人

中华人民共和国境外（简称境外）单位或者个人在境内销售服务、无形资产或境内的不动产，在境内未设有经营机构的，以购买方为增值税扣缴义务人。财政部和国家税务总局另有规定的除外。

第二节　征税范围

增值税的征税范围为在境内发生应税销售行为及进口货物等。一项销售行为要征收增值税，除另有规定外，通常需要同时满足在境内、有偿、为他人提供以及属于规定的征税范围四个条件。

一、境内发生销售行为

（一）境内销售货物或劳务

在中国境内销售货物或者提供加工、修理修配劳务，是指：
(1) 销售货物的起运地或者所在地在境内；
(2) 提供的应税劳务发生在境内。

（二）境内销售服务、无形资产或不动产

在境内销售服务、无形资产或者不动产，是指：
(1) 服务（租赁不动产除外）或者无形资产（自然资源使用权除外）的销售方或者购买方在境内；
(2) 所销售或者租赁的不动产在境内；
(3) 所销售自然资源使用权的自然资源在境内；
(4) 财政部和国家税务总局规定的其他情形。

（三）不属于在境内销售服务或者无形资产的情形

根据《营业税改征增值税试点实施办法》第 13 条规定，下列情形不属于在境内销售服务或者无形资产：

(1) 境外单位或者个人向境内单位或者个人销售完全在境外发生的服务。

(2) 境外单位或者个人向境内单位或者个人销售完全在境外使用的无形资产。

(3) 境外单位或者个人向境内单位或者个人出租完全在境外使用的有形动产。

(4) 财政部和国家税务总局规定的其他情形。

根据《国家税务总局关于营改增试点若干征管问题的公告》(国家税务总局公告 2016 年第 53 号)第 1 条规定,境外单位或者个人发生的下列行为不属于在境内销售服务或者无形资产:

(1) 为出境的函件、包裹在境外提供的邮政服务、收派服务;

(2) 向境内单位或者个人提供的工程施工地点在境外的建筑服务、工程监理服务;

(3) 向境内单位或者个人提供的工程、矿产资源在境外的工程勘察勘探服务;

(4) 向境内单位或者个人提供的会议展览地点在境外的会议展览服务。

二、销售或者进口货物

货物,是指有形动产,包括电力、热力、气体在内。

销售货物,是指有偿转让货物的所有权。

有偿,是指取得货币、货物或者其他经济利益。

三、销售劳务

销售加工、修理修配劳务,是指有偿提供加工、修理修配劳务。单位或者个体工商户聘用的员工为本单位或者雇主提供加工、修理修配劳务,不包括在内。

加工,是指受托加工货物,即委托方提供原料及主要材料,受托方按照委托方的要求,制造货物并收取加工费的业务。

修理修配,是指受托对损伤和丧失功能的货物进行修复,使其恢复原状和功能的业务。

四、销售服务

销售服务,是指提供交通运输服务、邮政服务、电信服务、建筑服务、金融服务、现代服务、生活服务。销售服务、无形资产或者不动产,是指有偿提供服务、有偿转让无形资产或者不动产,但属于下列非经营活动的情形除外:

(1) 行政单位收取的同时满足以下条件的政府性基金或者行政事业性收费。

① 由国务院或者财政部批准设立的政府性基金,由国务院或者省级人民政府及其财政、价格主管部门批准设立的行政事业性收费;

② 收取时开具省级以上(含省级)财政部门监(印)制的财政票据;

③ 所收款项全额上缴财政。

(2) 单位或者个体工商户聘用的员工为本单位或者雇主提供取得工资的服务。

(3) 单位或者个体工商户为聘用的员工提供服务。

(4) 财政部和国家税务总局规定的其他情形。

(一) 交通运输服务

交通运输服务,是指利用运输工具将货物或者旅客送达目的地,使其空间位置得到转移的业务活动。它包括陆路运输服务、水路运输服务、航空运输服务和管道运输服务。

1. 陆路运输服务

陆路运输服务，是指通过陆路(地上或者地下)运送货物或者旅客的运输业务活动，包括铁路运输服务和其他陆路运输服务。

(1) 铁路运输服务，是指通过铁路运送货物或者旅客的运输业务活动。

(2) 其他陆路运输服务，是指铁路运输以外的陆路运输业务活动。它包括公路运输、缆车运输、索道运输、地铁运输、城市轻轨运输等。

出租车公司向使用本公司自有出租车的出租车司机收取的管理费用，按照陆路运输服务缴纳增值税。

2. 水路运输服务

水路运输服务，是指通过江、河、湖、川等天然、人工水道或者海洋航道运送货物或者旅客的运输业务活动。水路运输的程租、期租业务，属于水路运输服务。

程租业务，是指运输企业为租船人完成某一特定航次的运输任务并收取租赁费的业务。期租业务，是指运输企业将配备有操作人员的船舶承租给他人使用一定期限，承租期内听候承租方调遣，不论是否经营，均按天向承租方收取租赁费，发生的固定费用均由船东负担的业务。

3. 航空运输服务

航空运输服务，是指通过空中航线运送货物或者旅客的运输业务活动。航空运输的湿租业务，属于航空运输服务。湿租业务，是指航空运输企业将配备有机组人员的飞机承租给他人使用一定期限，承租期内听候承租方调遣，不论是否经营，均按一定标准向承租方收取租赁费，发生的固定费用均由承租方承担的业务。

航天运输服务，按照航空运输服务缴纳增值税。航天运输服务，是指利用火箭等载体将卫星、空间探测器等空间飞行器发射到空间轨道的业务活动。

4. 管道运输服务

管道运输服务，是指通过管道设施输送气体、液体、固体物质的运输业务活动。

无运输工具承运业务是指经营者以承运人身份与托运人签订运输服务合同，收取运费并承担承运人责任，然后委托实际承运人完成运输服务的经营活动。它按照交通运输服务缴纳增值税。

运输工具舱位承包业务，是指承包方以承运人身份与托运人签订运输服务合同，收取运费并承担承运人责任，然后以承包他人运输工具舱位的方式，委托发包方实际完成相关运输服务的经营活动。在运输工具舱位承包业务中，发包方以其向承包方收取的全部价款和价外费用为销售额，按照"交通运输服务"缴纳增值税。承包方以其向托运人收取的全部价款和价外费用为销售额，按照"交通运输服务"缴纳增值税。

运输工具舱位互换业务，是指纳税人之间签订运输协议，在各自以承运人身份承揽的运输业务中，互相利用对方交通运输工具的舱位完成相关运输服务的经营活动。在运输工具舱位互换业务中，互换运输工具舱位的双方均以各自换出运输工具舱位确认的全部价款和价外费用为销售额，按照"交通运输服务"缴纳增值税。

(二) 邮政服务

邮政服务，是指中国邮政集团公司及其所属邮政企业提供邮件寄递、邮政汇兑和机要通信等邮政基本服务的业务活动。它包括邮政普遍服务、邮政特殊服务和其他邮政服务。

1. 邮政普遍服务

邮政普遍服务，是指函件、包裹等邮件寄递，以及邮票发行、报刊发行和邮政汇兑等业务活动。函件，是指信函、印刷品、邮资封片卡、无名址函件和邮政小包等。包裹，是指按照封装上的名址递送给特定个人或者单位的独立封装的物品，其重量不超过 50 千克，任何一边的尺寸不超过 150 厘米，长、宽、高合计不超过 300 厘米。

2. 邮政特殊服务

邮政特殊服务，是指义务兵平常信函、机要通信、盲人读物和革命烈士遗物的寄递等业务活动。

3. 其他邮政服务

其他邮政服务，是指邮册等邮品销售、邮政代理等业务活动。

(三) 电信服务

电信服务，是指利用有线、无线的电磁系统或者光电系统等各种通信网络资源，提供语音通话服务，传送、发射、接收或者应用图像、短信等电子数据和信息的业务活动。包括基础电信服务和增值电信服务。

1. 基础电信服务

基础电信服务，是指利用固网、移动网、卫星、互联网，提供语音通话服务的业务活动，以及出租或者出售带宽、波长等网络元素的业务活动。

2. 增值电信服务

增值电信服务，是指利用固网、移动网、卫星、互联网、有线电视网络，提供短信和彩信服务、电子数据和信息的传输及应用服务、互联网接入服务等业务活动。卫星电视信号落地转接服务，按照增值电信服务缴纳增值税。

(四) 建筑服务

建筑服务，是指各类建筑物、构筑物及其附属设施的建造、修缮、装饰，线路、管道、设备、设施等的安装以及其他工程作业的业务活动，包括工程服务、安装服务、修缮服务、装饰服务和其他建筑服务。

1. 工程服务

工程服务，是指新建、改建各种建筑物、构筑物的工程作业，包括与建筑物相连的各种设备或者支柱、操作平台的安装或者装设工程作业，以及各种窑炉和金属结构工程作业。

2. 安装服务

安装服务，是指生产设备、动力设备、起重设备、运输设备、传动设备、医疗实验设备以及其他各种设备、设施的装配、安置工程作业，包括与被安装设备相连的工作台、梯子、栏杆的装设工程作业，以及被安装设备的绝缘、防腐、保温、油漆等工程作业。

固定电话、有线电视、宽带、水、电、燃气、暖气等经营者向用户收取的安装费、初装费、开户费、扩容费以及类似收费，按照安装服务缴纳增值税。

3. 修缮服务

修缮服务，是指对建筑物、构筑物进行修补、加固、养护、改善，使之恢复原来的使用价值或者延长其使用期限的工程作业。

4. 装饰服务

装饰服务，是指对建筑物、构筑物进行修饰装修，使之美观或者具有特定用途的工程作业。

5. 其他建筑服务

其他建筑服务，是指上列工程作业之外的各种工程作业服务，如钻井（打井）、拆除建筑物或者构筑物、平整土地、园林绿化、疏浚（不包括航道疏浚）、建筑物平移、搭脚手架、爆破、矿山穿孔、表面附着物（包括岩层、土层、沙层等）剥离和清理等工程作业。

（五）金融服务

金融服务，是指经营金融保险的业务活动，包括贷款服务、直接收费金融服务、保险服务和金融商品转让。

1. 贷款服务

贷款，是指将资金贷与他人使用而取得利息收入的业务活动。各种占用、拆借资金取得的收入，包括金融商品持有期间（含到期）利息（保本收益、报酬、资金占用费、补偿金等）收入、信用卡透支利息收入、买入返售金融商品利息收入、融资融券收取的利息收入，以及融资性售后回租、押汇、罚息、票据贴现、转贷等业务取得的利息及利息性质的收入，按照贷款服务缴纳增值税。这里的“保本收益、报酬、资金占用费、补偿金”，是指合同中明确承诺到期本金可全部收回的投资收益。金融商品持有期间（含到期）取得的非保本的上述收益，不属于利息或利息性质的收入，不征收增值税。

融资性售后回租，是指承租方以融资为目的，将资产出售给从事融资性售后回租业务的企业后，从事融资性售后回租业务的企业将该资产出租给承租方的业务活动。

以货币资金投资收取的固定利润或者保底利润，按照贷款服务缴纳增值税。

2. 直接收费金融服务

直接收费金融服务，是指为货币资金融通及其他金融业务提供相关服务并且收取费用的业务活动。它包括提供货币兑换、账户管理、电子银行、信用卡、信用证、财务担保、资产管理、信托管理、基金管理、金融交易场所（平台）管理、资金结算、资金清算、金融支付等服务。

3. 保险服务

保险服务，是指投保人根据合同约定，向保险人支付保险费，保险人对于合同约定的可能发生的事故因其发生所造成的财产损失承担赔偿保险金责任，或者当被保险人死亡、伤残、疾病或者达到合同约定的年龄、期限等条件时承担给付保险金责任的商业保险行为。它包括人身保险服务和财产保险服务。人身保险服务，是指以人的寿命和身体为保险标的的保险业务活动。财产保险服务，是指以财产及其有关利益为保险标的的保险业务活动。

4. 金融商品转让

金融商品转让，是指转让外汇、有价证券、非货物期货和其他金融商品所有权的业务活动。其他金融商品转让包括基金、信托、理财产品等各类资产管理产品和各种金融衍生品的转让。

纳税人购入基金、信托、理财产品等各类资产管理产品持有至到期，不属于金融商品转让。

(六)现代服务

现代服务，是指围绕制造业、文化产业、现代物流产业等提供技术性、知识性服务的业务活动。包括研发和技术服务、信息技术服务、文化创意服务、物流辅助服务、租赁服务、鉴证咨询服务、广播影视服务、商务辅助服务和其他现代服务。

1. 研发和技术服务

研发和技术服务，包括研发服务、合同能源管理服务、工程勘察勘探服务、专业技术服务。

2. 信息技术服务

信息技术服务，是指利用计算机、通信网络等技术对信息进行生产、收集、处理、加工、存储、运输、检索和利用，并提供信息服务的业务活动，包括软件服务、电路设计及测试服务、信息系统服务、业务流程管理服务和信息系统增值服务。

3. 文化创意服务

文化创意服务，包括设计服务、知识产权服务、广告服务和会议展览服务。

4. 物流辅助服务

物流辅助服务，包括航空服务、港口码头服务、货运客运场站服务、打捞救助服务、装卸搬运服务、仓储服务和收派服务。

5. 租赁服务

租赁服务，包括融资租赁服务和经营租赁服务。

(1) 融资租赁服务，是指具有融资性质和所有权转移特点的租赁活动。即出租人根据承租人所要求的规格、型号、性能等条件购入有形动产或者不动产租赁给承租人，合同期内租赁物所有权属于出租人，承租人只拥有使用权，合同期满付清租金后，承租人有权按照残值购入租赁物，以拥有其所有权。不论出租人是否将租赁物销售给承租人，均属于融资租赁。按照标的物的不同，融资租赁服务可分为有形动产融资租赁服务和不动产融资租赁服务。

融资性售后回租属于贷款服务不按照租赁服务缴纳增值税。

(2) 经营租赁服务，是指在约定时间内将有形动产或者不动产转让他人使用且租赁物所有权不变更的业务活动。按照标的物的不同，经营租赁服务可分为有形动产经营租赁服务和不动产经营租赁服务。

6. 鉴证咨询服务

鉴证咨询服务，包括认证服务、鉴证服务和咨询服务。

7. 广播影视服务

广播影视服务，包括广播影视节目(作品)的制作服务、发行服务和播映(含放映，下同)服务。

8. 商务辅助服务

商务辅助服务，包括企业管理服务、经纪代理服务、人力资源服务、安全保护服务。

9. 其他现代服务

其他现代服务，是指除研发和技术服务、信息技术服务、文化创意服务、物流辅助服务、租赁服务、鉴证咨询服务、广播影视服务和商务辅助服务以外的现代服务。

纳税人对安装运行后的电梯提供的维护保养服务，按照“其他现代服务”缴纳增值税。

(七)生活服务

生活服务，是指为满足城乡居民日常生活需求提供的各类服务活动。它包括文化体育服务、教育医疗服务、旅游娱乐服务、餐饮住宿服务、居民日常服务和其他生活服务。

五、销售无形资产

销售无形资产，是指转让无形资产所有权或者使用权的业务活动。无形资产，是指不具实物形态，但能带来经济利益的资产，包括技术、商标、著作权、商誉、自然资源使用权和其他权益性无形资产。其中，技术包括专利技术和非专利技术；自然资源使用权包括土地使用权、海域使用权、探矿权、采矿权、取水权和其他自然资源使用权；其他权益性无形资产包括基础设施资产经营权、公共事业特许权、配额、经营权（包括特许经营权、连锁经营权、其他经营权）、经销权、分销权、代理权、会员权、席位权、网络游戏虚拟道具、域名、名称权、肖像权、冠名权、转会费等。

六、销售不动产

（一）销售不动产

销售不动产，是指转让不动产所有权的业务活动。不动产，是指不能移动或者移动后会引起性质、形状改变的财产，包括建筑物、构筑物等。建筑物包括住宅、商业营业用房、办公楼等可供居住、工作或者进行其他活动的建造物；构筑物包括道路、桥梁、隧道、水坝等建造物。

转让建筑物有限产权或者永久使用权的，转让在建的建筑物或者构筑物所有权的，以及在转让建筑物或者构筑物时一并转让其所占土地的使用权的，按照销售不动产缴纳增值税。

（二）销售取得的不动产

1. 销售营改增前取得的不动产

一般纳税人销售其 2016 年 4 月 30 日前取得（不含自建）的不动产，可以选择适用简易计税方法，以取得的全部价款和价外费用减去该项不动产购置原价或者取得不动产时的作价后的余额为销售额，按照 5%的征收率计算应纳税额。纳税人应按照上述计税方法在不动产所在地预缴税款后，向机构所在地主管税务机关进行纳税申报。

一般纳税人销售其 2016 年 4 月 30 日前自建的不动产，可以选择适用简易计税方法，以取得的全部价款和价外费用为销售额，按照 5%的征收率计算应纳税额。纳税人应按照上述计税方法在不动产所在地预缴税款后，向机构所在地主管税务机关进行纳税申报。

2. 销售营改增后取得的不动产

一般纳税人销售其 2016 年 5 月 1 日后取得（不含自建）的不动产，应适用一般计税方法，以取得的全部价款和价外费用为销售额计算应纳税额。纳税人应以取得的全部价款和价外费用减去该项不动产购置原价或者取得不动产时的作价后的余额，按照 5%的预征率在不动产所在地预缴税款后，向机构所在地主管税务机关进行纳税申报。

一般纳税人销售其 2016 年 5 月 1 日后自建的不动产，应适用一般计税方法，以取得的全部价款和价外费用为销售额计算应纳税额。纳税人应以取得的全部价款和价外费用，按照 5%的预征率在不动产所在地预缴税款后，向机构所在地主管税务机关进行纳税申报。

3. 小规模纳税人销售取得的不动产

小规模纳税人销售其取得（不含自建）的不动产（不含个体工商户销售购买的住房和其他个人销售不动产），应以取得的全部价款和价外费用减去该项不动产购置原价或者取得不动产时的作价后的余额为销售额，按照 5%的征收率计算应纳税额。纳税人应按照上述计税方法在不动产所在地预缴税款后,向机构所在地主管税务机关进行纳税申报。

小规模纳税人销售其自建的不动产,应以取得的全部价款和价外费用为销售额,按照5%的征收率计算应纳税额。纳税人应按照上述计税方法在不动产所在地预缴税款后,向机构所在地主管税务机关进行纳税申报。

(三)销售自行开发的房地产项目

房地产开发企业中的一般纳税人销售自行开发的房地产老项目,可以选择适用简易计税方法按照5%的征收率计税。

房地产开发企业中的小规模纳税人销售自行开发的房地产项目,按照5%的征收率计税。

房地产开发企业采取预收款方式销售所开发的房地产项目,在收到预收款时按照3%的预征率预缴增值税。

个体工商户销售购买的住房,应按照规定缴纳增值税。纳税人应按照上述计税方法在不动产所在地预缴税款后,向机构所在地主管税务机关进行纳税申报。

其他个人销售其取得(不含自建)的不动产(不含其购买的住房),应以取得的全部价款和价外费用减去该项不动产购置原价或者取得不动产时的作价后的余额为销售额,按照5%的征收率计算应纳税额。

七、视同发生应税销售行为

(一)视同销售货物

(1) 将货物交付其他单位或者个人代销;

(2) 销售代销货物;

(3) 设有两个以上机构并实行统一核算的纳税人,将货物从一个机构移送其他机构用于销售,但相关机构设在同一县(市)的除外;

(4) 将自产、委托加工的货物用于集体福利或者个人消费;

(5) 将自产、委托加工或者购进的货物作为投资,提供给其他单位或者个体工商户;

(6) 将自产、委托加工或者购进的货物分配给股东或者投资者;

(7) 将自产、委托加工或者购进的货物无偿赠送其他单位或者个人。

(二)视同销售服务、无形资产或不动产

(1) 单位或者个体工商户向其他单位或者个人无偿提供服务,但用于公益事业或者以社会公众为对象的除外;

(2) 单位或者个人向其他单位或者个人无偿转让无形资产或者不动产,但用于公益事业或者以社会公众为对象的除外;

(3) 财政部和国家税务总局规定的其他情形。

八、不征收增值税项目

(1) 根据国家指令无偿提供的铁路运输服务、航空运输服务,属于规定的用于公益事业的服务,不视同销售服务,不征收增值税;

(2) 存款利息;

(3) 被保险人获得的保险赔付；

(4) 房地产主管部门或者其指定机构、公积金管理中心、开发企业以及物业管理单位代收的住宅专项维修资金；

(5) 纳税人在资产重组过程中，通过合并、分立、出售、置换等方式，将全部或者部分实物资产以及与其相关联的债权、负债和劳动力一并转让给其他单位和个人，不属于增值税的征税范围，其中涉及的货物转让不征收增值税；

(6) 中央财政补贴不征增值税。按照现行增值税政策，纳税人取得的中央财政补贴不属于增值税应税收入，不征收增值税。

第三节　税率、征收率与预征率

一、增值税税率

(一) 基本税率

纳税人销售货物、劳务、有形动产租赁服务或者进口货物，除另有规定外，税率为 13%(在 2018 年 4 月 30 日以前为 17%，2018 年 5 月 1 日至 2019 年 3 月 31 日为 16%)。

(二) 低税率

纳税人销售交通运输、邮政、基础电信、建筑、不动产租赁服务，销售不动产，转让土地使用权，销售或者进口下列货物，税率为 9%(在 2018 年 4 月 30 日以前为 11%，2018 年 5 月 1 日至 2019 年 3 月 31 日为 10%)：① 粮食等农产品、食用植物油、食用盐；② 自来水、暖气、冷气、热水、煤气、石油液化气、天然气、二甲醚、沼气、居民用煤炭制品；③ 图书、报纸、杂志、音像制品、电子出版物；④ 饲料、化肥、农药、农机、农膜；⑤ 国务院规定的其他货物。纳税人销售服务、无形资产，除另有规定外，税率为 6%。

(三) 零税率

纳税人出口货物，税率为零；但是，国务院另有规定的除外。

境内单位和个人跨境销售国务院规定范围内的服务、无形资产，税率为零。

税率的调整，由国务院决定。

(四) 兼营不同税率项目的处理

纳税人兼营不同税率的项目，应当分别核算不同税率项目的销售额；未分别核算销售额的，从高适用税率。

二、增值税征收率

(一) 小规模纳税人的征收率

根据《增值税暂行条例》第 12 条的规定，小规模纳税人增值税征收率为 3%，国务院另有规定的除外。

(二) 销售或出租不动产的征收率

纳税人销售自行开发的房地产项目或取得的不动产，适用简易计税方法的，按照5%的征收率计税。

纳税人出租不动产，适用简易计税方法的，按照5%的征收率计算应纳税额。公路经营企业纳税人收取2016年4月30日前开工的高速公路的车辆通行费，适用简易计税方法的，减按3%的征收率计算应纳税额。

个人出租住房，应按照5%的征收率减按1.5%计算应纳税额。

三、增值税预征率

(一) 销售开发产品的预征率

房地产开发企业采取预收款方式销售所开发的房地产项目，在收到预收款时按照3%的预征率预缴增值税。

(二) 销售取得不动产的预征率

纳税人销售其取得的不动产，适用简易计税方法计税的，按照5%的预征率在不动产所在地预缴税款后，向机构所在地主管税务机关进行纳税申报。

(三) 出租不动产的预征率

纳税人出租与机构所在地不在同一县(市)的不动产适用一般计税方法计税的，应按照3%的预征率在不动产所在地预缴税款后，向机构所在地主管税务机关进行纳税申报。

(四) 提供建筑服务的预征率

纳税人提供建筑服务取得预收款，应在收到预收款时，以取得的预收款扣除支付的分包款后的余额，按照规定的预征率预缴增值税。按照规定应在建筑服务发生地预缴增值税的项目，纳税人收到预收款时在建筑服务发生地预缴增值税。按照规定无需在建筑服务发生地预缴增值税的项目，纳税人收到预收款时在机构所在地预缴增值税。

适用一般计税方法计税的项目预征率为2%，适用简易计税方法计税的项目预征率为3%。

第四节　应纳税额

一、增值税的计税方法

增值税的计税方法，包括一般计税方法和简易计税方法。

(一) 简易计税方法

小规模纳税人发生应税销售行为适用简易计税方法计税。

一般纳税人发生下列应税行为可以选择适用简易计税方法计税，但一经选择，36 个月内不得变更：

(1) 公共交通运输服务。它包括轮客渡、公交客运、地铁、城市轻轨、出租车、长途客运、班车。班车，是指按固定路线、固定时间运营并在固定站点停靠的运送旅客的陆路运输服务。

(2) 经认定的动漫企业为开发动漫产品提供的动漫脚本编撰、形象设计、背景设计、动画设计、分镜、动画制作、摄制、描线、上色、画面合成、配音、配乐、音效合成、剪辑、字幕制作、压缩转码(面向网络动漫、手机动漫格式适配)服务，以及在境内转让动漫版权(包括动漫品牌、形象或者内容的授权及再授权)。动漫企业和自主开发、生产动漫产品的认定标准和认定程序，按照《文化部、财政部、国家税务总局关于印发〈动漫企业认定管理办法(试行)〉的通知》(文市发[2008]51 号)的规定执行。

(3) 电影放映服务、仓储服务、装卸搬运服务、收派服务和文化体育服务。

(4) 以纳入营改增试点之日前取得的有形动产为标的物提供的经营租赁服务。

(5) 在纳入营改增试点之日前签订的尚未执行完毕的有形动产租赁合同。

(6) 以清包工方式提供的建筑服务。一般纳税人以清包工方式提供的建筑服务，可以选择适用简易计税方法计税。以清包工方式提供建筑服务，是指施工方不采购建筑工程所需的材料或只采购辅助材料，并收取人工费、管理费或者其他费用的建筑服务。

(7) 为甲供工程提供的建筑服务。一般纳税人为甲供工程提供的建筑服务，可以选择适用简易计税方法计税。甲供工程是指全部或部分设备、材料、动力由工程发包方自行采购的建筑工程。一般纳税人销售电梯的同时提供安装服务，其安装服务可以按照甲供工程选择适用简易计税方法计税。

(8) 为建筑工程老项目提供的建筑服务。一般纳税人为建筑工程老项目提供的建筑服务，可以选择适用简易计税方法计税。建筑工程老项目是指：①《建筑工程施工许可证》注明的合同开工日期在 2016 年 4 月 30 日前的建筑工程项目；② 未取得《建筑工程施工许可证》或取得的《建筑工程施工许可证》未注明合同开工日期的，建筑工程承包合同注明的开工日期在 2016 年 4 月 30 日前的建筑工程项目。

(9) 为房屋建筑的地基与基础、主体结构提供工程服务。建筑工程总承包单位为房屋建筑的地基与基础、主体结构提供工程服务，建设单位自行采购全部或部分钢材、混凝土、砌体材料、预制构件的，适用简易计税方法计税。地基与基础、主体结构的范围，按照《建筑工程施工质量验收统一标准》(GB 50300—2013)附录 B《建筑工程的分部工程、分项工程划分》中的“地基与基础”“主体结构”分部工程的范围执行。

(二) 一般计税方法

除小规模纳税人和一般纳税人按规定选择适用简易计税方法外，纳税人销售货物、劳务、服务、无形资产、不动产(以下统称应税销售行为)，适用一般计税方法。一般计税方法应纳税额计算公式：

应纳税额＝当期销项税额－当期进项税额

当期销项税额小于当期进项税额不足抵扣时，其不足部分可以结转下期继续抵扣。

（三）进口货物的计税方法

纳税人进口货物，按照组成计税价格和规定的税率计算应纳税额。组成计税价格和应纳税额计算公式：

组成计税价格＝关税完税价格＋关税＋消费税

应纳税额＝组成计税价格×税率

（四）应扣缴税额计算方法

境外单位或者个人在境内发生应税销售行为，在境内未设有经营机构的，扣缴义务人按照下列公式计算应扣缴税额：

应扣缴税额＝购买方支付的价款÷(1＋税率)×税率

境内的购买方为境外单位和个人扣缴增值税的，按照适用税率扣缴增值税。

二、简易计税方法应纳税额计算

（一）应纳税额计算

简易计税方法的应纳税额，是指按照销售额和增值税征收率计算的增值税额，不得抵扣进项税额。简易计税方法应纳税额计算公式：

应纳税额＝销售额×征收率

（二）销售额的确定

简易计税方法的销售额不包括其应纳税额，纳税人采用销售额和应纳税额合并定价方法的，按照下列公式计算销售额：

销售额＝含税销售额÷(1＋征收率)

三、一般计税方法应纳税额计算

一般计税方法的应纳税额，是指当期销项税额抵扣当期进项税额后的余额。当期销项税额小于当期进项税额不足抵扣时，其不足部分可以结转下期继续抵扣。

（一）销项税额

销项税额，是指纳税人发生应税销售行为按照销售额和增值税适用税率计算并收取的增值税额。销项税额计算公式：

销项税额＝销售额×税率

一般计税方法的销售额不包括销项税额，纳税人采用销售额和销项税额合并定价方法的，按照下列公式计算销售额：

销售额＝含税销售额÷(1＋税率)

（二）准予抵扣的进项税额

纳税人购进货物、劳务、服务、无形资产、不动产支付或者负担的增值税额，为进项税额。

1. 准予抵扣的进项税额

下列进项税额准予从销项税额中抵扣：

(1) 从销售方取得的增值税专用发票上注明的增值税额。

(2) 从海关取得的海关进口增值税专用缴款书上注明的增值税额。

(3) 购进农产品，除取得增值税专用发票或者海关进口增值税专用缴款书外，按照农产品收购发票或者销售发票上注明的农产品买价和适用的扣除率计算的进项税额，国务院另有规定的除外。进项税额计算公式：

进项税额＝买价×扣除率

购进农产品，按照《农产品增值税进项税额核定扣除试点实施办法》抵扣进项税额的除外。

(4) 自境外单位或者个人购进劳务、服务、无形资产或者境内的不动产，从税务机关或者扣缴义务人取得的代扣代缴税款的完税凭证上注明的增值税额。

准予抵扣的项目和扣除率的调整，由国务院决定。

纳税人以承运人身份与托运人签订运输服务合同，收取运费并承担承运人责任，然后委托实际承运人完成全部或部分运输服务时，自行采购并交给实际承运人使用的成品油和支付的道路、桥、闸通行费，同时符合下列条件的，其进项税额准予从销项税额中抵扣：① 成品油和道路、桥、闸通行费，应用于纳税人委托实际承运人完成的运输服务；② 取得的增值税扣税凭证符合现行规定。

2. 用途改变不得抵扣进项税额的抵扣

按照规定不得抵扣且未抵扣进项税额的固定资产、无形资产、不动产，发生用途改变，用于允许抵扣进项税额的应税项目，可在用途改变的次月按照下列公式计算可以抵扣的进项税额：

可以抵扣的进项税额＝固定资产、无形资产、不动产净值/(1＋适用税率)×适用税率

上述可以抵扣的进项税额应取得合法有效的增值税扣税凭证。

3. 增值税扣税凭证

纳税人购进货物、劳务、服务、无形资产、不动产，取得的增值税扣税凭证不符合法律、行政法规或者国务院税务主管部门有关规定的，其进项税额不得从销项税额中抵扣。增值税扣税凭证，是指增值税专用发票、海关进口增值税专用缴款书、农产品收购发票、农产品销售发票和完税凭证。

纳税人凭完税凭证抵扣进项税额的，应当具备书面合同、付款证明和境外单位的对账单或者发票。资料不全的，其进项税额不得从销项税额中抵扣。

4. 道路、桥、闸通行费进项税额抵扣

自 2018 年 1 月 1 日起，纳税人支付的道路、桥、闸通行费，按照以下规定抵扣进项税额：

(1) 纳税人支付的道路通行费，按照收费公路通行费增值税电子普通发票上注明的增值税额抵扣进项税额。

2018 年 1 月 1 日至 6 月 30 日，纳税人支付的高速公路通行费，如暂未能取得收费公路通行费增值税电子普通发票，可凭取得的通行费发票（不含财政票据，下同）上注明的收费金

额按照下列公式计算可抵扣的进项税额：

高速公路通行费可抵扣进项税额＝高速公路通行费发票上注明的金额÷(1＋3%)×3%

2018年1月1日至12月31日，纳税人支付的一级、二级公路通行费，如暂未能取得收费公路通行费增值税电子普通发票，可凭取得的通行费发票上注明的收费金额按照下列公式计算可抵扣进项税额：

一、二级公路通行费可抵扣进项税额＝一、二级公路通行费发票上注明的金额÷(1＋5%)×5%

(2) 纳税人支付的桥、闸通行费，暂凭取得的通行费发票上注明的收费金额按照下列公式计算可抵扣的进项税额：

桥、闸通行费可抵扣进项税额＝桥、闸通行费发票上注明的金额÷(1＋5%)×5%

通行费，是指有关单位依法或者依规设立并收取的过路、过桥和过闸费用。

5. 购进国内旅客运输服务其进项税额的抵扣

纳税人购进国内旅客运输服务，其进项税额允许从销项税额中抵扣。纳税人未取得增值税专用发票的，暂按照以下规定确定进项税额：

(1) 取得增值税电子普通发票的，为发票上注明的税额；

(2) 取得注明旅客身份信息的航空运输电子客票行程单的，为按照下列公式计算进项税额：

航空旅客运输进项税额＝(票价＋燃油附加费)÷(1＋9%)×9%

(3) 取得注明旅客身份信息的铁路车票的，为按照下列公式计算的进项税额：

铁路旅客运输进项税额＝票面金额÷(1＋9%)×9%

(4) 取得注明旅客身份信息的公路、水路等其他客票的，按照下列公式计算进项税额：

公路、水路等其他旅客运输进项税额＝票面金额÷(1＋3%)×3%

“国内旅客运输服务”，限于与本单位签订了劳动合同的员工，以及本单位作为用工单位接受的劳务派遣员工发生的国内旅客运输服务。纳税人购进国内旅客运输服务，以取得的增值税电子普通发票上注明的税额为进项税额的，增值税电子普通发票上注明的购买方“名称”“纳税人识别号”等信息，应当与实际抵扣税款的纳税人一致，否则不予抵扣。

(三) 不得抵扣的进项税额

1. 不得抵扣进项税额的项目

下列项目的进项税额不得从销项税额中抵扣：

(1) 用于简易计税方法计税项目、免征增值税项目、集体福利或者个人消费的购进货物、劳务、服务、无形资产和不动产。其中涉及的固定资产、无形资产、不动产，仅指专用于上述项目的固定资产、无形资产(不包括其他权益性无形资产)、不动产。

纳税人的交际应酬消费属于个人消费。

固定资产，是指使用期限超过12个月的机器、机械、运输工具以及其他与生产经营有关的设备、工具、器具等有形动产。

自2018年1月1日起，纳税人租入固定资产、不动产，既用于一般计税方法计税项目，又用于简易计税方法计税项目、免征增值税项目、集体福利或者个人消费的，其进项税额准予从销项税额中全额抵扣。

对外国政府和国际组织无偿援助项目在国内采购的货物免征增值税，同时允许销售免税货物的单位，将免税货物的进项税额在其他内销货物的销项税额中抵扣。

(2) 非正常损失的购进货物，以及相关的劳务和交通运输服务。

(3) 非正常损失的在产品、产成品所耗用的购进货物(不包括固定资产)、劳务和交通运输服务。

(4) 非正常损失的不动产，以及该不动产所耗用的购进货物、设计服务和建筑服务。

(5) 非正常损失的不动产在建工程所耗用的购进货物、设计服务和建筑服务。纳税人新建、改建、扩建、修缮、装饰不动产，均属于不动产在建工程。

这里所称的不动产和不动产在建工程所耗用货物，是指构成不动产实体的材料和设备，包括建筑装饰材料和给排水、采暖、卫生、通风、照明、通讯、煤气、消防、中央空调、电梯、电气、智能化楼宇设备及配套设施。

非正常损失，是指因管理不善造成货物被盗、丢失、霉烂变质，以及因违反法律法规造成货物或者不动产被依法没收、销毁、拆除的情形。

(6) 购进的贷款服务、餐饮服务、居民日常服务和娱乐服务。纳税人接受贷款服务向贷款方支付的与该笔贷款直接相关的投融资顾问费、手续费、咨询费等费用，其进项税额不得从销项税额中抵扣。

(7) 国务院规定的其他项目。

2. 兼营简易计税或免税项目不得抵扣进项税额的计算

适用一般计税方法的纳税人，兼营简易计税方法计税项目、免征增值税项目而无法划分不得抵扣的进项税额，按照下列公式计算不得抵扣的进项税额：

不得抵扣的进项税额＝当期无法划分的全部进项税额×(当期简易计税方法计税项目销售额＋免征增值税项目销售额)÷当期全部销售额

主管税务机关可以按照上述公式依据年度数据对不得抵扣的进项税额进行清算。

3. 已抵扣进项税额的转出

已抵扣进项税额的购进货物(不含固定资产)、劳务、服务，发生按规定不得抵扣进项税额情形(简易计税方法计税项目、免征增值税项目除外)的，应当将该进项税额从当期进项税额中扣减；无法确定该进项税额的，按照当期实际成本计算应扣减的进项税额。

已抵扣进项税额的固定资产、无形资产或者不动产，发生按规定不得抵扣进项税额情形的，按照下列公式计算不得抵扣的进项税额：

不得抵扣的进项税额＝固定资产、无形资产或者不动产净值×适用税率

固定资产、无形资产或者不动产净值，是指纳税人根据财务会计制度计提折旧或摊销后的余额。

四、销售额的确定

(一) 销售额的一般规定

1. 销售额

销售额，是指纳税人发生应税销售行为收取的全部价款和价外费用，但是不包括收取的

销项税额,财政部和国家税务总局另有规定的除外。

2. 价外费用

销售货物、劳务的价外费用,包括价外向购买方收取的手续费、补贴、基金、集资费、返还利润、奖励费、违约金、滞纳金、延期付款利息、赔偿金、代收款项、代垫款项、包装费、包装物租金、储备费、优质费、运输装卸费以及其他各种性质的价外收费。但下列项目不包括在内:

(1) 受托加工应征消费税的消费品所代收代缴的消费税;

(2) 同时符合以下条件的代垫运输费用:① 承运部门的运输费用发票开具给购买方的;② 纳税人将该项发票转交给购买方的。

(3) 同时符合以下条件代为收取的政府性基金或者行政事业性收费:① 由国务院或者财政部批准设立的政府性基金,由国务院或者省级人民政府及其财政、价格主管部门批准设立的行政事业性收费;② 收取时开具省级以上财政部门印制的财政票据;③ 所收款项全额上缴财政。

(4) 销售货物的同时代办保险等而向购买方收取的保险费,以及向购买方收取的代购买方缴纳的车辆购置税、车辆牌照费。

销售服务、无形资产、不动产的价外费用,是指价外收取的各种性质的收费,但不包括以下项目:

(1) 代为收取并符合规定的政府性基金或者行政事业性收费。

(2) 以委托方名义开具发票代委托方收取的款项。

3. 外币折算

销售额以人民币计算。纳税人以人民币以外的货币结算销售额的,应当折合成人民币计算。

折合率可以选择销售额发生的当天或者当月 1 日的人民币汇率中间价。纳税人应当事先确定采用何种折合率,确定后 12 个月内不得变更。

(二) 核定销售额

根据《增值税暂行条例》第七条的规定,纳税人发生应税销售行为的价格明显偏低并无正当理由的,由主管税务机关核定其销售额。价格明显偏低并无正当理由或者有视同销售货物行为而无销售额者,按下列顺序确定销售额:

(1) 按纳税人最近时期同类货物的平均销售价格确定;

(2) 按其他纳税人最近时期同类货物的平均销售价格确定。

(3) 按组成计税价格确定。组成计税价格的公式为:

$$组成计税价格=成本\times(1+成本利润率)$$

属于应征消费税的货物,其组成计税价格中应加计消费税额。

公式中的成本是指销售自产货物的为实际生产成本,销售外购货物的为实际采购成本。公式中的成本利润率由国家税务总局确定。

根据《营业税改征增值税试点实施办法》第四十四条的规定,纳税人发生销售服务、无形资产、不动产价格明显偏低或者偏高且不具有合理商业目的的,或者发生视同销售服务、无形资产、不动产行为而无销售额的,主管税务机关有权按照下列顺序确定销售额:

(1) 按照纳税人最近时期销售同类服务、无形资产或者不动产的平均价格确定。

(2) 按照其他纳税人最近时期销售同类服务、无形资产或者不动产的平均价格确定。

(3) 按照组成计税价格确定。组成计税价格的公式为:

$$组成计税价格=成本\times(1+成本利润率)$$

成本利润率由国家税务总局确定。

不具有合理商业目的,是指以谋取税收利益为主要目的,通过人为安排,减少、免除、推迟缴纳增值税税款,或者增加退还增值税税款。

(三) 兼营行为

1. 兼营适用不同税率或征收率的项目

纳税人兼营销售货物、劳务、服务、无形资产或者不动产,适用不同税率或考征收率的,应当分别核算适用不同税率或者征收率的销售额;未分别核算的,从高适用税率,即按照以下方法适用税率或者征收率:① 兼有不同税率的销售货物、加工修理修配劳务、服务、无形资产或者不动产,从高适用税率;② 兼有不同征收率的销售货物、加工修理修配劳务、服务、无形资产或者不动产,从高适用征收率;③ 兼有不同税率和征收率的销售货物、加工修理修配劳务、服务、无形资产或者不动产,从高适用税率。

2. 兼营免税、减税项目

纳税人兼营免税、减税项目的,应当分别核算免税、减税项目的销售额;未分别核算的,不得免税、减税。

3. 电信服务的特殊规定

纳税人销售电信服务时,附带赠送用户识别卡、电信终端等货物或者电信服务的,应将其取得的全部价款和价外费用进行分别核算,按各自适用的税率计算缴纳增值税。

(四) 混合销售

1. 混合销售的一般规定

一项销售行为如果既涉及服务又涉及货物,为混合销售。从事货物的生产、批发或者零售的单位和个体工商户的混合销售行为,按照销售货物缴纳增值税;其他单位和个体工商户的混合销售行为,按照销售服务缴纳增值税。

这里所称从事货物的生产、批发或者零售的单位和个体工商户,包括以从事货物的生产、批发或者零售为主,并兼营销售服务的单位和个体工商户在内。

2. 建筑服务混合销售的特殊规定

纳税人销售活动板房、机器设备、钢结构件等自产货物的同时提供建筑、安装服务,不属于混合销售,应分别核算货物和建筑服务的销售额,分别适用不同的税率或者征收率。

(五) 销售折让、中止或者退回

1. 简易计税方法的处理

纳税人适用简易计税方法计税的,因销售折让、中止或者退回而退还给购买方的销售额,应当从当期销售额中扣减。扣减当期销售额后仍有余额造成多缴的税款,可以从以后的应纳税额中扣减。

2. 一般计税方法的处理

纳税人适用一般计税方法计税的，因销售折让、中止或者退回而退还给购买方的增值税额，应当从当期的销项税额中扣减；因销售折让、中止或者退回而收回的增值税额，应当从当期的进项税额中扣减。

纳税人发生应税销售行为，开具增值税专用发票后，发生开票有误或者销售折让、中止、退回等情形的，应当按照国家税务总局的规定开具红字增值税专用发票；未按照规定开具红字增值税专用发票的，不得按照规定扣减销项税额或者销售额。

3. 扣减折扣额的条件

纳税人发生折扣销售行为，将价款和折扣额在同一张发票上分别注明的，以折扣后的价款为销售额；未在同一张发票上分别注明的，以价款为销售额，不得扣减折扣额。

(六)“营改增”后差额征税的项目

1. 物业管理服务中收取自来水水费

提供物业管理服务的纳税人，向服务接收方收取的自来水水费，以扣除其对外支付的自来水水费后的余额为销售额，按照简易计税办法依3%的征收率计算缴纳增值税。

2. 安全保护服务

安全保护服务，是指提供保护人身安全和财产安全，维护社会治安等的业务活动。包括场所住宅保安、特种保安、安全系统监控以及其他安保服务。

(1) 一般纳税人提供安全保护服务，可以选择差额纳税，以取得的全部价款和价外费用，扣除代用工单位支付给外派员工的工资、福利和为其办理社会保险及住房公积金后的余额为销售额，按照简易计税方法依5%的征收率计算缴纳增值税。

(2) 小规模纳税人提供安全保护服务，可以选择差额纳税，以取得的全部价款和价外费用，扣除代用工单位支付给外派员工的工资、福利和为其办理社会保险及住房公积金后的余额为销售额，按照简易计税方法依5%的征收率计算缴纳增值税。

3. 劳务派遣服务

劳务派遣公司为了满足用工单位对于各类灵活用工的需求，将员工派遣至用工单位，接受用工单位管理并为其工作的服务为劳务派遣服务。

(1) 一般纳税人提供劳务派遣服务，可以选择差额纳税，以取得的全部价款和价外费用，扣除代用工单位支付给劳务派遣员工的工资、福利和为其办理社会保险及住房公积金后的余额为销售额，按照简易计税方法依5%的征收率计算缴纳增值税。

(2) 小规模纳税人提供劳务派遣服务，可以选择差额纳税，以取得的全部价款和价外费用，扣除代用工单位支付给劳务派遣员工的工资、福利和为其办理社会保险及住房公积金后的余额为销售额，按照简易计税方法依5%的征收率计算缴纳增值税。

4. 人力资源外包

纳税人提供人力资源外包服务，按照经纪代理服务缴纳增值税，其销售额不包括受客户单位委托代为向客户单位员工发放的工资和代理缴纳的社会保险、住房公积金。

5. 建筑服务

(1) 一般纳税人跨县(市)提供建筑服务，适用一般计税方法计税的，应以取得的全部价款和价外费用为销售额计算应纳税额。纳税人应以取得的全部价款和价外费用扣除支付的分包款后的余额，按照2%的预征率在建筑服务发生地预缴税款后，向机构所在地主管税务机关进行纳税申报。

(2) 纳税人提供建筑服务(清包工、甲供工程、老项目)选择适用简易计税方法的,以取得的全部价款和价外费用扣除支付的分包款后的余额为销售额。

6. 房地产开发企业销售房地产项目

房地产开发企业中的一般纳税人销售其开发的房地产项目(选择简易计税方法的房地产老项目除外),以取得的全部价款和价外费用,扣除受让土地时向政府部门支付的土地价款后的余额为销售额。

7. 转让不动产(不含自建)

(1) 一般纳税人销售其2016年4月30日前取得的不动产(不含自建),选择适用一般计税方法计税的,以取得的全部价款和价外费用为销售额计算应纳税额。上述纳税人应以取得的全部价款和价外费用减去该项不动产购置原价或者取得不动产时的作价后的余额,按照5%的预征率向不动产所在地的主管地税机关预缴增值税,向机构所在地的主管国税机关进行纳税申报。

(2) 一般纳税人销售其2016年4月30日前取得(不含自建)的不动产,选择适用简易计税方法计税的,以全部收入减去该项不动产购置原价或者取得不动产时的作价后的余额,按照5%的预征率向不动产所在地的主管地税机关预缴税款,向机构所在地的主管国税机关进行纳税申报。

(3) 一般纳税人销售其2016年5月1日后取得(不含自建)的不动产,应适用一般计税方法,以取得的全部价款和价外费用为销售额计算应纳税额。纳税人应以取得的全部价款和价外费用减去该项不动产购置原价或者取得不动产时的作价后的余额,按照5%的预征率向不动产所在地的主管地税机关预缴税款,向机构所在地的主管国税机关进行纳税申报。

(4) 小规模纳税人销售其取得(不含自建)的不动产(不含个体工商户销售购买的住房和其他个人销售不动产),应以取得的全部价款和价外费用减去该项不动产购置原价或者取得不动产时的作价后的余额为销售额,按照5%的征收率计算应纳税额。纳税人应按照上述计税方法向不动产所在地的主管地税机关预缴税款,向机构所在地主管国税机关进行纳税申报。

(5) 其他个人销售其取得(不含自建)的不动产(不含其购买的住房),应以取得的全部价款和价外费用减去该项不动产购置原价或者取得不动产时的作价后的余额为销售额,按照5%的征收率向不动产所在地的主管地税机关申报缴纳增值税。

(6) 在北京市、上海市、广州市和深圳市,个体工商户和个人销售购买的住房,将购买不足两年的住房对外销售的,按照5%的征收率全额缴纳增值税;将购买两年以上(含两年)的非普通住房对外销售的,以销售收入减去购买住房价款后的差额按照5%的征收率缴纳增值税;个人将购买两年以上(含两年)的普通住房对外销售的,免征增值税。

8. 金融商品转让

金融商品转让,按照卖出价扣除买入价后的余额为销售额。

9. 中国证券登记结算公司

中国证券登记结算公司的销售额,不包括以下资金项目:按规定提取的证券结算风险基金;代收代付的证券公司资金交收违约垫付资金利息;结算过程中代收代付的资金交收违约罚息。

10. 经纪代理服务

经纪代理服务,以取得的全部价款和价外费用,扣除向委托方收取并代为支付的政府性基金或者行政事业性收费后的余额为销售额。

11. 旅游服务

纳税人提供旅游服务，以取得的全部价款和价外费用，扣除向旅游服务购买方收取并支付给其他单位或者个人的住宿费、餐饮费、交通费、签证费、门票费和支付给其他接团旅游企业的旅游费用后的余额为销售额。

12. 融资租赁和融资性售后回租业务

(1) 经人民银行、银监会或者商务部批准从事融资租赁业务的试点纳税人，提供融资租赁服务，以取得的全部价款和价外费用，扣除支付的借款利息(包括外汇借款和人民币借款利息)、发行债券利息和车辆购置税后的余额为销售额。

(2) 经人民银行、银监会或者商务部批准从事融资租赁业务的试点纳税人，提供融资性售后回租服务，以取得的全部价款和价外费用(不含本金)，扣除对外支付的借款利息(包括外汇借款和人民币借款利息)、发行债券利息后的余额作为销售额。

(3) 试点纳税人根据 2016 年 4 月 30 日前签订的有形动产融资性售后回租合同，在合同到期前提供的有形动产融资性售后回租服务，可继续按照有形动产融资租赁服务缴纳增值税。

(4) 经商务部授权的省级商务主管部门和国家经济技术开发区批准的从事融资租赁业务的试点纳税人，2016 年 5 月 1 日后实收资本达到 1.7 亿元的，从达到标准的当月起按照上述第(1)、(2)、(3)点规定执行；2016 年 5 月 1 日后实收资本未达到 1.7 亿元但注册资本达到 1.7 亿元的，在 2016 年 7 月 31 日前仍可按照上述第(1)、(2)、(3)点规定执行，2016 年 8 月 1 日后开展的融资租赁业务和融资性售后回租业务不得按照上述第(1)、(2)、(3)点规定执行。

13. 航空运输企业

航空运输企业的销售额，不包括代收的机场建设费和代售其他航空运输企业客票而代收转付的价款。

14. 一般纳税人提供客运场站服务

一般纳税人提供客运场站服务，以其取得的全部价款和价外费用，扣除支付给承运方运费后的余额为销售额。

15. 移动、联通、电信公司及成员单位为公益性机构接受捐赠

中国移动通信集团公司、中国联合网络通信集团有限公司、中国电信集团公司及其成员单位通过手机短信公益特服号为公益性机构接受捐款，以其取得的全部价款和价外费用，扣除支付给公益性机构捐款后的余额为销售额。

16. 转让 2016 年 4 月 30 日前的土地使用权

纳税人转让 2016 年 4 月 30 日前取得的土地使用权，可以选择适用简易计税方法，以取得的全部价款和价外费用减去取得该土地使用权的原价后的余额为销售额，按照 5%的征收率计算缴纳增值税。

17. 教辅单位为境外单位提供境内考试服务

境外单位通过教育部考试中心及其直属单位在境内开展考试，教育部考试中心及其直属单位应以取得的考试费收入扣除支付给境外单位考试费后的余额为销售额，按提供"教育辅助服务"缴纳增值税；就代为收取并支付给境外单位的考试费统一扣缴增值税。

18. 签证代理服务

纳税人提供签证代理服务，以取得的全部价款和价外费用，扣除向服务接受方收取并代为支付给外交部和外国驻华使(领)馆的签证费、认证费后的余额为销售额。

19. 代理进口服务

纳税人代理进口按规定免征进口增值税的货物，其销售额不包括向委托方收取并代为支付的货款。

20. 航空运输销售代理企业境外代理服务收入

自 2018 年 1 月 1 日起，航空运输销售代理企业提供境外航段机票代理服务，以取得的全部价款和价外费用，扣除向客户收取并支付给其他单位或者个人的境外航段机票结算款和相关费用后的余额为销售额。

五、生产、生活性服务业加计抵减应纳税额

（一）加计抵减政策及其适用条件

根据《财政部、税务总局、海关总署关于深化增值税改革有关政策的公告》（财政部、税务总局、海关总署公告 2019 年第 39 号）第七条的规定，自 2019 年 4 月 1 日至 2021 年 12 月 31 日，允许生产、生活性服务业纳税人按照当期可抵扣进项税额加计 10%，抵减应纳税额（以下称加计抵减政策）。

这里所称生产、生活性服务业纳税人，是指提供邮政服务、电信服务、现代服务、生活服务（以下称四项服务）取得的销售额占全部销售额的比重超过 50%的纳税人。四项服务的具体范围按照《销售服务、无形资产、不动产注释》（财税〔2016〕36 号印发）执行。

2019 年 3 月 31 日前设立的纳税人，自 2018 年 4 月至 2019 年 3 月期间的销售额（经营期不满 12 个月的，按照实际经营期的销售额）符合上述规定条件的，自 2019 年 4 月 1 日起适用加计抵减政策。2019 年 3 月 31 日前设立，且 2018 年 4 月至 2019 年 3 月期间销售额均为零的纳税人，以首次产生销售额当月起连续 3 个月的销售额确定适用加计抵减政策。

2019 年 4 月 1 日后设立的纳税人，自设立之日起 3 个月的销售额符合上述规定条件的，自登记为一般纳税人之日起适用加计抵减政策。2019 年 4 月 1 日后设立，且自设立之日起 3 个月的销售额均为零的纳税人，以首次产生销售额当月起连续 3 个月的销售额确定适用加计抵减政策。

“销售额”，包括纳税申报销售额、稽查查补销售额、纳税评估调整销售额。其中，纳税申报销售额包括一般计税方法销售额，简易计税方法销售额，免税销售额，税务机关代开发票销售额，免、抵、退办法出口销售额，即征即退项目销售额。稽查查补销售额和纳税评估调整销售额，计入查补或评估调整当期销售额确定适用加计抵减政策；适用增值税差额征收政策的，以差额后的销售额确定适用加计抵减政策。

纳税人确定适用加计抵减政策后，当年内不再调整，以后年度是否适用，根据上年度销售额计算确定。

纳税人可计提但未计提的加计抵减额，可在确定适用加计抵减政策当期一并计提。

（二）加计抵减额的计提与抵减

纳税人应按照当期可抵扣进项税额的 10%计提当期加计抵减额。按照现行规定不得从销项税额中抵扣的进项税额，不得计提加计抵减额；已计提加计抵减额的进项税额，按规定作进项税额转出的，应在进项税额转出当期，相应调减加计抵减额。计算公式如下：

当期计提加计抵减额＝当期可抵扣进项税额×10％

当期可抵减加计抵减额＝上期末加计抵减额余额＋当期计提加计抵减额
一当期调减加计抵减额

纳税人应按照现行规定计算一般计税方法下的应纳税额(以下称抵减前的应纳税额)后,区分以下情形加计抵减:

① 抵减前的应纳税额等于零的,当期可抵减加计抵减额全部结转下期抵减;

② 抵减前的应纳税额大于零,且大于当期可抵减加计抵减额的,当期可抵减加计抵减额全额从抵减前的应纳税额中抵减;

③ 抵减前的应纳税额大于零,且小于或等于当期可抵减加计抵减额的,以当期可抵减加计抵减额抵减应纳税额至零。未抵减完的当期可抵减加计抵减额,结转下期继续抵减。

(三) 出口货物劳务、发生跨境应税行为不适用加计抵减政策

纳税人出口货物劳务、发生跨境应税行为不适用加计抵减政策,其对应的进项税额不得计提加计抵减额。

纳税人兼营出口货物劳务、发生跨境应税行为且无法划分不得计提加计抵减额的进项税额,按照以下公式计算:

不得计提加计抵减额的进项税额＝当期无法划分的全部进项税额×当期出口货物劳务和发生跨境应税行为的销售额÷当期全部销售额

纳税人应单独核算加计抵减额的计提、抵减、调减、结余等变动情况。骗取适用加计抵减政策或虚增加计抵减额的,按照《中华人民共和国税收征收管理法》等有关规定处理。

加计抵减政策执行到期后,纳税人不再计提加计抵减额,结余的加计抵减额停止抵减。

六、期末留抵税额退税

根据《财政部、税务总局、海关总署关于深化增值税改革有关政策的公告》(财政部、税务总局、海关总署公告 2019 年第 39 号)第八条的规定,自 2019 年 4 月 1 日起,试行增值税期末留抵税额退税制度。同时符合以下条件的纳税人,可以向主管税务机关申请退还增量留抵税额:

(1) 自 2019 年 4 月税款所属期起,连续六个月(按季纳税的,连续两个季度)增量留抵税额均大于零,且第六个月增量留抵税额不低于 50 万元;

(2) 纳税信用等级为 A 级或者 B 级;

(3) 申请退税前 36 个月未发生骗取留抵退税、出口退税或虚开增值税专用发票情形的;

(4) 申请退税前 36 个月未因偷税被税务机关处罚两次及以上的;

(5) 自 2019 年 4 月 1 日起未享受即征即退、先征后返(退)政策的。

增量留抵税额,是指与 2019 年 3 月底相比新增加的期末留抵税额。

纳税人当期允许退还的增量留抵税额,按照以下公式计算:

允许退还的增量留抵税额＝增量留抵税额×进项构成比例×60％

进项构成比例,为 2019 年 4 月至申请退税前一税款所属期内已抵扣的增值税专用发票(含税控机动车销售统一发票)、海关进口增值税专用缴款书、解缴税款完税凭证注明的增值税额占同期全部已抵扣进项税额的比重。

纳税人应在增值税纳税申报期内,向主管税务机关申请退还留抵税额。

纳税人出口货物劳务、发生跨境应税行为,适用免抵退税办法的,办理免抵退税后,仍符合本公告规定条件的,可以申请退还留抵税额;适用免退税办法的,相关进项税额不得用于退还留抵税额。

纳税人取得退还的留抵税额后,应相应调减当期留抵税额。按照规定再次满足退税条件的,可以继续向主管税务机关申请退还留抵税额,但规定的连续期间,不得重复计算。

以虚增进项、虚假申报或其他欺骗手段,骗取留抵退税款的,由税务机关追缴其骗取的退税款,并按照《税收征收管理法》等有关规定处理。

第五节　税收优惠

一、小微企业增值税优惠

(一) 增值税起征点

纳税人销售额未达到国务院财政、税务主管部门规定的增值税起征点的,免征增值税;达到起征点的,依照规定全额计算缴纳增值税。

增值税起征点的适用范围限于个人。增值税起征点的幅度规定如下:① 销售货物的,为月销售额 5 000～20 000 元;② 销售应税劳务的,为月销售额 5 000～20 000 元;③ 按次纳税的,为每次(日)销售额 300～500 元。

前款所称销售额,是指小规模纳税人的销售额。省、自治区、直辖市财政厅(局)和税务局应在规定的幅度内,根据实际情况确定本地区适用的起征点,并报财政部、国家税务总局备案。

(二) 暂免征收部分小微企业增值税

根据《财政部、税务总局关于实施小微企业普惠性税收减免政策的通知》(财税〔2019〕13号)的规定,自 2019 年 1 月 1 日至 2021 年 12 月 31 日止,对月销售额 10 万元以下(含本数)的增值税小规模纳税人,免征增值税。

二、法定免征增值税优惠

根据《增值税暂行条例》第 15 条的规定下列项目免征增值税:

(一) 农业生产者销售的自产农产品

农业,是指种植业、养殖业、林业、牧业、水产业。农业生产者,包括从事农业生产的单位和个人。农产品,是指初级农产品,具体范围由财政部、国家税务总局确定。"农业生产者销售的自产农业产品",是指直接从事植物的种植、收割和动物的饲养、捕捞的单位和个人销售的注释中所列的自产农业产品;对上述单位和个人销售的外购的农业产品,以及单位和个人外购农业产品生产、加工后销售的仍然属于注释中所列的农业产品,不属于免税的范围,应当按照规定税率征收增值税。

对农民专业合作社销售本社成员生产的农业产品,视同农业生产者销售自产农业产品免征增值税。

增值税一般纳税人从农民专业合作社购进的免税农业产品,可按规定的扣除率计算抵扣增值税进项税额。

对农民专业合作社向本社成员销售的农膜、种子、种苗、化肥、农药、农机,免征增值税。农民专业合作社是指依照《中华人民共和国农民专业合作社法》规定设立和登记的农民专业合作社。

(二)避孕药品和用具

(三)古旧图书

古旧图书,是指向社会收购的古书和旧书。

(四)直接用于科学研究、科学试验和教学的进口仪器、设备

(五)外国政府、国际组织无偿援助的进口物资和设备

(六)由残疾人的组织直接进口供残疾人专用的物品

由残疾人的组织直接进口供残疾人专用的物品,免征增值税。供残疾人专用的假肢、轮椅、矫形器(包括上肢矫形器、下肢矫形器、脊椎侧弯矫形器),免征增值税。

(七)销售的自己使用过的物品

自己使用过的物品,是指其他个人自己使用过的物品。

除上述规定外,增值税的免税、减税项目由国务院规定,任何地区、部门均不得规定免税、减税项目。

三、承包地流转给农业生产者用于农业生产优惠

纳税人采取转包、出租、互换、转让、入股等方式将承包地流转给农业生产者用于农业生产,免征增值税。

四、部分饲料产品免征增值税

免税饲料产品范围包括单一大宗饲料、混合饲料、配合饲料、复合预混料、浓缩饲料等。

五、有机肥产品免征增值税

纳税人生产销售和批发、零售有机肥产品免征增值税。

六、免征蔬菜流通环节增值税

对从事蔬菜批发、零售的纳税人销售的蔬菜免征增值税。蔬菜是指可作副食的草本、木本植物,包括各种蔬菜、菌类植物和少数可作副食的木本植物。蔬菜的主要品种参照《蔬菜主要品种目录》执行。

经挑选、清洗、切分、晾晒、包装、脱水、冷藏、冷冻等工序加工的蔬菜,属于免征增值税蔬

菜的范围。各种蔬菜罐头不属于免征增值税蔬菜的范围，蔬菜罐头是指蔬菜经处理、装罐、密封、杀菌或无菌包装而制成的食品。

七、免征部分鲜活肉蛋产品流通环节增值税

对从事农产品批发、零售的纳税人销售的部分鲜活肉蛋产品免征增值税。

上述产品中不包括《中华人民共和国野生动物保护法》所规定的国家珍贵、濒危野生动物及其鲜活肉类、蛋类产品。

八、生产和经销单位经销的边销茶免征增值税

对“适用增值税免税政策的边销茶生产企业名单”内的边销茶生产企业销售自产的边销茶及经销企业销售的边销茶免征增值税。

边销茶，是指以黑毛茶、老青茶、红茶末、绿茶为主要原料，经过发酵、蒸制、加压或者压碎、炒制，专门销往边疆少数民族地区的紧压茶、方包茶(马茶)。

九、污水处理费免征增值税

对各级政府及主管部门委托自来水厂(公司)随水费收取的污水处理费，免征增值税。

十、进口图书资料免征国内销售环节增值税

对中国科技资料进出口总公司为科研单位、大专院校进口的用于科研、教学的图书、文献、报刊及其他资料(包括只读光盘、缩微平片、胶卷、地球资源卫星照片、科技和教学声像制品)免征国内销售环节增值税。

对中国国际图书贸易总公司广州分公司销售给高等学校、教育科研单位和北京图书馆的进口图书、报刊资料，免征国内销售环节增值税。

十一、抽采销售煤层气增值税先征后退

对煤层气抽采企业的增值税一般纳税人抽采销售煤层气实行增值税先征后退政策。煤层气是指赋存于煤层及其围岩中与煤炭资源伴生的非常规天然气，也称煤矿瓦斯。

煤层气抽采企业应将享受增值税先征后退政策的业务和其他业务分别核算，不能分别准确核算的，不得享受增值税先征后退政策。

十二、生产销售滴灌带和滴灌管产品免征增值税

纳税人生产销售和批发、零售滴灌带和滴灌管产品免征增值税。

十三、国产抗艾滋病病毒药品免征增值税

对国内定点生产企业生产的《国产抗艾滋病病毒药物品种清单》内的国产抗艾滋病病毒药品免征生产环节和流通环节增值税。

十四、研发机构采购国产设备全额退还增值税

为了鼓励科学研究和技术开发，促进科技进步，经国务院批准，继续对内资研发机构和外资研发中心采购国产设备全额退还增值税。

十五、促进残疾人就业增值税优惠

(一) 置残疾人就业限额即征即退增值税优惠

对安置残疾人的单位和个体工商户(以下称纳税人),实行由税务机关按纳税人安置残疾人的人数,限额即征即退增值税的办法。

安置的每位残疾人每月可退还的增值税具体限额,由县级以上税务机关根据纳税人所在区县(含县级市、旗,下同)适用的经省(含自治区、直辖市、计划单列市,下同)人民政府批准的月最低工资标准的4倍确定。

(二) 享受安置残疾人限额即征即退的条件

安置残疾人的纳税人享受限额即征即退增值税优惠,需符合如下条件:

(1) 纳税人(除盲人按摩机构外)月安置的残疾人占在职职工人数的比例不低于25%(含25%),并且安置的残疾人人数不少于10人(含10人)。

盲人按摩机构月安置的残疾人占在职职工人数的比例不低于25%(含25%),并且安置的残疾人人数不少于5人(含5人)。

在职职工人数,是指与纳税人建立劳动关系并依法签订劳动合同或者服务协议的雇员人数。

(2) 依法与安置的每位残疾人签订了一年以上(含一年)的劳动合同或服务协议。

(3) 为安置的每位残疾人按月足额缴纳了基本养老保险、基本医疗保险、失业保险、工伤保险和生育保险等社会保险。

(4) 通过银行等金融机构向安置的每位残疾人,按月支付了不低于纳税人所在区县适用的经省人民政府批准的月最低工资标准的工资。

对特殊教育学校举办的企业,只要符合第(1)项条件,即可享受规定的安置残疾人限额即征即退增值税优惠。这类企业在计算残疾人人数时可将在企业上岗工作的特殊教育学校的全日制在校学生计算在内,在计算企业在职职工人数时也要将上述学生计算在内。特殊教育学校举办的企业,是指特殊教育学校主要为在校学生提供实习场所并由学校出资自办、由学校负责经营管理、经营收入全部归学校所有的企业。

(5) 纳税信用等级条件。纳税人中纳税信用等级为税务机关评定的C级或D级的,不得享受规定的安置残疾人限额即征即退增值税优惠。

(6) 收入占比条件。安置残疾人限额即征即退优惠政策(不含特殊教育学校举办的企业安置残疾人限额即征即退优惠)仅适用于生产销售货物,提供加工、修理修配劳务,以及提供营改增现代服务和生活服务税目(不含文化体育服务和娱乐服务)范围的服务取得的收入之和,占其增值税收入的比例达到50%的纳税人,但不适用于上述纳税人直接销售外购货物(包括商品批发和零售)以及销售委托加工的货物取得的收入。

(三) 退还增值税的办理与应退税额计算

纳税人按照纳税期限向主管国税机关申请退还增值税。本纳税期已交增值税额不足退还的,可在本纳税年度内以前纳税期已交增值税扣除已退增值税的余额中退还,仍不足退还的可结转本纳税年度内以后纳税期退还,但不得结转以后年度退还。纳税期限不为按月的,只能对其符合条件的月份退还增值税。

纳税人本期应退增值税额按以下公式计算：

本期应退增值税额＝本期所含月份每月应退增值税额之和

月应退增值税额＝纳税人本月安置残疾人员人数×本月月最低工资标准的4倍

月最低工资标准，是指纳税人所在区县（含县级市、旗）适用的经省（含自治区、直辖市、计划单列市）人民政府批准的月最低工资标准。

纳税人本期已缴增值税额小于本期应退税额不足退还的，可在本年度内以前纳税期已缴增值税额扣除已退增值税额的余额中退还，仍不足退还的可结转本年度内以后纳税期退还。年度已缴增值税额小于或等于年度应退税额的，退税额为年度已缴增值税额；年度已缴增值税额大于年度应退税额的，退税额为年度应退税额。年度已缴增值税额不足退还的，不得结转以后年度退还。

纳税人新安置的残疾人从签订劳动合同并缴纳社会保险的次月起计算，其他职工从录用的次月起计算；安置的残疾人和其他职工减少的，从减少当月计算。

（四）不能累加执行优惠

如果既适用促进残疾人就业增值税优惠政策，又适用重点群体、退役士兵、随军家属、军转干部等支持就业的增值税优惠政策的，纳税人可自行选择适用的优惠政策，但不能累加执行。一经选定，36个月内不得变更。

安置残疾人单位既符合促进残疾人就业增值税优惠政策条件，又符合其他增值税优惠政策条件的，可同时享受多项增值税优惠政策，但年度申请退还增值税总额不得超过本年度内应纳增值税总额。

（五）残疾人个人提供的加工、修理修配劳务免征增值税

残疾人个人提供的加工、修理修配劳务，免征增值税。残疾人个人是指自然人。

（六）不符合优惠条件或骗取优惠的处理

税务机关发现已享受安置残疾人限额即征即退增值税优惠政策的纳税人，存在不符合规定条件，或者采用伪造或重复使用残疾人证、残疾军人证等手段骗取规定的增值税优惠的，应将纳税人发生上述违法违规行为的纳税期内按规定已享受到的退税全额追缴入库，并自发现当月起36个月内停止其享受规定的安置残疾人各项税收优惠。

十六、支持和促进就业创业优惠

（一）退役士兵创业就业限额减征优惠

1. 扶持自主就业退役士兵创业优惠

根据《财政部、税务总局、退役军人部关于进一步扶持自主就业退役士兵创业就业有关税收政策的通知》（财税〔2019〕21号，执行期限为2019年1月1日至2021年12月31日）第一条的规定，自主就业退役士兵从事个体经营的，自办理个体工商户登记当月起，在3年（36个月，下同）内按每户每年12 000元为限额依次扣减其当年实际应缴纳的增值税、城市维护建设税、教育费附加、地方教育附加和个人所得税。限额标准最高可上浮20%，各省、自治

区、直辖市人民政府可根据本地区实际情况在此幅度内确定具体限额标准。

纳税人年度应缴纳税款小于上述扣减限额的,减免税额以其实际缴纳的税款为限;大于上述扣减限额的,以上述扣减限额为限。纳税人的实际经营期不足一年的,应当按月换算其减免税限额。换算公式为:

减免税限额=年度减免税限额÷12×实际经营月数

城市维护建设税、教育费附加、地方教育附加的计税依据是享受本项税收优惠政策前的增值税应纳税额。

自主就业退役士兵是指依照《退役士兵安置条例》(国务院、中央军委令第608号)的规定退出现役并按自主就业方式安置的退役士兵。

自主就业退役士兵从事个体经营的,在享受税收优惠政策进行纳税申报时,注明其退役军人身份,并将《中国人民解放军义务兵退出现役证》《中国人民解放军士官退出现役证》或《中国人民武装警察部队义务兵退出现役证》《中国人民武装警察部队士官退出现役证》留存备查。

退役士兵以前年度已享受退役士兵创业就业税收优惠政策满三年的,不得再享受财税〔2019〕21号文件规定的税收优惠政策;以前年度享受退役士兵创业就业税收优惠政策未满3年且符合该文件规定条件的,可按该文件规定享受优惠至三年期满。

2. 扶持自主就业退役士兵就业优惠

企业招用自主就业退役士兵,与其签订一年以上期限劳动合同并依法缴纳社会保险费的,自签订劳动合同并缴纳社会保险当月起,在三年内按实际招用人数予以定额依次扣减增值税、城市维护建设税、教育费附加、地方教育附加和企业所得税优惠。定额标准为每人每年6 000元,最高可上浮50%,各省、自治区、直辖市人民政府可根据本地区实际情况在此幅度内确定具体定额标准。

企业按招用人数和签订的劳动合同时间核算企业减免税总额,在核算减免税总额内每月依次扣减增值税、城市维护建设税、教育费附加和地方教育附加。企业实际应缴纳的增值税、城市维护建设税、教育费附加和地方教育附加小于核算减免税总额的,以实际应缴纳的增值税、城市维护建设税、教育费附加和地方教育附加为限;实际应缴纳的增值税、城市维护建设税、教育费附加和地方教育附加大于核算减免税总额的,以核算减免税总额为限。

纳税年度终了,如果企业实际减免的增值税、城市维护建设税、教育费附加和地方教育附加小于核算减免税总额,企业在企业所得税汇算清缴时以差额部分扣减企业所得税。当年扣减不完的,不再结转以后年度扣减。

自主就业退役士兵在企业工作不满一年的,应当按月换算减免税限额。计算公式为:企业核算减免税总额$=\sum$每名自主就业退役士兵本年度在本单位工作月份÷12×具体定额标准。

城市维护建设税、教育费附加、地方教育附加的计税依据是享受本项税收优惠政策前的增值税应纳税额。

(二)支持和促进重点群体创业就业优惠

1. 支持和促进重点群体创业限额减征优惠

根据《财政部、税务总局、人力资源社会保障部、国务院扶贫办关于进一步支持和促进重点群体创业就业有关税收政策的通知》(财税〔2019〕22 号,执行期限为 2019 年 1 月 1 日至 2021 年 12 月 31 日)第一条的规定,建档立卡贫困人口、持《就业创业证》(注明"自主创业税收政策"或"毕业年度内自主创业税收政策")或《就业失业登记证》(注明"自主创业税收政策")的人员,从事个体经营的,自办理个体工商户登记当月起,在 3 年(36 个月,下同)内按每户每年 12 000 元为限额依次扣减其当年实际应缴纳的增值税、城市维护建设税、教育费附加、地方教育附加和个人所得税。限额标准最高可上浮 20%,各省、自治区、直辖市人民政府可根据本地区实际情况在此幅度内确定具体限额标准。

纳税人年度应缴纳税款小于上述扣减限额的,减免税额以其实际缴纳的税款为限;大于上述扣减限额的,以上述扣减限额为限。

上述人员具体包括:(1) 纳入全国扶贫开发信息系统的建档立卡贫困人口;(2) 在人力资源社会保障部门公共就业服务机构登记失业半年以上的人员;(3) 零就业家庭、享受城市居民最低生活保障家庭劳动年龄内的登记失业人员;(4) 毕业年度内高校毕业生。高校毕业生是指实施高等学历教育的普通高等学校、成人高等学校应届毕业的学生;毕业年度是指毕业所在自然年,即 1 月 1 日至 12 月 31 日。

上述人员,以前年度已享受重点群体创业就业税收优惠政策满三年的,不得再享受财税〔2019〕22 号文件规定的税收优惠政策;以前年度享受重点群体创业就业税收优惠政策未满三年且符合财税〔2019〕22 号文件规定条件的,可按该规定享受优惠至三年期满。

国务院扶贫办在每年 1 月 15 日前将建档立卡贫困人口名单及相关信息提供给人力资源社会保障部、税务总局,税务总局将相关信息转发给各省、自治区、直辖市税务部门。人力资源社会保障部门依托全国扶贫开发信息系统核实建档立卡贫困人口身份信息。

2. 支持和促进重点群体就业限额减征优惠

企业招用建档立卡贫困人口,以及在人力资源社会保障部门公共就业服务机构登记失业半年以上且持《就业创业证》或《就业失业登记证》(注明"企业吸纳税收政策")的人员,与其签订一年以上期限劳动合同并依法缴纳社会保险费的,自签订劳动合同并缴纳社会保险当月起,在三年内按实际招用人数予以定额依次扣减增值税、城市维护建设税、教育费附加、地方教育附加和企业所得税优惠。定额标准为每人每年 6 000 元,最高可上浮 30%,各省、自治区、直辖市人民政府可根据本地区实际情况在此幅度内确定具体定额标准。城市维护建设税、教育费附加、地方教育附加的计税依据是享受本项税收优惠政策前的增值税应纳税额。

按上述标准计算的税收扣减额应在企业当年实际应缴纳的增值税、城市维护建设税、教育费附加、地方教育附加和企业所得税税额中扣减,当年扣减不完的不得结转下年使用。

这里所称企业是指属于增值税纳税人或企业所得税纳税人的企业等单位。

(三) 促进随军家属就业创业优惠

1. 为安置随军家属就业而新开办企业定期免征

为安置随军家属就业而新开办的企业,自领取税务登记证之日起,其提供的应税服务三年内免征增值税。

享受税收优惠政策的企业,随军家属必须占企业总人数的 60%(含)以上,并有军(含)以上政治和后勤机关出具的证明。

2. 从事个体经营的随军家属定期免征

从事个体经营的随军家属，自办理税务登记事项之日起，其提供的应税服务三年内免征增值税。随军家属必须有师以上政治机关出具的可以表明其身份的证明。

按照上述规定，每一名随军家属可以享受一次免税政策。

(四) 军队转业干部就业定期免征

从事个体经营的军队转业干部，自领取税务登记证之日起，其提供的应税服务三年内免征增值税。为安置自主择业的军队转业干部就业而新开办的企业，凡安置自主择业的军队转业干部占企业总人数60%(含)以上的，自领取税务登记证之日起，其提供的应税服务三年内免征增值税。

享受上述优惠政策的自主择业的军队转业干部必须持有师以上部队颁发的转业证件。

十七、实际税负超3%的即征即退优惠

(一) 管道运输服务实际税负超3%的即征即退

一般纳税人提供管道运输服务，对其增值税实际税负超过3%的部分实行增值税即征即退政策。

增值税实际税负，是指纳税人当期提供应税服务实际缴纳的增值税额占纳税人当期提供应税服务取得的全部价款和价外费用的比例。

(二) 融资租赁业务实际税负超3%的即征即退

经人民银行、银监会或者商务部批准从事融资租赁业务的纳税人中的一般纳税人，提供有形动产融资租赁服务和有形动产融资性售后回租服务，对其增值税实际税负超过3%的部分实行增值税即征即退政策。商务部授权的省级商务主管部门和国家经济技术开发区批准的从事融资租赁业务和融资性售后回租业务的试点纳税人中的一般纳税人，2016年5月1日后实收资本达到1.7亿元的，从达到标准的当月起按照上述规定执行；2016年5月1日后实收资本未达到1.7亿元但注册资本达到1.7亿元的，在2016年7月31日前仍可按照上述规定执行，2016年8月1日后开展的有形动产融资租赁业务和有形动产融资性售后回租业务不得按照上述规定执行。

十八、资源综合利用增值税优惠

(一) 销售特定自产货物免征增值税

(1) 再生水。再生水，是指对污水处理厂出水、工业排水(矿井水)、生活污水、垃圾处理厂渗透(滤)液等水源进行回收，经适当处理后达到一定水质标准，并在一定范围内重复利用的水资源。再生水应当符合水利部《再生水水质标准》(SL 368—2006)的有关规定。

(2) 以废旧轮胎为全部生产原料生产的胶粉。胶粉应当符合GB/T 19208—2008规定的性能指标。

(3) 翻新轮胎。翻新轮胎应当符合GB 7037—2007、GB 14646—2007或者HG/T 3979—2007规定的性能指标，并且翻新轮胎的胎体100%来自废旧轮胎。

(4) 生产原料中掺兑废渣比例不低于30%的特定建材产品。特定建材产品，是指砖(不含烧结普通砖)、砌块、陶粒、墙板、管材、混凝土、砂浆、道路井盖、道路护栏、防火材料、耐火材料、保温材料、矿(岩)棉。

(二) 对污水处理劳务免征增值税

污水处理是指将污水加工处理后符合GB 18918—2002有关规定的水质标准的业务。

(三) 增值税即征即退

(1) 以工业废气为原料生产的高纯度二氧化碳产品。高纯度二氧化碳产品，应当符合GB 10621—2006的有关规定。

(2) 以垃圾为燃料生产的电力或者热力。垃圾用量占发电燃料的比重不低于80%，并且生产排放达到GB 13223—2003第1时段标准或者GB 18485—2001的有关规定。所称垃圾，是指城市生活垃圾、农作物秸秆、树皮废渣、污泥、医疗垃圾。

(3) 以煤炭开采过程中伴生的舍弃物油母页岩为原料生产的页岩油。

(4) 以废旧沥青混凝土为原料生产的再生沥青混凝土。废旧沥青混凝土用量占生产原料的比重不低于30%。

(四) 增值税即征即退50%

(1) 以退役军用发射药为原料生产的涂料硝化棉粉。退役军用发射药在生产原料中的比重不低于90%。

(2) 对燃煤发电厂及各类工业企业产生的烟气、高硫天然气进行脱硫生产的副产品。副产品，是指石膏(其二水硫酸钙含量不低于85%)、硫酸(其浓度不低于15%)、硫酸铵(其总氮含量不低于18%)和硫黄。

(3) 以废弃酒糟和酿酒底锅水为原料生产的蒸汽、活性炭、白炭黑、乳酸、乳酸钙、沼气。废弃酒糟和酿酒底锅水在生产原料中所占的比重不低于80%。

(4) 以煤矸石、煤泥、石煤、油母页岩为燃料生产的电力和热力。煤矸石、煤泥、石煤、油母页岩用量占发电燃料的比重不低于60%。

(5) 利用风力生产的电力。

(6) 部分新型墙体材料产品。对纳税人销售自产的列入《享受增值税即征即退政策的新型墙体材料目录》的新型墙体材料，实行增值税即征即退50%的政策。

纳税人在办理退税事宜时，应向主管税务机关提供其符合上述条件的书面声明材料，未提供书面声明材料或者出具虚假材料的，税务机关不得给予退税。

已享受规定的增值税即征即退政策的纳税人，自不符合上述规定条件的次月起，不再享受规定的增值税即征即退政策；因违反税收、环境保护的法律法规受到处罚(警告或单次1万元以下罚款除外)，自处罚决定下达的次月起36个月内，不得享受规定的增值税即征即退政策。

(五) 销售自产的综合利用生物柴油实行增值税先征后退

对销售自产的综合利用生物柴油实行增值税先征后退政策。综合利用生物柴油，是指以废弃的动物油和植物油为原料生产的柴油。废弃的动物油和植物油用量占生产原料的比重不低于70%。

对增值税一般纳税人生产的黏土实心砖、瓦，一律按适用税率征收增值税，不得采取简易办法征收增值税。2008年7月1日起，以立窑法工艺生产的水泥(包括水泥熟料)，一律不得享受规定的增值税即征即退政策。

十九、购进使用税控收款机增值税优惠

增值税一般纳税人购置税控收款机所支付的增值税税额(以购进税控收款机取得的增值税专用发票上注明的增值税税额为准)，准予在该企业当期的增值税销项税额中抵扣。

增值税小规模纳税人购置税控收款机，可凭购进税控收款机取得的增值税专用发票，按照发票上注明的增值税税额，抵免当期应纳增值税，或者按照购进税控收款机取得的普通发票上注明的价款，依下列公式计算可抵免税额：

$$\text{税额}=\frac{\text{可抵免价款}}{1+\text{适用税率}}\times\text{适用税率}$$

当期应纳税额不足抵免的，未抵免部分可在下期继续抵免。

税控收款机购置费用达到固定资产标准的，应按固定资产管理，其按规定提取的折旧额可在企业计算缴纳所得税前扣除；达不到固定资产标准的，购置费用可在所得税前一次性扣除。

第六节　出口退(免)税

一、适用退(免)税政策的出口货物劳务

对下列出口货物劳务，除适用增值税免税和征税政策的出口货物劳务规定的外，实行免征和退还增值税(以下称增值税退(免)税)政策：

(一)出口企业出口货物

出口企业，是指依法办理工商登记、税务登记、对外贸易经营者备案登记，自营或委托出口货物的单位或个体工商户，以及依法办理工商登记、税务登记但未办理对外贸易经营者备案登记，委托出口货物的生产企业。

出口货物，是指向海关报关后实际离境并销售给境外单位或个人的货物，分为自营出口货物和委托出口货物两类。

生产企业，是指具有生产能力(包括加工修理修配能力)的单位或个体工商户。

(二)出口企业或其他单位视同出口货物

出口企业或其他单位视同出口货物具体是指以下几类：

(1) 出口企业对外援助、对外承包、境外投资的出口货物。

(2) 出口企业经海关报关进入国家批准的出口加工区、保税物流园区、保税港区、综合保税区、珠澳跨境工业区(珠海园区)、中哈霍尔果斯国际边境合作中心(中方配套区域)、保税

物流中心(B型)(以下统称特殊区域)并销售给特殊区域内单位或境外单位、个人的货物。

(3) 免税品经营企业销售的货物[国家规定不允许经营和限制出口的货物、卷烟和超出免税品经营企业《企业法人营业执照》规定经营范围的货物除外]。具体是指:① 中国免税品(集团)有限责任公司向海关报关运入海关监管仓库,专供其经国家批准设立的统一经营、统一组织进货、统一制定零售价格、统一管理的免税店销售的货物;② 国家批准的除中国免税品(集团)有限责任公司外的免税品经营企业,向海关报关运入海关监管仓库,专供其所属的首都机场口岸海关隔离区内的免税店销售的货物;③ 国家批准的除中国免税品(集团)有限责任公司外的免税品经营企业所属的上海虹桥、浦东机场海关隔离区内的免税店销售的货物。

(4) 出口企业或其他单位销售给用于国际金融组织或外国政府贷款国际招标建设项目的中标机电产品(以下称中标机电产品)。上述中标机电产品,包括外国企业中标再分包给出口企业或其他单位的机电产品。

(5) 生产企业向海上石油天然气开采企业销售的自产的海洋工程结构物。海洋工程结构物和海上石油天然气开采企业的具体范围详见细则附件。

(6) 出口企业或其他单位销售给国际运输企业用于国际运输工具上的货物。上述规定暂时仅适用于外轮供应公司、远洋运输供应公司销售给外轮、远洋国轮的货物,国内航空供应公司生产销售给国内和国外航空公司国际航班的航空食品。

(7) 出口企业或其他单位销售给特殊区域内生产企业生产耗用且不向海关报关而输入特殊区域的水(包括蒸汽)、电力、燃气(以下称输入特殊区域的水电气)。

除财政部和国家税务总局另有规定外,视同出口货物适用出口货物的各项规定。

(三) 出口企业对外提供加工修理修配劳务

对外提供加工修理修配劳务,是指对进境复出口货物或从事国际运输的运输工具进行的加工修理修配。

(四) 一般纳税人提供适用零税率的应税服务

二、增值税退(免)税办法

适用增值税退(免)税政策的出口货物劳务,按照下列规定实行增值税免抵退税或免退税办法。

(一) 免抵退税办法

生产企业出口自产货物和视同自产货物(视同自产货物的具体范围见附件4)及对外提供加工修理修配劳务,以及列名生产企业(具体范围见附件5)出口非自产货物,免征增值税,相应的进项税额抵减应纳增值税额(不包括适用增值税即征即退、先征后退政策的应纳增值税额),未抵减完的部分予以退还。

(二) 免退税办法

不具有生产能力的出口企业(以下称外贸企业)或其他单位出口货物劳务,免征增值税,相应的进项税额予以退还。

三、增值税出口退税率

(一) 退税率的一般规定

除财政部和国家税务总局根据国务院决定而明确的增值税出口退税率(以下称退税率)外,出口货物的退税率为其适用税率。国家税务总局根据上述规定将退税率通过出口货物劳务退税率文库予以发布,供征纳双方执行。退税率有调整的,除另有规定外,其执行时间以货物(包括被加工修理修配的货物)出口货物报关单(出口退税专用)上注明的出口日期为准。

根据《财政部、税务总局、海关总署关于深化增值税改革有关政策的公告》(财政部、税务总局、海关总署公告 2019 年第 39 号)第三条的规定,自 2019 年 4 月 1 日起,原适用 16%税率且出口退税率为 16%的出口货物劳务,出口退税率调整为 13%;原适用 10%税率且出口退税率为 10%的出口货物、跨境应税行为,出口退税率调整为 9%。2019 年 6 月 30 日前(含 2019 年 4 月 1 日前),纳税人出口前款所涉货物劳务、发生前款所涉跨境应税行为,适用增值税免退税办法的,购进时已按调整前税率征收增值税的执行调整前的出口退税率,购进时已按调整后税率征收增值税的执行调整后的出口退税率;适用增值税免抵退税办法的,执行调整前的出口退税率,在计算免抵退税时,适用税率低于出口退税率的,适用税率与出口退税率之差视为零参与免抵退税计算。出口退税率的执行时间及出口货物劳务、发生跨境应税行为的时间,按照以下规定执行:报关出口的货物劳务(保税区及经保税区出口除外),以海关出口报关单上注明的出口日期为准;非报关出口的货物劳务、跨境应税行为,以出口发票或普通发票的开具时间为准;保税区及经保税区出口的货物,以货物离境时海关出具的出境货物备案清单上注明的出口日期为准。

自 2019 年 4 月 1 日起,适用 13%税率的境外旅客购物离境退税物品,退税率为 11%;适用 9%税率的境外旅客购物离境退税物品,退税率为 8%。2019 年 6 月 30 日前,按调整前税率征收增值税的,执行调整前的退税率;按调整后税率征收增值税的,执行调整后的退税率。退税率的执行时间,以退税物品增值税普通发票的开具日期为准。

(二) 退税率的特殊规定

(1) 外贸企业购进按简易办法征税的出口货物、从小规模纳税人购进的出口货物,其退税率分别为简易办法实际执行的征收率、小规模纳税人征收率。上述出口货物取得增值税专用发票的,退税率按照增值税专用发票上的税率和出口货物退税率孰低的原则确定。

(2) 出口企业委托加工修理修配货物,其加工修理修配费用的退税率,为出口货物的退税率。

(3) 中标机电产品、出口企业向海关报关进入特殊区域销售给特殊区域内生产企业生产耗用的列名原材料(以下称列名原材料,其具体范围查询细则附件)、输入特殊区域的水电气,其退税率为适用税率。如果国家调整列名原材料的退税率,列名原材料应当自调整之日起按调整后的退税率执行。

(4) 海洋工程结构物退税率的适用。

(三) 分开报送、核算

适用不同退税率的货物劳务,应分开报关、核算并申报退(免)税,未分开报关、核算或划分不清的从低适用退税率。

四、增值税退(免)税的计税依据

出口货物劳务的增值税退(免)税的计税依据，按出口货物劳务的出口发票(外销发票)、其他普通发票或购进出口货物劳务的增值税专用发票、海关进口增值税专用缴款书确定。

(1) 生产企业出口货物劳务(进料加工复出口货物除外)增值税退(免)税的计税依据，为出口货物劳务的实际离岸价(FOB)。实际离岸价应以出口发票上的离岸价为准，但如果出口发票不能反映实际离岸价，主管税务机关有权予以核定。

(2) 生产企业进料加工复出口货物增值税退(免)税的计税依据，按出口货物的离岸价(FOB)扣除出口货物所含的海关保税进口料件的金额后确定。

本通知所称海关保税进口料件，是指海关以进料加工贸易方式监管的出口企业从境外和特殊区域等进口的料件。它包括出口企业从境外单位或个人购买并从海关保税仓库提取且办理海关进料加工手续的料件，以及保税区外的出口企业从保税区内的企业购进并办理海关进料加工手续的进口料件。

(3) 生产企业国内购进无进项税额且不计提进项税额的免税原材料加工后出口的货物的计税依据，按出口货物的离岸价(FOB)扣除出口货物所含的国内购进免税原材料的金额后确定。

(4) 外贸企业出口货物(委托加工修理修配货物除外)增值税退(免)税的计税依据，为购进出口货物的增值税专用发票注明的金额或海关进口增值税专用缴款书注明的完税价格。

(5) 外贸企业出口委托加工修理修配货物增值税退(免)税的计税依据，为加工修理修配费用增值税专用发票注明的金额。外贸企业应将加工修理修配使用的原材料(进料加工海关保税进口料件除外)作价销售给受托加工修理修配的生产企业，受托加工修理修配的生产企业应将原材料成本并入加工修理修配费用开具发票。

(6) 出口进项税额未计算抵扣的已使用过的设备增值税退(免)税的计税依据，按下列公式确定：

退(免)税计税依据＝增值税专用发票上的金额或海关进口增值税专用缴款书注明的完税价格×已使用过的设备固定资产净值÷已使用过的设备原值

已使用过的设备固定资产净值＝已使用过的设备原值－已使用过的设备已提累计折旧

本通知所称已使用过的设备，是指出口企业根据财务会计制度已经计提折旧的固定资产。

(7) 免税品经营企业销售的货物增值税退(免)税的计税依据，为购进货物的增值税专用发票注明的金额或海关进口增值税专用缴款书注明的完税价格。

(8) 中标机电产品增值税退(免)税的计税依据，生产企业为销售机电产品的普通发票注明的金额，外贸企业为购进货物的增值税专用发票注明的金额或海关进口增值税专用缴款书注明的完税价格。

(9) 生产企业向海上石油天然气开采企业销售的自产的海洋工程结构物增值税退(免)税的计税依据，为销售海洋工程结构物的普通发票注明的金额。

(10) 输入特殊区域的水电气增值税退(免)税的计税依据，为作为购买方的特殊区域内生产企业购进水(包括蒸汽)、电力、燃气的增值税专用发票注明的金额。

五、增值税免抵退税和免退税的计算

(一) 生产企业出口货物劳务增值税免抵退税的计算

生产企业出口货物劳务增值税免抵退税,依下列公式计算:

1. 当期应纳税额的计算

当期应纳税额=当期销项税额-(当期进项税额-当期不得免征和抵扣税额)

当期不得免征和抵扣税额=当期出口货物离岸价×外汇人民币折合率×(出口货物适用税率-出口货物退税率)-当期不得免征和抵扣税额抵减额

当期不得免征和抵扣税额抵减额=当期免税购进原材料价格×(出口货物适用税率-出口货物退税率)

2. 当期免抵退税额的计算

当期免抵退税额=当期出口货物离岸价×外汇人民币折合率×出口货物退税率-当期免抵退税额抵减额

当期免抵退税额抵减额=当期免税购进原材料价格×出口货物退税率

3. 当期应退税额和免抵税额的计算

(1) 当期期末留抵税额≤当期免抵退税额,则

当期应退税额=当期期末留抵税额

当期免抵税额=当期免抵退税额-当期应退税额

(2) 当期期末留抵税额>当期免抵退税额,则

当期应退税额=当期免抵退税额

当期免抵税额=0

当期期末留抵税额为当期增值税纳税申报表中“期末留抵税额”。

4. 当期免税购进原材料价格包括当期国内购进的无进项税额且不计提进项税额的免税原材料的价格和当期进料加工保税进口料件的价格,其中当期进料加工保税进口料件的价格为组成计税价格。

当期进料加工保税进口料件的组成计税价格=当期进口料件到岸价格+海关实征关税+海关实征消费税

(1) 采用“实耗法”的,当期进料加工保税进口料件的组成计税价格为当期进料加工出口货物耗用的进口料件组成计税价格。其计算公式为:

当期进料加工保税进口料件的组成计税价格=当期进料加工出口货物离岸价×外汇人民币折合率×计划分配率

计划分配率=计划进口总值÷计划出口总值×100%

实行纸质手册和电子化手册的生产企业，应根据海关签发的加工贸易手册或加工贸易电子化纸质单证所列的计划进出口总值计算计划分配率。

实行电子账册的生产企业，计划分配率按前一期已核销的实际分配率确定；新启用电子账册的，计划分配率按前一期已核销的纸质手册或电子化手册的实际分配率确定。

(2) 采用“购进法”的，当期进料加工保税进口料件的组成计税价格为当期实际购进的进料加工进口料件的组成计税价格。

若当期实际不得免征和抵扣税额抵减额大于当期出口货物离岸价×外汇人民币折合率×(出口货物适用税率－出口货物退税率)的，则：

当期不得免征和抵扣税额抵减额＝当期出口货物离岸价×外汇人民币折合率×(出口货物适用税率－出口货物退税率)

(二) 外贸企业出口货物劳务增值税免退税的计算

外贸企业出口货物劳务增值税免退税，依下列公式计算：

1. 外贸企业出口委托加工修理修配货物以外的货物

增值税应退税额＝增值税退(免)税计税依据×出口货物退税率

2. 外贸企业出口委托加工修理修配货物

出口委托加工修理修配货物的增值税应退税额＝委托加工修理修配的增值税退(免)税计税依据×出口货物退税率

(三) 具体规定

退税率低于适用税率的，相应计算出的差额部分的税款计入出口货物劳务成本。

出口企业既有适用增值税免抵退项目，也有增值税即征即退、先征后退项目的，增值税即征即退和先征后退项目不参与出口项目免抵退税计算。出口企业应分别核算增值税免抵退项目和增值税即征即退、先征后退项目，并分别申请享受增值税即征即退、先征后退和免抵退税政策。

用于增值税即征即退或者先征后退项目的进项税额无法划分的，按照下列公式计算：

无法划分进项税额中用于增值税即征即退或者先征后退项目的部分＝当月无法划分的全部进项税额×当月增值税即征即退或者先征后退项目销售额÷当月全部销售额、营业额合计

六、适用增值税免税政策的出口货物劳务

对符合下列条件的出口货物劳务，除适用本通知第七条规定外，按下列规定实行免征增值税(以下称增值税免税)政策：

(一) 适用范围

1. 出口企业或其他单位出口规定的货物：

(1) 增值税小规模纳税人出口的货物。

(2) 避孕药品和用具,古旧图书。

(3) 软件产品。其具体范围是指海关税则号前四位为“9803”的货物。

(4) 含黄金、铂金成分的货物,钻石及其饰品。其具体范围查询细则附件。

(5) 国家计划内出口的卷烟。其具体范围查询细则附件。

(6) 已使用过的设备。其具体范围是指购进时未取得增值税专用发票、海关进口增值税专用缴款书但其他相关单证齐全的已使用过的设备。

(7) 非出口企业委托出口的货物。

(8) 非列名生产企业出口的非视同自产货物。

(9) 农业生产者自产农产品[农产品的具体范围按照《农业产品征税范围注释》(财税[1995]52号)的规定执行]。

(10) 油画、花生果仁、黑大豆等财政部和国家税务总局规定的出口免税的货物。

(11) 外贸企业取得普通发票、废旧物资收购凭证、农产品收购发票、政府非税收入票据的货物。

(12) 来料加工复出口的货物。

(13) 特殊区域内的企业出口的特殊区域内的货物。

(14) 以人民币现金作为结算方式的边境地区出口企业从所在省(自治区)的边境口岸出口到接壤国家的一般贸易和边境小额贸易出口货物。

(15) 以旅游购物贸易方式报关出口的货物。

2. 出口企业或其他单位视同出口的下列货物劳务:

(1) 国家批准设立的免税店销售的免税货物[包括进口免税货物和已实现退(免)税的货物]。

(2) 特殊区域内的企业为境外的单位或个人提供加工修理修配劳务。

(3) 同一特殊区域、不同特殊区域内的企业之间销售特殊区域内的货物。

3. 出口企业或其他单位未按规定申报或未补齐增值税退(免)税凭证的出口货物劳务。

对于适用增值税免税政策的出口货物劳务,出口企业或其他单位可以依照现行增值税有关规定放弃免税,并依照本通知第七条的规定缴纳增值税。

(二) 进项税额的处理计算

适用增值税免税政策的出口货物劳务,其进项税额不得抵扣和退税,应当转入成本。

出口卷烟,依下列公式计算:

不得抵扣的进项税额=出口卷烟含消费税金额÷(出口卷烟含消费税金额+内销卷烟销售额)×当期全部进项税额

(1) 当生产企业销售的出口卷烟在国内有同类产品销售价格时:

出口卷烟含消费税金额=出口销售数量×销售价格

“销售价格”为同类产品生产企业国内实际调拨价格。如实际调拨价格低于税务机关公示的计税价格的,“销售价格”为税务机关公示的计税价格;高于公示计税价格的,销售价格为实际调拨价格。

(2) 当生产企业销售的出口卷烟在国内没有同类产品销售价格时：

出口卷烟含税金额＝(出口销售额＋出口销售数量×消费税定额税率)
÷(1－消费税比例税率)

“出口销售额”以出口发票上的离岸价为准。若出口发票不能如实反映离岸价，生产企业应按实际离岸价计算，否则，税务机关有权按照有关规定予以核定调整。

除出口卷烟外，适用增值税免税政策的其他出口货物劳务的计算，按照增值税免税政策的统一规定执行。其中，如果涉及销售额，除来料加工复出口货物为其加工费收入外，其他均为出口离岸价或销售额。

七、适用增值税征税政策的出口货物劳务

下列出口货物劳务，不适用增值税退(免)税和免税政策，按下列规定及视同内销货物征税的其他规定征收增值税(以下称增值税征税)：

(一) 适用范围

(1) 出口企业出口或视同出口财政部和国家税务总局根据国务院决定明确的取消出口退(免)税的货物[不包括来料加工复出口货物、中标机电产品、列名原材料、输入特殊区域的水电气、海洋工程结构物]。

(2) 出口企业或其他单位销售给特殊区域内的生活消费用品和交通运输工具。

(3) 出口企业或其他单位因骗取出口退税被税务机关停止办理增值税退(免)税期间出口的货物。

(4) 出口企业或其他单位提供虚假备案单证的货物。

(5) 出口企业或其他单位增值税退(免)税凭证有伪造或内容不实的货物。

(6) 出口企业或其他单位未在国家税务总局规定期限内申报免税核销以及经主管税务机关审核不予免税核销的出口卷烟。

(7) 出口企业或其他单位具有以下情形之一的出口货物劳务：① 将空白的出口货物报关单、出口收汇核销单等退(免)税凭证交由除签有委托合同的货代公司、报关行，或由境外进口方指定的货代公司(提供合同约定或者其他相关证明)以外的其他单位或个人使用的；② 以自营名义出口，其出口业务实质上是由本企业及其投资的企业以外的单位或个人借该出口企业名义操作完成的；③ 以自营名义出口，其出口的同一批货物既签订购货合同，又签订代理出口合同(或协议)的；④ 出口货物在海关验放后，自己或委托货代承运人对该笔货物的海运提单或其他运输单据等上的品名、规格等进行修改，造成出口货物报关单与海运提单或其他运输单据有关内容不符的；⑤ 以自营名义出口，但不承担出口货物的质量、收款或退税风险之一的，即出口货物发生质量问题不承担购买方的索赔责任(合同中有约定质量责任承担者除外)；不承担未按期收款导致不能核销的责任(合同中有约定收款责任承担者除外)；不承担因申报出口退(免)税的资料、单证等出现问题造成不退税责任的；⑥未实质参与出口经营活动、接受并从事由中间人介绍的其他出口业务，但仍以自营名义出口的。

(二) 应纳增值税的计算

适用增值税征税政策的出口货物劳务，其应纳增值税按下列办法计算：

1. 一般纳税人出口货物

销项税额＝（出口货物离岸价－出口货物耗用的进料加工保税进口料件金额）÷（1＋适用税率）×适用税率

出口货物若已按征退税率之差计算不得免征和抵扣税额并已经转入成本的，相应的税额应转回进项税额。

(1) 出口货物耗用的进料加工保税进口料件金额＝主营业务成本×（投入的保税进口料件金额÷生产成本）

主营业务成本、生产成本均为不予退（免）税的进料加工出口货物的主营业务成本、生产成本。当耗用的保税进口料件金额大于不予退（免）税的进料加工出口货物金额时，耗用的保税进口料件金额为不予退（免）税的进料加工出口货物金额。

(2) 出口企业应分别核算内销货物和增值税征税的出口货物的生产成本、主营业务成本。未分别核算的，其相应的生产成本、主营业务成本由主管税务机关核定。

进料加工手册海关核销后，出口企业应对出口货物耗用的保税进口料件金额进行清算。清算公式为：

清算耗用的保税进口料件总额＝实际保税进口料件总额－退（免）税出口货物耗用的保税进口料件总额－进料加工副产品耗用的保税进口料件总额

若耗用的保税进口料件总额与各纳税期扣减的保税进口料件金额之和存在差额时，应在清算的当期相应调整销项税额。当耗用的保税进口料件总额大于出口货物离岸金额时，其差额部分不得扣减其他出口货物金额。

2. 小规模纳税人出口货物

应纳税额＝出口货物离岸价÷（1＋征收率）×征收率

八、适用增值税零税率和免税政策销售服务和无形资产的退免税

（一）适用增值税零税率的服务和无形资产

中华人民共和国境内（以下称境内）的单位和个人销售的下列服务和无形资产，适用增值税零税率。境内单位和个人发生的与中国香港、澳门、台湾有关的应税行为，除本有规定外，参照执行。

(1) 国际运输服务。

(2) 航天运输服务。

(3) 向境外单位提供的完全在境外消费的下列服务：

① 研发服务；② 合同能源管理服务；③ 设计服务；④ 广播影视节目（作品）的制作和发行服务；⑤ 软件服务；⑥ 电路设计及测试服务；⑦ 信息系统服务；⑧ 业务流程管理服务；⑨ 离岸服务外包业务；⑩ 转让技术。

(4) 财政部和国家税务总局规定的其他服务。

境内的单位和个人销售适用增值税零税率的服务或无形资产，按月向主管退税的税务机关申报办理增值税退（免）税手续。

（二）适用免税政策的跨境销售服务和无形资产

境内的单位和个人销售的下列服务和无形资产免征增值税，但财政部和国家税务总局

规定适用增值税零税率的除外：

(1) 下列服务：① 工程项目在境外的建筑服务；② 工程项目在境外的工程监理服务；③ 工程、矿产资源在境外的工程勘察勘探服务；④ 会议展览地点在境外的会议展览服务；⑤ 存储地点在境外的仓储服务；⑥ 标的物在境外使用的有形动产租赁服务；⑦ 在境外提供的广播影视节目(作品)的播映服务；⑧ 在境外提供的文化体育服务、教育医疗服务、旅游服务。

(2) 为出口货物提供的邮政服务、收派服务、保险服务。为出口货物提供的保险服务包括出口货物保险和出口信用保险。

(3) 向境外单位提供的完全在境外消费的下列服务和无形资产：① 电信服务；② 知识产权服务；③ 物流辅助服务(仓储服务、收派服务除外)；④ 鉴证咨询服务；⑤ 专业技术服务；⑥ 商务辅助服务；⑦ 广告投放地在境外的广告服务；⑧ 无形资产。

(4) 以无运输工具承运方式提供的国际运输服务。

(5) 为境外单位之间的货币资金融通及其他金融业务提供的直接收费金融服务，且该服务与境内的货物、无形资产和不动产无关。

(6) 财政部和国家税务总局规定的其他服务。

(三) 零税率与免税政策的具体适用

1. 交通运输服务零税率与免税政策的适用

按照国家有关规定应取得相关资质的国际运输服务项目，纳税人取得相关资质的适用增值税零税率政策；未取得的，适用增值税免税政策。

境内的单位或个人提供程租服务，如果租赁的交通工具用于国际运输服务和港澳台运输服务，由出租方按规定申请适用增值税零税率。

境内的单位和个人向境内单位或个人提供期租、湿租服务，如果承租方利用租赁的交通工具向其他单位或个人提供国际运输服务和港澳台运输服务，由承租方适用增值税零税率。境内的单位或个人向境外单位或个人提供期租、湿租服务，由出租方适用增值税零税率。

境内单位和个人以无运输工具承运方式提供的国际运输服务，由境内实际承运人适用增值税零税率；无运输工具承运业务的经营者适用增值税免税政策。

2. 计税方法与零税率及免税的适用

境内的单位和个人提供适用增值税零税率的服务或者无形资产，如果属于适用简易计税方法的，实行免征增值税办法。如果属于适用增值税一般计税方法的，生产企业实行免抵退税办法，外贸企业外购服务或者无形资产出口实行免退税办法，外贸企业直接将服务或自行研发的无形资产出口，视同生产企业连同其出口货物统一实行免抵退税办法。

服务和无形资产的退税率为其按照规定适用的增值税税率。实行退(免)税办法的服务和无形资产，如果主管税务机关认定出口价格偏高的，有权按照核定的出口价格计算退(免)税，核定的出口价格低于外贸企业购进价格的，低于部分对应的进项税额不予退税，转入成本。

(四) 放弃适用零税率的处理

境内的单位和个人销售适用增值税零税率的服务或无形资产的，可以放弃适用增值税零税率，选择免税或按规定缴纳增值税。放弃适用增值税零税率后，36 个月内不得再申请适用增值税零税率。

第七节 征收管理

一、纳税义务发生时间

(一) 纳税义务发生时间的一般规定

发生应税销售行为,增值税纳税义务发生时间为收讫销售款项或者取得索取销售款项凭据的当天;先开具发票的,为开具发票的当天。

1. 销售货物或劳务的纳税义务发生时间

收讫销售款项或者取得索取销售款项凭据的当天,按销售货物结算方式的不同,具体为:

(1) 采取直接收款方式销售货物,不论货物是否发出,均为收到销售款或者取得索取销售款凭据的当天。

(2) 采取托收承付和委托银行收款方式销售货物,为发出货物并办妥托收手续的当天。

(3) 采取赊销和分期收款方式销售货物,为书面合同约定的收款日期的当天,无书面合同的或者书面合同没有约定收款日期的,为货物发出的当天。

(4) 采取预收货款方式销售货物,为货物发出的当天,但生产销售生产工期超过 12 个月的大型机械设备、船舶、飞机等货物,为收到预收款或者书面合同约定的收款日期的当天。

(5) 委托其他纳税人代销货物,为收到代销单位的代销清单或者收到全部或者部分货款的当天。未收到代销清单及货款的,为发出代销货物满 180 天的当天。

(6) 销售应税劳务,为提供劳务同时收讫销售款或者取得索取销售款的凭据的当天。

2. 销售服务、无形资产或不动产

销售服务、无形资产或不动产收讫销售款项,是指纳税人销售服务、无形资产、不动产过程中或者完成后收到款项。

取得索取销售款项凭据的当天,是指书面合同确定的付款日期;未签订书面合同或者书面合同未确定付款日期的,为服务、无形资产转让完成的当天或者不动产权属变更的当天。

(二) 采取预收款方式提供租赁服务的

纳税人提供租赁服务采取预收款方式的,其纳税义务发生时间为收到预收款的当天。

(三) 金融商品转让的纳税义务发生时间

纳税人从事金融商品转让的,为金融商品所有权转移的当天。

(四) 视同销售行为的纳税义务发生时间

纳税人发生将自产、委托加工的货物用于集体福利或者个人消费,将自产、委托加工或者购进的货物作为投资提供给其他单位或者个体工商户,或分配给股东或者投资者,以及无偿赠送其他单位或者个人的视同销售货物情形的,其纳税义务发生时间为货物移送的当天。

纳税人发生视同销售服务、无形资产或者不动产的,其纳税义务发生时间为服务、无形资产转让完成的当天或者不动产权属变更的当天。

(五)扣缴义务发生时间

增值税扣缴义务发生时间为纳税人增值税纳税义务发生的当天。

(六)进口货物纳税义务发生时间

纳税人进口货物的,其纳税义务发生时间为报关进口的当天。

二、征收机关

增值税由税务机关征收,进口货物的增值税由海关代征。

个人携带或者邮寄进境自用物品的增值税,连同关税一并计征。具体办法由国务院关税税则委员会会同有关部门制定。

三、纳税地点

(一)固定业户本地经营的纳税地点

固定业户应当向其机构所在地的主管税务机关申报纳税。总机构和分支机构不在同一县(市)的,应当分别向各自所在地的主管税务机关申报纳税;经国务院财政、税务主管部门或者其授权的财政、税务机关批准,可以由总机构汇总向总机构所在地的主管税务机关申报纳税。

属于固定业户的试点纳税人,总分支机构不在同一县(市),但在同一省(自治区、直辖市、计划单列市)范围内的,经省(自治区、直辖市、计划单列市)财政厅(局)和税务局批准,可以由总机构汇总向总机构所在地的主管税务机关申报缴纳增值税。

(二)固定业户到外县(市)销售货物或者劳务

固定业户到外县(市)销售货物或者劳务,应当向其机构所在地的主管税务机关报告外出经营事项,并向其机构所在地的主管税务机关申报纳税;未报告的,应当向销售地或者劳务发生地的主管税务机关申报纳税;未向销售地或者劳务发生地的主管税务机关申报纳税的,由其机构所在地的主管税务机关补征税款。

(三)非固定业户销售货物或者劳务

非固定业户销售货物或者劳务,应当向销售地或者劳务发生地的主管税务机关申报纳税;未向销售地或者劳务发生地的主管税务机关申报纳税的,由其机构所在地或者居住地的主管税务机关补征税款。

(四)进口货物的纳税地点

进口货物,应当向报关地海关申报纳税。

(五)扣缴税款的纳税地点

扣缴义务人应当向其机构所在地或者居住地的主管税务机关申报缴纳其扣缴的税款。

四、纳税期限

增值税的纳税期限分别为1日、3日、5日、10日、15日、1个月或者1个季度。纳税人的具体纳税期限,由主管税务机关根据纳税人应纳税额的大小分别核定;不能按照固定期限纳税的,可以按次纳税。

纳税人以1个月或者1个季度为1个纳税期的,自期满之日起15日内申报纳税;以1日、3日、5日、10日或者15日为1个纳税期的,自期满之日起5日内预缴税款,于次月1日起15日内申报纳税并结清上月应纳税款。

扣缴义务人解缴税款的期限,依照前两款规定执行。

纳税人进口货物,应当自海关填发海关进口增值税专用缴款书之日起15日内缴纳税款。

五、发票管理

纳税人发生应税销售行为,应当向索取增值税专用发票的购买方开具增值税专用发票,并在增值税专用发票上分别注明销售额和销项税额。

属于下列情形之一的,不得开具增值税专用发票:应税销售行为的购买方为消费者个人的;发生应税销售行为适用免税规定的。

六、税收优惠管理

(一) 免税、减税的选择权

纳税人销售货物、加工修理修配劳务,销售服务、无形资产、不动产适用免税、减税规定的,可以放弃免税、减税,依照规定缴纳增值税。放弃免税、减税后,36个月内不得再申请免税、减税。

纳税人发生应税销售行为同时适用免税和零税率规定的,纳税人可以选择适用免税或者零税率。

(二) 放弃免税权的管理

生产和销售免征增值税货物或劳务的纳税人要求放弃免税权,应当以书面形式提交放弃免税权声明,报主管税务机关备案。纳税人自提交备案资料的次月起,按照现行有关规定计算缴纳增值税。

放弃免税权的纳税人符合一般纳税人条件,应当按现行规定登记为增值税一般纳税人,其销售的货物或劳务可开具增值税专用发票。

纳税人一经放弃免税权,其生产销售的全部增值税应税货物或劳务均应按照适用税率征税,不得选择某一免税项目放弃免税权,也不得根据不同的销售对象选择部分货物或劳务放弃免税权。

纳税人在免税期内购进用于免税项目的货物或者应税劳务所取得的增值税扣税凭证,一律不得抵扣。

课后习题

一、选择题

1. 增值税的纳税人分为一般纳税人和小规模纳税人。下列关于小规模纳税人的表述中正确的有(　　)。

A. 不论是商业、工业还是"营改增"的纳税人,小规模纳税人的年应税销售额标准都为500万元

B. 小规模纳税人适用简易计税方法计算缴纳增值税

C. 小规模纳税人增值税征收率为3%,国务院另有规定的除外

D. 小规模纳税人计算应纳增值税额时,可以按照规定抵扣进项税额

E. 小规模纳税人销售取得的不动产,按照5%的税率征收增值税

2. 下列行为属于视同销售货物、劳务、服务、无形资产、不动产,应征收增值税的是(　　)。

A. 某商店为服装厂代销儿童服装

B. 某批发部门将外购的部分饮料用于职工福利

C. 某企业将外购的水泥用于基建工程

D. 某企业将外购的洗衣粉用于个人消费

E. 自然人股东张三将资金无偿提供给所投资的甲公司使用

二、计算题

1. 甲商店为增值税小规模纳税人,2018年7月取得含税销售额58 000元,当月进货30 000元。

要求:请计算2018年7月该商店应纳的增值税。

2. 乙建筑公司为一般纳税人,承建的老项目选择适用简易计税方法,2018年4月取得老项目收入5 000万元,新项目收入15 000万元(均为不含税收入),当期购入材料等无法区分的进项税额合计1 200万元。

要求:请计算当期允许抵扣的进项税额和应纳的增值税。

三、思考题

1. 如何看待增值税不同行业之间的税负?

2. 金融行业增值税抵扣范围如何确定?

3. 资管产品增值税的征税范围如何确定?

第七章　消费税

布缕之征，粟米之征，力役之征。君子用其一，缓其二，用其二而民有饿殍，用其三而父子离。

——《孟子·尽心下》

消费税是以特定消费品为课税对象所征收的一种税，属于商品和劳务税的范畴。在对货物普遍征收增值税的基础上，选择部分消费品再征收一道消费税。1994年中国正式建立消费税制度。中国的消费税区别于日本的消费税，是针对特定商品征税，一定程度上有助于消除负外部性。此外，开征消费税的另一个目的是矫正不良行为，引导消费者的消费倾向。目前，中国消费税的征税对象包括烟、酒、高档手表等在内的15类产品。

第一节　纳税人与扣缴义务人

一、消费税概述

消费税基本规范主要有《中华人民共和国消费税暂行条例》（国务院令539号，1993年12月13日中华人民共和国国务院令第135号发布，2008年11月5日国务院第34次常务会议修订通过）和《中华人民共和国消费税暂行条例实施细则》（财政部、国家税务总局第51号令），自2009年1月1日起施行。

二、纳税义务人

在中华人民共和国境内生产、委托加工和进口应税消费品的单位和个人，以及国务院确定的销售规定的应税消费品的其他单位和个人，为消费税的纳税人，应当依照消费税暂行条例缴纳消费税。

单位，是指企业、行政单位、事业单位、军事单位、社会团体及其他单位。个人，是指个体工商户及其他个人。

三、扣缴义务人

委托加工应税消费品，除受托方为个人外，由受托方在向委托方交货时代收代缴税款。

第二节　税目与税率

消费税的征税范围限于在中华人民共和国境内生产、委托加工和进口应税消费品，以及批发或销售国务院确定的应税消费品。在中国境内生产、委托加工和进口应税消费品，是指生产、委托加工和进口属于应当缴纳消费税的消费品的起运地或者所在地在境内。现行应征消费税的应税消费品包括烟、酒、高档化妆品、贵重首饰及珠宝玉石、鞭炮、焰火、成品油、摩托车、小汽车、高尔夫球及球具、高档手表、游艇、木制一次性筷子、实木地板、电池、涂料。

一、税目税率

（一）税目税率表

消费税的税目、税率，依照《消费税税目税率表》（见表7－1）执行。消费税税目、税率的调整，由国务院决定。《消费税税目税率表》中所列应税消费品的具体征税范围，由财政部、国家税务总局确定。

表7－1 消费税税目税率表

税 目	税 率	
	生产（进口）	批发/零售
一、烟		
1. 卷烟		
（1）甲类卷烟［调拨价70元（不含增值税）/条以上（含70元）］ （2）乙类卷烟［调拨价70元（不含增值税）/条以下］	56%加0.003元/支 36%加0.003元/支	11%加0.005元/支（批发）
2. 雪茄烟	36%	
3. 烟丝	30%	
二、酒		
1. 白酒	20%加0.5元/500克（或者500毫升）	
2. 黄酒	240元/吨	
3. 啤酒		
（1）甲类啤酒	250元/吨	
（2）乙类啤酒	220元/吨	
4. 其他酒	10%	
三、高档化妆品	15%	
四、贵重首饰及珠宝玉石		
1. 金银首饰、铂金首饰和钻石及钻石饰品		5%（零售）
2. 其他贵重首饰和珠宝玉石	10%	

续 表

税 目	税 率	
	生产(进口)	批发/零售
五、鞭炮、焰火	15%	
六、成品油		
1. 汽油	1.52 元/升	
2. 柴油	1.2 元/升	
3. 航空煤油	1.2 元/升	
4. 石脑油	1.52 元/升	
5. 溶剂油	1.52 元/升	
6. 润滑油	1.52 元/升	
7. 燃料油	1.2 元/升	
七、摩托车		
1. 气缸容量(排气量,下同)250 毫升的	3%	
2. 气缸容量在 250 毫升以上的	10%	
八、小汽车		
1. 乘用车		
(1) 气缸容量(排气量)在 1.0 升(含 1.0 升)以下的	1%	
(2) 气缸容量在 1.0 升以上至 1.5 升(含 1.5 升)的	3%	
(3) 气缸容量在 1.5 升以上至 2.0 升(含 2.0 升)的	5%	
(4) 气缸容量在 2.0 升以上至 2.5 升(含 2.5 升)的	9%	
(5) 气缸容量在 2.5 升以上至 3.0 升(含 3.0 升)的	12%	
(6) 气缸容量在 3.0 升以上至 4.0 升(含 4.0 升)的	25%	
(7) 气缸容量在 4.0 升以上的	40%	
2. 中轻型商用客车	5%	
3. 超豪华小汽车	按子税目 1 和子税目 2 的规定征收	10%(零售)

续 表

税 目	税 率	
	生产(进口)	批发/零售
九、高尔夫球及球具	10%	
十、高档手表	20%	
十一、游艇	10%	
十二、木制一次性筷子	5%	
十三、实木地板	5%	
十四、电池	4%	
十五、涂料	4%	

(二) 兼营不同税率的处理

纳税人兼营不同税率的应当缴纳消费税的消费品(简称应税消费品),应当分别核算不同税率应税消费品的销售额、销售数量;未分别核算销售额、销售数量,或者将不同税率的应税消费品组成成套消费品销售的,从高适用税率。

二、烟

凡是以烟叶为原料加工生产的产品,不论使用何种辅料,均属于本税目的征收范围。本税目下设卷烟、雪茄烟、烟丝三个子目。

卷烟是指将各种烟叶切成烟丝,按照配方要求均匀混合,加入糖、酒、香料等辅料,用白色盘纸、棕色盘纸、涂布纸或烟草薄片经机器或手工卷制的普通卷烟和雪茄型卷烟。

(一) 卷烟

甲类卷烟,即每标准条(200 支,下同)调拨价格在 70 元(不含增值税)以上(含 70 元)的卷烟,税率为 56%。

乙类卷烟,即每标准条调拨价格在 70 元(不含增值税)以下的卷烟,税率为 36%。

(二) 雪茄烟

雪茄烟是指以晾晒烟为原料或者以晾晒烟和烤烟为原料,用烟叶或卷烟纸、烟草薄片作为烟支内包皮,再用烟叶作为烟支外包皮,经机器或手工卷制而成的烟草制品。按内包皮所用材料的不同可分为全叶卷雪茄烟和半叶卷雪茄烟。征收范围包括各种规格、型号的雪茄烟。

(三) 烟丝

烟丝是指将烟叶切成丝状、粒状、片状、末状或其他形状,再加入辅料,经过发酵、储存,不经卷制即可供销售吸用的烟草制品。

烟丝的征收范围包括以烟叶为原料加工生产的不经卷制的散装烟,如斗烟、莫合烟、烟末、水烟、黄红烟丝等。

三、酒

本税目下设白酒、黄酒、啤酒、其他酒四个子目。

(一) 白酒

粮食白酒,是指以高粱、玉米、大米、糯米、大麦、小麦、小米、青稞等各种粮食为原料,经过糖化、发酵后,采用蒸馏方法酿制的白酒。

薯类白酒,是指以白薯(红薯、地瓜)、木薯、马铃薯(土豆)、芋头、山药等各种干鲜薯类为原料,经过糖化、发酵后,采用蒸馏方法酿制的白酒。

(二) 黄酒

黄酒是指以糯米、粳米、籼米、大米、黄米、玉米、小麦、薯类等为原料,经加温、糖化、发酵、压榨酿制的酒。由于工艺、配料和含糖量的不同,黄酒分为干黄酒、半干黄酒、半甜黄酒、甜黄酒四类。征收范围包括各种原料酿制的黄酒和酒度超过12度(含12度)的土甜酒。

(三) 啤酒

啤酒是指以大麦或其他粮食为原料,加入啤酒花,经糖化、发酵、过滤酿制的含有二氧化碳的酒。啤酒按照杀菌方法的不同,可分为熟啤酒和生啤酒或鲜啤酒。

啤酒的征收范围包括各种包装和散装的啤酒。无醇啤酒比照啤酒征税;果啤属于啤酒,应按规定征收消费税;对饮食业、商业、娱乐业举办的啤酒屋(啤酒坊)利用啤酒生产设备生产的啤酒,应当征收消费税。

每吨啤酒出厂价格(含包装物及包装物押金)在3 000元(含3 000元,不含增值税)以上的,单位税额250元/吨;每吨啤酒出厂价格在3 000元(不含3 000元,不含增值税)以下的,单位税额220元/吨。娱乐业、饮食业自制啤酒,单位税额250元/吨。

对啤酒生产企业销售的啤酒,不得以向其关联企业的啤酒销售公司销售的价格作为确定消费税税额的标准,而应当以其关联企业的啤酒销售公司对外的销售价格(含包装物及包装物押金)作为确定消费税税额的标准,并依此确定该啤酒消费税单位税额。

(四) 其他酒

其他酒是指除白酒、黄酒、啤酒以外,酒度在1度以上的各种酒。其征收范围包括糠麸白酒、其他原料白酒、土甜酒、复制酒、果木酒、汽酒、药酒,等等。

四、高档化妆品

自2016年10月1日起,取消对普通美容、修饰类化妆品征收消费税,将“化妆品”税目名称更名为“高档化妆品”。征收范围包括高档美容、修饰类化妆品、高档护肤类化妆品和成套化妆品。税率调整为15%。

高档美容、修饰类化妆品和高档护肤类化妆品是指生产(进口)环节销售(完税)价格(不含增值税)在10元/毫升(克)或15元/片(张)及以上的美容、修饰类化妆品和护肤类化妆品。

痱子粉、爽身粉不属于护肤护发品,不征收消费税。

五、贵重首饰及珠宝玉石

本税目征收范围包括各种金银珠宝首饰和经采掘、打磨、加工的各种珠宝玉石。

(一) 金银珠宝首饰

金银珠宝首饰包括凡以金、银、白金、宝石、珍珠、钻石、翡翠、珊瑚、玛瑙等高贵稀有物质以及其他金属、人造宝石等制作的各种纯金银首饰及镶嵌首饰(含人造金银、合成金银首饰等)。

(二) 珠宝玉石

珠宝玉石的种类包括钻石、珍珠、松石、青金石、欧泊石、橄榄石、玉、石英、玉髓、石榴石、锆石、尖晶石、黄玉、碧玺、金绿玉、绿柱石、刚玉、琥珀、珊瑚、煤玉、龟甲、合成刚玉、合成宝石、双合石、玻璃仿制品。

六、鞭炮、焰火

鞭炮,又称爆竹,是用多层纸密裹火药,接以药引线,制成的一种爆炸品。

焰火,指烟火剂,一般系包扎品,内装药剂,点燃后烟火喷射,呈各种颜色,有的还变幻成各种景象,分平地小焰火和空中大焰火两类。

本税目征收范围包括各种鞭炮、焰火。通常分为 13 类,即喷花类、旋转类、旋转升空类、火箭类、吐珠类、线香类、小礼花类、烟雾类、造型玩具类、爆竹类、摩擦炮类、组合烟花类、礼花弹类。

体育上用的发令纸、鞭炮药引线,不按本税目征收。

七、成品油

本税目包括汽油、柴油、石脑油、溶剂油、航空煤油、润滑油、燃料油七个子目。

油气田企业在生产石油、天然气过程中,通过加热、增压、冷却、制冷等方法回收、以戊烷和以上重烃组分组成的稳定轻烃属于原油范畴,不属于成品油消费税征税范围。

(一) 汽油

汽油是指用原油或其他原料加工生产的辛烷值不小于 66 的可用作汽油发动机燃料的各种轻质油。含铅汽油是指铅含量每升超过 0.013 克的汽油。汽油分为车用汽油和航空汽油。

以汽油、汽油组分调和生产的甲醇汽油、乙醇汽油也属于本税目征收范围。

(二) 柴油

柴油是指用原油或其他原料加工生产的倾点或凝点在-50℃至 30℃的可用作柴油发动机燃料的各种轻质油和以柴油组分为主、经调和精制可用作柴油发动机燃料的非标油。

以柴油、柴油组分调和生产的生物柴油也属于本税目征收范围。

(三) 石脑油

石脑油又叫化工轻油,是以原油或其他原料加工生产的用于化工原料的轻质油。

石脑油的征收范围包括除汽油、柴油、航空煤油、溶剂油以外的各种轻质油。非标汽油、重整生成油、拔头油、戊烷原料油、轻裂解料(减压柴油 VGO 和常压柴油 AGO)、重裂解料、加氢裂化尾油、芳烃抽余油均属轻质油,属于石脑油征收范围。

(四) 溶剂油

溶剂油是用原油或其他原料加工生产的用于涂料、油漆、食用油、印刷油墨、皮革、农药、橡胶、化妆品生产和机械清洗、胶粘行业的轻质油。

橡胶填充油、溶剂油原料,属于溶剂油征收范围。

(五) 航空煤油

航空煤油也叫喷气燃料,是用原油或其他原料加工生产的用作喷气发动机和喷气推进系统燃料的各种轻质油。

(六) 润滑油

润滑油是用原油或其他原料加工生产的用于内燃机、机械加工过程的润滑产品。润滑油分为矿物性润滑油、植物性润滑油、动物性润滑油和化工原料合成润滑油。

润滑油的征收范围包括矿物性润滑油、矿物性润滑油基础油、植物性润滑油、动物性润滑油和化工原料合成润滑油。以植物性、动物性和矿物性基础油(或矿物性润滑油)混合掺配而成的"混合性"润滑油,不论矿物性基础油(或矿物性润滑油)所占比例高低,均属润滑油的征收范围。

润滑脂是润滑产品,属润滑油消费税征收范围,生产、加工润滑脂应当征收消费税。

变压器油、导热类油等绝缘油类产品不属于"润滑油",不征收消费税。

(七) 燃料油

燃料油也称重油、渣油,是用原油或其他原料加工生产,主要用作电厂发电、锅炉用燃料、加热炉燃料、冶金和其他工业炉燃料。腊油、船用重油、常压重油、减压重油、180CTS 燃料油、7 号燃料油、糠醛油、工业燃料、4～6 号燃料油等油品的主要用途是作为燃料燃烧,属于燃料油征收范围。

催化料、焦化料属于燃料油的征收范围,应当征收消费税。

八、摩托车

取消气缸容量 250 毫升(不含)以下的小排量摩托车消费税。气缸容量 250 毫升和 250 毫升(不含)以上的摩托车继续分别按 3%和 10%的税率征收消费税。

九、小汽车

(一) 乘用车和中轻型商用客车

汽车是指由动力驱动,具有 4 个或 4 个以上车轮的非轨道承载的车辆。

本税目征收范围包括含驾驶员座位在内最多不超过 9 个座位(含)的,在设计和技术特性上用于载运乘客和货物的各类乘用车和含驾驶员座位在内的座位数在 10 至 23 座(含 23 座)的在设计和技术特性上用于载运乘客和货物的各类中轻型商用客车。

（二）超豪华小汽车

“小汽车”税目下增设“超豪华小汽车”子税目。征收范围为每辆零售价格130万元（不含增值税）及以上的乘用车和中轻型商用客车，即乘用车和中轻型商用客车子税目中的超豪华小汽车。对超豪华小汽车，在生产（进口）环节按现行税率征收消费税基础上，在零售环节加征消费税，税率为10%。

电动汽车不属于本税目征收范围。

十、高尔夫球及球具

高尔夫球及球具是指从事高尔夫球运动所需的各种专用装备，包括高尔夫球、高尔夫球杆及高尔夫球包（袋）等。

高尔夫球是指重量不超过45.93克、直径不超过42.67毫米的高尔夫球运动比赛、练习用球；高尔夫球杆是指被设计用来打高尔夫球的工具，由杆头、杆身和握把三部分组成；高尔夫球包（袋）是指专用于盛装高尔夫球及球杆的包（袋）。

本税目征收范围包括高尔夫球、高尔夫球杆、高尔夫球包（袋）。高尔夫球杆的杆头、杆身和握把属于本税目的征收范围。

十一、高档手表

高档手表是指销售价格（不含增值税）每只在10 000元（含）以上的各类手表。

本税目征收范围包括符合以上标准的各类手表。

十二、游艇

游艇是指长度大于8米小于90米，船体由玻璃钢、钢、铝合金、塑料等多种材料制作，可以在水上移动的水上浮载体。按照动力划分，游艇分为无动力艇、帆艇和机动艇。

本税目征收范围包括艇身长度大于8米（含）小于90米（含），内置发动机，可以在水上移动，一般为私人或团体购置，主要用于水上运动和休闲娱乐等非牟利活动的各类机动艇。

十三、木制一次性筷子

木制一次性筷子，又称卫生筷子，是指以木材为原料经过锯段、浸泡、旋切、刨切、烘干、筛选、打磨、倒角、包装等环节加工而成的各类一次性使用的筷子。

本税目征收范围包括各种规格的木制一次性筷子。未经打磨、倒角的木制一次性筷子属于本税目征税范围。

十四、实木地板

实木地板是指以木材为原料，经锯割、干燥、刨光、截断、开榫、涂漆等工序加工而成的块状或条状的地面装饰材料。实木地板按生产工艺不同，可分为独板（块）实木地板、实木指接地板、实木复合地板三类；按表面处理状态不同，可分为未涂饰地板（白坯板、素板）和漆饰地板两类。

本税目征收范围包括各类规格的实木地板、实木指接地板、实木复合地板及用于装饰墙壁、天棚的侧端面为榫、槽的实木装饰板。未经涂饰的素板属于本税目征税范围。实木复合地板是以木材为原料,通过一定的工艺将木材刨切加工成单板(刨切薄木)或旋切加工成单板,然后将多层单板经过胶压复合等工艺生产的实木地板。目前,实木复合地板主要为三层实木复合地板和多层实木复合地板。

十五、电池

自 2015 年 2 月 1 日起对电池征收消费税,在生产、委托加工和进口环节征收,适用税率均为 4%。电池,是一种将化学能、光能等直接转换为电能的装置,一般由电极、电解质、容器、极端,通常还有隔离层组成的基本功能单元,以及用一个或多个基本功能单元装配成的电池组。范围包括原电池、蓄电池、燃料电池、太阳能电池和其他电池。

(1) 原电池又称一次性电池,是按不可以充电设计的电池。按照电极所含的活性物质分类,原电池包括锌原电池、锂原电池和其他原电池。

(2) 蓄电池又称二次电池,是按可充电、重复使用设计的电池,包括酸性蓄电池、碱性或其他非酸性蓄电池、氧化还原液流蓄电池和其他蓄电池。

(3) 燃料电池,指通过一个电化学过程,将连续供应的反应物和氧化剂的化学能直接转换为电能的电化学发电装置。

(4) 太阳能电池,是将太阳光能转换成电能的装置,包括晶体硅太阳能电池、薄膜太阳能电池、化合物半导体太阳能电池等,但不包括用于太阳能发电储能用的蓄电池。

(5) 其他电池。除原电池、蓄电池、燃料电池、太阳能电池以外的电池。

十六、涂料

自 2015 年 2 月 1 日起对涂料征收消费税,在生产、委托加工和进口环节征收,适用税率均为 4%。涂料是指涂于物体表面能形成具有保护、装饰或特殊性能的固态涂膜的一类液体或固体材料之总称。

涂料由主要成膜物质、次要成膜物质等构成。按主要成膜物质涂料可分为油脂类、天然树脂类、酚醛树脂类、沥青类、醇酸树脂类、氨基树脂类、硝基类、过滤乙烯树脂类、烯类树脂类、丙烯酸酯类树脂类、聚酯树脂类、环氧树脂类、聚氨酯树脂类、元素有机类、橡胶类、纤维素类、其他成膜物类等。

第三节 应纳税额

一、应纳税额计算

(一) 应纳税额的计算

消费税实行从价定率、从量定额,或者从价定率和从量定额复合计税(以下简称复合计税)的办法计算应纳税额。应纳税额计算公式:

实行从价定率办法计算的应纳税额=销售额×比例税率

实行从量定额办法计算的应纳税额=销售数量×定额税率

实行复合计税办法计算的应纳税额＝销售额×比例税率＋销售数量×定额税率

（二）销售额的确定

1. 销售额的构成

销售额为纳税人销售应税消费品向购买方收取的全部价款和价外费用。销售额不包括应向购货方收取的增值税税款。如果纳税人应税消费品的销售额中未扣除增值税税款或者因不得开具增值税专用发票而发生价款和增值税税款合并收取的，在计算消费税时，应当换算为不含增值税税款的销售额。其换算公式为：

应税消费品的销售额＝含增值税的销售额÷(1＋增值税税率或者征收率)

2. 价外费用

价外费用，是指价外向购买方收取的手续费、补贴、基金、集资费、返还利润、奖励费、违约金、滞纳金、延期付款利息、赔偿金、代收款项、代垫款项、包装费、包装物租金、储备费、优质费、运输装卸费以及其他各种性质的价外收费。但下列项目不包括在内：

(1) 同时符合以下条件的代垫运输费用：① 承运部门的运输费用发票开具给购买方的；② 纳税人将该项发票转交给购买方的。

(2) 同时符合以下条件代为收取的政府性基金或者行政事业性收费：① 由国务院或者财政部批准设立的政府性基金，由国务院或者省级人民政府及其财政、价格主管部门批准设立的行政事业性收费；② 收取时开具省级以上财政部门印(监)制的财政票据；③ 所收款项全额上缴财政。

3. 包装物的处理

应税消费品连同包装物销售的，无论包装物是否单独计价以及在会计上如何核算，均应并入应税消费品的销售额中缴纳消费税。如果包装物不作价随同产品销售，而是收取押金，此项押金则不应并入应税消费品的销售额中征税。但对因逾期未收回的包装物不再退还的或者已收取的时间超过 12 个月的押金，应并入应税消费品的销售额，按照应税消费品的适用税率缴纳消费税。

对既作价随同应税消费品销售，又另外收取押金的包装物的押金，凡纳税人在规定的期限内没有退还的，均应并入应税消费品的销售额，按照应税消费品的适用税率缴纳消费税。

对酒类产品生产企业销售酒类产品而收取的包装物押金，无论押金是否返还与会计上如何核算，均需并入酒类产品销售额中，依酒类产品的适用税率征收消费税。

（三）计税价格的核定

纳税人应税消费品的计税价格明显偏低并无正当理由的，由主管税务机关核定其计税价格。

应税消费品的计税价格的核定权限为：卷烟、白酒和小汽车的计税价格由国家税务总局核定，送财政部备案；其他应税消费品的计税价格由省、自治区和直辖市税务局核定；进口的应税消费品的计税价格由海关核定。

纳税人销售的甲类卷烟和粮食白酒，其计税价格显著低于产地市场零售价格的，主管税务机关应逐级上报国家税务总局核定计税价格，并按照国家税务总局核定的计税价格征税。

(四) 外币折算

纳税人销售的应税消费品,以人民币计算销售额。纳税人以人民币以外的货币结算销售额的,应当折合成人民币计算。

纳税人销售的应税消费品,以人民币以外的货币结算销售额的,其销售额的人民币折合率可以选择销售额发生的当天或者当月1日的人民币汇率中间价。纳税人应在事先确定采用何种折合率,确定后1年内不得变更。

(五) 销售数量

1. 销售数量的确定

销售数量,是指应税消费品的数量。具体为:① 销售应税消费品的,为应税消费品的销售数量;② 自产自用应税消费品的,为应税消费品的移送使用数量;③ 委托加工应税消费品的,为纳税人收回的应税消费品数量;④ 进口应税消费品的,为海关核定的应税消费品进口征税数量。

纳税人通过自设非独立核算门市部销售的自产应税消费品,应当按照门市部对外销售额或者销售数量征收消费税。

2. 计量单位的换算

实行从量定额办法计算应纳税额的应税消费品,计量单位的换算标准如下:

(1) 黄酒:1吨=962升;
(2) 啤酒:1吨=988升;
(3) 汽油:1吨=1 388升;
(4) 柴油:1吨=1 176升;
(5) 航空煤油:1吨=1 246升;
(6) 石脑油:1吨=1 385升;
(7) 溶剂油:1吨=1 282升;
(8) 润滑油:1吨=1 126升;
(9) 燃料油:1吨=1 015升;
(10) 溶剂油:1吨=1 282升;
(11) 润滑油:1吨=1 126升;
(12) 燃料油:1吨=1 015升。

计量单位换算标准的调整由财政部、国家税务总局确定。

(六) 视同销售应税消费品的计税依据

纳税人用于换取生产资料和消费资料,投资入股和抵偿债务等方面的应税消费品,应当以纳税人同类应税消费品的最高销售价格作为计税依据计算消费税。

(七) 组成套装销售的计税依据

纳税人将自产的应税消费品与外购或自产的非应税消费品组成套装销售的,以套装产品的销售额(不含增值税)为计税依据。

二、自产自用应税消费品

（一）自产自用应税消费品应纳税额计算

纳税人自产自用的应税消费品，用于连续生产应税消费品的，不纳税；用于其他方面的，于移送使用时纳税。销售，是指有偿转让应税消费品的所有权。有偿，是指从购买方取得货币、货物或者其他经济利益。

用于连续生产应税消费品，是指纳税人将自产自用的应税消费品作为直接材料生产最终应税消费品，自产自用应税消费品构成最终应税消费品的实体。用于其他方面，是指纳税人将自产自用应税消费品用于生产非应税消费品、在建工程、管理部门、非生产机构、提供劳务、馈赠、赞助、集资、广告、样品、职工福利、奖励等方面。

纳税人自产自用的应税消费品，是指依照规定于移送使用时纳税的应税消费品。

纳税人自产自用的应税消费品，按照纳税人生产的同类消费品的销售价格计算纳税；没有同类消费品销售价格的，按照组成计税价格计算纳税。

实行从价定率办法计算纳税的组成计税价格计算公式：

组成计税价格＝（成本＋利润）÷（1－比例税率）

实行复合计税办法计算纳税的组成计税价格计算公式：

组成计税价格＝（成本＋利润＋自产自用数量×定额税率）÷（1－比例税率）

（二）成本与利润确定

成本，是指应税消费品的产品生产成本。

利润，是指根据应税消费品的全国平均成本利润率计算的利润。应税消费品全国平均成本利润率由国家税务总局确定。

（三）视为应税消费品的生产行为

工业企业以外的单位和个人的下列行为视为应税消费品的生产行为，按规定征收消费税：将外购的消费税非应税产品以消费税应税产品对外销售的；将外购的消费税低税率应税产品以高税率应税产品对外销售的。

三、委托加工应税消费品

（一）委托加工应税消费品的界定

委托加工的应税消费品，是指由委托方提供原料和主要材料，受托方只收取加工费和代垫部分辅助材料加工的应税消费品。对于由受托方提供原材料生产的应税消费品，或者受托方先将原材料卖给委托方，然后再接受加工的应税消费品，以及由受托方以委托方名义购进原材料生产的应税消费品，不论在财务上是否作销售处理，都不得作为委托加工应税消费品，而应当按照销售自制应税消费品缴纳消费税。

委托加工的应税消费品，除受托方为个人外，由受托方在向委托方交货时代收代缴税款。委托加工的应税消费品,委托方用于连续生产应税消费品的,所纳税款准予按规定抵扣。

对纳税人委托个体经营者加工的应税消费品,一律于委托方收回后在委托方所在地缴纳消费税。对消费者个人委托加工的金银首饰及珠宝玉石,可暂按加工费征收消费税。

(二) 委托加工应税消费品应纳税额计算

委托加工的应税消费品,按照受托方的同类消费品的销售价格计算纳税;没有同类消费品销售价格的,按照组成计税价格计算纳税。

实行从价定率办法计算纳税的组成计税价格计算公式:

组成计税价格=(材料成本+加工费)÷(1-比例税率)

实行复合计税办法计算纳税的组成计税价格计算公式:

组成计税价格=(材料成本+加工费+委托加工数量×定额税率)÷(1-比例税率)

材料成本,是指委托方所提供加工材料的实际成本。委托加工应税消费品的纳税人,必须在委托加工合同上如实注明(或者以其他方式提供)材料成本,凡未提供材料成本的,受托方主管税务机关有权核定其材料成本。

加工费,是指受托方加工应税消费品向委托方所收取的全部费用(包括代垫辅助材料的实际成本)。

(三) 同类消费品销售价格的确定

同类消费品的销售价格,是指纳税人或者代收代缴义务人当月销售的同类消费品的销售价格,如果当月同类消费品各期销售价格高低不同,应按销售数量加权平均计算。但销售的应税消费品有下列情况之一的,不得列入加权平均计算:销售价格明显偏低并无正当理由的;无销售价格的。

如果当月无销售或者当月未完结,应按照同类消费品上月或者最近月份的销售价格计算纳税。

四、进口应税消费品

进口的应税消费品,按照组成计税价格计算纳税或从量征收。

实行从价定率办法计算纳税的组成计税价格计算公式:

组成计税价格=(关税完税价格+关税)÷(1-消费税比例税率)

实行复合计税办法计算纳税的组成计税价格计算公式:

组成计税价格=(关税完税价格+关税+进口数量×消费税定额税率)÷(1-消费税比例税率)

关税完税价格,是指海关核定的关税计税价格。

五、已税消费品已纳税额抵扣

(一) 外购应税消费品已纳税额抵扣

纳税人以外购、进口、委托加工收回的应税消费品(以下简称外购应税消费品)为原料连续生产应税消费品，准予按现行政策规定抵扣外购应税消费品已纳消费税税款。

经主管税务机关核实上述外购应税消费品未缴纳消费税的，纳税人应将已抵扣的消费税税款，从核实当月允许抵扣的消费税中冲减。

（二）准予从应纳税额中扣除原料已纳税款的适用

下列应税消费品准予从应纳消费税税额中扣除原料已纳消费税税款：

(1) 以委托加工收回的已税烟丝为原料生产的卷烟。

(2) 以委托加工收回的已税高档化妆品为原料生产的高档化妆品。

(3) 以委托加工收回已税珠宝玉石为原料生产的贵重首饰及珠宝玉石。

(4) 以委托加工收回已税鞭炮、焰火为原料生产的鞭炮、焰火。

(5) 以外购或委托加工收回的已税杆头、杆身和握把为原料生产的高尔夫球杆。

(6) 以外购或委托加工收回的已税木制一次性筷子为原料生产的木制一次性筷子。

(7) 以外购或委托加工收回的已税实木地板为原料生产的实木地板。

(8) 以外购或委托加工收回的已税石脑油为原料生产的石脑油。

(9) 以外购或委托加工收回的已税润滑油为原料生产的润滑油。

当期准予扣除的外购或委托加工收回的应税消费品的已纳消费税税款，应按当期生产领用数量计算。计算公式如下：

(1) 当期准予扣除的外购应税消费品已纳税款＝当期准予扣除的外购应税消费品买价×外购应税消费品适用税率

当期准予扣除的外购应税消费品买价＝期初库存的外购应税消费品的买价＋当期购进的应税消费品的买价－期末库存的外购应税消费品的买价

(2) 当期准予扣除的委托加工应税消费品已纳税款＝期初库存的委托加工应税消费品已纳税款＋当期收回的委托加工应税消费品已纳税款－期末库存的委托加二应税消费品已纳税款

纳税人用外购或委托加工收回的已税珠宝玉石生产的改在零售环节征收消费税的金银首饰，在计税时不得扣除已纳的消费税税款。

从商业企业购进应税消费品连续生产应税消费品，符合抵扣条件的，准予扣除外购应税消费品已纳消费税税款。

（三）工业企业从事应税消费品购销的征税问题

1. 既自产应税消费品又购进同样的应税消费品销售

对既有自产应税消费品，同时又购进与自产应税消费品同样的应税消费品进行销售的工业企业，对其销售的外购应税消费品应当征收消费税，同时可以扣除外购应税消费品的已纳税款。

上述允许扣除已纳税款的外购应税消费品仅限于烟丝、酒、化妆品、珠宝玉石、鞭炮焰火、汽车轮胎和摩托车。

2. 自己不生产只购进后再销售应税消费品

对自己不生产应税消费品，而只是购进后再销售应税消费品的工业企业，其销售的白酒、化妆品、鞭炮焰火和珠宝玉石，凡不能构成最终消费品直接进入消费品市场，而需进一步生产加工的(如需进一步加浆降度的白酒及食用酒精，需进行调香、调味和勾兑的白酒，需进行深加工、包装、贴标、组合的珠宝玉石、化妆品、酒、鞭炮焰火等),应当征收消费税,同时允许扣除上述外购应税消费品的已纳税款。

允许扣除已纳税款的应税消费品只限于从工业企业购进的应税消费品,对从商业企业购进应税消费品的已纳税款一律不得扣除。

(四)抵扣税款的计算方法

准予从消费税应纳税额中扣除原料已纳消费税税款的计算公式按照不同行为分别规定如下:

1. 外购应税消费品连续生产应税消费品

(1) 实行从价定率办法计算应纳税额的

当期准予扣除外购应税消费品已纳税款=当期准予扣除外购应税消费品买价×外购应税消费品适用税率

当期准予扣除外购应税消费品买价=期初库存外购应税消费品买价+当期购进的外购应税消费品买价-期末库存的外购应税消费品买价

外购应税消费品买价为纳税人取得的符合规定的发票(含销货清单)注明的应税消费品的销售额。

(2) 实行从量定额办法计算应纳税额的

当期准予扣除的外购应税消费品已纳税款=当期准予扣除外购应税消费品数量×外购应税消费品单位税额×30%

当期准予扣除外购应税消费品数量=期初库存外购应税消费品数量+当期购进外购应税消费品数量-期末库存外购应税消费品数量

外购应税消费品数量为符合规定的发票(含销货清单)注明的应税消费品的销售数量。

2. 委托加工收回应税消费品连续生产应税消费品

当期准予扣除的委托加工应税消费品已纳税款=期初库存的委托加工应税消费品已纳税款+当期收回的委托加工应税消费品已纳税款-期末库存的委托加工应税消费品已纳税款

委托加工应税消费品已纳税款为代扣代收税款凭证注明的受托方代收代缴的消费税。

3. 进口应税消费品

当期准予扣除的进口应税消费品已纳税款=期初库存的进口应税消费品已纳税款+当期进口应税消费品已纳税款-期末库存的进口应税消费品已纳税款

进口应税消费品已纳税款为《海关进口消费税专用缴款书》注明的进口环节消费税。

纳税人应建立抵扣税款台账。

(五)消费税税款抵扣凭证

准予从消费税应纳税额中扣除原料已纳消费税税款的凭证按照不同行为分别规定如下:

1. 外购应税消费品连续生产应税消费品

(1) 纳税人从增值税一般纳税人(仅限生产企业,下同)购进应税消费品,外购应税消费品的抵扣凭证为规定的发票(含销货清单)。纳税人未提供规定的发票和销货清单的不予扣除外购应税消费品已纳消费税。

(2)纳税人从增值税小规模纳税人购进应税消费品,外购应税消费品的抵扣凭证为主管税务机关代开的增值税专用发票。主管税务机关在为纳税人代开增值税专用发票时,应同时征收消费税。

2. 委托加工收回应税消费品连续生产应税消费品

委托加工收回应税消费品的抵扣凭证为《代扣代收税款凭证》。纳税人未提供《代扣代收税款凭证》的,不予扣除受托方代收代缴的消费税。

3. 进口应税消费品连续生产应税消费品

进口应税消费品的抵扣凭证为《海关进口消费税专用缴款书》,纳税人不提供《海关进口消费税专用缴款书》的,不予抵扣进口应税消费品已缴纳的消费税。

六、购买者退货已纳税额的退还

(一)销货退回已纳消费税的退还

纳税人销售的应税消费品,因质量等原因发生退货的,其已缴纳的消费税税款可予以退还。

纳税人办理退税手续时,应将开具的红字增值税发票、退税证明等资料报主管税务机关备案。主管税务机关核对无误后办理退税。

(二)出口消费品发生退关或国外退货的处理

纳税人直接出口的应税消费品办理免税后,发生退关或者国外退货,复进口时已予以免税的,可暂不办理补税,待其转为国内销售的当月申报缴纳消费税。

第四节 税收优惠

一、出口应税消费品免税

对纳税人出口应税消费品,免征消费税;国务院另有规定的除外。出口应税消费品的免税办法,由国务院财政、税务主管部门规定。

出口的应税消费品办理退税后,发生退关,或者国外退货进口时予以免税的,报关出口者必须及时向其机构所在地或者居住地主管税务机关申报补缴已退的消费税税款。

纳税人直接出口的应税消费品办理免税后,发生退关或者国外退货,进口时已予以免税的,经机构所在地或者居住地主管税务机关批准,可暂不办理补税,待其转为国内销售时,再申报补缴消费税。

二、废矿物油再生油品免征消费税

自2013年11月1日至2018年10月31日,对以回收的废矿物油为原料生产的润滑油基础油、汽油、柴油等工业油料免征消费税。废矿物油,是指工业生产领域机械设备及汽车、船舶等交通运输设备使用后失去或降低功效更换下来的废润滑油。

三、用于生产乙烯、芳烃类化工产品石脑油、燃料油退(免)税

(一) 生产企业的处理

(1) 自 2011 年 10 月 1 日起,对生产石脑油、燃料油的企业(以下简称生产企业)对外销售的用于生产乙烯、芳烃类化工产品的石脑油、燃料油,恢复征收消费税。自 2011 年 10 月 1 日起,生产企业自产石脑油、燃料油用于生产乙烯、芳烃类化工产品的,按实际耗用数量暂免征消费税。

(2) 境内生产石脑油、燃料油的企业(以下简称生产企业)对外销售(包括对外销售用于生产乙烯、芳烃类化工产品的石脑油、燃料油)或用于其他方面的石脑油、燃料油征收消费税。

(3) 生产企业将自产石脑油、燃料油用于本企业连续生产乙烯、芳烃类化工产品的,按当期投入生产装置的实际移送量免征消费税。

(4) 生产企业对外销售和用于其他方面的石脑油、燃料油耗用量,减去用于本企业连续生产乙烯、芳烃类化工产品的耗用量,减去执行定点直供计划且开具"DDZG"标识的汉字防伪版增值税专用发票的数量,为应当缴纳消费税的数量。

(二) 使用企业的处理

1. 应退还消费税税额的计算

自 2011 年 10 月 1 日起,对使用石脑油、燃料油生产乙烯、芳烃的企业(以下简称使用企业)购进并用于生产乙烯、芳烃类化工产品的石脑油、燃料油,按实际耗用数量暂退还所含消费税。

2. 退还消费税的条件

用石脑油、燃料油生产乙烯、芳烃类化工产品的产量占本企业用石脑油、燃料油生产产品总量的 50%以上(含 50%)的企业,享受上述规定的退(免)消费税政策。符合规定条件的企业,应到主管税务机关提请退(免)税资格认定。

使用企业将外购的免税石脑油、燃料油未用于生产乙烯、芳烃类化工产品(不包库存)或者对外销售的,应按规定征收消费税。

使用企业发生下列行为之一的,主管税务机关应暂停或取消使用企业的退(免)税资格:

(1) 注销税务登记的,取消退(免)税资格;

(2) 主管税务机关实地核查结果与使用企业申报的备案资料不一致的,暂停或取消退(免)资格;

(3) 使用企业不再以石脑油、燃料油生产乙烯、芳烃类化工产品或不再生产乙烯、芳烃类化工产品的,经申请取消退(免)税资格;

(4) 经税务机关检查发现存在骗取国家退税款的,取消退(免)税资格;

(5) 未办理备案变更登记备案事项,经主管税务机关通知在 30 日内仍未改正的,暂停退(免)税资格;

(6) 未按月向主管税务机关报送《石脑油、燃料油生产、外购、耗用、库存月度统计表》和

《乙烯、芳烃生产装置投入产出流量计统计表》《使用企业外购石脑油、燃料油凭证明细表》的，暂停退(免)税资格；

(7) 不接受税务机关的产品抽检，不能提供税务机关要求的检测报告的，暂停退(免)税资格。

使用企业被取消退(免)税资格的，其库存的免税石脑油、燃料油应当征收消费税。

用石脑油、燃料油生产乙烯、芳烃类化工产品的企业(以下简称使用企业)符合下列条件的，可提请消费税退税资格备案：

(1) 营业执照登记的经营范围包含生产乙烯、芳烃类化工产品。

(2) 持有省级(含)以上安全生产监督管理部门颁发的危险化学品《安全生产许可证》。如使用企业处于试生产阶段，应提供省级以上安全生产监督管理部门出具的试生产备案意见书。

(3) 拥有生产乙烯、芳烃类化工产品的生产装置或设备，乙烯生产企业必须具备(蒸汽)裂解装置，芳烃生产企业必须具备芳烃抽提装置。

(4) 用石脑油、燃料油生产乙烯、芳烃类化工产品的产量占本企业用石脑油、燃料油生产全部产品总量的50%以上(含)。

(5) 书面承诺接受税务机关和海关对产品的抽检。

(6) 国家税务总局和海关总署规定的其他情形。

四、利用废弃动植物油生产纯生物柴油免征消费税

对利用废弃的动物油和植物油为原料生产的纯生物柴油免征消费税。

五、特定电池免征消费税优惠

对无汞原电池、金属氢化物镍蓄电池(又称“氢镍蓄电池”或“镍氢蓄电池”)、锂原电池、锂离子蓄电池、太阳能电池、燃料电池和全钒液流电池免征消费税。

2015年12月31日前对铅蓄电池缓征消费税；自2016年1月1日起，对铅蓄电池按4%税率征收消费税。

六、VOC含量不超过420克/升涂料免征消费税

对施工状态下挥发性有机物(Volatile Organic Compounds，VOC)含量低于420克/升(含)的涂料免征消费税。

七、成品油生产企业生产自用油免征消费税

从2009年1月1日起，对成品油生产企业在生产成品油过程中，作为燃料、动力及原料消耗掉的自产成品油，免征消费税。对用于其他用途或直接对外销售的成品油照章征收消费税。

八、油(气)田企业生产自用成品油先征后返

自2009年1月1日起，对油(气)田企业在开采原油过程中耗用的内购成品油，暂按实际缴纳成品油消费税的税额，全额返还所含消费税。

第五节 征收管理

一、纳税义务发生时间

(一) 生产的应税消费品纳税义务发生时间

纳税人生产的应税消费品,于纳税人销售时纳税。

纳税人销售应税消费品的,按不同的销售结算方式消费税纳税义务发生时间具体为:

(1) 采取赊销和分期收款结算方式的,为书面合同约定的收款日期的当天,书面合同没有约定收款日期或者无书面合同的,为发出应税消费品的当天;

(2) 采取预收货款结算方式的,为发出应税消费品的当天;

(3) 采取托收承付和委托银行收款方式的,为发出应税消费品并办妥托收手续的当天;

(4) 采取其他结算方式的,为收讫销售款或者取得索取销售款凭据的当天。

纳税人自产自用应税消费品的,为移送使用的当天。

(二) 委托加工应税消费品纳税义务发生时间

纳税人委托加工应税消费品的,为纳税人提货的当天。

委托加工的应税消费品直接出售的,不再缴纳消费税。这一规定的含义为:委托方将收回的应税消费品,以不高于受托方的计税价格出售的,为直接出售,不再缴纳消费税;委托方以高于受托方的计税价格出售的,不属于直接出售,需按照规定申报缴纳消费税,在计税时准予扣除受托方已代收代缴的消费税。

委托个人加工的应税消费品,由委托方收回后缴纳消费税。

(三) 进口的应税消费品纳税义务发生时间

进口的应税消费品,于报关进口时纳税。即纳税人进口应税消费品的,消费税纳税义务发生时间为报关进口的当天。

二、征收机关

消费税由税务机关征收,进口的应税消费品的消费税由海关代征。

个人携带或者邮寄进境的应税消费品的消费税,连同关税一并计征。具体办法由国务院关税税则委员会会同有关部门制定。

三、纳税地点

纳税人销售的应税消费品,以及自产自用的应税消费品,除国务院财政、税务主管部门另有规定外,应当向纳税人机构所在地或者居住地的主管税务机关申报纳税。

纳税人到外县(市)销售或者委托外县(市)代销自产应税消费品的,于应税消费品销售后,向机构所在地或者居住地主管税务机关申报纳税。

纳税人的总机构与分支机构不在同一县(市)的,应当分别向各自机构所在地的主管税务机关申报纳税；经财政部、国家税务总局或者其授权的财政、税务机关批准，可以由总机构汇总向总机构所在地的主管税务机关申报纳税。

纳税人的总机构与分支机构不在同一县（市），但在同一省（自治区、直辖市）范围内，经省（自治区、直辖市）财政厅（局）、税务局审批同意，可以由总机构汇总向总机构所在地的主管税务机关申报缴纳消费税。省（自治区、直辖市）财政厅（局）、税务局应将审批同意的结果，上报财政部、国家税务总局备案。

委托加工的应税消费品，除受托方为个人外，由受托方向机构所在地或者居住地的主管税务机关解缴消费税税款。对于受托方未按规定代扣代缴税款，并经委托方所在地税务机关发现的，应由委托方所在地税务机关对委托方补征税款，受托方所在地税务机关不得重复征税。

进口的应税消费品，由进口人或者其代理人向报关地海关申报纳税。

四、纳税期限

消费税的纳税期限分别为1日、3日、5日、10日、15日、1个月或者1个季度。纳税人的具体纳税期限，由主管税务机关根据纳税人应纳税额的大小分别核定；不能按照固定期限纳税的，可以按次纳税。

纳税人以1个月或者1个季度为1个纳税期的，自期满之日起15日内申报纳税；以1日、3日、5日、10日或者15日为1个纳税期的，自期满之日起5日内预缴税款，于次月1日起15日内申报纳税并结清上月应纳税款。

纳税人进口应税消费品，应当自海关填发海关进口消费税专用缴款书之日起15日内缴纳税款。

五、卷烟消费税的征管

（一）卷烟产品生产环节消费税

1. 调整卷烟生产环节（含进口）消费税的从价税税率

(1) 甲类卷烟，即每标准条（200支，下同）调拨价格在70元（不含增值税）以上（含70元）的卷烟，税率调整为56%。

(2) 乙类卷烟，即每标准条调拨价格在70元（不含增值税）以下的卷烟，税率调整为36%。

卷烟的从量定额税率不变，即0.003/支。

2. 调整雪茄烟生产环节（含进口）消费税的从价税税率

将雪茄烟生产环节的税率调整为36%。

（二）卷烟批发环节消费税

自2009年5月1日起，在卷烟批发环节加征一道从价税。卷烟消费税在生产和批发两个环节征收后，批发企业在计算纳税时不得扣除已含的生产环节的消费税税款。

1. 纳税义务人

卷烟批发环节消费税纳税义务人，为在中华人民共和国境内从事卷烟批发业务的单位和个人。

2. 征收范围

卷烟批发环节消费税征收范围，为纳税人批发销售的所有牌号规格的卷烟。

纳税人销售给纳税人以外的单位和个人的卷烟于销售时纳税。纳税人之间销售的卷烟不缴纳消费税。

3. 计税依据

卷烟批发环节消费税计税依据:纳税人批发卷烟的销售额(不含增值税)。

4. 分开核算要求

纳税人应将卷烟销售额与其他商品销售额分开核算,未分开核算的,一并征收消费税。

5. 适用税率

卷烟批发环节消费税的适用比例税率为11%,定额税率为0.005元/支。

6. 纳税义务发生时间

卷烟批发环节消费税纳税义务发生时间为,纳税人收讫销售款或者取得索取销售款凭据的当天。

7. 纳税地点

卷烟批发环节消费税的纳税地点为,卷烟批发企业的机构所在地,总机构与分支机构不在同一地区的,由总机构申报纳税。

六、酒消费税征管

(一) 酒类产品消费税计税办法

白酒计税办法实行从量定额和从价定率相结合计算应纳税额的复合计税办法。应纳税额计算公式:

$$应纳税额=销售数量\times定额税率+销售额\times比例税率$$

凡在中华人民共和国境内生产、委托加工、进口白酒的单位和个人,都应依照规定缴纳从量定额消费税和从价定率消费税。

(二) 白酒计税依据

(1) 生产销售白酒,从量定额计税办法的计税依据为白酒的实际销售数量。

(2) 进口、委托加工、自产自用白酒,从量定额计税办法的计税依据分别为海关核定的进口征税数量、委托方收回数量、移送使用数量。

(3) 生产销售、进口、委托加工、自产自用白酒从价定率计税办法的计税依据按《中华人民共和国消费税暂行条例》及其有关规定执行。

(三) 白酒消费税最低计税价格核定

白酒消费税最低计税价格由白酒生产企业自行申报,税务机关核定。

1. 应核定消费税最低计税价格的情形

白酒生产企业销售给销售单位的白酒,生产企业消费税计税价格低于销售单位对外销售价格(不含增值税,下同)70%以下的,税务机关应核定消费税最低计税价格。

纳税人将委托加工收回的白酒销售给销售单位,消费税计税价格低于销售单位对外销售价格(不含增值税)70%以下,属于《中华人民共和国消费税暂行条例》第10条规定的情形,应该按照规定的核价办法,核定消费税最低计税价格。

2. 计税价格和销售单位销售价格报送

白酒生产企业应将各种白酒的消费税计税价格和销售单位销售价格，按照规定的式样及要求，在主管税务机关规定的时限内填报。

白酒生产企业未按规定上报销售单位销售价格的，主管税务局应按照销售单位销售价格征收消费税。

3. 计税价格的核定

白酒生产企业申报的销售给销售单位的消费税计税价格低于销售单位对外销售价格70%以下、年销售额1 000万元以上的各种白酒，消费税最低计税价格由各省、自治区、直辖市和计划单列市税务局核定，核定比例暂统一确定为60%。

省税务局在接到市税务局上报的核定白酒消费税最低计税价格的请示后，原则上于20个工作日内完成白酒消费税最低计税价格的核定工作。

纳税人应按下列公式计算确定白酒消费税计税价格：

当月该品牌、规格白酒消费税计税价格＝该品牌、规格白酒销售单位上月平均销售价格×核定比例

当月该品牌、规格白酒出厂价格大于按本公式计算确定的白酒消费税计税价格的，按出厂价格申报纳税。

纳税人应按下列公式计算确定白酒消费税应纳税额：

当月该品牌、规格白酒消费税应纳税额＝销售数量×当月该品牌、规格白酒消费税计税价格×适用税率

已核定最低计税价格的白酒，生产企业实际销售价格高于消费税最低计税价格的，按实际销售价格申报纳税；实际销售价格低于消费税最低计税价格的，按最低计税价格申报纳税。

4. 白酒消费税最低计税价格核定标准

白酒消费税最低计税价格核定标准如下：

(1) 白酒生产企业销售给销售单位的白酒，生产企业消费税计税价格高于销售单位对外销售价格70%(含70%)以上的，税务机关暂不核定消费税最低计税价格。

(2) 白酒生产企业销售给销售单位的白酒，生产企业消费税计税价格低于销售单位对外销售价格70%以下的，消费税最低计税价格由税务机关根据生产规模、白酒品牌、利润水平等情况在销售单位对外销售价格50%至70%范围内自行核定。其中，生产规模较大，利润水平较高的企业生产的需要核定消费税最低计税价格的白酒，税务机关核价幅度原则上应选择在销售单位对外销售价格60%至70%范围内。

5. 最低计税价格的重新核定

已核定最低计税价格的白酒，销售单位对外销售价格持续上涨或下降时间达到3个月以上、累计上涨或下降幅度在20%(含)以上的白酒，税务机关重新核定最低计税价格。

(四)“品牌使用费”应并入销售额征消费税

白酒生产企业向商业销售单位收取的“品牌使用费”是随着应税白酒的销售而向购货方收取的，属于应税白酒销售价款的组成部分，因此，不论企业采取何种方式或以何种名义收取价款，均应并入白酒的销售额中缴纳消费税。

(五) 啤酒集团内部企业间销售(调拨)啤酒液的处理

啤酒生产集团内部企业间调拨销售的啤酒液,应由啤酒液生产企业按现行规定申报缴纳消费税。

购入方企业应依据取得的销售方销售啤酒液所开具的增值税专用发票上记载的销售数量、销售额、销售单价确认销售方啤酒液适用的消费税单位税额,单独建立外购啤酒液购入使用台账,计算外购啤酒液已纳消费税额。

购入方使用啤酒液连续灌装生产并对外销售的啤酒,应依据其销售价格确定适用单位税额计算缴纳消费税,但其外购啤酒液已纳的消费税额,可以从其当期应纳消费税额中抵减。

(六) 啤酒包装物押金的处理

啤酒消费税单位税额按照出厂价格(含包装物及包装物押金)划分档次,上述包装物押金不包括供重复使用的塑料周转箱的押金。

(七) 葡萄酒消费税管理

1. 纳税人与适用税目

葡萄酒是指以葡萄为原料,经破碎(压榨)、发酵而成的酒精度在 1 度(含)以上的葡萄原酒和成品酒(不含以葡萄为原料的蒸馏酒)。

在中华人民共和国生产、委托加工、进口葡萄酒的单位和个人,为葡萄酒消费税纳税人。

葡萄酒消费税适用“酒”税目下设的“其他酒”子目。

2. 连续生产应税葡萄酒已纳税额扣除

纳税人从葡萄酒生产企业购进(以下简称外购)、进口葡萄酒连续生产应税葡萄酒的,准予从葡萄酒消费税应纳税额中扣除所耗用应税葡萄酒已纳消费税税款。如本期消费税应纳税额不足抵扣的,余额留待下期抵扣。

纳税人以进口、外购葡萄酒连续生产应税葡萄酒,分别依据《海关进口消费税专用缴款书》《增值税专用发票》,按照现行政策规定计算扣除应税葡萄酒已纳消费税税款。

纳税人应建立《葡萄酒消费税抵扣税款台账》,作为申报扣除外购、进口应税葡萄酒已纳消费税税款的备查资料。

七、金银首饰消费税征管

(一) 零售环节征收消费税的金银首饰范围

零售环节征收消费税的金银首饰范围仅限于:金、银和金基、银基合金首饰,以及金、银和金基、银基合金的镶嵌首饰(以下简称金银首饰)。零售环节征收消费税的金银首饰不包括镀金(银)、包金(银)首饰,以及镀金(银)、包金(银)的镶嵌首饰。凡采用包金、镀金工艺以外的其他工艺制成的含金、银首饰及镶嵌首饰,如锻压金、铸金、复合金首饰等,都应在零售环节征收消费税。

对既销售金银首饰,又销售非金银首饰的生产、经营单位,应将两类商品划分清楚,分别核算销售额。凡划分不清楚或不能分别核算的,在生产环节销售的,一律从高适用税率征收消费税;在零售环节销售的,一律按金银首饰征收消费税。

金银首饰与其他产品组成成套消费品销售的,应按销售额全额征收消费税。

(二) 纳税义务人

在中华人民共和国境内从事金银首饰零售业务的单位和个人,为金银首饰消费税的纳税义务人(以下简称纳税人),应按规定缴纳消费税。委托加工(另有规定者除外)、委托代销金银首饰的,受托方也是纳税人。

(三) 纳税环节

纳税人销售(指零售,下同)的金银首饰(含以旧换新),于销售时纳税;用于馈赠、赞助、集资、广告、样品、职工福利、奖励等方面的金银首饰,于移送时纳税;带料加工、翻新改制的金银首饰,于受托方交货时纳税。

金银首饰消费税改变征税环节后,经营单位进口金银首饰的消费税,由进口环节征收改为在零售环节征收;出口金银首饰由出口退税改为出口不退消费税。

个人携带、邮寄金银首饰进境,仍按海关现行规定征税。

钻石及钻石饰品消费税的纳税环节由生产环节、进口环节后移到零售环节,对未镶嵌的成品钻石和钻石饰品的消费税按 5%的税率征收。

(四) 纳税义务发生时间

纳税人销售金银首饰,其纳税义务发生时间为收讫销货款或取得索取销货款凭据的当天;用于馈赠、赞助、集资、广告、样品、职工福利、奖励等方面的金银首饰,其纳税义务发生时间为移送的当天;带料加工、翻新改制的金银首饰,其纳税义务发生时间为受托方交货的当天。

(五) 计税依据

(1) 纳税人销售金银首饰,其计税依据为不含增值税的销售额。如果纳税人销售金银首饰的销售额中未扣除增值税税款,在计算消费税时,应按以下公式换算为不含增值税税款的销售额。

$$\text{金银首饰的销售额}=\frac{\text{含增值税的销售额}}{1+\text{增值税税率或征收率}}$$

(2) 金银首饰连同包装物销售的,无论包装是否单独计价,也无论会计上如何核算,均应并入金银首饰的销售额,计征消费税。

(3) 带料加工的金银首饰,应按受托方销售同类金银首饰的销售价格确定计税依据征收消费税。没有同类金银首饰销售价格的,按照组成计税价格计算纳税。组成计税价格的计算公式为:

$$\text{组成计税价格}=\frac{\text{材料成本}+\text{加工费}}{1-\text{金银首饰消费税税率}}$$

(4) 纳税人采用以旧换新(含翻新改制)方式销售的金银首饰,应按实际收取的不含增值税的全部价款确定计税依据征收消费税。

(5) 生产、批发、零售单位用于馈赠、赞助、集资、广告、样品、职工福利、奖励等方面的金银首饰，应按纳税人销售同类金银首饰的销售价格确定计税依据征收消费税；没有同类金银首饰销售价格的，按照组成计税价格计算纳税。组成计税价格的计算公式为：

$$组成计税价格=\frac{购进原价\times(1+利润率)}{1-金银首饰消费税税率}$$

纳税人为生产企业时，公式中的"购进原价"为生产成本。公式中的"利润率"一律定为6%。

(六) 兼营生产、加工、批发、零售业务的处理

经营单位兼营生产、加工、批发、零售业务的，应分别核算销售额，未分别核算销售额或者划分不清的，一律视同零售征收消费税。

(七) 纳税地点

纳税人应向其核算地主管税务局申报纳税。

(八) 计税时不得扣除买价或已纳的消费税税款

金银首饰消费税改变纳税环节以后，用已税珠宝玉石生产的规定范围内的镶嵌首饰，在计税时一律不得扣除买价或已纳的消费税税款。

八、成品油消费税征管

(一) 征税项目的划分

(1) 纳税人以原油或其他原料生产加工的在常温常压条件下(25 ℃/一个标准大气压)呈液态状(沥青除外)的产品，按以下原则划分是否征收消费税：

产品符合汽油、柴油、石脑油、溶剂油、航空煤油、润滑油和燃料油征收规定的，按相应的汽油、柴油、石脑油、溶剂油、航空煤油、润滑油和燃料油的规定征收消费税。纳税人生产加工符合上述规定的产品，无论以何种名称对外销售或用于非连续生产应征消费税产品，均应按规定缴纳消费税。

除上述规定以外的产品，符合该产品的国家标准或石油化工行业标准的相应规定(包括产品的名称、质量标准与相应的标准一致)，在取得省级以上(含)质量技术监督部门出具的相关产品质量检验证明的当月起，不征收消费税。经主管税务机关核实纳税人在取得产品质量检验证明之前未申报缴纳消费税的，应按规定补缴消费税。这里上述规定以外的产品，是指产品名称虽不属于成品油消费税税目列举的范围，但外观形态与应税成品油相同或相近，且主要原料可用于生产加工应税成品油的产品。这里所称产品不包括：① 环境保护部发布《中国现有化学物质名录》中列明分子式的产品和纳税人取得环境保护部颁发的《新化学物质环境管理登记证》中列名的产品；② 纳税人取得省级(含)以上质量技术监督部门颁发的《全国工业产品生产许可证》中除产品名称注明为"石油产品"外的各明细产品。

上述规定的产品，如根据国家标准、行业标准或其他方法可以确认属于应征消费税的产

品，应按规定缴纳消费税。

(2) 纳税人以原油或其他原料生产加工的产品如以沥青产品对外销售时，该产品符合沥青产品的国家标准或石油化工行业标准的相应规定(包括名称、型号和质量标准等与相应标准一致)，在取得省级以上(含)质量技术监督部门出具的相关产品质量检验证明的当月起，不征收消费税。经主管税务机关核实纳税人在取得产品质量检验证明之前未申报缴纳消费税的，应按规定补缴消费税。

这里的"其他原料"，是指除原油以外可用于生产加工成品油的各种原料。"纳税人以原油或其他原料生产加工的产品"是指常温常压状态下呈暗褐色或黑色的液态或半固态产品。

其他呈液态状产品以沥青名称对外销售或用于非连续生产应征消费税产品，适用参照上述规定确定是否征收消费税。沥青产品的行业标准，包括石油化工以及交通、建筑、电力等行业适用的行业性标准。

(二) 石脑油消费税

生产企业直接对外销售的石脑油应按规定征收消费税。生产企业将自产石脑油用于本企业连续生产汽油等应税消费品的，不缴纳消费税；用于连续生产乙烯等非应税消费品或其他方面的，于移送使用时缴纳消费税。

以外购或委托加工收回的已税石脑油、润滑油、燃料油为原料生产的应税消费品，准予从消费税应纳税额中扣除原料已纳的消费税税款。抵扣税款的计算公式为：

当期准予扣除的外购应税消费品已纳税款＝当期准予扣除外购应税消费品数量×外购应税消费品单位税额

(三) 外购润滑油大包装改小包装、贴标的处理

单位和个人外购润滑油大包装经简单加工改成小包装或者外购润滑油不经加工只贴商标的行为，视同应税消费税品的生产行为。单位和个人发生的以上行为应当申报缴纳消费税。准予扣除外购润滑油已纳的消费税税款。

(四) 成品油消费税税款抵扣

(1) 纳税人按照现行政策规定，以外购、进口和委托加工收回汽油、柴油、石脑油、燃料油、润滑油(以下简称应税油品)用于连续生产应税成品油，准予从成品油消费税应纳税额中扣除应税油品已纳消费税税款。

(2) 纳税人以进口、委托加工收回应税油品连续生产应税成品油，分别依据《海关进口消费税专用缴款书》《税收缴款书(代扣代收专用)》，按照现行政策规定计算扣除应税油品已纳消费税税款。

(3) 自 2014 年 1 月 1 日起，以外购或委托加工收回的已税汽油、柴油为原料连续生产汽油、柴油，准予从汽、柴油消费税应纳税额中扣除原料已纳的消费税税款。

(4) 对用外购或委托加工收回的已税汽油生产的乙醇汽油免税。用自产汽油生产的乙醇汽油，按照生产乙醇汽油所耗用的汽油数量申报纳税。对外购或委托加工收回的汽油、柴油用于连续生产甲醇汽油、生物柴油，准予从消费税应纳税额中扣除原料已纳的消费税税款。

外购或委托加工收回的汽油、柴油用于连续生产甲醇汽油、生物柴油的,应取得规定的税款抵扣凭证。

纳税人既生产销售汽油又生产销售乙醇汽油的,应分别核算;未分别核算的,生产销售的乙醇汽油不得按照生产乙醇汽油所耗用的汽油数量申报纳税,一律按照乙醇汽油的销售数量征收消费税。

九、超豪华小汽车消费税征管

(一) 对超豪华小汽车加征消费税

将超豪华小汽车销售给消费者的单位和个人为超豪华小汽车零售环节纳税人。

超豪华小汽车零售环节消费税应纳税额计算公式:

应纳税额=零售环节销售额(不含增值税,下同)×零售环节税率

国内汽车生产企业直接销售给消费者的超豪华小汽车,消费税税率按照生产环节税率和零售环节税率加总计算。消费税应纳税额计算公式:

应纳税额=销售额×(生产环节税率+零售环节税率)

(二) 超豪华小汽车进口环节消费税

对我国驻外使领馆工作人员、外国驻华机构及人员、非居民常住人员、政府间协议规定等应税(消费税)进口自用,且完税价格 130 万元及以上的超豪华小汽车消费税,按照生产(进口)环节税率和零售环节税率(10%)加总计算,由海关代征。

十、高档化妆品消费税征管

(一) 已纳消费税的扣除

自 2016 年 10 月 1 日起,高档化妆品消费税纳税人(以下简称"纳税人")以外购、进口和委托加工收回的高档化妆品为原料继续生产高档化妆品,准予从高档化妆品消费税应纳税额中扣除外购、进口和委托加工收回的高档化妆品已纳消费税税款。用于连续生产非高档化妆品的,不得抵扣消费税。

纳税人应按规定设立高档化妆品消费税抵扣税款台账。

(二) 高档化妆品进口环节消费税

自 2016 年 10 月 1 日起,将化妆品进口环节消费税征收范围调整为高档美容修饰类化妆品、高档护肤类化妆品。高档美容修饰类和高档护肤类化妆品界定标准为进口完税价格在 10 元/毫升(克)或 15 元/片(张)及以上。

将进口环节消费税税率由 30%下调为 15%。

十一、电池、涂料消费税征管

自 2015 年 2 月 1 日起对电池和涂料(以下简称应税消费品)征收消费税。纳税人委托

加工收回的电池、涂料，以高于受托方的计税价格出售的，应当按规定申报缴纳消费税，在计税时准予扣除受托方已代收代缴的消费税。

税款扣除凭证为《税收缴款书（代扣代收专用）》，纳税人应当将税款扣除凭证复印件按月装订备查。

纳税人应当建立电池、涂料税款抵扣台账，作为申报扣除委托加工收回应税消费品已纳消费税税款的备查资料。

纳税人生产、委托加工符合有关税收优惠政策规定的电池、涂料，应当持有省级以上质量技术监督部门认定的检测机构出具的产品检测报告（以下简称检测报告），并按主管税务机关的要求报送相关产品的检测报告。

课后习题

一、选择题

1. 下列各项中，应同时征收增值税和消费税的有（　　）。

A. 批发环节销售的卷烟
B. 零售环节销售的金基合金首饰
C. 生产环节销售的普通护肤护发品
D. 进口环节取得外国政府捐赠的小汽车
E. 零售环节销售的白酒

2. 关于消费税纳税义务发生时间，下列表述正确的有（　　）。

A. 某酒厂销售葡萄酒 20 箱，直接收取价款 4 800 元，其纳税义务发生时间为收款当天
B. 某汽车厂自产自用 3 台小汽车，其纳税义务发生时间为使用人实际使用的当天
C. 某烟花企业采用托收承付结算方式销售焰火，其纳税义务发生时间为发出焰火并办妥托收手续的当天
D. 某化妆品厂采用赊销方式销售化妆品，合同规定收款日期为 6 月 23 日，7 月 20 日收到货款，纳税义务发生时间为 6 月份

二、计算题

某啤酒厂 2018 年 9 月份销售甲类啤酒 1 000 吨，取得不含增值税销售额 295 万元，增值税税款 47.2 万元，另收取包装物押金 23.2 万元。

要求：计算 9 月该啤酒厂应纳消费税税额。

三、思考题

1. 消费税的征税范围如何调整和确定？
2. 消费税的征管如何在消费终端实现，防止税收流失？
3. 消费税如何确定高档商品的征税标准？

第八章　关　税

财者，为国之命而万事之本，国之所以存亡，事之所以成败，常必由之。

——（宋）苏辙

关税是海关依法对进出境货物、物品征收的一种税。征收关税是一国政府增加其财政收入方式之一，但随着世界贸易的不断发展，关税占国家财政收入的比重在不断下降。每个国家都会对进出口的商品根据其种类和价值征收一定的税款。其作用在于通过收税抬高进口商品的价格，降低其市场竞争力，减少在市场上对本国产品的不良影响。关税有着保护本国产业的作用，但在经济全球化的今天其不利的影响也在逐步显现。关税作为贸易保护措施和反倾销的制裁措施的角色出现，其本质是区域保护政策。

现行关税法律规范是以 1987 年 1 月第六届全国人民代表大会常务委员会第十九次会议通过 2017 年 11 月 4 日第十二届全国人民代表大会常务委员会第三十次会议第五次修正的《中华人民共和国海关法》（以下简称《海关法》）为法律依据，以 2003 年 11 月 23 日国务院令第 392 号公布 2017 年 3 月 1 日第四次修订的《中华人民共和国进出口关税条例》（以下简称《进出口关税条例》），以及《中华人民共和国进出口税则》（以下简称《税则》）和《中华人民共和国进境物品进口税税率表》（以下简称《进境物品进口税税率表》）为基本法规，由负责关税政策制定和征收管理的主管部门依据基本法规拟定的管理办法和实施细则为主要内容。

第一节　纳税人与征税范围

一、纳税义务人

进口货物的收货人、出口货物的发货人、进出境物品的所有人，是关税的纳税义务人。

进境物品的纳税义务人，是指携带物品进境的入境人员、进境邮递物品的收件人以及以其他方式进口物品的收件人。进境物品的纳税义务人可以自行办理纳税手续，也可以委托他人办理纳税手续。接受委托的人应当遵守对纳税义务人的各项规定。

所谓“境”是指关境，又称海关境域或海关领域，是指国家《海关法》全面实施的领域。

二、征税范围

（一）征税范围

中华人民共和国准许进出口的货物、进境物品，除法律、行政法规另有规定外，海关依照《进出口关税条例》规定征收进出口关税。

关税的征税对象是准许进出境的货物、进境物品。货物是指贸易性商品，物品是入境旅客随身携带的行李物品、个人邮寄物品、各种运输工具上的服务人员携带进口的自用物品、馈赠物品以及其他方式进境的个人物品。

（二）不征收关税的情形

因品质或者规格原因，进口货物自进口之日起 1 年内原状复运出境的，不征收出口关税。

因残损、短少、品质不良或者规格不符原因，由进出口货物的发货人、承运人或者保险公司免费补偿或者更换的相同货物，进出口时不征收关税。被免费更换的原进口货物不退运出境或者原出口货物不退运进境的，海关应当对原进出口货物重新按照规定征收关税。

第二节　税率的设置和适用

国务院设立关税税则委员会，负责《税则》和《进境物品进口税税率表》的税目、税则号列和税率的调整和解释，报国务院批准后执行；决定实行暂定税率的货物、税率和期限；决定关税配额税率；决定征收反倾销税、反补贴税、保障措施关税、报复性关税以及决定实施其他关税措施；决定特殊情况下税率的适用，以及履行国务院规定的其他职责。

一、进口关税税率

进口关税设置最惠国税率、协定税率、特惠税率、普通税率、关税配额税率等税率。对进口货物在一定期限内可以实行暂定税率。

原产于共同适用最惠国待遇条款的世界贸易组织成员的进口货物，原产于与中华人民共和国签订含有相互给予最惠国待遇条款的双边贸易协定的国家或者地区的进口货物，以及原产于中华人民共和国境内的进口货物，适用最惠国税率。

原产于与中华人民共和国签订含有关税优惠条款的区域性贸易协定的国家或者地区的进口货物，适用协定税率。

原产于与中华人民共和国签订含有特殊关税优惠条款的贸易协定的国家或者地区的进口货物，适用特惠税率。

原产于除上述三种情况所列以外国家或者地区的进口货物，以及原产地不明的进口货物，适用普通税率。

按照国家规定实行关税配额管理的进口货物，关税配额内的，适用关税配额税率；关税配额外的，其税率的适用按照上述规定执行。

适用最惠国税率的进口货物有暂定税率的，应当适用暂定税率；适用协定税率、特惠税率的进口货物有暂定税率的，应当从低适用税率；适用普通税率的进口货物，不适用暂定税率。

任何国家或者地区违反与中华人民共和国签订或者共同参加的贸易协定及相关协定，对中华人民共和国在贸易方面采取禁止、限制、加征关税或者其他影响正常贸易的措施的，对原产于该国家或者地区的进口货物可以征收报复性关税，适用报复性关税税率。征收报复性关税的货物、适用国别、税率、期限和征收办法，由国务院关税税则委员会决定并公布。

按照有关法律、行政法规的规定对进口货物采取反倾销、反补贴、保障措施的,其税率的适用按照《中华人民共和国反倾销条例》《中华人民共和国反补贴条例》和《中华人民共和国保障措施条例》的有关规定执行。

二、出口关税税率

我国出口税则为一栏税率,即出口税率。

出口关税设置出口税率。对出口货物在一定期限内可以实行暂定税率。适用出口税率的出口货物有暂定税率的,应当适用暂定税率。

三、关税税率的适用

进出口货物,应当适用海关接受该货物申报进口或者出口之日实施的税率。进口货物到达前,经海关核准先行申报的,应当适用装载该货物的运输工具申报进境之日实施的税率。

有下列情形之一,需缴纳税款的,应当适用海关接受申报办理纳税手续之日实施的税率:① 保税货物经批准不复运出境的;② 减免税货物经批准转让或者移作他用的;③ 暂准进境货物经批准不复运出境,以及暂准出境货物经批准不复运进境的;④ 租赁进口货物,分期缴纳税款的。

补征和退还进出口货物关税,应当按照上述规定确定适用的税率。

因纳税义务人违反规定需要追征税款的,应当适用该行为发生之日实施的税率;行为发生之日不能确定的,适用海关发现该行为之日实施的税率。

第三节 关税完税价格和应纳税额

一、应纳税额

(一)应纳税额的计算

进出口货物关税,以从价计征、从量计征或者国家规定的其他方式征收。

从价计征的计算公式为:

应纳税额=完税价格×关税税率

从量计征的计算公式为:

应纳税额=货物数量×单位税额

(二)进口税应纳税额的计算

进境物品的关税以及进口环节海关代征税合并为进口税,由海关依法征收。

进口税从价计征。进口税的计算公式为:

进口税税额=完税价格×进口税税率

进境物品，适用海关填发税款缴款书之日实施的税率和完税价格。

（三）外币折算

海关征收关税、滞纳金等，应当按人民币计征。

进出口货物的成交价格以及有关费用以外币计价的，以中国人民银行公布的基准汇率折合为人民币计算完税价格；以基准汇率币种以外的外币计价的，按照国家有关规定套算为人民币计算完税价格。适用汇率的日期由海关总署规定。

二、进口货物的完税价格

进出口货物的完税价格，由海关以该货物的成交价格为基础审查确定。成交价格不能确定时，完税价格由海关依法估定。

进口货物的完税价格由海关以符合规定条件的成交价格以及该货物运抵中华人民共和国境内输入地点起卸前的运输及其相关费用、保险费为基础审查确定。

（一）成交价格的构成

进口货物的成交价格，是指卖方向中国境内销售该货物时买方为进口该货物向卖方实付、应付的，并按照规定调整后的价款总额，包括直接支付的价款和间接支付的价款。

1. 成交价格应符合的条件

(1) 对买方处置或者使用该货物不予限制，但法律、行政法规规定实施的限制、对货物转售地域的限制和对货物价格无实质性影响的限制除外；

(2) 该货物的成交价格没有因搭售或者其他因素的影响而无法确定；

(3) 卖方不得从买方直接或者间接获得因该货物进口后转售、处置或者使用而产生的任何收益，或者虽有收益但能够按照规定进行调整；

(4) 买卖双方没有特殊关系，或者虽有特殊关系但未对成交价格产生影响。

2. 应当计入完税价格的费用

(1) 由买方负担的购货佣金以外的佣金和经纪费；

(2) 由买方负担的在审查确定完税价格时与该货物视为一体的容器的费用；

(3) 由买方负担的包装材料费用和包装劳务费用；

(4) 与该货物的生产和向中国境内销售有关的，由买方以免费或者以低于成本的方式提供并可以按适当比例分摊的料件、工具、模具、消耗材料及类似货物的价款，以及在境外开发、设计等相关服务的费用；

(5) 作为该货物向中国境内销售的条件，买方必须支付的、与该货物有关的特许权使用费；

(6) 卖方直接或者间接从买方获得的该货物进口后转售、处置或者使用的收益。

3. 不计入完税价格的税费

(1) 厂房、机械、设备等货物进口后进行建设、安装、装配、维修和技术服务的费用；

(2) 进口货物运抵境内输入地点起卸后的运输及其相关费用、保险费；

(3) 进口关税及国内税收。

（二）完税价格的估定

进口货物的成交价格不符合规定条件的，或者成交价格不能确定的，海关经了解有关情

况,并与纳税义务人进行价格磋商后,依次以下列价格估定该货物的完税价格:

(1) 与该货物同时或者大约同时向中国境内销售的相同货物的成交价格。

(2) 与该货物同时或者大约同时向中国境内销售的类似货物的成交价格。

(3) 与该货物进口的同时或者大约同时,将该进口货物、相同或者类似进口货物在第一级销售环节销售给无特殊关系买方最大销售总量的单位价格,但应当扣除下列项目:① 同等级或者同种类货物在中国境内第一级销售环节销售时通常的利润和一般费用以及通常支付的佣金;② 进口货物运抵境内输入地点起卸后的运输及其相关费用、保险费;③ 进口关税及国内税收。

(4) 按照下列各项总和计算的价格:生产该货物所使用的料件成本和加工费用,向中国境内销售同等级或者同种类货物通常的利润和一般费用,该货物运抵境内输入地点起卸前的运输及其相关费用、保险费。

(5) 以合理方法估定的价格。纳税义务人向海关提供有关资料后,可以提出申请,颠倒前款第(3)项和第(4)项的适用次序。

(三) 完税价格的具体确定

以租赁方式进口的货物,以海关审查确定的该货物的租金作为完税价格。纳税义务人要求一次性缴纳税款的,纳税义务人可以选择按照规定估定完税价格,或者按照海关审查确定的租金总额作为完税价格。

运往境外加工的货物,出境时已向海关报明并在海关规定的期限内复运进境的,应当以境外加工费和料件费以及复运进境的运输及其相关费用和保险费审查确定完税价格。

运往境外修理的机械器具、运输工具或者其他货物,出境时已向海关报明并在海关规定的期限内复运进境的,应当以境外修理费和料件费审查确定完税价格。

三、出口货物的完税价格

出口货物的完税价格包括货物的货价、货物运至中国境内输出地点装载前的运输及其相关费用、保险费,但是其中包含的出口关税税额应当予以扣除。

(一) 完税价格的构成

根据《进出口关税条例》第 26 条的规定,出口货物的完税价格由海关以该货物的成交价格以及该货物运至中国境内输出地点装载前的运输及其相关费用、保险费为基础审查确定。

出口货物的成交价格,是指该货物出口时卖方为出口该货物应当向买方直接收取和间接收取的价款总额。出口关税不计入完税价格。

(二) 完税价格的估定

出口货物的成交价格不能确定的,海关经了解有关情况,并与纳税义务人进行价格磋商后,依次以下列价格估定该货物的完税价格:

(1) 与该货物同时或者大约同时向同一国家或者地区出口的相同货物的成交价格。

(2) 与该货物同时或者大约同时向同一国家或者地区出口的类似货物的成交价格。

(3) 按照下列各项总和计算的价格:境内生产相同或者类似货物的料件成本、加工费用,通常的利润和一般费用,境内发生的运输及其相关费用、保险费。

(4) 以合理方法估定的价格。按照规定计入或者不计入完税价格的成本、费用、税收,应当以客观、可量化的数据为依据。

第四节 税收优惠

一、法定减免

根据《海关法》第 56 条的规定,下列进出口货物、进出境物品,减征或者免征关税:

(1) 无商业价值的广告品和货样。根据《进出口关税条例》第 45 条的规定,无商业价值的广告品和货样,免征关税。

(2) 外国政府、国际组织无偿赠送的物资。根据《进出口关税条例》第 45 条的规定,外国政府、国际组织无偿赠送的物资,免征关税。

(3) 在海关放行前遭受损坏或者损失的货物。根据《进出口关税条例》第 45 条的规定,在海关放行前损失的货物,免征关税。在海关放行前遭受损坏的货物,可以根据海关认定的受损程度减征关税。

(4) 规定数额以内的物品。根据《进出口关税条例》第 57 条的规定,海关总署规定数额以内的个人自用进境物品,免征进口税。超过海关总署规定数额但仍在合理数量以内的个人自用进境物品,由进境物品的纳税义务人在进境物品放行前按照规定缴纳进口税。国务院关税税则委员会规定按货物征税的进境物品,按照规定征收关税。根据《进出口关税条例》第 45 条的规定,关税税额在人民币 50 元以下的免征关税。

(5) 法律规定减征、免征关税的其他货物、物品。根据《进出口关税条例》第 45 条的规定,进出境运输工具装载的途中必需的燃料、物料和饮食用品,免征关税。法律规定的其他免征或者减征关税的货物,海关根据规定予以免征或者减征。

(6) 中国缔结或者参加的国际条约规定减征、免征关税的货物、物品。

二、特定减免

根据《海关法》第 57 条的规定,特定地区、特定企业或者有特定用途的进出口货物,可以减征或者免征关税。特定减税或者免税的范围和办法由国务院规定。

依照前款规定减征或者免征关税进口的货物,只能用于特定地区、特定企业或者特定用途,未经海关核准并补缴关税,不得移作他用。

根据《海关法》第 59 条的规定,暂时进口或者暂时出口的货物,以及特准进口的保税货物,在货物收发货人向海关缴纳相当于税款的保证金或者提供担保后,准予暂时免纳关税。

根据《进出口关税条例》第 42 条的规定,暂时进境或者暂时出境的下列货物,在进境或者出境时纳税义务人向海关缴纳相当于应纳税款的保证金或者提供其他担保的,可以暂不缴纳关税,并应当自进境或者出境之日起 6 个月内复运出境或者复运进境;需要延长复运出境或者复运进境期限的,纳税义务人应当根据海关总署的规定向海关办理延期手续:

(1) 在展览会、交易会、会议及类似活动中展示或者使用的货物;

(2) 文化、体育交流活动中使用的表演、比赛用品;

(3) 进行新闻报道或者摄制电影、电视节目使用的仪器、设备及用品;

(4) 开展科研、教学、医疗活动使用的仪器、设备及用品；

(5) 在本款第(1)项至第(4)项所列活动中使用的交通工具及特种车辆；

(6) 货样；

(7) 供安装、调试、检测设备时使用的仪器、工具；

(8) 盛装货物的容器；

(9) 其他用于非商业目的的货物。

上述所列暂时进境货物在规定的期限内未复运出境的，或者暂时出境货物在规定的期限内未复运进境的，海关应当依法征收关税。

上述所列可以暂时免征关税范围以外的其他暂时进境货物，应当按照该货物的完税价格和其在境内滞留时间与折旧时间的比例计算征收进口关税。

三、临时减免

除法定减免和特定减免范围以外的临时减征或者免征关税，由国务院决定。

第五节　征收管理

一、征收机关

准许进出口的货物、进出境物品，由海关依法征收关税。

进境物品的关税以及进口环节海关代征税合并为进口税，由海关依法征收。

二、纳税期限

进口货物的纳税义务人应当自运输工具申报进境之日起14日内，出口货物的纳税义务人除海关特准的外，应当在货物运抵海关监管区后、装货的24小时以前，向货物的进出境地海关申报。

进口货物到达前，纳税义务人经海关核准可以先行申报。

纳税义务人应当自海关填发税款缴款书之日起15日内向指定银行缴纳税款。纳税义务人未按期缴纳税款的，从滞纳税款之日起，按日加收滞纳税款5‱的滞纳金。

进出境物品的纳税义务人，应当在物品放行前缴纳税款。

三、延期缴纳税款

纳税义务人因不可抗力或者在国家税收政策调整的情形下，不能按期缴纳税款的，经依法提供税款担保后，可以延期缴纳税款，但是最长不得超过6个月。

四、补征与追征

根据《海关法》第62条的规定，进出口货物、进出境物品放行后，海关发现少征或者漏征税款，应当自缴纳税款或者货物、物品放行之日起一年内，向纳税义务人补征。因纳税义务人违反规定而造成的少征或者漏征，海关在三年以内可以追征。需由海关监管使用的减免税进口货物，在监管年限内转让或者移作他用需要补税的，海关应当根据该货物进口时间折旧估价，补征进口关税。特定减免税进口货物的监管年限由海关总署规定。

《进出口关税条例》第51条进一步规定，进出口货物放行后，海关发现少征或者漏征税款的，应当自缴纳税款或者货物放行之日起一年内，向纳税义务人补征税款。但因纳税义务人违反规定造成少征或者漏征税款的，海关可以自缴纳税款或者货物放行之日起三年内追征税款，并从缴纳税款或者货物放行之日起按日加收少征或者漏征税款5‱的滞纳金。海关发现海关监管货物因纳税义务人违反规定造成少征或者漏征税款的，应当自纳税义务人应缴纳税款之日起三年内追征税款，并从应缴纳税款之日起按日加收少征或者漏征税款5‱的滞纳金。

五、多征关税的退还

根据《海关法》第63条的规定，海关多征的税款，海关发现后应当立即退还；纳税义务人自缴纳税款之日起一年内，可以要求海关退还。

根据《进出口关税条例》第50条的规定，有下列情形之一的，纳税义务人自缴纳税款之日起一年内，可以申请退还关税，并应当以书面形式向海关说明理由，提供原缴款凭证及相关资料：已征进口关税的货物，因品质或者规格原因，原状退货复运出境的；已征出口关税的货物，因品质或者规格原因，原状退货复运进境，并已重新缴纳因出口而退还的国内环节有关税收的；已征出口关税的货物，因故未装运出口，申报退关的。

海关应当自受理退税申请之日起30日内查实并通知纳税义务人办理退还手续。纳税义务人应当自收到通知之日起3个月内办理有关退税手续。

按照其他有关法律、行政法规规定应当退还关税的，海关应当按照有关法律、行政法规的规定退税。

根据《进出口关税条例》第52条的规定，海关发现多征税款的，应当立即通知纳税义务人办理退还手续。纳税义务人发现多缴税款的，自缴纳税款之日起一年内，可以以书面形式要求海关退还多缴的税款并加算银行同期活期存款利息；海关应当自受理退税申请之日起30日内查实并通知纳税义务人办理退还手续。纳税义务人应当自收到通知之日起3个月内办理有关退税手续。

六、减免税管理

纳税义务人进出口减免税货物的，除另有规定外，应当在进出口该货物之前，按照规定持有关文件向海关办理减免税审批手续。经海关审查符合规定的，予以减征或者免征关税。

七、强制执行措施

根据《海关法》第60条的规定，进出口货物的纳税义务人，应当自海关填发税款缴款书之日起15日内缴纳税款；逾期缴纳的，由海关征收滞纳金。纳税义务人、担保人超过3个月仍未缴纳的，经直属海关关长或者其授权的隶属海关关长批准，海关可以采取下列强制措施：① 书面通知其开户银行或者其他金融机构从其存款中扣缴税款；② 将应税货物依法变卖，以变卖所得抵缴税款；③ 扣留并依法变卖其价值相当于应纳税款的货物或者其他财产，以变卖所得抵缴税款。

海关采取强制措施时，对前款所列纳税义务人、担保人未缴纳的滞纳金同时强制执行。

八、税收保全措施

根据《海关法》第 61 条的规定,进出口货物的纳税义务人在规定的纳税期限内有明显的转移、藏匿其应税货物以及其他财产迹象的,海关可以责令纳税义务人提供担保;纳税义务人不能提供纳税担保的,经直属海关关长或者其授权的隶属海关关长批准,海关可以采取下列税收保全措施:① 书面通知纳税义务人开户银行或者其他金融机构暂停支付纳税义务人相当于应纳税款的存款;② 扣留纳税义务人价值相当于应纳税款的货物或者其他财产。

纳税义务人在规定的纳税期限内缴纳税款的,海关必须立即解除税收保全措施;期限届满仍未缴纳税款的,经直属海关关长或者其授权的隶属海关关长批准,海关可以书面通知纳税义务人开户银行或者其他金融机构从其暂停支付的存款中扣缴税款,或者依法变卖所扣留的货物或者其他财产,以变卖所得抵缴税款。

采取税收保全措施不当,或者纳税义务人在规定期限内已缴纳税款,海关未立即解除税收保全措施,致使纳税义务人的合法权益受到损失的,海关应当依法承担赔偿责任。

根据《进出口关税条例》第 40 条的规定,进出口货物的纳税义务人在规定的纳税期限内有明显的转移、藏匿其应税货物以及其他财产迹象的,海关可以责令纳税义务人提供担保;纳税义务人不能提供担保的,海关可以按照《海关法》第 61 条的规定采取税收保全措施。

纳税义务人、担保人自缴纳税款期限届满之日起超过 3 个月仍未缴纳税款的,海关可以按照《海关法》第 60 条的规定采取强制措施。

课后习题

一、选择题

1. 下列各项中,属于关税法定纳税义务人的有(　　)。

A. 进口货物的收货人　　B. 进口货物的代理人

C. 出口货物的发货人　　D. 出口货物的代理人

E. 出口货物的收货人

2. 下列各项中,应当计入进口货物关税完税价格的有(　　)。

A. 由买方负担的购货佣金

B. 由买方负担的境外包装材料费用

C. 由买方负担的境外包装劳务费用

D. 由买方负担的进口货物视为一体的容器费用

E. 进口关税及其他国内税

二、计算题

我国某公司 2018 年 8 月从国内甲港口出口一批锌锭到国外,货物成交价格 170 万元(不含出口关税),其中包括货物运抵甲港口装载前的运输费 10 万元、单独列明支付给境外的佣金 12 万元。甲港口到国外目的地港口之间的运输保险费 20 万元。锌锭出口关税税率为 20%。

要求:计算该公司出口锌锭应缴纳的出口关税。

三、思考题

1. 如何看进口关税和出口关税?

2. 降低进口关税能否提高本国居民的消费水平?

第三篇

所得税

第九章　企业所得税

家门和顺，虽饔飧不继，亦有余欢；国课早完，即囊橐无余，自得至乐。

——（清）朱用纯

企业所得税是对法人单位征收的、基于税前净所得的税收。在 2008 年以前，中国企业所得税税率为 33%，目前所得税税率已下降至 25%。中国所得税产生的收入是中国税收收入的主要来源，是第二大税类。企业所得税实行按年计算、分期预缴、年终汇算清缴的征收办法，课税对象是所得额，税源大小受企业经济效益的影响，税制设计上充分体现了量能课税的原则。

第一节　企业所得税概述

一、企业所得税概述

企业所得税是以企业和其他取得收入的组织为纳税人，以应纳税所得额为计税依据，依规定的适用税率征收的一种直接税。

现行企业所得税的基本法律规范是《企业所得税法》及其实施条例。

2007 年 3 月 16 日，第十届全国人民代表大会第五次会议通过《中华人民共和国企业所得税法》（中华人民共和国主席令第 63 号），自 2008 年 1 月 1 日起施行。2017 年 2 月 24 日，中华人民共和国第十二届全国人民代表大会常务委员会第二十六次会议通过《全国人民代表大会常务委员会关于修改〈中华人民共和国企业所得税法〉的决定》（中华人民共和国主席令第 64 号），对公性捐赠税前扣除进行修改，允许超过当年税前扣除限额的部分结转以后三年内扣除。

2007 年 11 月 28 日，国务院第 197 次常务会议通过《中华人民共和国企业所得税法实施条例》（国务院令第 512 号），自 2008 年 1 月 1 日起与《企业所得税法》同时施行。

二、纳税人及其纳税义务

（一）企业所得税纳税人

在中华人民共和国境内，企业和其他取得收入的组织（以下统称企业）为企业所得税的纳税人，依照《企业所得税法》及其实施条例的规定缴纳企业所得税。

个人独资企业、合伙企业不适用企业所得税法。个人独资企业、合伙企业，是指依照中国法律、行政法规成立的个人独资企业、合伙企业。合伙企业以每一个合伙人为纳税义务人。合伙企业合伙人是自然人的,缴纳个人所得税;合伙人是法人和其他组织的,缴纳企业所得税。

(二) 居民企业与非居民企业

企业所得税纳税人分为居民企业和非居民企业。

1. 居民企业

居民企业,是指依法在中国境内成立,或者依照外国(地区)法律成立但实际管理机构在中国境内的企业。

依法在中国境内成立的企业,包括依照中国法律、行政法规在中国境内成立的企业、事业单位、社会团体以及其他取得收入的组织。依照外国(地区)法律成立的企业,包括依照外国(地区)法律成立的企业和其他取得收入的组织。

实际管理机构,是指对企业的生产经营、人员、账务、财产等实施实质性全面管理和控制的机构。

2. 非居民企业

非居民企业,是指依照外国(地区)法律成立且实际管理机构不在中国境内,但在中国境内设立机构、场所的,或者在中国境内未设立机构、场所,但有来源于中国境内所得的企业。

机构、场所,是指在中国境内从事生产经营活动的机构、场所,包括:① 管理机构、营业机构、办事机构;② 工厂、农场、开采自然资源的场所;③ 提供劳务的场所;④ 从事建筑、安装、装配、修理、勘探等工程作业的场所;⑤ 其他从事生产经营活动的机构、场所。

非居民企业委托营业代理人在中国境内从事生产经营活动的,包括委托单位或者个人经常代其签订合同,或者储存、交付货物等,该营业代理人视为非居民企业在中国境内设立的机构、场所。

(三) 纳税义务

1. 居民企业的纳税义务

居民企业应当就其来源于中国境内、境外的所得缴纳企业所得税。所得,包括销售货物所得、提供劳务所得、转让财产所得、股息红利等权益性投资所得、利息所得、租金所得、特许权使用费所得、接受捐赠所得和其他所得。

2. 非居民企业的纳税义务

非居民企业在中国境内设立机构、场所的,应当就其所设机构、场所取得的来源于中国境内的所得,以及发生在中国境外但与其所设机构、场所有实际联系的所得,缴纳企业所得税。实际联系,是指非居民企业在中国境内设立的机构、场所拥有据以取得所得的股权、债权,以及拥有、管理、控制据以取得所得的财产等。

非居民企业在中国境内未设立机构、场所的,或者虽设立机构、场所但取得的所得与其所设机构、场所没有实际联系的,应当就其来源于中国境内的所得缴纳企业所得税。

3. 来源于境内、境外所得的确定

来源于中国境内、境外的所得,按照以下原则确定:

(1) 销售货物所得,按照交易活动发生地确定;

(2) 提供劳务所得,按照劳务发生地确定;

(3) 转让财产所得,不动产转让所得按照不动产所在地确定,动产转让所得按照转让动

产的企业或者机构、场所所在地确定，权益性投资资产转让所得按照被投资企业所在地确定；

（4）股息、红利等权益性投资所得，按照分配所得的企业所在地确定；

（5）利息所得、租金所得、特许权使用费所得，按照负担、支付所得的企业或者机构、场所所在地确定，或者按照负担、支付所得的个人的住所地确定；

（6）其他所得，由国务院财政、税务主管部门确定。

三、税率

（一）基本税率

企业所得税的税率为25%。

（二）低税率

符合条件的小型微利企业，减按20%的税率征收企业所得税。

非居民企业取得《企业所得税法》第三条第三款（非居民企业在中国境内未设立机构、场所的，或者虽设立机构、场所但取得的所得与其所设机构、场所没有实际联系的所得）规定的所得，适用税率为20%。

第二节　应纳税所得额

一、应纳税所得额

企业每一纳税年度的收入总额，减除不征税收入、免税收入、各项扣除以及允许弥补的以前年度亏损后的余额，为应纳税所得额。

企业应纳税所得额的计算，以权责发生制为原则，属于当期的收入和费用，不论款项是否收付，均作为当期的收入和费用；不属于当期的收入和费用，即使款项已经在当期收付，均不作为当期的收入和费用。企业所得税法实施条例和国务院财政、税务主管部门另有规定的除外。

二、收入总额

收入总额按收入的形式可以分为货币形式的收入和非货币形式的收入。按税收待遇不同，可以分为征税收入和不征税收入，其中征税收入又可以分为应税收入和免税收入。

企业取得收入的货币形式，包括现金、存款、应收账款、应收票据、准备持有至到期的债券投资以及债务的豁免等。企业取得收入的非货币形式，包括固定资产、生物资产、无形资产、股权投资、存货、不准备持有至到期的债券投资、劳务以及有关权益等。企业以非货币形式取得的收入，应当按照公允价值确定收入额。这里所称公允价值，是指按照市场价格确定的价值。

（一）一般收入的确认

企业以货币形式和非货币形式从各种来源取得的收入，为收入总额。它包括以下几类：

1. 销售货物收入

销售货物收入,是指企业销售商品、产品、原材料、包装物、低值易耗品以及其他存货取得的收入。

2. 提供劳务收入

提供劳务收入,是指企业从事建筑安装、修理修配、交通运输、仓储租赁、金融保险、邮电通信、咨询经纪、文化体育、科学研究、技术服务、教育培训、餐饮住宿、中介代理、卫生保健、社区服务、旅游、娱乐、加工以及其他劳务服务活动取得的收入。

3. 转让财产收入

转让财产收入,是指企业转让固定资产、生物资产、无形资产、股权、债权等财产取得的收入。

4. 股息、红利等权益性投资收益

股息、红利等权益性投资收益,是指企业因权益性投资从被投资方取得的收入。

企业权益性投资取得股息、红利等收入,应以被投资企业股东会或股东大会做出利润分配或转股决定的日期,确定收入的实现。被投资企业将股权(票)溢价所形成的资本公积转为股本的,不作为投资方企业的股息、红利收入,投资方企业也不得增加该项长期投资的计税基础。

非居民企业取得应源泉扣缴的所得为股息、红利等权益性投资收益的,相关应纳税款扣缴义务发生之日为股息、红利等权益性投资收益实际支付之日。

5. 利息收入

利息收入,是指企业将资金提供他人使用但不构成权益性投资,或者因他人占用本企业资金取得的收入,包括存款利息、贷款利息、债券利息、欠款利息等收入。

利息收入按照合同约定的债务人应付利息的日期确认收入的实现。

6. 租金收入

租金收入,是指企业提供固定资产、包装物或者其他有形资产的使用权取得的收入。

租金收入按照合同约定的承租人应付租金的日期确认收入的实现。

7. 特许权使用费收入

特许权使用费收入,是指企业提供专利权、非专利技术、商标权、著作权以及其他特许权的使用权取得的收入。

特许权使用费收入按照合同约定的特许权使用人应付特许权使用费的日期确认收入的实现。

8. 接受捐赠收入

接受捐赠收入,是指企业接受的来自其他企业、组织或者个人无偿给予的货币性资产、非货币性资产。

接受捐赠收入按照实际收到捐赠资产的日期确认收入的实现。

9. 其他收入

其他收入,是指企业取得的除上述第1项至第8项规定的收入外的其他收入,包括企业资产溢余收入、逾期未退包装物押金收入、确实无法偿付的应付款项、已作坏账损失处理后又收回的应收款项、债务重组收入、补贴收入、违约金收入、汇兑收益等。

(二) 视同销售收入

企业发生非货币性资产交换,以及将货物、财产、劳务用于捐赠、偿债、赞助、集资、广告、样品、职工福利或者利润分配等用途的，应当视同销售货物、转让财产或者提供劳务，但国务院财政、税务主管部门另有规定的除外。

企业将资产移送他人的下列情形，因资产所有权属已发生改变而不属于内部处置资产，应按规定视同销售确认收入。

企业发生视同销售情形的，除另有规定外，应按照被移送资产的公允价值确定销售收入。

（三）分期确认收入

企业的下列生产经营业务可以分期确认收入的实现：

(1) 以分期收款方式销售货物的，按照合同约定的收款日期确认收入的实现；

(2) 企业受托加工制造大型机械设备、船舶、飞机，以及从事建筑、安装、装配工程业务或者提供其他劳务等，持续时间超过 12 个月的，按照纳税年度内完工进度或者完成的工作量确认收入的实现。

（四）不征税收入

企业的不征税收入用于支出所形成的费用或者财产，不得扣除或者计算对应的折旧、摊销扣除。收入总额中的下列收入为不征税收入：

1. 财政拨款

企业所得税上的财政拨款，是指各级人民政府对纳入预算管理的事业单位、社会团体等组织拨付的财政资金，但国务院和国务院财政、税务主管部门另有规定的除外。

2. 依法收取并纳入财政管理的行政事业性收费、政府性基金

行政事业性收费，是指依照法律法规等有关规定，按照国务院规定程序批准，在实施社会公共管理，以及在向公民、法人或者其他组织提供特定公共服务过程中，向特定对象收取并纳入财政管理的费用。

政府性基金，是指企业依照法律、行政法规等有关规定，代政府收取的具有专项用途的财政资金。

3. 国务院规定的其他不征税收入

国务院规定的其他不征税收入，是指企业取得的，由国务院财政、税务主管部门规定专项用途并经国务院批准的财政性资金。

三、税前扣除

企业实际发生的与取得收入有关的、合理的支出，包括成本、费用、税金、损失和其他支出，准予在计算应纳税所得额时扣除。有关的支出，是指与取得收入直接相关的支出。合理的支出，是指符合生产经营活动常规，应当计入当期损益或者有关资产成本的必要和正常的支出。

（一）公益性捐赠支出

企业通过公益性社会组织或者县级（含县级）以上人民政府及其组成部门和直属机构，用于慈善活动、公益事业的捐赠支出，在年度利润总额 12%以内的部分，准予在计算应纳税所得额时扣除；超过年度利润总额 12%的部分，准予结转以后三年内在计算应纳税所得额时

扣除。

企业在对公益性捐赠支出计算扣除时，应先扣除以前年度结转的捐赠支出，再扣除当年发生的捐赠支出。

（二）工资薪金支出

企业发生的合理的工资薪金支出，准予扣除。

工资薪金，是指企业每一纳税年度支付给在本企业任职或者受雇的员工的所有现金形式或者非现金形式的劳动报酬，包括基本工资、奖金、津贴、补贴、年终加薪、加班工资，以及与员工任职或者受雇有关的其他支出。

企业发生的合理的劳动保护支出，准予扣除。

（三）保险费与公积金

1. 基本社会保险与公积金

企业依照国务院有关主管部门或者省级人民政府规定的范围和标准为职工缴纳的基本养老保险费、基本医疗保险费、失业保险费、工伤保险费、生育保险费等基本社会保险费和住房公积金，准予扣除。

2. 补充养老和补充医疗保险费

企业根据国家有关政策规定，为在本企业任职或者受雇的全体员工支付的补充养老保险费、补充医疗保险费，分别在不超过职工工资总额5%标准内的部分，在计算应纳税所得额时准予扣除；超过的部分，不予扣除。

3. 商业保险费

除企业依照国家有关规定为特殊工种职工支付的人身安全保险费和国务院财政、税务主管部门规定可以扣除的其他商业保险费外，企业为投资者或者职工支付的商业保险费，不得扣除。

企业职工因公出差乘坐交通工具发生的人身意外保险费支出，准予企业在计算应纳税所得额时扣除。

4. 财产保险费

企业参加财产保险，按照规定缴纳的保险费，准予扣除。企业为投资者或职工支付的商业保险费用，不得扣除。

（四）职工福利费

企业发生的职工福利费支出不超过工资薪金总额14%的部分，准予扣除。

（五）工会经费

企业拨缴的工会经费，不超过工资薪金总额2%的部分，准予扣除。

（六）职工教育经费

自2018年1月1日起，企业发生的职工教育经费支出，不超过工资薪金总额8%的部分，准予在计算企业所得税应纳所得额时扣除；超过部分，准予在以后纳税年度结转扣除。

集成电路设计企业、符合条件的软件企业和经认定的动漫企业的职工培训费用，应单独进行核算并按实际发生额在计算应纳税所得额时扣除。

（七）借款费用与借款利息

1. 借款费用

企业在生产经营活动中发生的合理的不需要资本化的借款费用，准予扣除。

企业为购置、建造固定资产、无形资产和经过12个月以上的建造才能达到预定可销售状态的存货发生借款的，在有关资产购置、建造期间发生的合理的借款费用，应当作为资本性支出计入有关资产的成本，并依照企业所得税法实施条例的规定扣除。

2. 借款利息

企业在生产经营活动中发生的下列利息支出，准予扣除：

(1) 非金融企业向金融企业借款的利息支出、金融企业的各项存款利息支出和同业拆借利息支出、企业经批准发行债券的利息支出；

(2) 非金融企业向非金融企业借款的利息支出，不超过按照金融企业同期同类贷款利率计算的数额的部分。

（八）汇兑损失

企业在货币交易中，以及纳税年度终了时将人民币以外的货币性资产、负债按照期末即期人民币汇率中间价折算为人民币时产生的汇兑损失，除已经计入有关资产成本以及与向所有者进行利润分配相关的部分外，准予扣除。

（九）业务招待费

企业发生的与生产经营活动有关的业务招待费支出，按照发生额的60%扣除，但最高不得超过当年销售（营业）收入的5‰。

（十）广告费和业务宣传费

企业发生的符合条件的广告费和业务宣传费支出，除国务院财政、税务主管部门另有规定外，不超过当年销售（营业）收入15%的部分，准予扣除；超过部分，准予在以后纳税年度结转扣除。

对化妆品制造或销售、医药制造和饮料制造（不含酒类制造）企业发生的广告费和业务宣传费支出，不超过当年销售（营业）收入30%的部分，准予扣除；超过部分，准予在以后纳税年度结转扣除。

烟草企业的烟草广告费和业务宣传费支出，一律不得在计算应纳税所得额时扣除。

（十一）预提费用

企业依照法律、行政法规有关规定提取的用于环境保护、生态恢复等方面的专项资金，准予扣除。上述专项资金提取后改变用途的，不得扣除。

除以下几项预提（应付）费用外，房地产经营企业计税成本均应为实际发生的成本。

(1) 出包工程未最终办理结算而未取得全额发票的，在证明资料充分的前提下，其发票不足金额可以预提，但最高不得超过合同总金额的10%。

(2) 公共配套设施尚未建造或尚未完工的，可按预算造价合理预提建造费用。此类公共配套设施必须符合已在售房合同、协议或广告、模型中明确承诺建造且不可撤销,或按照法律法规规定必须配套建造的条件。

(3) 应向政府上交但尚未上交的报批报建费用、物业完善费用可以按规定预提。物业完善费用是指按规定应由企业承担的物业管理基金、公建维修基金或其他专项基金。

(十二) 租赁费

企业根据生产经营活动的需要租入固定资产支付的租赁费,按照以下方法扣除:

(1) 以经营租赁方式租入固定资产发生的租赁费支出,按照租赁期限均匀扣除;

(2) 以融资租赁方式租入固定资产发生的租赁费支出,按照规定,构成融资租入固定资产价值的部分应当提取折旧费用,分期扣除。

(十三) 准备金

在计算应纳税所得额时,未经核定的准备金支出不得扣除。未经核定的准备金支出,是指不符合国务院财政、税务主管部门规定的各项资产减值准备、风险准备等准备金支出。

对经省级金融管理部门(金融办、局等)批准成立的小额贷款公司按年末贷款余额的1%计提的贷款损失准备金准予在企业所得税税前扣除。

(十四) 佣金和手续费

自2019年1月1日起,保险企业发生与其经营活动有关的手续费及佣金支出,不超过当年全部保费收入扣除退保金等后余额的18%(含本数)的部分,在计算应纳税所得额时准予扣除;超过部分,允许结转以后年度扣除。

保险企业以外的其他企业发生与生产经营有关的手续费及佣金支出,不超过以下规定计算限额以内的部分,准予扣除;超过部分,不得扣除。其他企业按与具有合法经营资格中介服务机构或个人(不含交易双方及其雇员、代理人和代表人等)所签订服务协议或合同确认的收入金额的5%计算限额。

企业委托境外机构销售开发产品的,其支付境外机构的销售费用(含佣金或手续费)不超过委托销售收入10%的部分,准予据实扣除。

(十五) 不得税前扣除的支出

在计算应纳税所得额时,下列支出不得扣除:

(1) 向投资者支付的股息、红利等权益性投资收益款项。

(2) 企业所得税税款。

(3) 税收滞纳金。

(4) 罚金、罚款和被没收财物的损失。

(5) 公益性捐赠以外的捐赠支出。

(6) 赞助支出。它是指企业发生的与生产经营活动无关的各种非广告性质支出。

(7) 未经核定的准备金支出。它是指不符合国务院财政、税务主管部门规定的各项资产减值准备、风险准备等准备金支出。

(8) 与取得收入无关的其他支出。

(9) 企业之间支付的管理费、企业内营业机构之间支付的租金和特许权使用费,以及非银行企业内营业机构之间支付的利息，不得扣除。

四、资产的税务处理

企业的各项资产，包括固定资产、生物资产、无形资产、长期待摊费用、投资资产、存货等，以历史成本为计税基础。历史成本，是指企业取得该项资产时实际发生的支出。企业持有各项资产期间资产增值或者减值，除国务院财政、税务主管部门规定可以确认损益外，不得调整该资产的计税基础。

企业转让资产，该项资产的净值准予在计算应纳税所得额时扣除。资产的净值，是指有关资产、财产的计税基础减除已经按照规定扣除的折旧、折耗、摊销、准备金等后的余额。

（一）固定资产

企业所得税中的固定资产，是指企业为生产产品、提供劳务、出租或者经营管理而持有的、使用时间超过12个月的非货币性资产，包括房屋、建筑物、机器、机械、运输工具以及其他与生产经营活动有关的设备、器具、工具等。

1. 固定资产计税基础的确定

固定资产按照以下方法确定计税基础：

(1) 外购的固定资产，以购买价款和支付的相关税费以及直接归属于使该资产达到预定用途发生的其他支出为计税基础；

(2) 自行建造的固定资产，以竣工结算前发生的支出为计税基础；

(3) 融资租入的固定资产，以租赁合同约定的付款总额和承租人在签订租赁合同过程中发生的相关费用为计税基础，租赁合同未约定付款总额的，以该资产的公允价值和承租人在签订租赁合同过程中发生的相关费用为计税基础；

(4) 盘盈的固定资产，以同类固定资产的重置完全价值为计税基础；

(5) 通过捐赠、投资、非货币性资产交换、债务重组等方式取得的固定资产，以该资产的公允价值和支付的相关税费为计税基础；

(6) 改建的固定资产，除已足额提取折旧的固定资产的改建支出和租入固定资产的改建支出外，以改建过程中发生的改建支出增加计税基础。

2. 折旧的税前扣除

在计算应纳税所得额时，企业按照规定计算的固定资产折旧，准予扣除。

下列固定资产不得计算折旧扣除：

(1) 房屋、建筑物以外未投入使用的固定资产；

(2) 以经营租赁方式租入的固定资产；

(3) 以融资租赁方式租出的固定资产；

(4) 已足额提取折旧仍继续使用的固定资产；

(5) 与经营活动无关的固定资产；

(6) 单独估价作为固定资产入账的土地；

(7) 其他不得计算折旧扣除的固定资产。

3. 折旧方法

固定资产按照直线法计算的折旧，准予扣除。

企业应当自固定资产投入使用月份的次月起计算折旧；停止使用的固定资产，应当自停止使用月份的次月起停止计算折旧。

企业应当根据固定资产的性质和使用情况,合理确定固定资产的预计净残值。固定资产的预计净残值一经确定,不得变更。

4. 折旧年限

除国务院财政、税务主管部门另有规定外,固定资产计算折旧的最低年限如下:① 房屋、建筑物为 20 年;② 飞机、火车、轮船、机器、机械和其他生产设备为 10 年;③ 与生产经营活动有关的器具、工具、家具等为 5 年;④ 飞机、火车、轮船以外的运输工具为 4 年;⑤ 电子设备为 3 年。

(二) 生产性生物资产

生产性生物资产,是指企业为生产农产品、提供劳务或者出租等而持有的生物资产,包括经济林、薪炭林、产畜和役畜等。

1. 计税基础的确定

生产性生物资产按照以下方法确定计税基础:

(1) 外购的生产性生物资产,以购买价款和支付的相关税费为计税基础;

(2) 通过捐赠、投资、非货币性资产交换、债务重组等方式取得的生产性生物资产,以该资产的公允价值和支付的相关税费为计税基础。

2. 折旧的扣除

生产性生物资产按照直线法计算的折旧,准予扣除。

企业应当自生产性生物资产投入使用月份的次月起计算折旧;停止使用的生产性生物资产,应当自停止使用月份的次月起停止计算折旧。

企业应当根据生产性生物资产的性质和使用情况,合理确定生产性生物资产的预计净残值。生产性生物资产的预计净残值一经确定,不得变更。

3. 折旧年限

生产性生物资产计算折旧的最低年限如下:林木类生产性生物资产为 10 年;畜类生产性生物资产为 3 年。

(三) 无形资产

无形资产,是指企业为生产产品、提供劳务、出租或者经营管理而持有的、没有实物形态的非货币性长期资产,包括专利权、商标权、著作权、土地使用权、非专利技术、商誉等。

1. 无形资产计税基础的确定

无形资产按照以下方法确定计税基础:

(1) 外购的无形资产,以购买价款和支付的相关税费以及直接归属于使该资产达到预定用途发生的其他支出为计税基础;

(2) 自行开发的无形资产,以开发过程中该资产符合资本化条件后至达到预定用途前发生的支出为计税基础;

(3) 通过捐赠、投资、非货币性资产交换、债务重组等方式取得的无形资产,以该资产的公允价值和支付的相关税费为计税基础。

2. 无形资产摊销的税前扣除

在计算应纳税所得额时,企业按照规定计算的无形资产摊销费用,准予扣除。

下列无形资产不得计算摊销费用扣除：① 自行开发的支出已在计算应纳税所得额时扣除的无形资产；② 自创商誉；③ 与经营活动无关的无形资产；④ 其他不得计算摊销费用扣除的无形资产。

3. 摊销方法与摊销年限

无形资产按照直线法计算的摊销费用，准予扣除。摊销年限不得低于10年。作为投资或者受让的无形资产，有关法律规定或者合同约定了使用年限的，可以按照规定或者约定的使用年限分期摊销。

外购商誉的支出，在企业整体转让或者清算时，准予扣除。

（四）长期待摊费用

在计算应纳税所得额时，企业发生的下列支出作为长期待摊费用，按照规定摊销的，准予扣除：

1. 已足额提取折旧的固定资产的改建支出

固定资产的改建支出，是指改变房屋或者建筑物结构、延长使用年限等发生的支出。

已足额提取折旧的固定资产的改建支出，按照固定资产预计尚可使用年限分期摊销。

2. 租入固定资产的改建支出

租入固定资产的改建支出，按照合同约定的剩余租赁期限分期摊销。

改建的固定资产延长使用年限的，除已足额提取折旧的固定资产的改建支出和租入固定资产的改建支出外，应当适当延长折旧年限。

3. 固定资产的大修理支出

固定资产的大修理支出，是指同时符合下列条件的支出：

(1) 修理支出达到取得固定资产时的计税基础50%以上；

(2) 修理后固定资产的使用年限延长2年以上。

固定资产的大修理支出，按照固定资产尚可使用年限分期摊销。

4. 其他应当作为长期待摊费用的支出

其他应当作为长期待摊费用的支出，自支出发生月份的次月起，分期摊销，摊销年限不得低于三年。

（五）投资资产

投资资产，是指企业对外进行权益性投资和债权性投资形成的资产。

1. 投资资产成本的确定

投资资产按照以下方法确定成本：

(1) 通过支付现金方式取得的投资资产，以购买价款为成本；

(2) 通过支付现金以外的方式取得的投资资产，以该资产的公允价值和支付的相关税费为成本。

2. 投资资产成本的扣除

企业对外投资期间，投资资产的成本在计算应纳税所得额时不得扣除。

企业在转让或者处置投资资产时，投资资产的成本，准予扣除。

（六）存货

存货，是指企业持有以备出售的产品或者商品、处在生产过程中的在产品、在生产或者提供劳务过程中耗用的材料和物料等。

第三节 税收优惠

企业同时从事适用不同企业所得税待遇的项目的，其优惠项目应当单独计算所得，并合理分摊企业的期间费用；没有单独计算的，不得享受企业所得税优惠。

一、免税收入

免税收入与不征税收入不是同一个概念，前者属于税收优惠，而不征税收入则不属于税收优惠政策。企业取得的各项免税收入所对应的各项成本费用，除另有规定者外，可以在计算企业应纳税所得额时扣除。而不征税收入用于支出所形成的费用或资产，不得税前扣除。

企业所得税免税收入优惠项目主要包括下列收入：

(一) 国债利息收入

国债利息收入，是指企业持有国务院财政部门发行的国债取得的利息收入。企业取得的国债利息收入，免征企业所得税。具体按以下规定执行：

(1) 企业从发行者直接投资购买的国债持有至到期，其从发行者取得的国债利息收入，全额免征企业所得税。

(2) 企业到期前转让国债，或者从非发行者投资购买的国债，其按下列公式计算的持有期间尚未兑付的国债利息收入，免征企业所得税。

国债利息收入＝国债金额×(适用年利率÷365)×持有天数

上述公式中的“国债金额”，按国债发行面值或发行价格确定；“适用年利率”按国债票面年利率或折合年收益率确定；如企业不同时间多次购买同一品种国债的，“持有天数”可按平均持有天数计算确定。

(二) 符合条件的居民企业之间的股息、红利等权益性投资收益

(三) 在中国境内设立机构、场所的非居民企业从居民企业取得与该机构、场所有实际联系的股息、红利等权益性投资收益，免征企业所得税

上述符合条件的权益性投资收益免税，不包括连续持有居民企业公开发行并上市流通的股票不足12个月取得的投资收益。

对内地企业投资者通过沪港通、深港通投资香港联交所上市股票取得的股息红利所得，计入其收入总额，依法计征企业所得税。其中，内地居民企业连续持有H股满12个月取得的股息红利所得，依法免征企业所得税。

(四) 符合条件的非营利组织的收入

1. 非营利组织的免税收入范围

(1) 接受其他单位或者个人捐赠的收入；

(2) 除《企业所得税法》第7条规定的财政拨款以外的其他政府补助收入，但不包括因政府购买服务取得的收入；

(3) 按照省级以上民政、财政部门规定收取的会费；

(4) 不征税收入和免税收入孳生的银行存款利息收入；

(5) 财政部、国家税务总局规定的其他收入。

符合条件的非营利组织的收入为免税收入，不包括非营利组织从事营利性活动取得的收入，但国务院财政、税务主管部门另有规定的除外。

2. 符合条件的非营利组织须满足的条件

(1) 依照国家有关法律法规设立或登记的事业单位、社会团体、基金会、社会服务机构、宗教活动场所、宗教院校以及财政部、税务总局认定的其他非营利组织；

(2) 从事公益性或者非营利性活动；

(3) 取得的收入除用于与该组织有关的、合理的支出外，全部用于登记核定或者章程规定的公益性或者非营利性事业；

(4) 财产及其孳息不用于分配，但不包括合理的工资薪金支出；

(5) 按照登记核定或者章程规定，该组织注销后的剩余财产用于公益性或者非营利性目的，或者由登记管理机关采取转赠给与该组织性质、宗旨相同的组织等处置方式，并向社会公告；

(6) 投入人对投入该组织的财产不保留或者享有任何财产权利，这里所称投入人是指除各级人民政府及其部门外的法人、自然人和其他组织；

(7) 工作人员工资福利开支控制在规定的比例内，不变相分配该组织的财产，其中：工作人员平均工资薪金水平不得超过税务登记所在地的地市级(含地市级)以上地区的同行业同类组织平均工资水平的两倍，工作人员福利按照国家有关规定执行；

(8) 对取得的应纳税收入及其有关的成本、费用、损失应与免税收入及其有关的成本、费用、损失分别核算。

3. 符合非营利组织条件的科技企业孵化器收入

符合非营利组织条件的科技企业孵化器的收入，按照企业所得税法及其实施条例和有关税收政策规定享受企业所得税优惠政策。

4. 符合非营利组织条件的国家大学科技园的收入

符合非营利组织条件的国家大学科技园的收入，按照企业所得税法及其实施条例和有关税收政策规定享受企业所得税优惠政策。

(五) 地方政府债券利息收入

地方政府债券是指经国务院批准同意，以省、自治区、直辖市、计划单列市政府为发行和偿还主体的债券。

对企业和个人取得的2009年、2010年和2011年发行的地方政府债券利息所得，免征企业所得税和个人所得税。对企业和个人取得的2012年及以后年度发行的地方政府债券利息收入，免征企业所得税和个人所得税。

(六) 投资者从证券投资基金分配中取得的收入

对投资者从证券投资基金分配中取得的收入，暂不征收企业所得税。

二、减计收入优惠

企业所得税减计收入优惠主要包括：

(一) 综合利用资源生产产品取得的收入

企业综合利用资源，生产符合国家产业政策规定的产品所取得的收入，可以在计算应纳税所得额时减计收入。

减计收入，是指企业以《资源综合利用企业所得税优惠目录》规定的资源作为主要原材料，生产国家非限制和禁止并符合国家和行业相关标准的产品取得的收入，减按 90%计入收入总额。

前款所称原材料占生产产品材料的比例不得低于《资源综合利用企业所得税优惠目录》规定的标准。

(二) 金融机构农户小额贷款利息收入

自 2017 年 1 月 1 日至 2019 年 12 月 31 日，对金融机构农户小额贷款的利息收入，在计算应纳税所得额时，按 90%计入收入总额。对经省级金融管理部门(金融办、局等)批准成立的小额贷款公司取得的农户小额贷款利息收入，在计算应纳税所得额时，按 90%计入收入总额。

小额贷款，是指单笔且该农户贷款余额总额在 10 万元(含本数)以下的贷款。

(三) 保险公司取得的涉农保费收入

自 2017 年 1 月 1 日至 2019 年 12 月 31 日，对保险公司为种植业、养殖业提供保险业务取得的保费收入，在计算应纳税所得额时，按 90%计入收入总额。

(四) 取得的铁路债券利息收入

对企业投资者持有 2016—2023 年发行的铁路债券取得的利息收入，减半征收企业所得税。

铁路债券是指以中国铁路总公司为发行和偿还主体的债券，包括中国铁路建设债券、中期票据、短期融资券等债务融资工具。

三、加计扣除优惠

《企业所得税法》第 30 条规定，企业的下列支出，可以在计算应纳税所得额时加计扣除：① 开发新技术、新产品、新工艺发生的研究开发费用；② 安置残疾人员及国家鼓励安置的其他就业人员所支付的工资。

(一) 研究开发费用加计扣除

1. 研究开发费加计扣除优惠

根据《财政部、税务总局、科技部关于提高研究开发费用税前加计扣除比例的通知》(财税〔2018〕99 号)的规定，企业开展研发活动中实际发生的研发费用，未形成无形资产计入当期损益的，在按规定据实扣除的基础上，在 2018 年 1 月 1 日至 2020 年 12 月 31 日期间，再按照实际发生额的 75%在税前加计扣除；形成无形资产的，在上述期间按照无形资产成本的

175%在税前摊销。

在此之前，根据《企业所得税法》及其实施条件的规定，研究开发费用的加计扣除，是指企业为开发新技术、新产品、新工艺发生的研究开发费用，未形成无形资产计入当期损益的，在按照规定据实扣除的基础上，按照研究开发费用的50%加计扣除；形成无形资产的，按照无形资产成本的150%摊销。

科技型中小企业开展研发活动中实际发生的研发费用，未形成无形资产计入当期损益的，在按规定据实扣除的基础上，在2017年1月1日至2019年12月31日期间，再按照实际发生额的75%在税前加计扣除；形成无形资产的，在上述期间按照无形资产成本的175%在税前摊销。科技型中小企业开展研发活动实际发生的研发费用，在2019年12月31日以前形成的无形资产，在2017年1月1日至2019年12月31日期间发生的摊销费用，可适用研发费用加计扣除75%优惠政策。

企业符合规定的研发费用加计扣除条件而在2016年1月1日以后未及时享受该项税收优惠的，可以追溯享受并履行备案手续，追溯期限最长为3年。

2. 可加计扣除的研发费用归集范围

(1) 人员人工费用。人员人工费用，指直接从事研发活动人员的工资薪金、基本养老保险费、基本医疗保险费、失业保险费、工伤保险费、生育保险费和住房公积金，以及外聘研发人员的劳务费用。

(2) 直接投入费用。直接投入费用，指研发活动直接消耗的材料、燃料和动力费用；用于中间试验和产品试制的模具、工艺装备开发及制造费，不构成固定资产的样品、样机及一般测试手段购置费，试制产品的检验费；用于研发活动的仪器、设备的运行维护、调整、检验、维修等费用，以及通过经营租赁方式租入的用于研发活动的仪器、设备租赁费。

(3) 折旧费用。折旧费用，指用于研发活动的仪器、设备的折旧费。

用于研发活动的仪器、设备，同时用于非研发活动的，企业应对其仪器设备使用情况做必要记录，并将其实际发生的折旧费按实际工时占比等合理方法在研发费用和生产经营费用间分配，未分配的不得加计扣除。

企业用于研发活动的仪器、设备，符合税法规定且选择加速折旧优惠政策的，在享受研发费用税前加计扣除政策时，就税前扣除的折旧部分计算加计扣除。

(4) 无形资产摊销。无形资产摊销费用，指用于研发活动的软件、专利权、非专利技术(包括许可证、专有技术、设计和计算方法等)的摊销费用。

(5) 新产品设计费、新工艺规程制定费、新药研制的临床试验费、勘探开发技术的现场试验费，是指企业在新产品设计、新工艺规程制定、新药研制的临床试验、勘探开发技术的现场试验过程中发生的与开展该项活动有关的各类费用。

(6) 其他相关费用。它指与研发活动直接相关的其他费用，如技术图书资料费、资料翻译费、专家咨询费、高新科技研发保险费，研发成果的检索、分析、评议、论证、鉴定、评审、评估、验收费用，知识产权的申请费、注册费、代理费，差旅费、会议费，职工福利费、补充养老保险费、补充医疗保险费。此类费用总额不得超过可加计扣除研发费用总额的10%。

(7) 财政部和国家税务总局规定的其他费用。

企业在一个纳税年度内进行多项研发活动的，应按照不同研发项目分别归集可加计扣除的研发费用。在计算每个项目其他相关费用的限额时应当按照以下公式计算：

其他相关费用限额＝不含其他相关费用的允许加计扣除的研发费用之和×10%/(1－10%)

当其他相关费用实际发生数小于限额时，按实际发生数计算税前加计扣除数额；当其他相关费用实际发生数大于限额时，按限额计算税前加计扣除数额。

3. 不适用税前加计扣除政策的活动

(1) 企业产品(服务)的常规性升级；

(2) 对某项科研成果的直接应用，如直接采用公开的新工艺、材料、装置、产品、服务或知识等；

(3) 企业在商品化后为顾客提供的技术支持活动；

(4) 对现存产品、服务、技术、材料或工艺流程进行的重复或简单改变；

(5) 市场调查研究、效率调查或管理研究；

(6) 作为工业(服务)流程环节或常规的质量控制、测试分析、维修维护；

(7) 社会科学、艺术或人文学方面的研究。

4. 不适用税前加计扣除政策的行业

不适用税前加计扣除政策行业的企业，是指以规定行业业务为主营业务，其研发费用发生当年的主营业务收入占企业按《企业所得税法》第六条规定计算的收入总额减除不征税收入和投资收益的余额50%(不含)以上的企业。

它包括以下行业：烟草制造业；住宿和餐饮业；批发和零售业；房地产业；租赁和商务服务业；娱乐业；财政部和国家税务总局规定的其他行业。上述行业以《国民经济行业分类》为准，并随之更新。

5. 委托研发、合作研发和集中研发

(1) 委托研发。企业委托外部机构或个人开展研发活动发生的费用，可按规定税前扣除；加计扣除时按照研发活动发生费用的80%作为加计扣除基数。委托个人研发的，应凭个人出具的发票等合法有效凭证在税前加计扣除。委托境外进行研发活动所发生的费用，按照费用实际发生额的80%计入委托方的委托境外研发费用。委托境外研发费用不超过境内符合条件的研发费用2/3的部分，可以按规定在企业所得税前加计扣除。委托外部研究开发费用实际发生额应按照独立交易原则确定。

委托方与受托方存在关联关系的，受托方应向委托方提供研发项目费用支出明细情况。

(2) 合作研发。企业共同合作开发的项目，由合作各方就自身实际承担的研发费用分别计算加计扣除。

(3) 集中研发。企业集团根据生产经营和科技开发的实际情况，对技术要求高、投资数额大，需要集中研发的项目，其实际发生的研发费用，可以按照权利和义务相一致、费用支出和收益分享相配比的原则，合理确定研发费用的分摊方法，在受益成员企业间进行分摊，由相关成员企业分别计算加计扣除。

(二) 安置残疾人员所支付工资的加计扣除

企业安置残疾人员所支付的工资的加计扣除，是指企业安置残疾人员的，在按照支付给残疾职工工资据实扣除的基础上，按照支付给残疾职工工资的100%加计扣除。残疾人员的范围适用《中华人民共和国残疾人保障法》的有关规定。

企业享受安置残疾职工工资100%加计扣除应同时具备如下条件：

(1) 依法与安置的每位残疾人签订了一年以上(含一年)的劳动合同或服务协议，并且安置的每位残疾人在企业实际上岗工作。

(2) 为安置的每位残疾人按月足额缴纳了企业所在区县人民政府根据国家政策规定的基本养老保险、基本医疗保险、失业保险和工伤保险等社会保险。

(3) 定期通过银行等金融机构向安置的每位残疾人实际支付了不低于企业所在区县适用的经省级人民政府批准的最低工资标准的工资。

(4) 具备安置残疾人上岗工作的基本设施。

对没有给残疾职工缴纳社会保险费的，不能享受工资加计扣除的优惠。

四、所得减免优惠

企业所得税所得减免优惠主要包括：

(一) 从事农、林、牧、渔业项目的所得

企业从事下列农、林、牧、渔业项目的所得，免征企业所得税：

(1) 蔬菜、谷物、薯类、油料、豆类、棉花、麻类、糖料、水果、坚果的种植。

(2) 农作物新品种的选育。企业从事农作物新品种选育的免税所得，是指企业对农作物进行品种和育种材料选育形成的成果，以及由这些成果形成的种子(苗)等繁殖材料的生产、初加工、销售一体化取得的所得。

(3) 中药材的种植。

(4) 林木的培育和种植。企业从事林木的培育和种植的免税所得，是指企业对树木、竹子的育种和育苗、抚育和管理以及规模造林活动取得的所得，包括企业通过拍卖或收购方式取得林木所有权并经过一定的生长周期，对林木进行再培育取得的所得。

(5) 牲畜、家禽的饲养。猪、兔的饲养，按"牲畜、家禽的饲养"项目处理。饲养牲畜、家禽产生的分泌物、排泄物，按"牲畜、家禽的饲养"项目处理。

(6) 林产品的采集。

(7) 灌溉、农产品初加工、兽医、农技推广、农机作业和维修等农、林、牧、渔服务业项目。

(8) 远洋捕捞。

对取得农业部颁发的"远洋渔业企业资格证书"并在有效期内的远洋渔业企业，从事远洋捕捞业务取得的所得免征企业所得税。

企业从事下列项目的所得，减半征收企业所得税：

(1) 花卉、茶以及其他饮料作物和香料作物的种植。观赏性作物的种植，按"花卉、茶及其他饮料作物和香料作物的种植"项目处理。

(2) 海水养殖、内陆养殖。"牲畜、家禽的饲养"以外的生物养殖项目，按"海水养殖、内陆养殖"项目处理。

(二) 国家重点扶持的公共基础设施项目投资经营所得

国家重点扶持的公共基础设施项目，是指《公共基础设施项目企业所得税优惠目录》规定的港口码头、机场、铁路、公路、城市公共交通、电力、水利等项目。

企业从事规定的国家重点扶持的公共基础设施项目的投资经营的所得，自项目取得第一笔生产经营收入所属纳税年度起，第一年至第三年免征企业所得税，第四年至第六年减半征收企业所得税。

第一笔生产经营收入，是指公共基础设施项目已建成并投入运营后所取得的第一笔收入。

企业承包经营、承包建设和内部自建自用上述规定的项目，不得享受规定的企业所得税优惠。

（三）从事符合条件的环境保护、节能节水项目的所得

企业从事《环境保护、节能节水项目企业所得税优惠目录》所列项目的所得，自项目取得第一笔生产经营收入所属纳税年度起，第一年至第三年免征企业所得税，第四年至第六年减半征收企业所得税。

符合条件的环境保护、节能节水项目，包括公共污水处理、公共垃圾处理、沼气综合开发利用、节能减排技术改造、海水淡化等。

与公共基础设施项目的投资经营所得优惠相同，依照规定享受减免税优惠的从事环境保护、节能节水项目，在减免税期限内转让的，受让方自受让之日起，可以在剩余期限内享受规定的减免税优惠；减免税期限届满后转让的，受让方不得就该项目重复享受减免税优惠。

（四）符合条件的技术转让所得

一个纳税年度内，居民企业技术转让所得不超过500万元的部分，免征企业所得税；超过500万元的部分，减半征收企业所得税。

1. 技术所有权转让所得优惠

符合条件的技术转让所得应按以下方法计算：

技术转让所得＝技术转让收入－技术转让成本－相关税费

技术转让的范围，包括居民企业转让专利技术、计算机软件著作权、集成电路布图设计权、植物新品种、生物医药新品种，以及财政部和国家税务总局确定的其他技术。其中：专利技术，是指法律授予独占权的发明、实用新型和非简单改变产品图案的外观设计。

技术转让，是指居民企业转让其拥有符合上述规定技术的所有权或五年以上（含五年）全球独占许可使用权的行为。

居民企业从直接或间接持有股权之和达到100%的关联方取得的技术转让所得，不享受技术转让减免企业所得税优惠政策。

享受技术转让所得减免企业所得税优惠的企业，应单独计算技术转让所得，并合理分摊企业的期间费用；没有单独计算的，不得享受技术转让所得企业所得税优惠。

2. 许可使用权转让所得优惠

自2015年10月1日起，全国范围内的居民企业转让五年（含，下同）以上非独占许可使用权取得的技术转让所得，纳入享受企业所得税优惠的技术转让所得范围。居民企业的年度技术转让所得不超过500万元的部分，免征企业所得税；超过500万元的部分，减半征收企业所得税。

符合条件的五年以上非独占许可使用权技术转让所得应按以下方法计算：

技术转让所得＝技术转让收入－无形资产摊销费用－相关税费－应分摊期间费用

无形资产摊销费用是指该无形资产按税法规定当年计算摊销的费用。涉及自用和对外许可使用的，应按照受益原则合理划分。

相关税费是指技术转让过程中实际发生的有关税费，包括除企业所得税和允许抵扣的增值税以外的各项税金及其附加、合同签订费用、律师费等相关费用。

应分摊期间费用（不含无形资产摊销费用和相关税费）是指技术转让按照当年销售收入占比分摊的期间费用。

五、抵扣应纳税所得额

（一）创业投资企业投资于未上市中小高新技术企业

创业投资企业采取股权投资方式投资于未上市的中小高新技术企业两年以上的，可以按照其投资额的 70％在股权持有满两年的当年抵扣该创业投资企业的应纳税所得额；当年不足抵扣的，可以在以后纳税年度结转抵扣。

中小高新技术企业是指按照《高新技术企业认定管理办法》和《高新技术企业认定管理工作指引》取得高新技术企业资格，且年销售额和资产总额均不超过两亿元、从业人数不超过 500 人的企业。

（二）创业投资企业投于初创科技型企业

公司制创业投资企业采取股权投资方式直接投资于种子期、初创期科技型企业（以下简称初创科技型企业）满两年（24 个月，下同）的，可以按照投资额的 70％在股权持有满两年的当年抵扣该公司制创业投资企业的应纳税所得额；当年不足抵扣的，可以在以后纳税年度结转抵扣。

投资满两年限，是指公司制创业投资企业投资于种子期、初创期科技型企业的实缴投资满两年，投资时间从初创科技型企业接受投资并完成工商变更登记的日期算起。

（三）法人合伙人投资于未上市中小高新技术企业

自 2015 年 10 月 1 日起，全国范围内的有限合伙制创业投资企业采取股权投资方式投资于未上市的中小高新技术企业满两年（24 个月）的，该有限合伙制创业投资企业的法人合伙人可按照其对未上市中小高新技术企业投资额的 70％抵扣该法人合伙人从该有限合伙制创业投资企业分得的应纳税所得额，当年不足抵扣的，可以在以后纳税年度结转抵扣。

如果法人合伙人投资于多个符合条件的有限合伙制创业投资企业，可合并计算其可抵扣的投资额和应分得的应纳税所得额。当年不足抵扣的，可结转以后纳税年度继续抵扣；当年抵扣后有结余的，应按照企业所得税法的规定计算缴纳企业所得税。

（四）合伙制创投企业合伙人投于初创期科技型企业

有限合伙制创业投资企业（以下简称合伙创投企业）采取股权投资方式直接投资于初创科技型企业满两年的，该合伙创投企业的合伙人分别按以下方式处理：

（1）法人合伙人可以按照对初创科技型企业投资额的 70％抵扣法人合伙人从合伙创投

企业分得的所得;当年不足抵扣的,可以在以后纳税年度结转抵扣。

(2) 个人合伙人可以按照对初创科技型企业投资额的 70%抵扣个人合伙人从合伙创投企业分得的经营所得;当年不足抵扣的,可以在以后纳税年度结转抵扣。

六、减免所得税

(一) 符合条件的小型微利企业优惠

符合条件的小型微利企业,减按 20%的税率征收企业所得税。

根据《财政部、税务总局关于实施小微企业普惠性税收减免政策的通知》(财税〔2019〕13 号,自 2019 年 1 月 1 日至 2021 年 12 月 31 日止)第二条的规定,对小型微利企业年应纳税所得额不超过 100 万元的部分,减按 25%计入应纳税所得额,按 20%的税率缴纳企业所得税;对年应纳税所得额超过 100 万元但不超过 300 万元的部分,减按 50%计入应纳税所得额,按 20%的税率缴纳企业所得税。

上述小型微利企业是指从事国家非限制和禁止行业,且同时符合年度应纳税所得额不超过 300 万元、从业人数不超过 300 人、资产总额不超过 5 000 万元等三个条件的企业。

从业人数,包括与企业建立劳动关系的职工人数和企业接受的劳务派遣用工人数。所称从业人数和资产总额指标,应按企业全年的季度平均值确定。具体计算公式如下:

季度平均值=(季初值+季末值)÷2

全年季度平均值=全年各季度平均值之和÷4

年度中间开业或者终止经营活动的,以其实际经营期作为一个纳税年度确定上述相关指标。

(二) 国家需要重点扶持的高新技术企业优惠

国家需要重点扶持的高新技术企业,减按 15%的税率征收企业所得税。

经济特区和上海浦东新区内,在 2008 年 1 月 1 日(含)之后完成登记注册的国家需要重点扶持的高新技术企业,在经济特区和上海浦东新区内取得的所得,自取得第一笔生产经营收入所属纳税年度起,第一年至第二年免征企业所得税,第三年至第五年按照 25%的法定税率减半征收企业所得税。

1. 高新技术企业应符合的条件

根据《高新技术企业认定管理办法》(国科发火[2016]32 号)第 11 条的规定,认定为高新技术企业须同时满足以下条件:

(1) 企业申请认定时须注册成立一年以上。

(2) 企业通过自主研发、受让、受赠、并购等方式,获得对其主要产品(服务)在技术上发挥核心支持作用的知识产权的所有权。

(3) 对企业主要产品(服务)发挥核心支持作用的技术属于《国家重点支持的高新技术领域》规定的范围。

(4) 企业从事研发和相关技术创新活动的科技人员占企业当年职工总数的比例不低于 10%。

(5) 企业近 3 个会计年度(实际经营期不满三年的按实际经营时间计算,下同)的研究开发费用总额占同期销售收入总额的比例符合如下要求：① 最近一年销售收入小于 5 000 万元(含)的企业，比例不低于 5%；② 最近一年销售收入在 5 000 万元至 2 亿元(含)的企业，比例不低于 4%；③ 最近一年销售收入在 2 亿元以上的企业，比例不低于 3%。其中，企业在中国境内发生的研究开发费用总额占全部研究开发费用总额的比例不低于 60%。

(6) 近一年高新技术产品(服务)收入占企业同期总收入的比例不低于 60%。

(7) 企业创新能力评价应达到相应要求。

(8) 企业申请认定前一年内未发生重大安全、重大质量事故或严重环境违法行为。

2. 优惠的开始享受与停止享受

企业获得高新技术企业资格后，自高新技术企业证书注明的发证时间所在年度起申报享受税收优惠。

企业的高新技术企业资格期满当年，在通过重新认定前，其企业所得税暂按 15%的税率预缴，在年底前仍未取得高新技术企业资格的，应按规定补缴相应期间的税款。

(三) 支持和促进重点群体创业就业企业限额减征

1. 支持和促进重点群体创业就业企业限额减征

对商贸企业、服务型企业、劳动就业服务企业中的加工型企业和街道社区具有加工性质的小型企业实体，在新增加的岗位中，当年新招用在人力资源社会保障部门公共就业服务机构登记失业半年以上且持《就业创业证》或《就业失业登记证》(注明“企业吸纳税收政策”)人员，与其签订一年以上期限劳动合同并依法缴纳社会保险费的，在三年内按实际招用人数予以定额依次扣减增值税、城市维护建设税、教育费附加、地方教育附加和企业所得税优惠。定额标准为每人每年 4 000 元，最高可上浮 30%，各省、自治区、直辖市人民政府可根据本地区实际情况在此幅度内确定具体定额标准，并报财政部和税务总局备案。

按上述标准计算的税收扣减额应在企业当年实际应缴纳的增值税、城市维护建设税、教育费附加、地方教育附加和企业所得税税额中扣减，当年扣减不完的，不得结转下年使用。

2. 扶持自主就业退役士兵创业就业企业限额减征

2017 年 1 月 1 日至 2019 年 12 月 31 日，对商贸企业、服务型企业、劳动就业服务企业中的加工型企业和街道社区具有加工性质的小型企业实体，在新增加的岗位中，当年新招用自主就业退役士兵，与其签订一年以上期限劳动合同并依法缴纳社会保险费的，在三年内按实际招用人数予以定额依次扣减增值税、城市维护建设税、教育费附加、地方教育附加和企业所得税优惠。定额标准为每人每年 4 000 元，最高可上浮 50%，各省、自治区、直辖市人民政府可根据本地区实际情况在此幅度内确定具体定额标准，并报财政部和税务总局备案。

(四) 集成电路生产企业优惠

集成电路线宽小于 0.8 微米(含)的集成电路生产企业，在 2017 年 12 月 31 日前自获利年度起计算优惠期，第一年至第二年免征企业所得税，第三年至第五年按照 25%的法定税率减半征收企业所得税，并享受至期满为止。

集成电路线宽小于 0.25 微米或投资额超过 80 亿元的集成电路生产企业，减按 15%的税率征收企业所得税，其中经营期在 15 年以上的，在 2017 年 12 月 31 日前自获利年度起计算优惠期，第一年至第五年免征企业所得税，第六年至第十年按照 25%的法定税率减半征收企业所得税，并享受至期满为止。

软件与集成电路产业优惠所称获利年度,是指该企业当年应纳税所得额大于零的纳税年度。软件、集成电路企业应从企业的获利年度起计算定期减免税优惠期。如获利年度不符合优惠条件的,应自首次符合软件、集成电路企业条件的年度起,在其优惠期的剩余年限内享受相应的减免税优惠。

(五) 集成电路设计企业优惠

1. 新办的集成电路设计企业优惠

我国境内新办的集成电路设计企业,在 2017 年 12 月 31 日前自获利年度起计算优惠期,第一年至第二年免征企业所得税,第三年至第五年按照 25%的法定税率减半征收企业所得税,并享受至期满为止。

2. 国家规划布局内重点集成电路设计企业优惠

国家规划布局内的重点集成电路设计企业,如当年未享受免税优惠的,可减按 10%的税率征收企业所得税。重点集成电路设计领域为:高性能处理器和 FPGA 芯片;存储器芯片;物联网和信息安全芯片;EDA、IP 及设计服务;工业芯片。

(六) 符合条件的软件企业优惠

1. 符合条件的软件企业减免企业所得税

我国境内符合条件的软件企业,在 2017 年 12 月 31 日前自获利年度起计算优惠期,第一年至第二年免征企业所得税,第三年至第五年按照 25%的法定税率减半征收企业所得税,并享受至期满为止。

软件企业的获利年度,是指软件企业开始生产经营后,第一个应纳税所得额大于零的纳税年度,包括对企业所得税实行核定征收方式的纳税年度。软件企业享受定期减免税优惠的期限应当连续计算,不得因中间发生亏损或其他原因而间断。

2. 国家规划布局内的重点软件企业优惠

国家规划布局内的重点软件企业,如当年未享受免税优惠的,可减按 10%的税率征收企业所得税。重点软件领域为:

(1) 基础软件:操作系统、数据库、中间件。

(2) 工业软件和服务:研发设计类、经营管理类和生产控制类产品和服务。

(3) 信息安全软件产品研发应用及工业控制系统咨询设计、集成实施和运行维护等服务。

(4) 数据分析处理软件和数据获取、分析、处理、存储服务。

(5) 移动互联网:移动支付、地图导航、浏览器、数字创意、移动应用开发工具及环境类软件。

(6) 嵌入式软件(软件收入比例不低于 50%)。

(7) 高技术服务软件:研发设计、知识产权、检验检测和生物技术服务软件。

(8) 语言文字信息处理软件:汉语和少数民族语言相关文字编辑处理、语音识别/合成、机器翻译软件。

(9) 云计算:大型公有云 IaaS、PaaS 服务。

(七) 动漫企业自主开发、生产动漫产品定期减免所得税

经认定的动漫企业自主开发、生产动漫产品,可申请享受国家现行鼓励软件产业发展的

所得税优惠政策。即在2017年12月31日前自获利年度起，第一年至第二年免征企业所得税，第三年至第五年按照25%的法定税率减半征收企业所得税，并享受至期满为止。

自主开发、生产的动漫产品，是指动漫企业自主创作、研发、设计、生产、制作、表演的符合《动漫企业认定管理办法(试行)》第5条规定的动漫产品(不含动漫衍生产品)，仅对国外动漫创意进行简单外包、简单模仿或简单离岸制造，既无自主知识产权，也无核心竞争力的除外。

(八) 技术先进型服务企业优惠

自2017年1月1日起，在全国范围内实行以下企业所得税优惠政策：

(1) 对经认定的技术先进型服务企业，减按15%的税率征收企业所得税。

(2) 经认定的技术先进型服务企业发生的职工教育经费支出，不超过工资薪金总额8%的部分，准予在计算应纳税所得额时扣除；超过部分，准予在以后纳税年度结转扣除。

(九) 经营性文化事业单位转制为企业的免征企业所得税

经营性文化事业单位转制为企业，自转制注册之日起免征企业所得税。“经营性文化事业单位”，是指从事新闻出版、广播影视和文化艺术的事业单位。

“转制注册之日”，是指经营性文化事业单位转制为企业并进行工商注册之日。对于经营性文化事业单位转制前已进行企业法人登记，则按注销事业单位法人登记之日或核销事业编制的批复之日(转制前未进行事业单位法人登记的)起确定转制完成并享受规定的税收优惠政策。

(十) 符合条件的生产和装配伤残人员专门用品企业优惠

自2016年1月1日至2020年12月31日期间，对符合下列条件的居民企业免征企业所得税：

(1) 生产和装配伤残人员专门用品，且在民政部发布的《中国伤残人员专门用品目录》范围之内。

(2) 以销售本企业生产或者装配的伤残人员专门用品为主，其所取得的年度伤残人员专门用品销售收入(不含出口取得的收入)占企业收入总额60%以上。

(3) 企业账证健全，能够准确、完整地向主管税务机关提供纳税资料，且本企业生产或者装配的伤残人员专门用品所取得的收入能够单独、准确核算。

(4) 企业拥有假肢制作师、矫形器制作师资格证书的专业技术人员不得少于1人；其企业生产人员如超过20人，则其拥有假肢制作师、矫形器制作师资格证书的专业技术人员不得少于全部生产人员的1/6。

(5) 具有与业务相适应的测量取型、模型加工、接受腔成型、打磨、对线组装、功能训练等生产装配专用设备和工具。

(6) 具有独立的接待室、假肢或者矫形器(辅助器具)制作室和假肢功能训练室，使用面积不少于115平方米。

(十一) 民族自治地方的企业减免地方分享企业所得税

民族自治地方的自治机关对本民族自治地方的企业应缴纳的企业所得税中属于地方分

享的部分，可以决定减征或者免征。自治州、自治县决定减征或者免征的，须报省、自治区、直辖市人民政府批准。

民族自治地方，是指依照《中华人民共和国民族区域自治法》的规定，实行民族区域自治的自治区、自治州、自治县。

对民族自治地方内国家限制和禁止行业的企业，不得减征或者免征企业所得税。

(十二) 设在西部地区的鼓励类产业企业减按15%的税率征收

1. 对设在西部地区的鼓励类产业企业减按15%的税率征收

自2011年1月1日至2020年12月31日，对设在西部地区以《西部地区鼓励类产业目录》中规定的产业项目为主营业务，且其当年度主营业务收入占企业收入总额70%以上的企业，减按15%税率缴纳企业所得税。自2012年1月1日至2020年12月31日，对设在赣州市的鼓励类产业的内资企业和外商投资企业减按15%的税率征收企业所得税。上述所称收入总额，是指《企业所得税法》第6条规定的收入总额。

企业主营业务属于《西部地区鼓励类产业目录》范围的，可按照15%税率预缴企业所得税。年度汇算清缴时，其当年度主营业务收入占企业收入总额的比例达不到规定标准的，应按税法规定的税率计算申报并进行汇算清缴。

2. 税收优惠的叠加享受

企业既符合西部大开发15%优惠税率条件，又符合《企业所得税法》及其实施条例和国务院规定的各项税收优惠条件的，可以同时享受。在涉及定期减免税的减半期内，可以按照企业适用税率计算的应纳税额减半征税。

3. 优惠地区内外分别设有机构优惠税率的适用

(1) 总机构设在西部大开发税收优惠地区的企业，仅就设在优惠地区的总机构和分支机构(不含优惠地区外设立的二级分支机构在优惠地区内设立的三级以下分支机构)的所得确定适用15%优惠税率。在确定该企业是否符合优惠条件时，以该企业设在优惠地区的总机构和分支机构的主营业务是否符合《西部地区鼓励类产业目录》及其主营业务收入占其收入总额的比重加以确定，不考虑该企业设在优惠地区以外分支机构的因素。该企业应纳所得税额的计算和所得税缴纳，按照《跨地区经营汇总纳税企业所得税征收管理办法》(国家税务总局公告[2012]57号)的相关规定执行。

(2) 总机构设在西部大开发税收优惠地区外的企业，其在优惠地区内设立的分支机构(不含仅在优惠地区内设立的三级以下分支机构)，仅就该分支机构所得确定适用15%优惠税率。在确定该分支机构是否符合优惠条件时，仅以该分支机构的主营业务是否符合《西部地区鼓励类产业目录》及其主营业务收入占其收入总额的比重加以确定。该企业应纳所得税额的计算和所得税缴纳，按照《跨地区经营汇总纳税企业所得税征收管理办法》的规定执行。

(十三) 符合条件的从事污染防治的第三方企业减按15%征收所得税

对符合条件的从事污染防治的第三方企业(以下称第三方防治企业)减按15%的税率征收企业所得税。第三方防治企业是指受排污企业或政府委托，负责环境污染治理设施(包括自动连续监测设施，下同)运营维护的企业。

七、抵免所得税

(一)专用设备投资抵免所得税额

企业购置用于环境保护、节能节水、安全生产等专用设备的投资额,可以按一定比例实行税额抵免。

税额抵免,是指企业购置并实际使用《安全生产专用设备企业所得税优惠目录》《节能节水专用设备企业所得税优惠目录(2017 年版)》和《环境保护专用设备企业所得税优惠目录(2017 年版)》规定的环境保护、节能节水、安全生产等专用设备的,该专用设备的投资额的10%可以从企业当年的应纳税额中抵免;当年不足抵免的,可以在以后 5 个纳税年度结转抵免。享受上述规定的企业所得税优惠的企业,应当实际购置并自身实际投入使用规定的专用设备;企业购置上述专用设备在五年内转让、出租的,应当停止享受企业所得税优惠,并补缴已经抵免的企业所得税税款。

(二)专用设备投资额的确定

纳税人购进并实际使用《安全生产专用设备企业所得税优惠目录》《节能节水专用设备企业所得税优惠目录(2017 年版)》和《环境保护专用设备企业所得税优惠目录(2017 年版)》范围内的专用设备并取得增值税专用发票的,在按照规定进行税额抵免时,如增值税进项税额允许抵扣,其专用设备投资额不包括增值税进项税额;如增值税进项税额不允许抵扣,其专用设备投资额应为增值税专用发票上注明的价税合计金额。企业购买专用设备取得普通发票的,其专用设备投资额为普通发票上注明的金额。

购置并实际使用的环境保护、节能节水和安全生产专用设备,包括承租方企业以融资租赁方式租入的,并在融资租赁合同中约定租赁期届满时租赁设备所有权转移给承租方企业,且符合规定条件的上述专用设备。凡融资租赁期届满后租赁设备所有权未转移至承租方企业的,承租方企业应停止享受抵免企业所得税优惠,并补缴已经抵免的企业所得税税款。

八、固定资产加速折旧

(一)固定资产加速折旧优惠

企业的固定资产由于技术进步等原因,确需加速折旧的,可以缩短折旧年限或者采取加速折旧的方法。

可以采取缩短折旧年限或者采取加速折旧的方法的固定资产,包括:由于技术进步,产品更新换代较快的固定资产;常年处于强震动、高腐蚀状态的固定资产。

采取缩短折旧年限方法的,最低折旧年限不得低于《企业所得税法实施条例》第 60 条规定折旧年限的 60%;采取加速折旧方法的,可以采取双倍余额递减法或者年数总和法。

(二)外购的软件缩短折旧或摊销年限

企业外购的软件,凡符合固定资产或无形资产确认条件的,可以按照固定资产或无形资产进行核算,其折旧或摊销年限可以适当缩短,最短可为两年(含)。

(三)集成电路生产企业的生产设备缩短折旧年限

集成电路生产企业的生产设备,其折旧年限可以适当缩短,最短可为三年(含)。

(四)重要行业新购置固定资产加速折旧

1. 重要行业新购置固定资产加速折旧或一次性扣除

对生物药品制造业,专用设备制造业,铁路、船舶、航空航天和其他运输设备制造业,计算机、通信和其他电子设备制造业,仪器仪表制造业,信息传输、软件和信息技术服务业等6个行业的企业2014年1月1日后新购进的固定资产,可缩短折旧年限或采取加速折旧的方法。对上述6个行业的小型微利企业2014年1月1日后新购进的研发和生产经营共用的仪器、设备,单位价值不超过100万元的,允许一次性计入当期成本费用在计算应纳税所得额时扣除,不再分年度计算折旧;单位价值超过100万元的,可缩短折旧年限或采取加速折旧的方法。

对轻工、纺织、机械、汽车等四个领域重点行业的企业2015年1月1日后新购进的固定资产,可由企业选择缩短折旧年限或采取加速折旧的方法。对上述行业的小型微利企业2015年1月1日后新购进的研发和生产经营共用的仪器、设备,单位价值不超过100万元的,允许一次性计入当期成本费用在计算应纳税所得额时扣除,不再分年度计算折旧;单位价值超过100万元的,可由企业选择缩短折旧年限或采取加速折旧的方法。

2. 新购进单价不超100万元的研发专用仪器、设备一次性扣除

对所有行业企业2014年1月1日后新购进的专门用于研发的仪器、设备,单位价值不超过100万元的,允许一次性计入当期成本费用在计算应纳税所得额时扣除,不再分年度计算折旧;单位价值超过100万元的,可缩短折旧年限或采取加速折旧的方法。

3. 单位价值不超过5 000元的固定资产一次性扣除

对所有行业企业持有的单位价值不超过5 000元的固定资产,允许一次性计入当期成本费用在计算应纳税所得额时扣除,不再分年度计算折旧。

4. 新购进单价不超过500万元的设备器具一次性扣除

企业在2018年1月1日至2020年12月31日期间新购进的设备、器具,单位价值不超过500万元的,允许一次性计入当期成本费用在计算应纳税所得额时扣除,不再分年度计算折旧。设备、器具,是指除房屋、建筑物以外的固定资产。

第四节　应纳税额

一、应纳税额

企业的应纳税所得额乘以适用税率,减除依照企业所得税法及其实施条例关于税收优惠的规定减免和抵免的税额后的余额,为应纳税额。

应纳税额＝应纳税所得额×25%－减免所得税额－抵免所得税额

以上是针对居民企业查账征收的情况,对于非居民企业所得税,则采取核定征收。非居

民企业如会计账簿不健全，资料残缺难以查账，或其他原因不能准确计算并据实申报其应纳税所得额的，税务机关可采用下列方法核定其应纳税所得额：

(1) 收入总额：适用收入可正确核算或推定，但不可准确核算成本费用的企业。

应纳税所得额＝收入总额×核定的利润率

(2) 成本费用：适用于能正确核算成本费用，但不能正确核算收入总额的企业。

应纳税所得额＝成本费用总额÷(1－经税务机关核定的利润率)×核定的利润率

(3) 经费支出换算收入：适用于能正确核算经费支出总额，但不能正确核算收入总额和成本费用的企业。

应纳税所得额＝经费支出总额÷(1－经税务机关核定的利润率)×核定的利润率

非居民企业的利润率一般为：从事承包工程作业、设计和咨询劳务的，15%～30%；从事管理服务的，30%～50%；从事其他劳务或劳务以外经营活动的，不低于15%。

采用核定征收的非居民企业，在中国境内从事适用不同核定利润率的经营活动并取得所得的，要分别核算并适用相应的利润率计算缴纳企业所得税。如不能分别核算，则税务机关从高适用利润率。

非居民企业为中国境内客户提供劳务取得收入的，如其提供的服务全部发生在中国境内，要全额在中国境内申报缴纳企业所得税。

如提供的服务同时发生在中国境内外的，以劳务发生地为原则划分其境内外收入，并就其境内收入申报缴税。如税务机关对企业境内外收入划分合理性有疑义的，可要求非居民企业提供真实有效的证明，并据其工作量、工作时间、成本费用等因素合理划分其境内外收入；如企业不能提供真实有效的证明，税务机关可视同其劳务全部发生在中国境内，确定其劳务收入并据此征收企业所得税。

二、境外已纳税额抵免

(一) 直接抵免与间接抵免

1. 直接抵免

《企业所得税法》第23条规定，企业取得的下列所得已在境外缴纳的所得税税额，可以从其当期应纳税额中抵免，抵免限额为该项所得依照本法规定计算的应纳税额；超过抵免限额的部分，可以在以后5个年度内，用每年度抵免限额抵免当年应抵税额后的余额进行抵补：

(1) 居民企业来源于中国境外的应税所得；

(2) 非居民企业在中国境内设立机构、场所，取得发生在中国境外但与该机构、场所有实际联系的应税所得。

2. 间接抵免

《企业所得税法》第24条规定，居民企业从其直接或者间接控制的外国企业分得的来源于中国境外的股息、红利等权益性投资收益，外国企业在境外实际缴纳的所得税税额中属于该项所得负担的部分，可以作为该居民企业的可抵免境外所得税税额，在《企业所得税法》第23条规定的抵免限额内抵免。

(二) 分国抵免与综合抵免

分国(地区)不分项,也称分国抵免法,是指分国(地区)别(不区分所得类型)计算可抵免的境外所得税税额和境外所得税抵免限额。

不分国(地区)不分项,也称综合抵免法,是指不按国(地区)别汇总计算企业来源于境外的应纳税所得额、可抵免境外所得税税额和抵免限额。

2017 年 1 月 1 日起,企业可以选择按国(地区)别分别计算(即“分国(地区)不分项”),或者不按国(地区)别汇总计算(即“不分国(地区)不分项”)其来源于境外的应纳税所得额,并按照规定的税率,分别计算其可抵免境外所得税税额和抵免限额。上述方式一经选择,五年内不得改变。

企业选择采用不同于以前年度的方式(以下简称新方式)计算可抵免境外所得税税额和抵免限额时,对该企业以前年度按照规定没有抵免完的余额,可在税法规定结转的剩余年限内,按新方式计算的抵免限额中继续结转抵免。

三、亏损弥补

企业纳税年度发生的亏损,准予向以后年度结转,用以后年度的所得弥补,但结转年限一般最长不得超过五年。自 2018 年 1 月 1 日起,将高新技术企业和科技型中小企业亏损结转弥补期限由五年延长到十年。

企业自开始生产经营的年度,为开始计算企业损益的年度。企业从事生产经营之前进行筹办活动期间发生筹办费用支出,不得计算为当期的亏损,应按照开(筹)办费处理规定处理。

企业在汇总计算缴纳企业所得税时,其境外营业机构的亏损不得抵减境内营业机构的盈利。与此不同的是,企业境外营业机构的应税所得可以用于弥补境内营业机构的亏损。

根据《财政部、税务总局关于延长高新技术企业和科技型中小企业亏损结转年限的通知》(财税〔2018〕76 号)的规定,自 2018 年 1 月 1 日起,当年具备高新技术企业或科技型中小企业资格(以下统称资格)的企业,其具备资格年度之前 5 个年度发生的尚未弥补完的亏损,准予结转以后年度弥补,最长结转年限由五年延长至十年。

第五节　源泉扣缴

一、法定扣缴

(一) 法定扣缴义务人

对非居民企业取得《企业所得税法》第三条第三款规定的所得应缴纳的所得税,实行源泉扣缴,以支付人为扣缴义务人。税款由扣缴义务人在每次支付或者到期应支付时,从支付或者到期应支付的款项中扣缴。

支付人自行委托代理人或指定其他第三方代为支付相关款项,或者因担保合同或法律规定等原因由第三方保证人或担保人支付相关款项的,仍由委托人、指定人或被保证人、被担保人承担扣缴义务。

支付人，是指依照有关法律规定或者合同约定对非居民企业直接负有支付相关款项义务的单位或者个人。

（二）扣缴义务发生时间

1. 到期应支付而未支付的所得的处理

中国境内企业（以下称为企业）和非居民企业签订与利息、租金、特许权使用费等所得有关的合同或协议，如果未按照合同或协议约定的日期支付上述所得款项，或者变更或修改合同或协议延期支付，但已计入企业当期成本、费用，并在企业所得税年度纳税申报中作税前扣除的，应在企业所得税年度纳税申报时按照企业所得税法有关规定代扣代缴企业所得税。

如果企业上述到期未支付的所得款项，不是一次性计入当期成本、费用，而是计入相应资产原价或企业筹办费，在该类资产投入使用或开始生产经营后分期摊入成本、费用，分年度在企业所得税前扣除的，应在企业计入相关资产的年度纳税申报时就上述所得全额代扣代缴企业所得税。

2. 提前支付的处理

如果企业在合同或协议约定的支付日期之前支付上述所得款项的，应在实际支付时按照企业所得税法有关规定代扣代缴企业所得税。

3. 股息、红利等权益性投资收益

非居民企业取得应源泉扣缴的所得为股息、红利等权益性投资收益的，相关应纳税款扣缴义务发生之日为股息、红利等权益性投资收益实际支付之日。

4. 分期收款方式取得同一项转让财产所得

非居民企业采取分期收款方式取得应源泉扣缴所得税的同一项转让财产所得的，其分期收取的款项可先视为收回以前投资财产的成本，待成本全部收回后，再计算并扣缴应扣税款。

（三）应纳税所得额的确定

依照企业所得税法对非居民企业应当缴纳的企业所得税实行源泉扣缴的，应当依照下列规定计算应纳税所得额。

1. 权益性投资收益和利息、租金、特许权使用费所得

股息、红利等权益性投资收益和利息、租金、特许权使用费所得，以收入全额为应纳税所得额。

2. 转让财产所得

转让财产所得，以收入全额减除财产净值后的余额为应纳税所得额。收入全额，是指非居民企业向支付人收取的全部价款和价外费用。财产净值，是指有关资产、财产的计税基础减除已经按照规定扣除的折旧、折耗、摊销、准备金等后的余额。

3. 其他所得

其他所得，参照前两项规定的方法计算应纳税所得额。

营业税改征增值税试点中的非居民企业，取得上述规定的所得，在计算缴纳企业所得税时，应以不含增值税的收入全额作为应纳税所得额。

（四）转让股权所得

转让财产所得包含转让股权等权益性投资资产（以下称股权）所得。股权转让收入减除

股权净值后的余额为股权转让所得应纳税所得额。

股权转让收入是指股权转让人转让股权所收取的对价,包括货币形式和非货币形式的各种收入。

股权净值是指取得该股权的计税基础。股权的计税基础是股权转让人投资入股时向中国居民企业实际支付的出资成本,或购买该项股权时向该股权的原转让人实际支付的股权受让成本。股权在持有期间发生减值或者增值,按照国务院财政、税务主管部门规定可以确认损益的,股权净值应进行相应调整。企业在计算股权转让所得时,不得扣除被投资企业未分配利润等股东留存收益中按该项股权所可能分配的金额。

多次投资或收购的同项股权被部分转让的,从该项股权全部成本中按照转让比例计算确定被转让股权对应的成本。

(五)已扣未解缴与应扣未扣税款的界定

按照规定应当源泉扣缴税款的款项已经由扣缴义务人实际支付,但未在规定的期限内解缴应扣税款,并具有以下情形之一的,应作为税款已扣但未解缴情形,按照有关法律、行政法规规定处理:

(1) 扣缴义务人已明确告知收款人已代扣税款的;

(2) 已在财务会计处理中单独列示应扣税款的;

(3) 已在其纳税申报中单独扣除或开始单独摊销扣除应扣税款的;

(4) 其他证据证明已代扣税款的。

除上款规定情形外,按规定应该源泉扣缴的税款未在规定的期限内解缴入库的,均作为应扣未扣税款情形,按照有关法律、行政法规规定处理。

(六)担保费的税务处理

非居民企业取得来源于中国境内的担保费,应按照企业所得税法对利息所得规定的税率计算缴纳企业所得税。上述来源于中国境内的担保费,是指中国境内企业、机构或个人在借贷、买卖、货物运输、加工承揽、租赁、工程承包等经济活动中,接受非居民企业提供的担保所支付或负担的担保费或相同性质的费用。

(七)土地使用权转让所得的处理

非居民企业在中国境内未设立机构、场所而转让中国境内土地使用权,或者虽设立机构、场所但取得的土地使用权转让所得与其所设机构、场所没有实际联系的,应以其取得的土地使用权转让收入总额减除计税基础后的余额作为土地使用权转让所得计算缴纳企业所得税,并由扣缴义务人在支付时代扣代缴。

(八)融资租赁和出租不动产租金的处理

(1) 在中国境内未设立机构、场所的非居民企业,以融资租赁方式将设备、物件等租给中国境内企业使用,租赁期满后设备、物件所有权归中国境内企业(包括租赁期满后作价转让给中国境内企业),非居民企业按照合同约定的期限收取租金,应以租赁费(包括租赁期满后作价转让给中国境内企业的价款)扣除设备、物件价款后的余额,作为贷款利息所得计算缴纳企业所得税,由中国境内企业在支付时代扣代缴。

(2) 非居民企业出租位于中国境内的房屋、建筑物等不动产，对未在中国境内设立机构、场所进行日常管理的，以其取得的租金收入全额计算缴纳企业所得税，由中国境内的承租人在每次支付或到期应支付时代扣代缴。

如果非居民企业委派人员在中国境内或者委托中国境内其他单位或个人对上述不动产进行日常管理的，应视为其在中国境内设立机构、场所，非居民企业应在税法规定的期限内自行申报缴纳企业所得税。

（九）扣缴义务人承担应纳税款的处理

扣缴义务人与非居民企业签订与《企业所得税法》第三条第三款规定的所得有关的业务合同时，凡合同中约定由扣缴义务人实际承担应纳税款的，应将非居民企业取得的不含税所得换算为含税所得计算并解缴应扣税款。

二、指定扣缴

对非居民企业在中国境内取得工程作业和劳务所得应缴纳的所得税，税务机关可以指定工程价款或者劳务费的支付人为扣缴义务人。

可以指定扣缴义务人的情形，包括：

(1) 预计工程作业或者提供劳务期限不足一个纳税年度，且有证据表明不履行纳税义务的；

(2) 没有办理税务登记或者临时税务登记，且未委托中国境内的代理人履行纳税义务的；

(3) 未按照规定期限办理企业所得税纳税申报或者预缴申报的。

上述规定的扣缴义务人，由县级以上税务机关指定，并同时告知扣缴义务人所扣税款的计算依据、计算方法、扣缴期限和扣缴方式。

三、未扣缴或无法扣缴的处理

依照规定或税务机关指定应当扣缴的所得税，扣缴义务人未依法扣缴或者无法履行扣缴义务的，由纳税人在所得发生地缴纳。纳税人未依法缴纳的，税务机关可以从该纳税人在中国境内其他收入项目的支付人应付的款项中，追缴该纳税人的应纳税款。

所得发生地，是指依照《企业所得税法实施条例》第七条规定的收入来源地原则确定的所得发生地。在中国境内存在多处所得发生地的，由纳税人选择其中之一申报缴纳企业所得税。该纳税人在中国境内其他收入，是指该纳税人在中国境内取得的其他各种来源的收入。

税务机关在追缴该纳税人应纳税款时，应当将追缴理由、追缴数额、缴纳期限和缴纳方式等告知该纳税人。

（一）未扣缴法定应扣缴税款的追缴

按照企业所得税法规定法定应当扣缴的所得税，扣缴义务人未依法扣缴或者无法履行扣缴义务的，取得所得的非居民企业应当按照规定，向所得发生地主管税务机关申报缴纳未扣缴税款，并填报《中华人民共和国扣缴企业所得税报告表》。

非居民企业未按照企业所得税法规定申报缴纳税款的，税务机关可以责令限期缴纳，非居民企业应当按照税务机关确定的期限申报缴纳税款；非居民企业在税务机关责令限期缴纳前自行申报缴纳税款的,视为已按期缴纳税款。

非居民企业取得的同一项所得在境内存在多个所得发生地,涉及多个主管税务机关的,在按照规定自行申报缴纳未扣缴税款时,可以选择一地办理规定的申报缴税事宜。受理申报地主管税务机关应在受理申报后 5 个工作日内,向扣缴义务人所在地和同一项所得其他发生地主管税务机关发送《非居民企业税务事项联络函》,告知非居民企业涉税事项。

主管税务机关可以要求纳税人、扣缴义务人和其他知晓情况的相关方提供与应扣缴税款有关的合同和其他相关资料。扣缴义务人应当设立代扣代缴税款账簿和合同资料档案,准确记录非居民企业所得税扣缴情况。

按照规定应当扣缴的法定源泉扣缴的税款,扣缴义务人应扣未扣的,由扣缴义务人所在地主管税务机关依照《中华人民共和国行政处罚法》第 23 条(即行政机关实施行政处罚时,应当责令当事人改正或者限期改正违法行为)规定责令扣缴义务人补扣税款,并依法追究扣缴义务人责任;需要向纳税人追缴税款的,由所得发生地主管税务机关依法执行。扣缴义务人所在地与所得发生地不一致的,负责追缴税款的所得发生地主管税务机关应通过扣缴义务人所在地主管税务机关核实有关情况;扣缴义务人所在地主管税务机关应当自确定应纳税款未依法扣缴之日起 5 个工作日内,向所得发生地主管税务机关发送《非居民企业税务事项联络函》,告知非居民企业涉税事项。

(二) 追缴未扣缴法定源泉扣缴税款措施

主管税务机关在按照规定追缴非居民企业应纳税款时,可以采取以下措施:

(1) 责令该非居民企业限期申报缴纳应纳税款。

(2) 收集、查实该非居民企业在中国境内其他收入项目及其支付人的相关信息,并向该其他项目支付人发出《税务事项通知书》,从该非居民企业其他收入项目款项中依照法定程序追缴欠缴税款及应缴的滞纳金。

其他项目支付人所在地与未扣税所得发生地不一致的,其他项目支付人所在地主管税务机关应给予配合和协助。

(三) 主管税务机关的确定

扣缴义务人所在地主管税务机关为扣缴义务人所得税主管税务机关。

对不同所得,所得发生地主管税务机关按以下原则确定:

(1) 不动产转让所得,为不动产所在地税务机关;

(2) 权益性投资资产转让所得,为被投资企业的所得税主管税务机关;

(3) 股息、红利等权益性投资所得,为分配所得企业的所得税主管税务机关;

(4) 利息所得、租金所得、特许权使用费所得,为负担、支付所得的单位或个人的所得税主管税务机关。

四、扣缴申报

扣缴义务人每次代扣的税款,应当自代扣之日起 7 日内缴入国库,并向所在地的税务机关报送扣缴企业所得税报告表。

扣缴义务人在申报和解缴应扣税款时,应填报《中华人民共和国扣缴企业所得税报告表》。

扣缴义务人可以在申报和解缴应扣税款前报送有关申报资料；已经报送的，在申报时不再重复报送。

第六节 征收管理

一、纳税地点

（一）居民企业纳税地点

除税收法律、行政法规另有规定外，居民企业以企业登记注册地为纳税地点；但登记注册地在境外的，以实际管理机构所在地为纳税地点。

企业登记注册地，是指企业依照国家有关规定登记注册的住所地。

（二）非居民企业纳税地点

非居民企业取得《企业所得税法》第三条第二款（在中国境内设立机构、场所的非居民企业，其所设机构、场所取得的来源于中国境内的所得，以及发生在中国境外但与其所设机构、场所有实际联系的所得）规定的所得，以机构、场所所在地为纳税地点。非居民企业在中国境内设立两个或者两个以上机构、场所的，可以选择由其主要机构、场所汇总缴纳企业所得税。主要机构、场所，应当同时符合下列条件：

(1) 对其他各机构、场所的生产经营活动负有监督管理责任；

(2) 设有完整的账簿、凭证，能够准确反映各机构、场所的收入、成本、费用和盈亏情况。

非居民企业取得《企业所得税法》第三条第三款（在中国境内未设立机构、场所，或者虽设立机构、场所但取得的所得与其所设机构、场所没有实际联系的非居民企业，其来源于中国境内的所得）规定的所得，以扣缴义务人所在地为纳税地点。

二、汇总纳税

居民企业在中国境内设立不具有法人资格的营业机构的，应当汇总计算并缴纳企业所得税。

企业汇总计算并缴纳企业所得税时，应当统一核算应纳税所得额，具体办法按《财政部 国家税务总局 中国人民银行关于印发〈跨省市总分机构企业所得税分配及预算管理办法〉的通知》（财预[2012]40 号）和《国家税务总局关于印发〈跨地区经营汇总纳税企业所得税征收管理办法〉的公告》（国家税务总局公告 2012 年第 57 号）的规定执行。

三、纳税年度

企业所得税按纳税年度计算。纳税年度自公历 1 月 1 日起至 12 月 31 日止。

企业在一个纳税年度中间开业，或者终止经营活动，使该纳税年度的实际经营期不足 12 个月的，应当以其实际经营期为一个纳税年度。

企业依法清算时，应当以清算期间作为一个纳税年度。

四、预缴与汇算清缴

(一) 企业所得税预缴

企业所得税分月或者分季预缴。企业所得税分月或者分季预缴,由税务机关具体核定。小型微利企业按季度预缴企业所得税。

企业根据规定分月或者分季预缴企业所得税时,应当按照月度或者季度的实际利润额预缴;按照月度或者季度的实际利润额预缴有困难的,可以按照上一纳税年度应纳税所得额的月度或者季度平均额预缴,或者按照经税务机关认可的其他方法预缴。预缴方法一经确定,该纳税年度内不得随意变更。

企业应当自月份或者季度终了之日起 15 日内,向税务机关报送预缴企业所得税纳税申报表,预缴税款。

(二) 汇算清缴

企业应当自年度终了之日起 5 个月内,向税务机关报送年度企业所得税纳税申报表,并汇算清缴,结清应缴应退税款。

企业在年度中间终止经营活动的,应当自实际经营终止之日起 60 日内,向税务机关办理当期企业所得税汇算清缴。

企业应当在办理注销登记前,就其清算所得向税务机关申报并依法缴纳企业所得税。

企业在报送企业所得税纳税申报表时,应当按照规定附送财务会计报告和其他有关资料。

企业在纳税年度内无论盈利或者亏损,都应当依照规定的期限,向税务机关报送预缴企业所得税纳税申报表、年度企业所得税纳税申报表、财务会计报告和税务机关规定应当报送的其他有关资料。

课后习题

一、选择题

1. 根据企业所得税法处置资产确认收入的相关规定,下列各项行为中,应视同销售的有(　　)。

A. 将生产的产品用于市场推广

B. 将生产的产品用于职工福利

C. 将资产用于境外分支机构加工另一产品

D. 将资产在总机构及其境内分支机构之间转移

2. 根据企业所得税法相关规定,关于收入确认时间的说法,正确的有(　　)。

A. 特许权使用费收入以实际取得收入的日期确认收入的实现

B. 利息收入以合同约定的债务人应付利息的日期确认收入的实现

C. 接受捐赠收入按照实际收到捐赠资产的日期确认收入的实现

D. 作为商品销售附带条件的安装费收入在确认商品销售收入时实现

二、计算题

1. 2017 年某居民企业主营业务收入 5 000 万元、营业外收入 80 万元，与收入相配比的成本 4 100 万元，全年发生管理费用、销售费用和财务费用共计 700 万元，营业外支出 60 万元(其中符合规定的公益性捐赠支出 50 万元)，2016 年度结转的可弥补的亏损额 30 万元。

要求：计算 2017 年度该企业应缴纳的企业所得税。

2. 某符合条件的软件生产企业于 2014 年设立，并于当年开始享受“两免三减半”的税收优惠，2015 年被认定为高新技术企业。2017 年有关经营情况如下：

(1) 高新技术产品销售收入 23 000 万元，符合条件的技术转让收入 4 000 万元，转让技术的成本为 800 万元，从其他居民企业(非上市公司)取得直接投资的股息收入 500 万元。

(2) 高新技术产品销售成本 7 800 万元；非增值税销售税金及附加 47 万元；销售费用 2 000万元，其中广告费和业务宣传费 1 700 万元、手续费和佣金 200 万元(支付对象为有合法中介资格的境内某公司，转账支付，实际支付比例为服务金额的 10%)；管理费用 3 000 万元，其中业务招待费 150 万元、符合加计扣除条件的研究开发费 1 200 万元；财务费用 480 万元。

(3) 当年计入成本费用的合理的实发工资 7 500 万元，发生职工福利费支出 1 100 万元，拨缴工会经费 190 万元，发生职工教育经费支出 760 万元，其中职工培训费用支出 600 万元，计入成本和期间费用的职工薪酬比为 8∶2。

要求：计算 2017 年度应纳的企业所得税额。

三、思考题

1. 企业对商业预付卡销售收入的调整如何影响企业所得税的征管?

2. 研发扣除和公益性捐赠是否有必要加大扣除幅度?

3. 如何在扣除项目中合理控制企业的营销成本和招待费?

第十章　个人所得税

上自郊庙、社稷祭祀大典，下至百官之俸、吏役之需，外而兵丁之粮饷，河防之修筑，何事不取资于国帑(tǎng)？……经画不周，以致国用不敷，必反致于重累百姓。此失算之甚者！

——(清)雍正

英国是开征个人所得税最早的国家，1799 年英国开始试行差别税率征收个人所得税，到 1874 年成为英国一个固定的税种。个人所得税是与我们日常生活相关性最强的税种之一。目前，中国对个人的各项应税所得征收个人所得税，其中包括工资薪金所得、劳务报酬所得、经营所得等。此外，中国的个人所得税实行累进税率与比例税率并用，比例税率计算简便，累进税率可以合理调节个人收入分配、体现社会公平。

第一节　个人所得税概述

一、个人所得税的概念

个人所得税是对个人(自然人)取得的各项应税所得征收的一种税。与其他税种相比，个人所得税是一个较年轻的税种。目前世界上有 140 多个国家开征了这一税种。

中国现行的个人所得税法诞生于 1980 年，1980 年 9 月 10 日第五届全国人民代表大会第三次会议审议通过了《中华人民共和国个人所得税法》，并同时公布实施。同年 12 月 14 日，经国务院批准，财政部公布了《个人所得税法施行细则》。此后，经过了七次修正，现行有效的个人所得税基本法规是 2018 年 8 月 31 日，第十三届全国人民代表大会常务委员会第五次会议通过的《全国人民代表大会常务委员会关于修改〈中华人民共和国个人所得税法〉的决定》(中华人民共和国主席令第九号)和 2018 年 12 月 18 日国务院公布的《中华人民共和国个人所得税法实施条例》(国务院令第 707 号)。

二、纳税人及其纳税义务

(一) 纳税人分类与纳税义务

《个人所得税法》第一条规定，在中国境内有住所，或者无住所而一个纳税年度内在中国境内居住累计满 183 天的个人，为居民个人。居民个人从中国境内和境外取得的所得，依照本法规定缴纳个人所得税。

在中国境内无住所又不居住，或者无住所而一个纳税年度内在中国境内居住累计不满

183 天的个人,为非居民个人。非居民个人从中国境内取得的所得,依照本法规定缴纳个人所得税。

个人所得税法所称在中国境内有住所,是指因户籍、家庭、经济利益关系而在中国境内习惯性居住;所称从中国境内和境外取得的所得,分别是指来源于中国境内的所得和来源于中国境外的所得。

(二) 来源于中国境内的所得

根据《个人所得税法实施条例》第三条的规定,除国务院财政、税务主管部门另有规定外,下列所得,不论支付地点是否在中国境内,均为来源于中国境内的所得:

(1) 因任职、受雇、履约等在中国境内提供劳务取得的所得;

(2) 将财产出租给承租人在中国境内使用而取得的所得;

(3) 许可各种特许权在中国境内使用而取得的所得;

(4) 转让中国境内的不动产等财产或者在中国境内转让其他财产取得的所得;

(5) 从中国境内企业、事业单位、其他组织以及居民个人取得的利息、股息、红利所得。

三、扣缴义务人

个人所得税以所得人为纳税人,以支付所得的单位或者个人为扣缴义务人。

扣缴义务人,是指向个人支付所得的单位或者个人。扣缴义务人应当依法办理全员全额扣缴申报。

全员全额扣缴申报,是指扣缴义务人应当在代扣税款的次月 15 日内,向主管税务机关报送其支付所得的所有个人的有关信息、支付所得数额、扣除事项和数额、扣缴税款的具体数额和总额以及其他相关涉税信息资料。

扣缴义务人向个人支付应税款项时,应当依照个人所得税法规定预扣或者代扣税款,按时缴库,并专项记载备查。这里所称支付,包括现金支付、汇拨支付、转账支付和以有价证券、实物以及其他形式的支付。

四、应税项目

(一) 应税项目与计算方法

根据《个人所得税法》第二条的规定,下列各项个人所得应当缴纳个人所得税:

(1) 工资、薪金所得;

(2) 劳务报酬所得;

(3) 稿酬所得;

(4) 特许权使用费所得;

(5) 经营所得;

(6) 利息、股息、红利所得;

(7) 财产租赁所得;

(8) 财产转让所得;

(9) 偶然所得。

居民个人取得上述第(1)项至第(4)项所得(以下称综合所得),按纳税年度合并计算个人所得税；非居民个人取得上述第(1)项至第(4)项所得，按月或者按次分项计算个人所得税。纳税人取得上述第(5)项至第(9)项所得，依照个人所得税法规定分别计算个人所得税。

个人取得的所得，难以界定应纳税所得项目的，由国务院税务主管部门确定。

（二）先分后税

两个以上的个人共同取得同一项目收入的，应当对每个人取得的收入分别按照个人所得税法的规定计算纳税。

合伙企业生产经营所得和其他所得[包括合伙企业分配给所有合伙人的所得和企业当年留存的所得(利润)]采取“先分后税”的原则。

（三）境内外所得合并与分别计算

居民个人从中国境内和境外取得的综合所得、经营所得，应当分别合并计算应纳税额；从中国境内和境外取得的其他所得，应当分别单独计算应纳税额。

五、税率

（一）综合所得

综合所得，适用3%至45%的超额累进税率(如下表10－1所示)。

表10－1　个人所得税税率表一(综合所得适用)

级数	全年应纳税所得额	税率(%)	速算扣除数
1	不超过36 000元的	3	0
2	超过36 000元至144 000元的部分	10	2 520
3	超过144 000元至300 000元的部分	20	16 920
4	超过300 000元至420 000元的部分	25	31 920
5	超过420 000元至660 000元的部分	30	52 920
6	超过660 000元至960 000元的部分	35	85 920
7	超过960 000元的部分	45	181 920

注1：本表所称全年应纳税所得额是指依照《个人所得税法》第六条的规定，居民个人取得综合所得以每一纳税年度收入额减除费用六万元以及专项扣除、专项附加扣除和依法确定的其他扣除后的余额。

注2：非居民个人取得工资、薪金所得，劳务报酬所得，稿酬所得和特许权使用费所得，依照本表按月换算后(如下表10－2所示)计算应纳税额。

表10－2　综合所得月度税率表

级数	全月应纳税所得额	税率(%)	速算扣除数
1	不超过3 000元的	3	0
2	超过3 000元至12 000元的部分	10	210
3	超过12 000元至25 000元的部分	20	1 410

续 表

级数	全月应纳税所得额	税率(%)	速算扣除数
4	超过 25 000 元至 35 000 元的部分	25	2 660
5	超过 35 000 元至 55 000 元的部分	30	4 410
6	超过 55 000 元至 80 000 元的部分	35	7 160
7	超过 80 000 元的部分	45	15 160

(二)经营所得

经营所得,适用 5%至 35%的超额累进税率(如下表 10-3 所示)。

表 10-3 个人所得税税率表二(经营所得适用)

级数	全年应纳税所得额	税率(%)	速算扣除数
1	不超过 30 000 元的	5	0
2	超过 30 000 元至 90 000 元的部分	10	1 500
3	超过 90 000 元至 300 000 元的部分	20	10 500
4	超过 300 000 元至 500 000 元的部分	30	40 500
5	超过 500 000 元的部分	35	65 500

注:本表所称全年应纳税所得额是指依照《个人所得税法》第六条的规定,以每一纳税年度的收入总额,减除成本、费用以及损失后的余额。

(三)其他分类所得

利息、股息、红利所得,财产租赁所得,财产转让所得和偶然所得,适用比例税率,税率为 20%。

六、个人所得形式

个人所得的形式,包括现金、实物、有价证券和其他形式的经济利益;所得为实物的,应当按照取得的凭证上所注明的价格计算应纳税所得额,无凭证的实物或者凭证上所注明的价格明显偏低的,参照市场价格核定应纳税所得额;所得为有价证券的,根据票面价格和市场价格核定应纳税所得额;所得为其他形式的经济利益的,参照市场价格核定应纳税所得额。

各项所得的计算,以人民币为单位。所得为人民币以外的货币的,按照人民币汇率中间价折合成人民币缴纳税款。

所得为人民币以外货币的,按照办理纳税申报或者扣缴申报的上一月最后一日人民币汇率中间价,折合成人民币计算应纳税所得额。年度终了后办理汇算清缴的,对已经按月、按季或者按次预缴税款的人民币以外货币所得,不再重新折算;对应当补缴税款的所得部分,按照上一纳税年度最后一日人民币汇率中间价,折合成人民币计算应纳税所得额。

第二节 综合所得

一、征税范围

（一）工资、薪金所得

工资、薪金所得，是指个人因任职或者受雇取得的工资、薪金、奖金、年终加薪、劳动分红、津贴、补贴以及与任职或者受雇有关的其他所得。

下列不属于工资、薪金性质的补贴、津贴或者不属于纳税人本人“工资、薪金所得”项目的收入，不征税：独生子女补贴；托儿补助费；差旅费津贴、误餐补助。不征税的误餐补助，是指按财政部门规定，个人因公在城区、郊区工作，不能在工作单位或返回就餐，确实需要在外就餐的，根据实际误餐顿数，按规定的标准领取的误餐费。一些单位以误餐补助名义发给职工的补贴、津贴，应当并入当月“工资、薪金所得”计征个人所得税。

（二）劳务报酬所得

劳务报酬所得，是指个人从事劳务取得的所得，包括从事设计、装潢、安装、制图、化验、测试、医疗、法律、会计、咨询、讲学、翻译、审稿、书画、雕刻、影视、录音、录像、演出、表演、广告、展览、技术服务、介绍服务、经纪服务、代办服务以及其他劳务取得的所得。

劳务报酬与工资、薪金等属于非独立个人劳动取得的报酬是有区别的，工资、薪金所得属于非独立个人劳务活动，即在机关、团体、学校、部队、企事业单位及其他组织中任职、受雇而得到的报酬；劳务报酬所得则是个人独立从事各种技艺，提供各项劳务取得的报酬。两者的主要区别在于，前者存在雇佣与被雇佣关系，后者则不存在这种关系。一般来说，劳务报酬是独立个人从事自由职业取得的所得。

（三）稿酬所得

稿酬所得，是指个人因其作品以图书、报刊等形式出版、发表而取得的所得。

任职、受雇于报刊、杂志等单位的记者、编辑等专业人员，因在本单位的报刊、杂志上发表作品取得的所得，属于因任职、受雇而取得的所得，应与其当月工资收入合并，按“工资、薪金所得”项目征收个人所得税。除上述专业人员以外，其他人员在本单位的报纸、杂志上发表作品取得的所得，应按“稿酬所得”项目征收个人所得税。

出版社的专业作者撰写、编写或翻译的作品，由本社以图书形式出版而取得的稿费收入，应按“稿酬所得”项目计算缴纳个人所得税。

作者去世后，对取得其遗作稿酬的个人，按“稿酬所得”征收个人所得税。

（四）特许权使用费所得

特许权使用费所得，是指个人提供专利权、商标权、著作权、非专利技术以及其他特许权的使用权取得的所得；提供著作权的使用权取得的所得，不包括稿酬所得。

二、应纳税所得额

居民个人的综合所得，以每一纳税年度的收入额减除费用六万元以及专项扣除、专项附加扣除和依法确定的其他扣除后的余额，为应纳税所得额。

非居民个人的工资、薪金所得，以每月收入额减除费用五千元后的余额为应纳税所得额；劳务报酬所得、稿酬所得、特许权使用费所得，以每次收入额为应纳税所得额。

劳务报酬所得、稿酬所得、特许权使用费所得以收入减除20%的费用后的余额为收入额。稿酬所得的收入额减按70%计算。

三、扣除项目

居民个人综合所得的扣除项目包括基本减除费用六万元以及专项扣除、专项附加扣除和依法确定的其他扣除。

（一）基本减除费用

对综合所得涉及的个人生计费用，采取定额扣除的办法。从2019年1月1日起，居民个人综合所得的基本减除费用标准为60 000元/年。

这里所说的“基本减除费用标准”也称“免征额”，与“起征点”不同。起征点是指税法规定的对课税对象开始征税的最低界限。当课税对象数额低于起征点时，无须纳税；当课税对象数额高于起征点时，就要对课税对象的全部收入征税。基本减除费用标准是对个人收入征税时允许扣除的费用限额。当个人收入低于减除费用标准时，无须纳税；当个人收入高于基本减除费用标准时，则对减去基本减除费用标准后的个人收入征税。所以，“基本减除费用标准”与“起征点”并不是同一个概念。

（二）专项扣除

专项扣除，包括居民个人按照国家规定的范围和标准缴纳的基本养老保险、基本医疗保险、失业保险等社会保险费和住房公积金等。

1. 基本社会保险

企事业单位按照国家或省（自治区、直辖市）人民政府规定的缴费比例或办法实际缴付的基本养老保险费、基本医疗保险费和失业保险费，免征个人所得税；个人按照国家或省（自治区、直辖市）人民政府规定的缴费比例或办法实际缴付的基本养老保险费、基本医疗保险费和失业保险费，允许在个人应纳税所得额中扣除。

企事业单位和个人超过规定的比例和标准缴付的基本养老保险费、基本医疗保险费和失业保险费，应将超过部分并入个人当期的工资、薪金收入，计征个人所得税。

2. 住房公积金

单位和个人分别在不超过职工本人上一年度月平均工资12%的幅度内，其实际缴存的住房公积金，允许在个人应纳税所得额中扣除。单位和职工个人缴存住房公积金的月平均工资不得超过职工工作地所在设区城市上一年度职工月平均工资的三倍，具体标准按照各地有关规定执行。

单位和个人超过上述规定比例和标准缴付的住房公积金，应将超过部分并入个人当期的工资、薪金收入，计征个人所得税。

上述职工工资口径按照国家统计局规定列入工资总额统计的项目计算。

(三) 专项附加扣除

专项附加扣除,包括子女教育、继续教育、大病医疗、住房贷款利息或者住房租金、赡养老人等支出。

1. 子女教育

纳税人的子女接受全日制学历教育的相关支出,按照每个子女每月 1 000 元的标准定额扣除。

学历教育包括义务教育(小学、初中教育)、高中阶段教育(普通高中、中等职业、技工教育)、高等教育(大学专科、大学本科、硕士研究生、博士研究生教育)。年满 3 岁至小学入学前处于学前教育阶段的子女,按上述规定执行。

2. 继续教育

纳税人在中国境内接受学历(学位)继续教育的支出,在学历(学位)教育期间按照每月 400 元定额扣除。同一学历(学位)继续教育的扣除期限不能超过 48 个月。纳税人接受技能人员职业资格继续教育、专业技术人员职业资格继续教育的支出,在取得相关证书的当年,按照 3 600 元定额扣除。

个人接受本科及以下学历(学位)继续教育,符合规定扣除条件的,可以选择由其父母扣除,也可以选择由本人扣除。

3. 大病医疗

在一个纳税年度内,纳税人发生的与基本医保相关的医药费用支出,扣除医保报销后个人负担(指医保目录范围内的自付部分)累计超过 15 000 元的部分,由纳税人在办理年度汇算清缴时,在 80 000 元限额内据实扣除。

4. 住房贷款利息

纳税人本人或者配偶单独或者共同使用商业银行或者住房公积金个人住房贷款为本人或者其配偶购买中国境内住房,发生的首套住房贷款利息支出,在实际发生贷款利息的年度,按照每月 1 000 元的标准定额扣除,扣除期限最长不超过 240 个月。纳税人只能享受一次首套住房贷款的利息扣除。首套住房贷款是指购买住房享受首套住房贷款利率的住房贷款。

经夫妻双方约定,可以选择由其中一方扣除,具体扣除方式在一个纳税年度内不能变更。

夫妻双方婚前分别购买住房发生的首套住房贷款,其贷款利息支出,婚后可以选择其中一套购买的住房,由购买方按扣除标准的 100%扣除,也可以由夫妻双方对各自购买的住房分别按扣除标准的 50%扣除,具体扣除方式在一个纳税年度内不能变更。

5. 住房租金

纳税人在主要工作城市没有自有住房而发生的住房租金支出,可以按照以下标准定额扣除:

(1) 直辖市、省会(首府)城市、计划单列市以及国务院确定的其他城市,扣除标准为每月 1 500 元;

(2) 除上述第(1)项所列城市以外,市辖区户籍人口超过 100 万的城市,扣除标准为每月 1 100 元;市辖区户籍人口不超过 100 万的城市,扣除标准为每月 800 元。

纳税人的配偶在纳税人的主要工作城市有自有住房的，视同纳税人在主要工作城市有自有住房。

市辖区户籍人口，以国家统计局公布的数据为准。主要工作城市是指纳税人任职受雇的直辖市、计划单列市、副省级城市、地级市（地区、州、盟）全部行政区域范围；纳税人无任职受雇单位的，为受理其综合所得汇算清缴的税务机关所在城市。

夫妻双方主要工作城市相同的，只能由一方扣除住房租金支出。住房租金支出由签订租赁住房合同的承租人扣除。

纳税人及其配偶在一个纳税年度内不能同时分别享受住房贷款利息和住房租金专项附加扣除。

6. 赡养老人

纳税人赡养一位及以上被赡养人的赡养支出，统一按照以下标准定额扣除：

(1) 纳税人为独生子女的，按照每月 2 000 元的标准定额扣除；

(2) 纳税人为非独生子女的，由其与兄弟姐妹分摊每月 2 000 元的扣除额度，每人分摊的额度不能超过每月 1 000 元。可以由赡养人均摊或者约定分摊，也可以由被赡养人指定分摊。约定或者指定分摊的须签订书面分摊协议，指定分摊优先于约定分摊。具体分摊方式和额度在一个纳税年度内不能变更。

被赡养人是指年满 60 岁的父母，以及子女均已去世的年满 60 岁的祖父母、外祖父母。

(四) 依法确定的其他扣除

依法确定的其他扣除，包括个人缴付符合国家规定的企业年金、职业年金，个人购买符合国家规定的商业健康保险、税收递延型商业养老保险的支出，以及国务院规定可以扣除的其他项目。

专项扣除、专项附加扣除和依法确定的其他扣除，以居民个人一个纳税年度的应纳税所得额为限额；一个纳税年度扣除不完的，不结转以后年度扣除。

1. 年金的税前扣除

企业和事业单位（以下统称单位）根据国家有关政策规定的办法和标准，为在本单位任职或者受雇的全体职工缴付的企业年金或职业年金（以下统称年金）单位缴费部分，在计入个人账户时，个人暂不缴纳个人所得税。

个人根据国家有关政策规定缴付的年金个人缴费部分，在不超过本人缴费工资计税基数的 4%标准内的部分，暂从个人当期的应纳税所得额中扣除。

超过上述规定的标准缴付的年金单位缴费和个人缴费部分，应并入个人当期的工资、薪金所得，依法计征个人所得税。税款由建立年金的单位代扣代缴，并向主管税务机关申报解缴。

企业年金个人缴费工资计税基数为本人上一年度月平均工资。月平均工资按国家统计局规定列入工资总额统计的项目计算。月平均工资超过职工工作地所在设区城市上一年度职工月平均工资 300%以上的部分，不计入个人缴费工资计税基数。

职业年金个人缴费工资计税基数为职工岗位工资和薪级工资之和。职工岗位工资和薪级工资之和超过职工工作地所在设区城市上一年度职工月平均工资 300%以上的部分，不计入个人缴费工资计税基数。

2. 商业健康保险产品支出限额扣除

对个人购买符合规定的商业健康保险产品的支出，允许在当年(月)计算应纳税所得额时予以税前扣除，扣除限额为 2 400 元/年(200 元/月)。单位统一为员工购买符合规定的商业健康保险产品的支出，应分别计入员工个人工资薪金，视同个人购买，按上述限额予以扣除。

2 400 元/年(200 元/月)的限额扣除为个人所得税法规定减除费用标准之外的扣除。

个体工商户业主、企事业单位承包承租经营者、个人独资和合伙企业投资者自行购买符合条件的商业健康保险产品的，在不超过 2 400 元/年的标准内据实扣除。一年内保费金额超过 2 400 元的部分，不得税前扣除。

(五) 公益性捐赠的扣除

个人将其所得对教育、扶贫、济困等公益慈善事业进行捐赠，捐赠额未超过纳税人申报的应纳税所得额 30%的部分，可以从其应纳税所得额中扣除；国务院规定对公益慈善事业捐赠实行全额税前扣除的，从其规定。

个人将其所得对教育、扶贫、济困等公益慈善事业进行捐赠，是指个人将其所得通过中国境内的公益性社会组织、国家机关向教育、扶贫、济困等公益慈善事业的捐赠；所称应纳税所得额，是指计算扣除捐赠额之前的应纳税所得额。

四、应纳税额

居民个人的综合所得，以每一纳税年度的收入额减除费用六万元以及专项扣除、专项附加扣除和依法确定的其他扣除后的余额，为应纳税所得额。适用综合所得年税率表 3%～45%七级超额累进税率，计算应纳的个人所得税额。用公式表示为：

应纳税额＝应纳税所得额×适用税率－速算扣除数

【例・计算】 居住在市区的居民个人李某(有一位弟弟、父母健在 61 岁)，一位女儿在读小学三年级。2019 年取得以下所得，不考虑“三险一金”，由李某扣除子女教育专项附加扣除。

1. 2 月份，为某企业提供技术服务，取得劳务报酬 30 000 元；
2. 每月取得任职单位支付的工资薪金 11 800 元；
3. 3 月份，将专利许可 B 企业使用，取得特许权使用费 15 000 元；
4. 12 月份，因出版一本专著，取得出版社支付的稿酬 80 000 元。

要求：计算应纳的个人所得税。

【解析】

1. 2019 年李某综合所得的收入额：

工资薪金的收入额：11 800 ×12＝141 600(元)；

劳务报酬的收入额：30 000 ×(1－20%)＝24 000(元)；

特许权使用费的收入额：15 000×(1－20%)＝12 000(元)；

稿酬的收入额：80 000×(1－20%)×70%＝44 800(元)；

2019 年综合所得的收入额：

141 600＋24 000＋12 000＋44 800＝222 400(元)，

2. 综合所得应纳税所得额：

222 400－60 000－2 000×12＝138 400(元)，

3. 综合所得应纳的个人所得税：
138 400×10%－2 520＝11 320(元)。

第三节　经营所得

一、征税范围

经营所得，是指以下几种情况：

(1) 个体工商户从事生产、经营活动取得的所得，个人独资企业投资人、合伙企业的个人合伙人来源于境内注册的个人独资企业、合伙企业生产、经营的所得；

(2) 个人依法从事办学、医疗、咨询以及其他有偿服务活动取得的所得；

(3) 个人对企业、事业单位承包经营、承租经营以及转包、转租取得的所得；

(4) 个人从事其他生产、经营活动取得的所得。

对个人独资企业和合伙企业从事股权(票)、期货、基金、债券、外汇、贵重金属、资源开采权及其他投资品交易取得的所得，应全部纳入经营所得，依法征收个人所得税。个人独资企业和合伙企业对外投资分回的利息或者股息、红利，不并入企业的收入，而应单独作为投资者个人取得的利息、股息、红利所得，按“利息、股息、红利所得”应税项目计算缴纳个人所得税。以合伙企业名义对外投资分回利息或者股息、红利的，应按规定确定各个投资者的利息、股息、红利所得，分别按“利息、股息、红利所得”应税项目计算缴纳个人所得税。

二、应纳税所得额

经营所得，以每一纳税年度的收入总额减除成本、费用以及损失后的余额，为应纳税所得额。

成本、费用，是指生产、经营活动中发生的各项直接支出和分配计入成本的间接费用以及销售费用、管理费用、财务费用；损失，是指生产、经营活动中发生的固定资产和存货的盘亏、毁损、报废损失，转让财产损失，坏账损失，自然灾害等不可抗力因素造成的损失以及其他损失。

取得经营所得的个人，没有综合所得的，计算其每一纳税年度的应纳税所得额时，应当减除费用 6 万元、专项扣除、专项附加扣除以及依法确定的其他扣除。专项附加扣除在办理汇算清缴时减除。

从事生产、经营活动，未提供完整、准确的纳税资料，不能正确计算应纳税所得额的，由主管税务机关核定应纳税所得额或者应纳税额。

(一) 扣除项目及标准

1. 工资薪金支出

个体工商户、个人独资企业和合伙企业向其从业人员实际支付的合理的工资、薪金支出，允许在税前据实扣除。

2. 商业保险与财产保险

除依照国家有关规定为特殊工种从业人员支付的人身安全保险费和财政部、国家税务总局规定可以扣除的其他商业保险费外，个体工商户业主本人或者为从业人员支付的商业保险费，不得扣除。

个体工商户、个人独资企业和合伙企业参加财产保险，按照规定缴纳的保险费，准予扣除。

3. 三项经费

个体工商户、个人独资企业和合伙企业拨缴的工会经费、发生的职工福利费、职工教育经费支出分别在工资薪金总额 2%、14%、2.5%的标准内据实扣除。

工资薪金总额是指允许在当期税前扣除的工资薪金支出数额。

职工教育经费的实际发生数额超出规定比例当期不能扣除的数额，准予在以后纳税年度结转扣除。

个体工商户业主本人向当地工会组织缴纳的工会经费、实际发生的职工福利费支出、职工教育经费支出，以当地(地级市)上年度社会平均工资的 3 倍为计算基数，在规定比例内据实扣除。

4. 借款费用

个体工商户、个人独资企业和合伙企业在生产经营活动中发生的合理的不需要资本化的借款费用，准予扣除。

个体工商户、个人独资企业和合伙企业为购置、建造固定资产、无形资产和经过 12 个月以上的建造才能达到预定可销售状态的存货发生借款的，在有关资产购置、建造期间发生的合理的借款费用，应当作为资本性支出计入有关资产的成本，并依照税法的规定扣除。

5. 利息支出

个体工商户、个人独资企业和合伙企业在生产经营活动中发生的下列利息支出，准予扣除：

(1) 向金融企业借款的利息支出；

(2) 向非金融企业和个人借款的利息支出，不超过按照金融企业同期同类贷款利率计算的数额的部分。

6. 汇兑损失

个体工商户、个人独资企业和合伙企业在货币交易中，以及纳税年度终了时将人民币以外的货币性资产、负债按照期末即期人民币汇率中间价折算为人民币时产生的汇兑损失，除已经计入有关资产成本部分外，准予扣除。

7. 业务招待费

个体工商户、个人独资企业和合伙企业每一纳税年度发生的与其生产经营业务直接相关的业务招待费支出，按照发生额的 60%扣除，但最高不得超过当年销售(营业)收入的 5‰。

业主自申请营业执照之日起至开始生产经营之日止所发生的业务招待费，按照实际发生额的 60%计入个体工商户的开办费。

8. 广告费和业务宣传费

个体工商户、个人独资企业和合伙企业每一纳税年度发生的广告费和业务宣传费用不超过当年销售(营业)收入 15%的部分，可据实扣除；超过部分，准予在以后纳税年度结转扣除。

9. 开办费

个体工商户自申请营业执照之日起至开始生产经营之日止所发生符合税法规定的费用,除为取得固定资产、无形资产的支出,以及应计入资产价值的汇兑损益、利息支出外,作为开办费,个体工商户可以选择在开始生产经营的当年一次性扣除,也可自生产经营月份起在不短于三年期限内摊销扣除,但一经选定,不得改变。

开始生产经营之日为个体工商户取得第一笔销售(营业)收入的日期。

10. 劳动保护支出

个体工商户发生的合理的劳动保护支出,准予扣除。

11. 研发支出

个体工商户研究开发新产品、新技术、新工艺所发生的开发费用,以及研究开发新产品、新技术而购置单台价值在10万元以下的测试仪器和试验性装置的购置费准予直接扣除;单台价值在10万元以上(含10万元)的测试仪器和试验性装置,按固定资产管理,不得在当期直接扣除。

12. 规费的扣除

个体工商户按照规定缴纳的摊位费、行政性收费、协会会费等,按实际发生数额扣除。

13. 固定资产租赁费

个体工商户、个人独资企业和合伙企业根据生产经营活动的需要租入固定资产支付的租赁费,按照以下方法扣除:

(1) 以经营租赁方式租入固定资产发生的租赁费支出,按照租赁期限均匀扣除;

(2) 以融资租赁方式租入固定资产发生的租赁费支出,按照规定构成融资租入固定资产价值的部分应当提取折旧费用,分期扣除。

14. 混用费用的扣除

个体工商户生产经营活动中,应当分别核算生产经营费用和个人、家庭费用。对于生产经营与个人、家庭生活混用难以分清的费用,其40%视为与生产经营有关费用,准予扣除。

个人独资企业和合伙企业生产经营和投资者及其家庭生活共用的固定资产,难以划分的,由主管税务机关根据企业的生产经营类型、规模等具体情况,核定准予在税前扣除的折旧费用的数额或比例。

(二) 不得扣除的项目

(1) 个人所得税税款;

(2) 税收滞纳金;

(3) 罚金、罚款和被没收财物的损失;

(4) 不符合扣除规定的捐赠支出;

(5) 赞助支出;

(6) 用于个人和家庭的支出;

(7) 与取得生产经营收入无关的其他支出;

(8) 个体工商户代其从业人员或者他人负担的税款,不得税前扣除。

(9) 个体工商户业主、个人独资企业投资者和合伙企业个人合伙人的工资薪金支出不得税前扣除。

(10) 国家税务总局规定不准扣除的支出。

(三) 资产的税务处理

个体工商户资产的税务处理,参照企业所得税相关法律、法规和政策规定执行。

个体工商户在生产经营过程中为销售或者耗用而储备的物资为存货,包括各种原材料、辅助材料、燃料、低值易耗品、包装物、在产品、外购商品、自制半成品、产成品等。

个体工商户使用或者销售存货,按照规定计算的存货成本,准予在计算应纳税所得额时扣除。

个体工商户、个人独资企业和合伙企业转让资产,该项资产的净值,准予在计算应纳税所得额时扣除。

(四) 亏损及其弥补

亏损,是指个体工商户、个人独资企业和合伙企业依照税法规定计算的应纳税所得额小于零的数额。

企业的年度亏损,允许用本企业下一年度的生产、经营所得弥补,下一年度所得不足弥补的,允许逐年延续弥补,但最长不得超过 5 年。

投资者兴办两个或者两个以上企业的,企业的年度经营亏损不能跨企业弥补。

合伙企业的合伙人是法人和其他组织的,合伙人在计算其缴纳企业所得税时,不得用合伙企业的亏损抵减其盈利。

(五) 合伙人应纳税所得额的确定

个人独资企业以投资者为纳税义务人,合伙企业以每一个合伙人为纳税义务人。合伙企业合伙人是自然人的,缴纳个人所得税;合伙人是法人和其他组织的,缴纳企业所得税。

合伙企业的合伙人按照下列原则确定应纳税所得额:

(1) 合伙企业的合伙人以合伙企业的生产经营所得和其他所得,按照合伙协议约定的分配比例确定应纳税所得额。

(2) 合伙协议未约定或者约定不明确的,以全部生产经营所得和其他所得,按照合伙人协商决定的分配比例确定应纳税所得额。

(3) 协商不成的,以全部生产经营所得和其他所得,按照合伙人实缴出资比例确定应纳税所得额。

(4) 无法确定出资比例的,以全部生产经营所得和其他所得,按照合伙人数量平均计算每个合伙人的应纳税所得额。合伙协议不得约定将全部利润分配给部分合伙人。

三、应纳税额

【例】 好再来饭店是一家从事餐饮服务的个人独资企业,其投资者为中国公民张某。2019 年全年实现收入 100 万元,成本 60 万元,期间费用及税金等 37.35 万元,其中支付投资者本人的工资 7 万元,没有其他纳税调整事项。当年已预缴个人所得税 5 000 元。

张某当年没有其他经营所得。

张某当年还从 A 公司取得工资收入 12 000 元/月,按规定每月缴付“三险一金”2 000

元，没有专项附加扣除和依法确定的其他扣除项目。

要求：计算张某应缴纳的个人所得税。

【解析】 1. 综合所得应纳个人所得税的计算：

应纳税所得额：

12 000×12－60 000－2 000×12＝60 000(元)

适用税率10%，速算扣除数为2 520，应纳综合所得个人所得税为：

60 000×10%－2 520＝3 480(元)。

2. 经营所得应纳税额的计算

首先，计算独资企业层面的所得：

100－60－37.35＋7＝9.65(万元)；

其次，计算投资者层面的经营所得：

根据《个人所得税法实施条例》第十五条第二款的规定，取得经营所得的个人，没有综合所得的，计算其每一纳税年度的应纳税所得额时，应当减除费用6万元、专项扣除、专项附加扣除以及依法确定的其他扣除。专项附加扣除在办理汇算清缴时减除。

因张某2019年有综合所得，已从综合所得中扣除减除费用6万元、专项扣除，没有专项附加扣除以及依法确定的其他扣除。因而，张某全年应纳税所得额为96 500元

第三，计算投资者年终汇算清缴时全年应纳的经营所得个人所得税。

96 500×20%－10 500＝8 800(元)；

汇算清缴应补个人所得税：8 800－5 000＝3 800(元)。

四、律师事务所从业人员个人所得税

(一) 出资律师的税务处理

律师个人出资兴办的独资和合伙性质的律师事务所的年度经营所得，作为出资律师的个人经营所得，按照有关规定，按照经营所得应税项目征收个人所得税。在计算其经营所得时，出资律师本人的工资、薪金不得扣除。合伙制律师事务所应将年度经营所得全额作为基数，按出资比例或者事先约定的比例等计算各合伙人应分配的所得，据以征收个人所得税。

(二) 雇员的税务处理

律师事务所支付给雇员(包括律师及行政辅助人员，但不包括独资和合伙性质的律师事务所的投资者，下同)的所得，按"工资、薪金所得"应税项目征收个人所得税。

作为律师事务所雇员的律师与律师事务所按规定的比例对收入分成，律师事务所不负担律师办理案件支出的费用(如交通费、资料费、通讯费及聘请人员等费用)，律师当月的分成收入按规定扣除办理案件支出的费用后，余额与律师事务所发给的工资合并，按"工资、薪金所得"应税项目计征个人所得税。

律师从其分成收入中扣除办理案件支出费用的标准，由各省级税务局根据当地律师办理案件费用支出的一般情况、律师与律师事务所之间的收入分成比例及其他相关参考因素，在律师当月分成收入的30%比例内确定。

第四节　其他分类所得

一、利息、股息、红利所得

(一) 征税范围

利息、股息、红利所得,是指个人拥有债权、股权等而取得的利息、股息、红利所得。

利息是个人拥有债权而取得的所得,包括存款利息、贷款利息、借款和各种债券利息以及其他形式取得的利息。股息、红利是指公司、企业按照个人拥有的股份分配的息金、红利。

纳税年度内个人投资者从其投资企业(个人独资企业、合伙企业除外)借款,在该纳税年度终了后既不归还,又未用于企业生产经营的,其未归还的借款可视为企业对个人投资者的红利分配,依照"利息、股息、红利所得"项目计征个人所得税。

个体工商户与企业联营而分得的利润,按利息、股息、红利所得项目征收个人所得税。

对以未分配利润、盈余公积和除股票溢价发行外的其他资本公积转增注册资本和股本的,按照"利息、股息、红利所得"项目,依据现行政策规定计征个人所得税。

1. 派发红股

股份制企业在分配股息、红利时,以股票形式向股东个人支付应得的股息、红利,应以派发红股的股票票面金额为收入额,按利息、股息、红利所得项目计征个人所得税。

2. 转增股本

股份制企业用股票溢价发行收入形成的资本公积金转增股本不属于股息、红利性质的分配,对个人取得的转增股本数额,不作为个人所得,不征收个人所得税。股份制企业用盈余公积金派发红股属于股息、红利性质的分配,对个人取得的红股数额,应作为个人所得征税。派发红股的股份制企业作为支付所得的单位应按照税法规定履行扣缴义务。

3. 盈余公积转增资本

公司将从税后利润中提取的法定公积金和任意公积金转增注册资本,实际上是公司将盈余公积金向股东分配了股息、红利,股东再以分得的股息、红利增加注册资本。对属于个人股东分得再投入公司(转增注册资本)的部分应按照"利息、股息、红利所得"项目征收个人所得税,税款由股份有限公司在有关部门批准增资、公司股东会决议通过后代扣代缴。

(二) 应纳税所得额

利息、股息、红利所得,以每次收入额为应纳税所得额。利息、股息、红利所得,以支付利息、股息、红利时取得的收入为一次。

(三) 应纳税额

利息、股息、红利所得适用20%的比例税率。其应纳税额的计算公式为:

应纳税额＝应纳税所得额(每次收入额)×适用税率(20%)

（四）上市公司股息红利差别化政策

1. 上市公司股息红利差别化政策

个人从公开发行和转让市场取得的上市公司股票，持股期限超过1年的，股息红利所得暂免征收个人所得税。

个人从公开发行和转让市场取得的上市公司股票，持股期限在1个月以内(含1个月)的，其股息红利所得全额计入应纳税所得额；持股期限在1个月以上至1年(含1年)的，暂减按50%计入应纳税所得额；上述所得统一适用20%的税率计征个人所得税。

2. 持股期限的确定

持股期限是指个人从公开发行和转让市场取得上市公司股票之日至转让交割该股票之日前一日的持续时间。个人转让股票时，按照先进先出法计算持股期限，即证券账户中先取得的股票视为先转让。持股期限按自然年(月)计算，持股一年是指从上一年某月某日至本年同月同日的前一日连续持股；持股一个月是指从上月某日至本月同日的前一日连续持股。持有股份数量以每日日终结算后个人投资者证券账户的持有记录为准。

3. 股份转让系统挂牌公司股息红利差别化政策

个人持有全国中小企业股份转让系统(简称全国股份转让系统)挂牌公司的股票，持股期限在1个月以内(含1个月)的，其股息红利所得全额计入应纳税所得额；持股期限在1个月以上至1年(含1年)的，暂减按50%计入应纳税所得额；自2015年9月8日起，持股期限超过1年的，股息红利所得暂免征收个人所得税。上述所得统一适用20%的税率计征个人所得税。

挂牌公司是指股票在全国股份转让系统挂牌公开转让的非上市公众公司；持股期限是指个人取得挂牌公司股票之日至转让交割该股票之日前一日的持有时间。年(月)是指自然年(月)，即持股一年是指从上一年某月某日至本年同月同日的前一日。

4. 盈余积累转增股本分期纳税

自2016年1月1日起，全国范围内的中小高新技术企业以未分配利润、盈余公积、资本公积向个人股东转增股本时，个人股东一次缴纳个人所得税确有困难的，可根据实际情况自行制定分期缴税计划，在不超过5个公历年度内(含)分期缴纳，并将有关资料报主管税务机关备案。

上市中小高新技术企业或在全国中小企业股份转让系统挂牌的中小高新技术企业向个人股东转增股本，股东应纳的个人所得税，继续按照现行有关股息红利差别化个人所得税政策执行，不适用规定的分期纳税政策。

个人股东获得转增的股本，应按照“利息、股息、红利所得”项目，适用20%税率征收个人所得税。

股东转让股权并取得现金收入的，该现金收入应优先用于缴纳尚未缴清的税款。

在股东转让该部分股权之前，企业依法宣告破产，股东进行相关权益处置后没有取得收益或收益小于初始投资额的，主管税务机关对其尚未缴纳的个人所得税可不予追征。

中小高新技术企业，是指注册在中国境内实行查账征收的、经认定取得高新技术企业资格，且年销售额和资产总额均不超过2亿元、从业人数不超过500人的企业。

二、财产租赁所得

(一) 征税范围

财产租赁所得,是指个人出租建筑物、土地使用权、机器设备、车船以及其他财产取得的所得。

(二) 纳税义务人

确认财产租赁所得的纳税义务人,应以产权凭证为依据。无产权凭证的,由主管税务机关根据实际情况确定纳税义务人。产权所有人死亡,在未办理产权继承手续期间,该财产出租而有租金收入的,以领取租金的个人为纳税义务人。

(三) 应纳税所得额

财产租赁所得,每次收入不超过四千元的,减除费用八百元;四千元以上的,减除20%的费用,其余额为应纳税所得额。

财产租赁所得,以一个月内取得的收入为一次。个人出租房屋的个人所得税应税收入不含增值税,计算房屋出租所得可扣除的税费不包括本次出租缴纳的增值税。个人转租房屋的,其向房屋出租方支付的租金及增值税额,在计算转租所得时予以扣除。免征增值税的,确定计税依据时,成交价格、租金收入、转让房地产取得的收入不扣减增值税额。在计征个人所得税时,税务机关核定的计税价格或收入不含增值税。

纳税义务人出租房屋取得财产租赁收入,在计算征税时,除可依法减除规定费用和有关税、费外,还准予扣除能够提供有效、准确凭证,证明由纳税义务人负担的该出租财产实际开支的修缮费用。允许扣除的修缮费用,以每次800元为限,一次扣除不完的,准予在下一次继续扣除,直至扣完为止。

三、财产转让所得

(一) 征税范围

财产转让所得,是指个人转让有价证券、股权、合伙企业中的财产份额、不动产、机器设备、车船以及其他财产取得的所得。

(二) 应纳税所得额

财产转让所得,以转让财产的收入额减除财产原值和合理费用后的余额,为应纳税所得额。财产转让所得,按照一次转让财产的收入额减除财产原值和合理费用后的余额计算纳税。

财产原值,按照下列方法确定:

(1) 有价证券,为买入价以及买入时按照规定交纳的有关费用;

(2) 建筑物,为建造费或者购进价格以及其他有关费用;

(3) 土地使用权,为取得土地使用权所支付的金额、开发土地的费用以及其他有关费用;

(4) 机器设备、车船,为购进价格、运输费、安装费以及其他有关费用。

其他财产，参照前款规定的方法确定财产原值。

纳税人未提供完整、准确的财产原值凭证，不能按照上述方法确定财产原值的，由主管税务机关核定财产原值。

合理费用，是指卖出财产时按照规定支付的有关税费。

个人转让房屋的个人所得税应税收入不含增值税，其取得房屋时所支付价款中包含的增值税计入财产原值，计算转让所得时可扣除的税费不包括本次转让缴纳的增值税。

免征增值税的，确定计税依据时，成交价格、租金收入、转让房地产取得的收入不扣减增值税额。在计征个人所得税时，税务机关核定的计税价格或收入不含增值税。

（三）转让限售股所得

1. 限售股的界定

个人转让限售股或发生具有转让限售股实质的其他交易，取得现金、实物、有价证券和其他形式的经济利益均应缴纳个人所得税。限售股在解禁前被多次转让的，转让方对每一次转让所得均应按规定缴纳个人所得税。

2. 应纳税所得额的计算

对个人转让限售股取得的所得，应按“财产转让所得”项目征税。个人转让限售股，应以每次限售股转让收入，减除股票原值和合理税费后的余额，为应纳税所得额。具体计算公式如下：

应纳税所得额＝限售股转让收入－（限售股原值＋合理税费）

应纳税额 ＝ 应纳税所得额×20％

限售股转让收入，是指转让限售股股票实际取得的收入。限售股原值，是指限售股买入时的买入价及按照规定缴纳的有关费用。合理税费，是指转让限售股过程中发生的印花税、佣金、过户费等与交易相关的税费。

如果纳税人未能提供完整、真实的限售股原值凭证的，不能准确计算限售股原值的，主管税务机关一律按限售股转让收入的15％核定限售股原值及合理税费。

3. 成本费用的确定

个人转让因协议受让、司法扣划等情形取得未解禁限售股的，成本按照主管税务机关认可的协议受让价格、司法扣划价格核定，无法提供相关资料的，按限售股转让收入的15％核定限售股原值及合理税费；个人转让因依法继承或家庭财产依法分割取得的限售股的，按规定缴纳个人所得税时，成本按照该限售股前一持有人取得该股时实际成本及税费计算。

在证券机构技术和制度准备完成后形成的限售股，自股票上市首日至解禁日期间发生送、转、缩股的，证券登记结算公司应依据送、转、缩股比例对限售股成本原值进行调整；而对于其他权益分派的情形（如现金分红、配股等），不对限售股的成本原值进行调整。

因个人持有限售股中存在部分限售股成本原值不明确，导致无法准确计算全部限售股成本原值的，证券登记结算公司一律以实际转让收入的15％作为限售股成本原值和合理税费。

（四）非货币性资产投资递延纳税

非货币性资产，是指现金、银行存款等货币性资产以外的资产，包括股权、不动产、技术发明成果以及其他形式的非货币性资产。

非货币性资产投资包括以非货币性资产出资设立新的企业，以及以非货币性资产出资参与企业增资扩股、定向增发股票、股权置换、重组改制等投资行为。

1. 应税项目的确定

个人以非货币性资产投资，属于个人转让非货币性资产和投资同时发生。对个人转让非货币性资产的所得，应按照“财产转让所得”项目，依法计算缴纳个人所得税。

2. 应纳税额的计算

纳税人非货币性资产投资应纳税所得额为非货币性资产转让收入减除该资产原值及合理税费后的余额。用公式表示为：

$$\text{应纳税所得额}=\text{非货币性资产转让收入}-\text{资产原值}-\text{转让时按规定支付的合理税费}$$

$$\text{应纳税额}=\text{应纳税所得额}\times 20\%$$

个人以非货币性资产投资，应于非货币性资产转让、取得被投资企业股权时，确认非货币性资产转让收入的实现。

非货币性资产原值为纳税人取得该项资产时实际发生的支出。即非货币性资产原值以历史成本进行确认。

纳税人无法提供完整、准确的非货币性资产原值凭证，不能正确计算非货币性资产原值的，主管税务机关可依法核定其非货币性资产原值。

合理税费是指纳税人在非货币性资产投资过程中发生的与资产转移相关的税金及合理费用。

3. 非货币性资产投资分期缴税

个人应在发生非货币性资产投资应税行为的次月 15 日内向主管税务机关申报纳税。纳税人一次性缴税有困难的，可合理确定分期缴纳计划并报主管税务机关备案后，自发生上述应税行为之日起不超过 5 个公历年度内(含)分期缴纳个人所得税。

个人以非货币性资产投资交易过程中取得现金补价的，现金部分应优先用于缴税；现金不足以缴纳的部分，可分期缴纳。

个人在分期缴税期间转让其持有的上述全部或部分股权，并取得现金收入的，该现金收入应优先用于缴纳尚未缴清的税款。

(五) 技术成果投资递延纳税

技术成果投资入股，是指纳税人将技术成果所有权让渡给被投资企业、取得该企业股票(权)的行为。技术成果投资入股，实质是转让技术成果和以转让所得再进行投资两笔经济业务同时发生。对于转让技术成果这一环节，个人应当按照“财产转让所得”项目计算纳税。

技术成果是指专利技术(含国防专利)、计算机软件著作权、集成电路布图设计专有权、植物新品种权、生物医药新品种，以及科技部、财政部、国家税务总局确定的其他技术成果。

个人以技术成果投资入股到境内居民企业，被投资企业支付的对价全部为股票(权)的，个人可选择继续按现行有关税收政策执行，也可选择适用递延纳税优惠政策。

选择技术成果投资入股递延纳税政策的，经向主管税务机关备案，投资入股当期可暂不纳税，允许递延至转让股权时，按股权转让收入减去技术成果原值和合理税费后的差额计算缴纳所得税。

个人因技术成果投资入股取得股权后，非上市公司在境内上市的，处置递延纳税的股权时，按照现行限售股有关征税规定执行。

持有递延纳税的股权期间，因该股权产生的转增股本收入，以及以该递延纳税的股权再进行非货币性资产投资的，应在当期缴纳税款。

个人转让股权时，视同享受递延纳税优惠政策的股权优先转让。递延纳税的股权成本按照加权平均法计算，不与其他方式取得的股权成本合并计算。

（六）转让非上市公司股权

1. 转让非上市公司股权

股权转让是指个人将持有的非上市公司股权转让给其他个人或法人的行为，包括以下情形：

(1) 出售股权；

(2) 公司回购股权；

(3) 发行人首次公开发行新股时，被投资企业股东将其持有的股份以公开发行方式一并向投资者发售；

(4) 股权被司法或行政机关强制过户；

(5) 以股权对外投资或进行其他非货币性交易；

(6) 以股权抵偿债务；

(7) 其他股权转移行为。

上述列举的七类情形，股权已经发生了实质上的转移，而且转让方也相应获取了报酬或免除了责任，因此都应当属于股权转让行为，个人取得所得应按规定缴纳个人所得税。

2. 应税项目与应纳税所得额

个人转让股权，以股权转让收入减除股权原值和合理费用后的余额为应纳税所得额，按“财产转让所得”缴纳个人所得税。合理费用是指股权转让时按照规定支付的有关税费。

用公式表示为：

应纳税所得额＝股权转让收入－股权原值－合理费用

3. 股权转让收入的确定

股权转让收入应当按照公平交易原则确定。

股权转让收入，是指转让方因股权转让而获得的现金、实物、有价证券和其他形式的经济利益。转让方取得与股权转让相关的各种款项，包括违约金、补偿金以及其他名目的款项、资产、权益等，均应当并入股权转让收入。纳税人按照合同约定，在满足约定条件后取得的后续收入，应当作为股权转让收入。

符合下列情形之一的，主管税务机关可以核定股权转让收入：

(1) 申报的股权转让收入明显偏低且无正当理由的；

(2) 未按照规定期限办理纳税申报，经税务机关责令限期申报，逾期仍不申报的；

(3) 转让方无法提供或拒不提供股权转让收入的有关资料；

(4) 其他应核定股权转让收入的情形。

符合下列情形之一，视为股权转让收入明显偏低：

(1) 申报的股权转让收入低于股权对应的净资产份额的。其中,被投资企业拥有土地使用权、房屋、房地产企业未销售房产、知识产权、探矿权、采矿权、股权等资产的,申报的股权转让收入低于股权对应的净资产公允价值份额的;

(2) 申报的股权转让收入低于初始投资成本或低于取得该股权所支付的价款及相关税费的;

(3) 申报的股权转让收入低于相同或类似条件下同一企业同一股东或其他股东股权转让收入的;

(4) 申报的股权转让收入低于相同或类似条件下同类行业的企业股权转让收入的;

(5) 不具合理性的无偿让渡股权或股份;

(6) 主管税务机关认定的其他情形。

符合下列条件之一的股权转让收入明显偏低,视为有正当理由:

(1) 能出具有效文件,证明被投资企业因国家政策调整,生产经营受到重大影响,导致低价转让股权;

(2) 继承或将股权转让给其能提供具有法律效力身份关系证明的配偶、父母、子女、祖父母、外祖父母、孙子女、外孙子女、兄弟姐妹以及对转让人承担直接抚养或者赡养义务的抚养人或者赡养人;

(3) 相关法律、政府文件或企业章程规定,并有相关资料充分证明转让价格合理且真实的本企业员工持有的不能对外转让股权的内部转让;

(4) 股权转让双方能够提供有效证据证明其合理性的其他合理情形。

主管税务机关应依次按照下列方法核定股权转让收入:

(1) 净资产核定法

股权转让收入按照每股净资产或股权对应的净资产份额核定。

被投资企业的土地使用权、房屋、房地产企业未销售房产、知识产权、探矿权、采矿权、股权等资产占企业总资产比例超过20%的,主管税务机关可参照纳税人提供的具有法定资质的中介机构出具的资产评估报告核定股权转让收入。

6个月内再次发生股权转让且被投资企业净资产未发生重大变化的,主管税务机关可参照上一次股权转让时被投资企业的资产评估报告核定此次股权转让收入。

(2) 类比法

① 参照相同或类似条件下同一企业同一股东或其他股东股权转让收入核定;

② 参照相同或类似条件下同类行业企业股权转让收入核定。

(3) 其他合理方法

主管税务机关采用以上方法核定股权转让收入存在困难的,可以采取其他合理方法核定。

4. 股权原值和合理费用的确认

个人转让股权的原值依照以下方法确认:

(1) 以现金出资方式取得的股权,按照实际支付的价款与取得股权直接相关的合理税费之和确认股权原值;

(2) 以非货币性资产出资方式取得的股权,按照税务机关认可或核定的投资入股时非货币性资产价格与取得股权直接相关的合理税费之和确认股权原值;

(3) 通过无偿让渡方式取得股权,具备《股权转让所得个人所得税管理办法(试行)》第十三条第二项(即三代以内亲属间转让股权)所列情形的,按取得股权发生的合理税费与原持有人的股权原值之和确认股权原值；

(4) 被投资企业以资本公积、盈余公积、未分配利润转增股本，个人股东已依法缴纳个人所得税的，以转增额和相关税费之和确认其新转增股本的股权原值；

(5) 除以上情形外，由主管税务机关按照避免重复征收个人所得税的原则合理确认股权原值。

股权转让人已被主管税务机关核定股权转让收入并依法征收个人所得税的，该股权受让人的股权原值以取得股权时发生的合理税费与股权转让人被主管税务机关核定的股权转让收入之和确认。

个人转让股权未提供完整、准确的股权原值凭证，不能正确计算股权原值的，由主管税务机关核定其股权原值。

对个人多次取得同一被投资企业股权的，转让部分股权时，采用"加权平均法"确定其股权原值。

四、偶然所得

(一) 征税范围

偶然所得，是指个人得奖、中奖、中彩以及其他偶然性质的所得。

企业对累积消费达到一定额度的顾客，给予额外抽奖机会，个人的获奖所得，按照"偶然所得"项目，全额适用 20%的税率缴纳个人所得税。

个人取得单张有奖发票奖金所得不超过 800 元(含 800 元)的，暂免征收个人所得税；个人取得单张有奖发票奖金所得超过 800 元的，应全额按照个人所得税法规定的"偶然所得"项目征收个人所得税。

个人因在各行各业做出突出贡献而从省级以下人民政府及其所属部门取得的一次性奖励收入，不论其奖金来源于何处，均不属于税法所规定的免税范畴，应按"偶然所得"项目征收个人所得税。

(二) 应纳税所得额

偶然所得，以每次收入额为应纳税所得额。偶然所得，以每次取得该项收入为一次。

第五节 税收优惠

一、法定免征

根据《个人所得税法》第四条的规定，下列各项个人所得，免征个人所得税：

(1) 省级人民政府、国务院部委和中国人民解放军军以上单位，以及外国组织、国际组织颁发的科学、教育、技术、文化、卫生、体育、环境保护等方面的奖金；

(2) 国债和国家发行的金融债券利息；

国债利息，是指个人持有中华人民共和国财政部发行的债券而取得的利息；国家发行的金融债券利息，是指个人持有经国务院批准发行的金融债券而取得的利息。

(3) 按照国家统一规定发给的补贴、津贴;

按照国家统一规定发给的补贴、津贴,是指按照国务院规定发给的政府特殊津贴、院士津贴,以及国务院规定免纳个人所得税的其他补贴、津贴。

(4) 福利费、抚恤金、救济金;

福利费,是指根据国家有关规定,从企业、事业单位、国家机关、社会组织提留的福利费或者工会经费中支付给个人的生活补助费;救济金,是指各级人民政府民政部门支付给个人的生活困难补助费。

(5) 保险赔款;

(6) 军人的转业费、复员费、退役金;

(7) 按照国家统一规定发给干部、职工的安家费、退职费、基本养老金或者退休费、离休费、离休生活补助费;

(8) 依照有关法律规定应予免税的各国驻华使馆、领事馆的外交代表、领事官员和其他人员的所得;

依照我国法律规定应予免税的各国驻华使馆、领事馆的外交代表、领事官员和其他人员的所得,是指依照《中华人民共和国外交特权与豁免条例》和《中华人民共和国领事特权与豁免条例》规定免税的所得。

(9) 中国政府参加的国际公约、签订的协议中规定免税的所得;

(10) 国务院规定的其他免税所得。由国务院报全国人民代表大会常务委员会备案。

二、法定减征

根据《个人所得税法》第五条的规定,有下列情形之一的,可以减征个人所得税,具体幅度和期限,由省、自治区、直辖市人民政府规定,并报同级人民代表大会常务委员会备案:

(1) 残疾、孤老人员和烈属的所得;

(2) 因自然灾害遭受重大损失的。

国务院可以规定其他减税情形,报全国人民代表大会常务委员会备案。

三、无住所个人优惠

在中国境内无住所的个人,在中国境内居住累计满183天的年度连续不满六年的,经向主管税务机关备案,其来源于中国境外且由境外单位或者个人支付的所得,免予缴纳个人所得税;在中国境内居住累计满183天的任一年度中有一次离境超过30天的,其在中国境内居住累计满183天的年度的连续年限重新起算。

在中国境内无住所的个人,在一个纳税年度内在中国境内居住累计不超过90天的,其来源于中国境内的所得,由境外雇主支付并且不由该雇主在中国境内的机构、场所负担的部分,免予缴纳个人所得税。

第六节　征收管理

一、代扣代缴

扣缴义务人应当按照国家规定办理全员全额扣缴申报,并向纳税人提供其个人所得和已扣缴税款等信息。

实行个人所得税全员全额扣缴申报的应税所得包括：

(1) 工资、薪金所得；

(2) 劳务报酬所得；

(3) 稿酬所得；

(4) 特许权使用费所得；

(5) 利息、股息、红利所得；

(6) 财产租赁所得；

(7) 财产转让所得；

(8) 偶然所得。

二、自行申报

有下列情形之一的，纳税人应当依法办理纳税申报：

(1) 取得综合所得需要办理汇算清缴；

取得综合所得需要办理汇算清缴的情形包括：① 从两处以上取得综合所得，且综合所得年收入额减除专项扣除的余额超过 6 万元；② 取得劳务报酬所得、稿酬所得、特许权使用费所得中一项或者多项所得，且综合所得年收入额减除专项扣除的余额超过 6 万元；③ 纳税年度内预缴税额低于应纳税额；④ 纳税人申请退税。纳税人申请退税，应当提供其在中国境内开设的银行账户，并在汇算清缴地就地办理税款退库。

(2) 取得应税所得没有扣缴义务人；

(3) 取得应税所得，扣缴义务人未扣缴税款；

(4) 取得境外所得；

(5) 因移居境外注销中国户籍；

(6) 非居民个人在中国境内从两处以上取得工资、薪金所得；

(7) 国务院规定的其他情形。

三、纳税人识别号

纳税人识别号，是税务机关根据税法规定的编码规则，编制并且赋予纳税人用来确认其身份的数字代码标识。由于自然人纳税人不办理税务登记，对其赋予全国唯一的纳税人识别号，相当于赋予了"税务登记证号"，是自然人税收管理的基础、前提和重要"抓手"。

纳税人有中国居民身份号码的，以中国居民身份号码为纳税人识别号；纳税人没有中国居民身份号码的，由税务机关赋予其纳税人识别号。扣缴义务人扣缴税款时，纳税人应当向扣缴义务人提供纳税人识别号。

自然人纳税人办理纳税申报、税款缴纳、申请退税、开具完税凭证、纳税查询等涉税事项时应当向税务机关或扣缴义务人提供纳税人识别号。

四、纳税前置与协税护税

公安、人民银行、金融监督管理等相关部门应当协助税务机关确认纳税人的身份、金融账户信息。教育、卫生、医疗保障、民政、人力资源社会保障、住房城乡建设、公安、人民银行、金融监督管理等相关部门应当向税务机关提供纳税人子女教育、继续教育、大病医疗、住房贷款利息、住房租金、赡养老人等专项附加扣除信息。

个人转让不动产的,税务机关应当根据不动产登记等相关信息核验应缴的个人所得税,登记机构办理转移登记时,应当查验与该不动产转让相关的个人所得税的完税凭证。个人转让股权办理变更登记的,市场主体登记机关应当查验与该股权交易相关的个人所得税的完税凭证。

有关部门依法将纳税人、扣缴义务人遵守个人所得税法的情况纳入信用信息系统,并实施联合激励或者惩戒。

课后习题

一、选择题

1. 下列各项个人所得中,应纳个人所得税有(　　)。

A. 工资、薪金所得　　B. 劳务报酬所得　　C. 利息、股息、红利所得

D. 财产租赁所得　　E. 转让股权所得

2. 下列专项附加扣除项目中,可以在支付工资、薪金所得的单位预扣预缴个人所得税时扣除的有(　　)。

A. 子女教育　　B. 继续教育　　C. 大病医疗

D. 住房贷款利息　　E. 赡养老人

3. 张某在足球世界杯期间参加下列活动所获得收益中,应当缴纳个人所得税的有(　　)。

A. 参加某电商的秒杀活动,以 100 元购得原价 2 000 元的足球鞋一双

B. 为赴巴西看球,开通手机全球漫游套餐,获赠价值 1 500 元的手机一部

C. 参加某电台举办世界杯竞猜活动,获得价值 6 000 元的赴巴西机票一张

D. 作为某航空公司金卡会员被邀请参加世界杯抽奖活动,抽得市价 2 500 元球衣一套

二、计算题

1. 张三 2018 年 8 月通过拍卖行将 3 年前购入的一幅字画拍卖,取得收入 300 000 元,购买时实际支付的价款 50 000,拍卖时支付相关税费 4 000 元。

要求:计算拍卖字画所得应缴纳的个人所得税:

2. 居住在南京的居民个人李某(有一位姐姐、父母健在都已 61 岁),一位女儿在读小学五年级。2019 年取得以下所得,不考虑专项扣除,由李某扣除子女教育专项附加扣除。

(1) 2 月份,为某企业提供技术服务,取得劳务报酬 30 000 元;

(2) 每月取得任职单位支付的工资薪金 11 800 元;

(3) 3 月份,将专利许可 B 企业使用,取得特许权使用费 15 000 元;

(4) 12 月份,因出版一本专著,取得出版社支付的稿酬 80 000 元。

假设支付单位在支付上述所得时,已预扣预缴个人所得税 19 800 元。

要求:计算年终汇算清缴时应补(退)的个人所得税。

三、思考题

1. 工资薪金所得的扣除标准有没有必要随物价指数调整?

2. 中国个人所得税采取的综合征收模式,还需要什么样的综合治理环境?

3. 个人所得税的扣除项目如何结合家庭的实际费用支出安排,如教育、医疗、养老等,体现真是负担?

第四篇

财产行为税

第十一章 房产税

税收与你获得的得益如影随形。

——[美]爱默生

欧洲中世纪时，房产税就成为封建君主敛财的一项重要手段，且名目繁多，如“窗户税”“灶税”“烟囱税”等，这类房产税大多以房屋的某种外部标志作为确定负担的标准。中国古籍《周礼》上所称“廛布”即为最初的房产税。中国房产税属于财产税中的个别财产税，房产税是以房屋为征税对象，按房屋的计税余值或租金收入为计税依据，向产权所有人征收的一种财产税。目前征税对象仅限经营性房产，对非经营性房产课征房产税正在论证过程之中。国外房产税则体现了专款专用，专用于社区公共服务的开支。

第一节 纳税人与征税范围

一、房产税概述

（一）房产税概念

房产税是以开征范围内的房屋为征税对象，按照房产余值或租金收入为计税依据，向产权所有人征收的一种财产税。

1950年1月，政务院颁布《全国税政实施要则》，房产税就作为全国开征的税种之一。1951年8月8日，政务院发布《城市房地产税暂行条例》，将房产和地产合并征收城市房地产税。1984年进行工商税制全面改革，将城市房地产税分为城镇土地使用税和房产税，但暂缓开征。

现行房产税基本法律依据是1986年10月1日起实施的《中华人民共和国房产税暂行条例》(国发〔1986〕90号)。各省、自治区、直辖市根据《房产税暂行条例》的规定，先后制定了施行细则。

2008年12月31日，国务院发布第546号国务院令规定，1951年8月8日政务院公布的《城市房地产税暂行条例》自2009年1月1日起废止。自2009年1月1日起，外商投资企业、外国企业和组织以及外籍个人，依照《中华人民共和国房产税暂行条例》缴纳房产税。

基于政府对房地产市场的调控需要，重庆市、上海市于2011年1月28日起开展个人住房房产税改革试点。

（二）房产税特征

(1) 房产税属于个别财产税。我国房产税征税对象是应税房屋，属于财产税中的个别财产税。

(2) 房产税在特定区域征收。房产税的征税范围是城市、县城、建制镇和工矿区。对农村地区的房产不征房产税。

(3) 实施从价或从租两种计征方式。根据自用与出租房产的不同情况,分别采用从价计征和从租计征两种方式:对于自用的应税房产按房产余值征收,对出租的房产按租金收入计征房产税。

二、纳税义务人

(一) 纳税人的一般规定

《房产税暂行条例》第二条规定,房产税由产权所有人缴纳。产权属于全民所有的,由经营管理的单位缴纳。产权出典的,由承典人缴纳。产权所有人、承典人不在房产所在地的,或者产权未确定及租典纠纷未解决的,由房产代管人或者使用人缴纳。

前款列举的产权所有人、经营管理单位、承典人、房产代管人或者使用人,统称为纳税义务人(简称纳税人)。

(二) 纳税人的具体规定

1. 房屋产权未确定纳税人的确定

产权未确定,由使用人缴纳房产税。

2. 业主共有的经营性房产的纳税人

对居民住宅区内业主共有的经营性房产,由实际经营(包括自营和出租)的代管人或使用人缴纳房产税。其中自营的,依照房产原值减除10%至30%后的余值计征,没有房产原值或不能将业主共有房产与其他房产的原值准确划分开的,由房产所在地税务机关参照同类房产核定房产原值;出租的,依照租金收入计征。

3. 外资企业及外籍个人应征房产税

自2009年1月1日起,对外资企业及外籍个人的房产征收房产税,在征税范围、计税依据、税率、税收优惠、征收管理等方面按照《房产税暂行条例》及有关规定执行。

以人民币以外的货币为记账本位币的外资企业及外籍个人在缴纳房产税时,均应将其根据记账本位币计算的税款按照缴款上月最后一日的人民币汇率中间价折合成人民币。

4. 承租人修理不支付房租纳税人的确定

承租人使用房产,以支付修理费抵交房产租金,仍应由房产的产权所有人依照规定缴纳房产税。

三、房产税的征税对象

房产税的征税对象是房产,"房产"是以房屋形态表现的财产。房屋是指有屋面和围护结构(有墙或两边有柱),能够遮风避雨,可供人们在其中生产、工作、学习、娱乐、居住或储藏物资的场所。

独立于房屋之外的建筑物,如围墙、烟囱、水塔、变电塔、油池油柜、酒窖菜窖、酒精池、糖蜜池、室外游泳池、玻璃暖房、砖瓦石灰窑以及各种油气罐等,不属于房产。

四、房产税的征税范围

根据《房产税暂行条例》第 1 条的规定，房产税在城市、县城、建制镇和工矿区征收。

城市是指经国务院批准设立的市。城市的征税范围为市区、郊区和市辖县县城。不包括农村。

县城是指未设立建制镇的县人民政府所在地。

建制镇是指经省、自治区、直辖市人民政府批准设立的建制镇。建制镇的征税范围为镇人民政府所在地。不包括所辖的行政村。建制镇具体征税范围，由各省、自治区、直辖市税务局提出方案，经省、自治区、直辖市人民政府确定批准后执行，并报国家税务总局备案。对农林牧渔业用地和农民居住用房屋及土地，不征收房产税和土地使用税。

工矿区是指工商业比较发达，人口比较集中，符合国务院规定的建制镇标准，但尚未设立镇建制的大中型工矿企业所在地。开征房产税的工矿区须经省、自治区、直辖市人民政府批准。

五、不征房产税的情形

（一）开征范围外的房产不征房产税

不在开征地区范围之内的工厂、仓库，不应征收房产税。

对邮政部门坐落在城市、县城、建制镇、工矿区范围内的房产、土地，应当依法征收房产税和土地使用税；对坐落在上述范围以外尚在县邮政局内核算的房产、土地，必须在单位财务账中划分清楚，从 2001 年 1 月 1 日起不再征收房产税和土地使用税。

（二）加油站罩棚不征房产税

（三）房地产开发企业开发的商品房

对房地产开发企业建造的商品房，在售出前，不征收房产税；但对售出前房地产开发企业已使用或出租、出借的商品房应按规定征收房产税。

第二节 税率与应纳税额

一、房产税的税率

（一）基本税率

根据《房产税暂行条例》第四条的规定，房产税的税率，依照房产余值计算缴纳的，税率为 1.2%；依照房产租金收入计算缴纳的，税率为 12%。

（二）优惠税率

对个人按市场价格出租的居民住房，其应缴纳的房产税暂减按 4%的税率征收。

二、应纳税额计算

(一) 从价计征应纳税额

根据《房产税暂行条例》第三条的规定,房产税依照房产原值一次减除10%至30%后的余值计算缴纳。具体减除幅度,由省、自治区、直辖市人民政府规定。因而,具体减除幅度以及是否区别房屋新旧程度分别确定减除幅度,由省、自治区、直辖市人民政府规定,减除幅度只能在10%至30%以内。

没有房产原值作为依据的,由房产所在地税务机关参考同类房产核定。

从价计征房产税应纳税额计算公式为:

应纳税额=应税房产余值×1.2%

=应税房产原值×(1-扣除比例)×1.2%

(二) 从租计征应纳税额

根据《房产税暂行条例》第三条的规定,房产出租的,以房产租金收入为房产税的计税依据。计征房产税的租金收入不含增值税。

应纳税额=房产租金收入×12%(或4%)

【例11-1】 甲公司2018年年初房产原值为8 000万元,3月与乙公司签订租赁合同,约定自2018年4月起将原值500万元房产租赁给乙公司,租期3年,月租金2万元,2018年4～6月为免租使用期间。甲公司所在地计算房产税余值减除比例为30%。甲公司2018年度应缴纳的房产税为(　　)万元。

A. 65.49　　B. 66.21　　C. 66.54　　D. 67.26

【答案】 C

【解析】 对出租房产,租赁双方签订的租赁合同约定有免收租金期限的,免收租金期间由产权所有人按照房产原值缴纳房产税。

从价计征房产税=8 000×(1-30%)×1.2%×1/2+7 500×(1-30%)×1.2%×1/2

=33.6+31.5=65.1(万元);

从租计征房产税=2×6×12%=1.44(万元);

甲公司2018年度应缴纳的房产税=65.1+1.44=66.54(万元)。

三、房产原值的确定

(一) 房产原值的确定

对依照房产原值计税的房产,不论是否记载在会计账簿固定资产科目中,均应按照房屋原价计算缴纳房产税。房屋原价应根据国家有关会计制度规定进行核算。对纳税人未按国家会计制度规定核算并记载的,应按规定予以调整或重新评估。

(二) 房产原值应包含地价

对按照房产原值计税的房产,无论会计上如何核算,房产原值均应包含地价,包括为取得土地使用权支付的价款、开发土地发生的成本费用等。宗地容积率低于 0.5 的，按房产建筑面积的 2 倍计算土地面积并据此确定计入房产原值的地价。

【例 11－2】 某市一商贸企业 2017 年 12 月末建成办公楼一栋，为建造办公楼新征一块土地，面积为 45 000 平方米，土地单价为每平方米 300 元，房产建筑面积为 20 000 平方米，建筑成本为 2 000 万元，该办公楼使用年限为 50 年。当地政府规定的计算房产余值的减除幅度为 30％。

请计算该办公楼 2018 年应缴纳的房产税。

【解析】 该地的容积率＝20 000÷45 000＝0.44，根据税法规定，容积率低于 0.5 的，按房产建筑面积的 2 倍计算土地面积并据此确定计入房产原值的地价。该房产的原值＝2 000＋（20 000×2×300）÷10 000＝3 200（万元）。

2018 年该房产应纳房产税为：3 200×（1－30％）×1.2％＝26.88（万元）。

（三）房屋附属设备和配套设施的处理

房产原值应包括与房屋不可分割的各种附属设备或一般不单独计算价值的配套设施。主要有：暖气、卫生、通风、照明、煤气等设备；各种管线，如蒸气、压缩空气、石油、给水排水等管道及电力、电讯、电缆导线；电梯、升降机、过道、晒台等。属于房屋附属设备的水管、下水道、暖气管、煤气管等从最近的探视井或三通管算起。电灯网、照明线从进线盒连接管算起。

对于更换房屋附属设备和配套设施的，在将其价值计入房产原值时，可扣减原来相应设备和设施的价值；对附属设备和配套设施中易损坏、需要经常更换的零配件，更新后不再计入房产原值。

（四）无租使用其他单位房产

无租使用其他单位房产的应税单位和个人，依照房产余值代缴纳房产税。

（五）出典的房产按房产余值计税

产权出典的房产，由承典人依照房产余值缴纳房产税。

（六）融资租赁房产按房产余值计税

融资租赁的房产，由承租人自融资租赁合同约定开始日的次月起依照房产余值缴纳房产税。合同未约定开始日的，由承租人自合同签订的次月起依照房产余值缴纳房产税。

（七）出租房产免收租金期间房产税问题

对出租房产，租赁双方签订的租赁合同约定有免收租金期限的，免收租金期间由产权所有人按照房产原值缴纳房产税。

四、投资联营房产的税务处理

对于投资联营的房产，应根据投资联营的具体情况，在计征房产税时予以区别对待。对于以房产投资联营，投资者参与投资利润分红，共担风险的情况，按房产原值作为计税依据计征房产税；对于以房产投资，收取固定收入，不承担联营风险的情况，实际上是以联营名义取得房产的租金，应根据《房产税暂行条例》的有关规定由出租方按租金收入计缴房产税。

五、具备房屋功能的地下建筑的处理

(一) 具备房屋功能的地下建筑应征房产税

凡在房产税征收范围内的具备房屋功能的地下建筑,包括与地上房屋相连的地下建筑以及完全建在地面以下的建筑、地下人防设施等,均应当依照有关规定征收房产税。

具备房屋功能的地下建筑是指有屋面和维护结构,能够遮风避雨,可供人们在其中生产、经营、工作、学习、娱乐、居住或储藏物资的场所。

(二) 自用的地下建筑的计税方法

自用的完全建在地面以下的地下建筑,按以下方式计税:

(1) 工业用途房产,以房屋原价的50%~60%作为应税房产原值。

应纳税额=应税房产原值×[1-(10%~30%)]×1.2%
=房屋原价×(50%~60%)×[1-(10%~30%)]×1.2%

(2) 商业和其他用途房产,以房屋原价的70%~80%作为应税房产原值。

应纳税额=应税房产原值×[1-(10%~30%)]×1.2%
=房屋原价×(70%~80%)×[1-(10%~30%)]×1.2%

房屋原价折算为应税房产原值的具体比例,由各省、自治区、直辖市和计划单列市财政和税务部门在上述幅度内自行确定。

(3) 对于与地上房屋相连的地下建筑,如房屋的地下室、地下停车场、商场的地下部分等,应将地下部分与地上房屋视为一个整体,按照地上房屋建筑的有关规定计算征收房产税。

(三) 出租地下建筑的计税方法

出租的地下建筑按照出租地上房屋建筑的有关规定计算征收房产税。

六、纳税与免税单位共同使用房产的处理

纳税单位与免税单位共同使用的房屋,按各自使用的部分划分,分别征收或免征房产税。

第三节　税收优惠

一、国家机关、人民团体、军队自用的房产免纳房产税

根据《房产税暂行条例》第五条第一项的规定,国家机关、人民团体、军队自用的房产免纳房产税。

国家机关、人民团体、军队自用的房产,是指这些单位本身的办公用房和公务用房。“人民团体”是指经国务院授权的政府部门批准设立或登记备案并由国家拨付行政事业费的各种社会团体。

对行使国家行政管理职能的中国人民银行总行（含国家外汇管理局）所属分支机构自用的房产、土地，免征房产税、城镇土地使用税。

二、由国家财政部门拨付事业经费的单位自用的房产免征

根据《房产税暂行条例》第五条第二项的规定，由国家财政部门拨付事业经费的单位自用的房产免纳房产税。

事业单位自用的房产，是指这些单位本身的业务用房。免税单位出租的房产以及非本身业务用的生产、营业用房产不属于免税范围，应征收房产税。

（一）实行差额预算管理的事业单位自用房产优惠

对实行差额预算管理的事业单位，也属于是由国家财政部门拨付事业经费的单位，对其本身自用的房产免征房产税。

（二）企业办的各类学校、医院、托儿所、幼儿园自用房产优惠

企业办的各类学校、医院、托儿所、幼儿园自用的房产，可以比照由国家财政部门拨付事业经费的单位自用的房产，免征房产税。

（三）高等学校校用房产和学生公寓优惠

1. 高等学校校用房产优惠

税法规定“对高等学校校用房产和土地免征房产税、土地使用税”，是指对高等学校用于教学及科研等本身业务用房产和土地免征房产税和土地使用税。对高等学校举办的校办工厂、商店、招待所等的房产及土地以及出租的房产及用地，均不属于自用房产和土地的范围，应按规定征收房产税、土地使用税。

2. 高校学生公寓免征房产税

自 2016 年 1 月 1 日至 2018 年 12 月 31 日，对高校学生公寓免征房产税；对与高校学生签订的高校学生公寓租赁合同，免征印花税。

“高校学生公寓”，是指为高校学生提供住宿服务，按照国家规定的收费标准收取住宿费的学生公寓。

（四）工会服务型事业单位房产税优惠

对由主管工会拨付或差额补贴工会经费的全额预算或差额预算单位，可以比照财政部门拨付事业经费的单位办理，即：对这些单位自用的房产和土地，免征房产税和土地使用税；从事生产、经营活动等非自用的房产、土地，则应按税法有关规定照章纳税。

（五）经营性文化事业单位转制为企业自用房产优惠

自 2014 年 1 月 1 日起至 2018 年 12 月 31 日止，由财政部门拨付事业经费的文化单位转制为企业，自转制注册之日起对其自用房产免征房产税。

（六）自收自支的事业单位应照章征收房产税

经费来源实行自收自支的事业单位，不再享受三年免税照顾，应照章征收房产税。

三、宗教寺庙、公园、名胜古迹自用的房产

根据《房产税暂行条例》第五条第三项的规定，宗教寺庙、公园、名胜古迹自用的房产免纳房产税。

宗教寺庙自用的房产，是指举行宗教仪式等的房屋和宗教人员使用的生活用房屋。公园、名胜古迹自用的房产，是指供公共参观游览的房屋及其管理单位的办公用房屋。

上述免税单位出租的房产以及非本身业务用的生产、营业用房产不属于免税范围，应征收房产税。因而，公园、名胜古迹中附设的营业单位，如影剧院、饮食部、茶社、照相馆等所使用的房产及出租的房产，应征收房产税。

四、个人所有非营业用的房产免征房产税

(一) 个人所有非营业用的房产免征房产税

根据《房产税暂行条例》第五条第四项的规定，个人所有非营业用的房产免纳房产税。

因此，对个人所有的居住用房，不分面积多少，均免征房产税。

对个人出租的房产，不分用途，均应征收房产税。

(二) 上海市和重庆市房产税改革

2011 年 1 月，上海市与重庆市分别公布了各自新制定的房产税细则，自 2011 年 1 月 28 日起实施。重庆房产税税率为 0.5%～1.2%；上海税率为 0.6%，但对应税住房每平方米市场交易价格低于本市上年度新建商品住房平均销售价格 2 倍(含 2 倍)的，税率可暂减为 0.4%。对于这两个地区的情况，通过表 11 - 1 比较分析各自的税制要素。

表 11 - 1　上海、重庆非经营性房产税收比较

各项要素	上海市	重庆市
税率	0.6%或 0.4%	0.5%～1.2%
征收对象	本市居民二套房、非本市居民新购房	个人拥有的独栋商品住宅，个人新购的高档住房，在重庆市同时无户籍、无企业、无工作的个人新购的第二套(含)以上的普通住房
计税依据	按应税住房市场交易价格的 70%计算缴纳	房产交易价，待条件成熟时按房产评估值征税
免税面积	对本市居民家庭给予人均 60 平方米的免税住房面积(指住房建筑面积)扣除	纳税人在《暂行办法》施行前拥有的独栋商品住宅，免税面积为 180 平方米；新购的独栋商品住宅、高档住房，免税面积为 100 平方米
实施时间	2011 年 1 月 28 日	2011 年 1 月 28 日

资料来源：根据《上海市开展对部分个人住房征收房产税试点的暂行办法》《重庆市人民政府关于进行对部分个人住房征收房产税改革试点的暂行办法》整理形成。

对于这两个在全国大中城市首次实施调节个人非经营性住房的直辖市，其开征房产税对于抑制过热的房地产市场具有一定的经济意义。这一政策的实施可能能够有效抑制炒房

团的投机行为，也为我国税权的适度下放提供了经验。对于中国现行的房地产税，当前主要存在着税权集中，税制陈旧，税基、税率和税负不合理，相关税费比较复杂等问题。当然，目前的房产税政策在实施的过程中仍没有触及基本的财产税制度，在考虑征收非经营性房产税的同时没有综合考虑调节全社会居民的收入分配差距。

五、毁损不堪居住的房屋和危险房屋免征房产税

经有关部门鉴定，对毁损不堪居住的房屋和危险房屋，在停止使用后，可免征房产税。

六、基建工地的临时性房屋施工期间免征房产税

凡是在基建工地为基建工地服务的各种工棚、材料棚、休息棚和办公室、食堂、茶炉房、汽车房等临时性房屋，不论是施工企业自行建造还是由基建单位出资建造交施工企业使用的，在施工期间，一律免征房产税。但是，如果在基建工程结束以后，施工企业将这种临时性房屋交还或者估价转让给基建单位的，应当从基建单位接收的次月起，依照规定征收房产税。

七、房屋大修停用期间房产税优惠

房屋大修停用在半年以上的，在大修期间可免征房产税。

纳税人因房屋大修导致连续停用半年以上的，在房屋大修期间免征房产税，免征税额由纳税人在申报缴纳房产税时自行计算扣除。纳税人房屋大修停用半年以上需要免征房产税的，应在房屋大修前向主管税务机关报送相关的证明材料，包括大修房屋的名称、坐落地点、产权证编号、房产原值、用途、房屋大修的原因、大修合同及大修的起止时间等信息和资料，以备税务机关查验。

八、房管部门经租的居民住房房产税优惠

对房管部门经租的居民住房，在房租调整改革之前收取租金偏低的，可暂缓征收房产税；对房管部门经租的其他非营业用房，是否给予照顾，可由各省、自治区、直辖市根据当地具体情况按税收管理体制的规定办理。

九、司法部所属的劳改劳教单位房产税优惠

对少年犯管教所的房产，免征房产税。对劳改工厂、劳改农场等单位，凡作为管教或生活用房产，例如办公室、警卫室、职工宿舍、犯人宿舍、储藏室、食堂、礼堂、图书室、阅览室、浴室、理发室、医务室等，均免征房产税；凡作为生产经营用房产，例如厂房、仓库、门市部等，应征收房产税。对监狱的房产，若主要用于关押犯人，只有极少部分用于生产经营的，可从宽掌握，免征房产税。但对设在监狱外部的门市部、营业部等生产经营用房产，应征收房产税。

根据《财政部税务总局关于对司法部所属的劳改劳教单位征免房产税问题的补充通知》((87)财税地字第 29 号)的规定，由国家财政拨付事业经费的劳教单位，免征房产税。经费实行自收自支的劳教单位，在规定的免税期满后，应比照税务总局(87)财税地字第 21 号文对劳改单位征免房产税的规定办理。

十、天然林保护工程实施企业和单位优惠

对长江上游、黄河中上游地区，东北、内蒙古等国有林区天然林二期工程实施企业和单位专门用于天然林保护工程的房产、土地免征房产税、城镇土地使用税。对上述企业和单位用于其他生产经营活动的房产、土地按规定征收房产税、城镇土地使用税。

对由于实施天然林二期工程造成森工企业房产、土地闲置一年以上不用的，暂免征收房产税和城镇土地使用税；闲置房产和土地用于出租或重新用于天然林二期工程之外其他生产经营的，按规定征收房产税、城镇土地使用税。

用于天然林二期工程的免税房产、土地应单独划分，与其他应税房产、土地划分不清的，按规定征收房产税、城镇土地使用税。

十一、支持住房租赁市场优惠

对按政府规定价格出租的公有住房和廉租住房，包括企业和自收自支事业单位向职工出租的单位自有住房，房管部门向居民出租的公有住房，落实私房政策中带户发还产权并以政府规定租金标准向居民出租的私有住房等，暂免征收房产税。暂免征收房产税的企业和自收自支事业单位向职工出租的单位自有住房，是指按照公有住房管理或纳入县级以上政府廉租住房管理的单位自有住房。

对个人按市场价格出租的居民住房，其应缴纳的房产税暂减按4%的税率征收。

十二、农产品批发市场、农贸市场用房优惠

对专门经营农产品的农产品批发市场、农贸市场使用(包括自有和承租，下同)的房产、土地，暂免征收房产税和城镇土地使用税。对同时经营其他产品的农产品批发市场和农贸市场使用的房产、土地，按其他产品与农产品交易场地面积的比例确定征免房产税和城镇土地使用税。

享受上述税收优惠的房产、土地，是指农产品批发市场、农贸市场直接为农产品交易提供服务的房产、土地。农产品批发市场、农贸市场的行政办公区、生活区，以及商业餐饮娱乐等非直接为农产品交易提供服务的房产、土地，不属于规定的优惠范围，应按规定征收房产税和城镇土地使用税。

农产品批发市场和农贸市场，是指经工商登记注册，供买卖双方进行农产品及其初加工品现货批发或零售交易的场所。农产品包括粮油、肉禽蛋、蔬菜、干鲜果品、水产品、调味品、棉麻、活畜、可食用的林产品以及由省、自治区、直辖市财税部门确定的其他可食用的农产品。

第四节　征收管理

一、纳税义务发生时间

(一) 房产税纳税义务发生时间

购置新建商品房，自房屋交付使用之次月起计征房产税和城镇土地使用税。

购置存量房，自办理房屋权属转移、变更登记手续，房地产权属登记机关签发房屋权属证书之次月起计征房产税和城镇土地使用税。

出租、出借房产，自交付出租、出借房产之次月起计征房产税和城镇土地使用税。

房地产开发企业自用、出租、出借本企业建造的商品房，自房屋使用或交付之次月起计征房产税。

（二）新建房屋纳税义务发生时间

纳税人自建的房屋，自建成之次月起征收房产税。

纳税人委托施工企业建设的房屋，从办理验收手续之次月起征收房产税。

纳税人在办理验收手续前已使用或出租、出借的新建房屋，应按规定征收房产税。

（三）基建工地的临时性房屋

在基建工程结束以后，施工企业将为基建工地服务的各种工棚、材料棚、休息棚和办公室、食堂、茶炉房、汽车房等临时性房屋（不论是施工企业自行建造还是由基建单位出资建造交施工企业使用的临时性房屋）交还或者估价转让给基建单位的，应当从基建单位接收的次月起，依照规定征收房产税。

（四）纳税义务截止时间

纳税人因房产、土地的实物或权利状态发生变化而依法终止房产税、城镇土地使用税纳税义务的，其应纳税款的计算应截止到房产、土地的实物或权利状态发生变化的当月末。

二、征收与缴纳期限

房产税按年征收、分期缴纳。纳税期限由省、自治区、直辖市人民政府规定。如江苏省的房产税按年征收、分期缴纳。纳税期限：企业按季缴纳，个人按半年缴纳。

三、征管机关

房产税由房产所在地的税务机关征收。房产不在一地的纳税人，应按房产的坐落地点，分别向房产所在地的税务机关缴纳房产税。

四、优惠管理

根据《国家税务总局关于城镇土地使用税等“六税一费”优惠事项资料留存备查的公告》（国家税务总局公告2019年第21号）的规定，自2019年5月29日起，除城镇土地使用税、房产税困难减免税外，纳税人享受城镇土地使用税、房产税、耕地占用税、车船税、印花税、城市维护建设税、教育费附加（以下简称“六税一费”）优惠实行“自行判别、申报享受、有关资料留存备查”办理方式，申报时无须再向税务机关提供有关资料。纳税人根据具体政策规定自行判断是否符合优惠条件，符合条件的，纳税人申报享受税收优惠，并将有关资料留存备查。纳税人对“六税一费”优惠事项留存备查资料的真实性、合法性承担法律责任。

课后习题

一、选择题

1. 下列房屋及建筑物中,属于房产税征税范围的是(　　)。

A. 农村的居住用房

B. 建在室外的露天游泳池

C. 个人拥有的市区经营性用房

D. 房地产公司尚未使用或出租而待售的商品房

E. 某乡所属村小组

2. 下列关于房产税纳税义务发生时间的表述中,正确的是(　　)。

A. 纳税人出租房产,自交付房产之月起缴纳房产税

B. 纳税人自行新建房屋用于生产经营,从建成之月起缴纳房产税

C. 纳税人将原有房产用于生产经营,从生产经营之月起缴纳房产税

D. 房地产开发企业自用本企业建造的商品房,自房屋使用之月起缴纳房产税

二、计算题

甲企业 2017 年初拥有厂房原值 2 000 万元,仓库原值 500 万元。2017 年 5 月 20 日,将仓库以 1 000 万元的价格转让给乙企业,当地政府规定房产税减除比例为 30%。

要求:计算甲企业当年应缴纳房产税。

三、思考题

1. 对非经营性房产征收房产税,需要具备什么外部条件?

2. 如何加强经营性房产的税收信息获取?

第十二章　契　税

官家不税商，税农服作苦。

——(唐)姚合《庄居野行》

中国契税起源于东晋时期的“估税”，至今已有 1 600 多年的历史。契税的开征能够体现对不动产所有人合法权益的保证，是在不动产(土地、房屋)产权发生转移变动时征收的一次性税收。新中国成立后，政务院于 1950 年发布的《契税暂行条例》，规定对土地、房屋的买卖、典当、赠与和交换征收契税。1954 年财政部经政务院批准，对《契税暂行条例》进行修改，规定对公有制单位承受土地、房屋权属转移免征契税。改革开放以后，房地产交易市场得到快速发展，原《契税暂行条例》中的一些规定与实际情况不相适应，主要表现在：一是原条例规定对土地所有权转移征收契税，与《宪法》有关不得买卖土地规定相抵触；二是契税对公有单位免税不符合税收公平原则。为此，国务院根据社会经济和房地产市场的发展变化，对原《契税暂行条例》进行大幅度的修改，于 1997 年 7 月 7 日发布了《中华人民共和国契税暂行条例》(国务院令第 224 号)。1997 年 10 月 28 日，财政部印发了《契税暂行条例细则》(财法字〔1997〕52 号)，规定自 1997 年 10 月 1 日起与《契税暂行条例》同时施行。

第一节　纳税人与征税范围

一、纳税义务人

(一) 承受单位和个人

《契税暂行条例》第一条规定，在中华人民共和国境内转移土地、房屋权属，承受的单位和个人为契税的纳税人，应当依照本条例的规定缴纳契税。

土地、房屋权属，是指土地使用权、房屋所有权。承受，是指以受让、购买、受赠、交换等方式取得土地、房屋权属的行为。单位，是指企业单位、事业单位、国家机关、军事单位和社会团体以及其他组织。个人，是指个体经营者及其他个人。

(二) 纳税人的确定

1. 土地使用权、房屋交换的纳税人

根据《契税暂行条例细则》第 10 条的规定，土地使用权交换、房屋交换以及土地使用权与房屋所有权之间相互交换，交换价格不相等的，由多交付货币、实物、无形资产或者其他经济利益的一方缴纳税款。交换价格相等的，免征契税。

2. 转让划拨取得的土地使用权补缴契税

根据《契税暂行条例细则》第 11 条的规定,以划拨方式取得土地使用权的,经批准转让房地产时,应由房地产转让者补缴契税。其计税依据为补缴的土地使用权出让费用或者土地收益。

3. 以招拍挂方式出让国有土地使用权

以招拍挂方式出让国有土地使用权的,纳税人为最终与土地管理部门签订出让合同的土地使用权承受人。

二、征税范围

契税对在中国境内转移土地、房屋权属的承受单位和个人征收。转移土地、房屋权属,根据《契税暂行条例》第二条的规定,是指下列行为:

(一) 国有土地使用权出让

国有土地使用权出让,根据《契税暂行条例细则》第五条的规定,是指土地使用者向国家交付土地使用权出让费用,国家将国有土地使用权在一定年限内让予土地使用者的行为。

1. 减免土地出让金不得减免契税

对承受国有土地使用权所应支付的土地出让金,要计征契税。不得因减免土地出让金,而减免契税。

2. 以项目换土地方式承受土地使用权

根据现行契税政策规定,土地使用权受让人通过完成土地使用权转让方约定的投资额度或投资特定项目,以此获取低价转让或无偿赠与的土地使用权,属于契税征收范围,其计税价格由征收机关参照纳税义务发生时当地的市场价格核定。

(二) 土地使用权转让

土地使用权转让,是指土地使用者以出售、赠与、交换或者其他方式将土地使用权转移给其他单位和个人的行为。因而,土地使用权转让,包括出售、赠与和交换;不包括农村集体土地承包经营权的转移。

土地使用权出售,是指土地使用者以土地使用权作为交易条件,取得货币、实物、无形资产或者其他经济利益的行为。

土地使用权赠与,是指土地使用者将其土地使用权无偿转让给受赠者的行为。

土地使用权交换,是指土地使用者之间相互交换土地使用权的行为。

(三) 房屋买卖

房屋买卖,是指房屋所有者将其房屋出售,由承受者交付货币、实物、无形资产或者其他经济利益的行为。

1. 应税房屋的认定

对于被转移权属的建筑物,参照房产税征管中有关房屋的标准认定,凡是房产税征税的房屋范围均可作为契税的征税对象。应征契税的房屋是指有屋面和围护结构(有墙或两边有柱),能够遮风避雨,可供人们在其中生产、工作、学习、娱乐、居住或储藏物资的场所。独立于房屋之外的建筑物,如围墙、烟囱、水塔、变电塔、油池油柜、酒窖菜窖、酒精池、糖蜜池、室外游泳池、玻璃暖房、砖瓦石灰窑以及各种油气罐等，不属于房产。

对具备房屋功能的地下建筑，包括与地上房屋相连的地下建筑以及完全建在地面以下的建筑、地下人防设施等，均征收房产税，也应按规定征收契税。

2. 房屋附属设施

对于承受与房屋相关的附属设施（包括停车位、汽车库、自行车库、顶层阁楼以及储藏室，下同）所有权或土地使用权的行为，按照契税法律、法规的规定征收契税；对于不涉及土地使用权和房屋所有权转移变动的，不征收契税。

3. 委托代建房屋

居民个人通过与房屋开发商签订“双包代建”合同，由开发商承办规划许可证、准建证、土地使用证等手续，并由委托方按地价与房价之和向开发商付款的方式取得房屋所有权，实质上是一种以预付款方式购买商品房的行为，应照章征收契税。

4. 购买安居房、经济适用住房

《契税暂行条例》没有对这种情况给予减征或者免征契税的规定。因此，应对购买安居房、经济适用住房者照章征收契税。

（四）房屋赠与

房屋赠与，是指房屋所有者将其房屋无偿转让给受赠者的行为。

（五）房屋交换

房屋交换，是指房屋所有者之间相互交换房屋的行为。

（六）视同转让、买卖或赠与

根据《契税暂行条例细则》第八条的规定，土地、房屋权属以下列方式转移的，视同土地使用权转让、房屋买卖或者房屋赠与征税：

(1) 以土地、房屋权属作价投资、入股。

以土地、房屋权属作价投资、入股方式转移土地、房屋权属的，视同土地使用权转让征税。

以出让方式或国家作价出资（入股）方式承受原改制重组企业、事业单位划拨用地的，不属规定改制重组的免税范围，对承受方应按规定征收契税。

(2) 以土地、房屋权属抵债。

(3) 以获奖方式承受土地、房屋权属。

(4) 以预购方式或者预付集资建房款方式承受土地、房屋权属。

（七）不征收契税行为

1. 以房屋、土地以外资产增资

单位、个人以房屋、土地以外的资产增资，相应扩大其在被投资公司的股权持有比例，无论被投资公司是否变更工商登记，其房屋、土地权属不发生转移，不征收契税。

2. 出售或租赁房屋使用权

房屋使用权与房屋所有权是两种不同性质的权属。根据现行契税法规的规定，房屋使用权的转移行为不属于契税征收范围，不应征收契税。

3. 夫妻财产分割而将原共有房屋产权归属一方

根据我国婚姻法的规定,夫妻共有房屋属共同共有财产。因夫妻财产分割而将原共有房屋产权归属一方,是房产共有权的变动而不是现行契税政策规定征税的房屋产权转移行为。因此,对离婚后原共有房屋产权的归属人不征收契税。

4. 法定继承人继承房地产权属不征契税

对于《中华人民共和国继承法》规定的法定继承人(包括配偶、子女、父母、兄弟姐妹、祖父母、外祖父母)继承土地、房屋权属,不征契税。按照《中华人民共和国继承法》规定,非法定继承人根据遗嘱承受死者生前的土地、房屋权属,属于赠与行为,应征收契税。

即契税的征税范围(行为)包括赠与,不包括继承。不属于契税征税范围的继承是指法定继承行为。"对于个人无偿赠与不动产行为,应对受赠人全额征收契税"并不包括法定继承人继承土地、房屋权属的情况。

5. 公司股权(股份)转让

在股权(股份)转让中,单位、个人承受公司股权(股份),公司土地、房屋权属不发生转移,不征收契税。

第二节　应纳税额

一、契税税率

(一) 基本税率

契税实行3%～5%的幅度比例税率。契税的适用税率,由省、自治区、直辖市人民政府在规定的幅度内按照本地区的实际情况确定,并报财政部和国家税务总局备案。

(二) 优惠税率

个人首次购买90平方米以下改造安置住房,按1%的税率计征契税;购买超过90平方米,但符合普通住房标准的改造安置住房,按法定税率减半计征契税。

对个人购买普通住房,且该住房属于家庭(成员范围包括购房人、配偶以及未成年子女,下同)唯一住房的,减半征收契税。对个人购买90平方米及以下普通住房,且该住房属于家庭唯一住房的,减按1%税率征收契税。

二、计税依据

(一) 成交价格

国有土地使用权出让、土地使用权出售、房屋买卖,契税的计税依据为成交价格。该成交价格不含增值税。

1. 成交价格的构成

成交价格,是指土地、房屋权属转移合同确定的价格。包括承受者应交付的货币、实物、无形资产或者其他经济利益。土地使用权出让、土地使用权转让、房屋买卖的成交价格中所包含的行政事业性收费，属于成交价格的组成部分，不应从中剔除，纳税人应按合同确定的成交价格全额计算缴纳契税。

采取分期付款方式购买房屋附属设施土地使用权、房屋所有权的，应按合同规定的总价款计征契税。

2. 国有土地使用权出让的成交价格

企业承受土地使用权用于房地产开发，并在该土地上代政府建设保障性住房的，计税价格为取得全部土地使用权的成交价格。

根据现行契税政策规定，对纳税人因改变土地用途而签订土地使用权出让合同变更协议或者重新签订土地使用权出让合同的，应征收契税。计税依据为因改变土地用途应补缴的土地收益金及应补缴政府的其他费用。

出让国有土地使用权的，其契税计税价格为承受人为取得该土地使用权而支付的全部经济利益。根据《国家税务总局关于国有土地使用权出让契税计税依据问题的批复》（国税函〔2005〕413 号）的规定，出让国有土地使用权的计税价格，不仅包括承受人应支付给政府的标准土地出让金等费用，而且包括承受人应支付给原土地使用者的补偿费用等。对于以市场竞价方式承受国有土地使用权的，契税计税价格应为竞价的成交价格，土地出让金、市政建设配套费用以及各种补偿费用均不得扣除。

以协议方式出让的，其契税计税价格为成交价格。成交价格包括土地出让金、土地补偿费、安置补助费、地上附着物和青苗补偿费、拆迁补偿费、市政建设配套费等承受者应支付的货币、实物、无形资产及其他经济利益。

以竞价方式出让的，其契税计税价格，一般应确定为竞价的成交价格，土地出让金、市政建设配套费以及各种补偿费用应包括在内。根据《国家税务总局关于明确国有土地使用权出让契税计税依据的批复》（国税函〔2009〕603 号）的规定，出让国有土地使用权，契税计税价格为承受人为取得该土地使用权而支付的全部经济利益。对通过“招、拍、挂”程序承受国有土地使用权的，应按照土地成交总价款计征契税，其中的土地前期开发成本不得扣除。

先以划拨方式取得土地使用权，后经批准改为出让方式取得该土地使用权的，应依法缴纳契税，其计税依据为应补缴的土地出让金和其他出让费用。

3. 土地使用权出售的成交价格

土地使用者将土地使用权及所附建筑物、构筑物等（包括在建的房屋、其他建筑物、构筑物和其他附着物）转让给他人的，应按照转让的总价款计征契税。

4. 房屋买卖的成交价格

房屋买卖的契税计税价格为房屋买卖合同的总价款，买卖装修的房屋，装修费用应包括在内。

5. 成效价格不含增值税

计征契税的成交价格不含增值税。免征增值税的，确定计税依据时，成交价格不扣减增值税额。在计征契税时，税务机关核定的计税价格不含增值税。

（二）交换价格差额

土地使用权交换、房屋交换，契税的计税依据为所交换的土地使用权、房屋的价格的差额。

（三）参照市场价格核定

土地使用权赠与、房屋赠与，由征收机关参照土地使用权出售、房屋买卖的市场价格核定契税的计税依据。

根据《契税暂行条例》第四条第二款的规定，成交价格明显低于市场价格并且无正当理由的，或者所交换土地使用权、房屋的价格的差额明显不合理并且无正当理由的，由征收机关参照市场价格核定。

以协议方式出让的，其契税计税价格为成交价格。成交价格包括土地出让金、土地补偿费、安置补助费、地上附着物和青苗补偿费、拆迁补偿费、市政建设配套费等承受者应支付的货币、实物、无形资产及其他经济利益。没有成交价格或者成交价格明显偏低的，征收机关可依次按下列两种方式确定：

(1) 评估价格，指由政府批准设立的房地产评估机构根据相同地段、同类房地产进行综合评定，并经税务机关确认的价格。

(2) 土地基准地价，指由县以上人民政府公示的土地基准地价。

税务机关推广应用房地产批量估价技术评估存量房交易计税价格。对纳税人申报的合同成交价格高于税务机关计税参考值的，以申报价格作为计税价格；申报价格低于计税参考值的，如果纳税人不能提供正当理由，以计税参考值作为计税价格。并不断完善应用房地产批量估价技术评估存量房交易计税价格工作机制，根据市场变化情况及时更新评估数据。

三、应纳税额

契税应纳税额，依照规定的适用税率和规定的计税依据计算征收。应纳税额计算公式：

应纳税额＝计税依据×税率

应纳税额以人民币计算。转移土地、房屋权属以外汇结算的，按照纳税义务发生之日中国人民银行公布的人民币市场汇率中间价折合成人民币计算。

第三节　税收优惠

一、减免税优惠

有下列情形之一的，减征或者免征契税：

（一）非营利单位承受非经营性房地产免征

根据《契税暂行条例》第六条第一款的规定，国家机关、事业单位、社会团体、军事单位承受土地、房屋用于办公、教学、医疗、科研和军事设施的，免征契税。

根据《契税暂行条例细则》第12条的规定，用于办公的，是指办公室(楼)以及其他直接用于办公的土地、房屋。用于教学的，是指教室(教学楼)以及其他直接用于教学的土地、房屋。用于医疗的，是指门诊部以及其他直接用于医疗的土地、房屋。用于科研的，是指科学试验的场所以及其他直接用于科研的土地、房屋。用于军事设施的，是指：

(1) 地上和地下的军事指挥作战工程;

(2) 军用的机场、港口、码头;

(3) 军用的库房、营区、训练场、试验场;

(4) 军用的通信、导航、观测台站;

(5) 其他直接用于军事设施的土地、房屋。

其他直接用于办公、教学、医疗、科研的以及其他直接用于军事设施的土地、房屋的具体范围,由省、自治区、直辖市人民政府确定。

(二) 以土地、房屋权属抵缴社会保险费免征

《国家税务总局关于以土地、房屋权属抵缴社会保险费免征契税的批复》(国税函〔2001〕483 号)规定,根据国务院发布的《社会保险费征缴暂行条例》(国务院第 259 号令)中关于"社会保险基金不计征税、费"的规定,对社会保险费(基本养老保险、基本医疗保险、失业保险)征收机构承受用以抵缴社会保险费的土地、房屋权属免征契税。

(三) 城镇职工按规定第一次购买公有住房免征

根据《契税暂行条例》第六条第二款的规定,城镇职工按规定第一次购买公有住房的免征。城镇职工按规定第一次购买公有住房的,是指经县以上人民政府批准,在国家规定标准面积以内购买的公有住房。城镇职工享受免征契税,仅限于第一次购买的公有住房。超过国家规定标准面积的部分,仍应按照规定缴纳契税。

根据《财政部、国家税务总局关于公有制单位职工首次购买住房免征契税的通知》(财税〔2000〕130 号)的规定,对各类公有制单位为解决职工住房而采取集资建房方式建成的普通住房或由单位购买的普通商品住房,经当地县以上人民政府房改部门批准,按照国家房改政策出售给本单位职工的,如属职工首次购买住房,均比照《中华人民共和国契税暂行条例》第六条第二款的规定,免征契税。

已购公有住房经补缴土地出让金和其他出让费用成为完全产权住房的,免征土地权属转移的契税。

(四) 个人购买普通住房契税优惠

对个人购买普通住房,且该住房属于家庭(成员范围包括购房人、配偶以及未成年子女,下同)唯一住房的,减半征收契税。对个人购买 90 平方米及以下普通住房,且该住房属于家庭唯一住房的,减按 1%税率征收契税。

(五) 不可抗力灭失住房而重新购买住房酌情减免

根据《契税暂行条例》第六条第三款的规定,因不可抗力灭失住房而重新购买住房的,酌情准予减征或者免征。

这里所称不可抗力,是指自然灾害、战争等不能预见、不能避免并不能克服的客观情况。

(六) 政府征收占用后重新承受土地、房屋优惠

根据《契税暂行条例细则》第 15 条第(一)项的规定,土地、房屋被县级以上人民政府征用、占用后,重新承受土地、房屋权属的,是否减征或者免征契税,由省、自治区、直辖市人民

政府确定。

（七）城镇房屋拆迁契税优惠

市、县级人民政府根据《国有土地上房屋征收与补偿条例》有关规定征收居民房屋，居民因个人房屋被征收而选择货币补偿用以重新购置房屋，并且购房成交价格不超过货币补偿的，对新购房屋免征契税；购房成交价格超过货币补偿的，对差价部分按规定征收契税。居民因个人房屋被征收而选择房屋产权调换，并且不缴纳房屋产权调换差价的，对新换房屋免征契税；缴纳房屋产权调换差价的，对差价部分按规定征收契税。

根据《国家税务总局关于城镇房屋拆迁契税优惠政策适用对象的批复》(国税函〔2005〕903号)的规定，城镇房屋拆迁契税优惠政策适用的对象，应为被拆迁房屋的所有权人或共有权人以及领取拆迁补偿款的被拆迁公有住房的承租人。

（八）承受“四荒地”从事农林牧渔业生产的免征

根据《契税暂行条例细则》第15条第(二)项的规定，纳税人承受荒山、荒沟、荒丘、荒滩土地使用权，用于农、林、牧、渔业生产的，免征契税。

（九）外交用承受土地、房屋优惠

根据《契税暂行条例细则》第15条第(三)项的规定，依照我国有关法律规定以及我国缔结或参加的双边和多边条约或协定的规定应当予以免税的外国驻华使馆、领事馆、联合国驻华机构及其外交代表、领事官员和其他外交人员承受土地、房屋权属的，经外交部确认，可以免征契税。

（十）夫妻之间房屋土地权属变更免征

根据《财政部、国家税务总局关于夫妻之间房屋土地权属变更有关契税政策的通知》(财税〔2014〕4号)的规定，在婚姻关系存续期间，房屋、土地权属原归夫妻一方所有，变更为夫妻双方共有或另一方所有的，或者房屋、土地权属原归夫妻双方共有，变更为其中一方所有的，或者房屋、土地权属原归夫妻双方共有，双方约定、变更共有份额的，免征契税。

（十一）棚户区改造契税优惠

对经营管理单位回购已分配的改造安置住房继续作为改造安置房源的，免征契税。

个人首次购买90平方米以下改造安置住房，按1%的税率计征契税；购买超过90平方米，但符合普通住房标准的改造安置住房，按法定税率减半计征契税。

个人因房屋被征收而取得货币补偿并用于购买改造安置住房，或因房屋被征收而进行房屋产权调换并取得改造安置住房，按有关规定减免契税。个人取得的拆迁补偿款按有关规定免征个人所得税。

（十二）售后回租期满回购房地产免征

对金融租赁公司开展售后回租业务，承受承租人房屋、土地权属的，照章征税。对售后回租合同期满，承租人回购原房屋、土地权属的，免征契税。

二、改制重组契税优惠

为贯彻落实《国务院关于进一步优化企业兼并重组市场环境的意见》(国发[2014]14号),继续支持企业、事业单位改制重组,《财政部、国家税务总局关于进一步支持企业事业单位改制重组有关契税政策的通知》(财税〔2015〕37号)就企业、事业单位改制重组涉及的契税政策做出规定,自2015年1月1日起至2017年12月31日止执行。2018年3月2日,财政部、国家税务总局联合发布了财税[2018]17号文,对之前应于2017年12月31日执行到期的企业重组的契税优惠政策予以延续三年,于2020年12月31日到期。

(一)企业改制

企业按照《中华人民共和国公司法》有关规定整体改制,包括非公司制企业改制为有限责任公司或股份有限公司,有限责任公司变更为股份有限公司,股份有限公司变更为有限责任公司,原企业投资主体存续并在改制(变更)后的公司中所持股权(股份)比例超过75%,且改制(变更)后公司承继原企业权利、义务的,对改制(变更)后公司承受原企业土地、房屋权属,免征契税。

(二)事业单位改制

事业单位按照国家有关规定改制为企业,原投资主体存续并在改制后企业中出资(股权、股份)比例超过50%的,对改制后企业承受原事业单位土地、房屋权属,免征契税。

(三)公司合并

两个或两个以上的公司,依照法律规定、合同约定,合并为一个公司,且原投资主体存续的,对合并后公司承受原合并各方土地、房屋权属,免征契税。

(四)公司分立

公司依照法律规定、合同约定分立为两个或两个以上与原公司投资主体相同的公司,对分立后公司承受原公司土地、房屋权属,免征契税。

(五)企业破产

企业依照有关法律法规规定实施破产,债权人(包括破产企业职工)承受破产企业抵偿债务的土地、房屋权属,免征契税;对非债权人承受破产企业土地、房屋权属,凡按照《中华人民共和国劳动法》等国家有关法律法规政策妥善安置原企业全部职工,与原企业全部职工签订服务年限不少于三年的劳动用工合同的,对其承受所购企业土地、房屋权属,免征契税;与原企业超过30%的职工签订服务年限不少于三年的劳动用工合同的,减半征收契税。

(六)资产划转

对承受县级以上人民政府或国有资产管理部门按规定进行行政性调整、划转国有土地、房屋权属的单位,免征契税。

同一投资主体内部所属企业之间土地、房屋权属的划转,包括母公司与其全资子公司之间,同一公司所属全资子公司之间,同一自然人与其设立的个人独资企业、一人有限公司之间土地、房屋权属的划转,免征契税。

母公司以土地、房屋权属向其全资子公司增资,视同划转,免征契税。

(七) 债权转股权

经国务院批准实施债权转股权的企业,对债权转股权后新设立的公司承受原企业的土地、房屋权属,免征契税。

(八) 划拨用地出让或作价出资

以出让方式或国家作价出资(入股)方式承受原改制重组企业、事业单位划拨用地的,不属上述规定的免税范围,对承受方应按规定征收契税。

(九) 公司股权(股份)转让

在股权(股份)转让中,单位、个人承受公司股权(股份),公司土地、房屋权属不发生转移,不征收契税。

三、变更用途已减免税款的补缴

根据《契税暂行条例》第七条的规定,经批准减征、免征契税的纳税人改变有关土地、房屋的用途,不再属于规定的减征、免征契税范围的,应当补缴已经减征、免征的税款。

四、退税管理

对纳税人申请退还契税且符合以下情形之一的,税务机关应当受理。

1. 已缴纳契税的购房单位和个人在未办理房屋权属变更登记前退房的

根据《财政部、国家税务总局关于购房人办理退房有关契税问题的通知》(财税〔2011〕32号)的规定,对已缴纳契税的购房单位和个人,在未办理房屋权属变更登记前退房的,退还已纳契税;在办理房屋权属变更登记后退房的,不予退还已纳契税。

2. 已缴纳契税后取得的房屋所有权证被法院判决撤销的

根据《国家税务总局关于无效产权转移征收契税的批复》(国税函〔2008〕438号)的规定,按照现行契税政策规定,对经法院判决的无效产权转移行为不征收契税。法院判决撤销房屋所有权证后,已纳契税款应予退还。

3. 税收法律、法规及政策规定的其他应予退还契税的情形

对符合契税退税规定的,税务机关应当按照退税管理有关规定为纳税人办理退税。

第四节　征收管理

一、纳税义务发生时间

根据《契税暂行条例》第八条的规定,契税的纳税义务发生时间,为纳税人签订土地、房屋权属转移合同的当天,或者纳税人取得其他具有土地、房屋权属转移合同性质凭证的当天。

根据《契税暂行条例细则》第 17 条的规定，纳税人因改变土地、房屋用途应当补缴已经减征、免征契税的，其纳税义务发生时间为改变有关土地、房屋用途的当天。

根据《国家税务总局关于抵押贷款购买商品房征收契税的批复》(国税函[1999]613 号)的规定，购房人以按揭、抵押贷款方式购买房屋，当其从银行取得抵押凭证时，购房人与原产权人之间的房屋产权转移已经完成，契税纳税义务已经发生，必须依法缴纳契税。

二、纳税地点

纳税人应当自纳税义务发生之日起 10 日内，向土地、房屋所在地的契税征收机关办理纳税申报，并在契税征收机关核定的期限内缴纳税款。

三、征收机关

(一) 征收机关

契税由土地、房屋所在地的税务机关负责征收管理。

土地管理部门、房产管理部门应当向契税征收机关提供有关资料，并协助契税征收机关依法征收契税。税务机关要密切与不动产登记机构的协作，切实落实先申报缴纳契税、后办理不动产权证书的管理机制。同时，要推动与国土、住房城乡建设、民政、工商及人民法院等单位合作，促进信息共享、管理协同、征管互助。

(二) 协税护税机关

根据《契税暂行条例》第 11 条规定，纳税人应当持契税完税凭证和其他规定的文件材料，依法向土地管理部门、房产管理部门办理有关土地、房屋的权属变更登记手续。纳税人未出具契税完税凭证的，土地管理部门、房产管理部门不予办理有关土地、房屋的权属变更登记手续。

有关资料，是指土地管理部门、房产管理部门办理土地、房屋权属变更登记手续的有关土地、房屋权属、土地出让费用、成交价格以及其他权属变更方面的资料。

四、申报征收

(一) 纳税申报资料

根据《国家税务总局关于实施房地产税收一体化管理若干具体问题的通知》(国税发〔2005〕156 号)第二条的规定，纳税人在办理契税纳税申报时，须提交销售不动产发票，否则税务机关不予受理。

根据《国家税务总局关于契税纳税申报有关问题的公告》(国家税务总局公告 2015 年第 67 号)的规定，根据人民法院、仲裁委员会的生效法律文书发生土地、房屋权属转移，纳税人不能取得销售不动产发票的，可持人民法院执行裁定书原件及相关材料办理契税纳税申报，税务机关应予受理。购买新建商品房的纳税人在办理契税纳税申报时，由于销售新建商品房的房地产开发企业已办理注销税务登记或者被税务机关列为非正常户等原因，致使纳税人不能取得销售不动产发票的，税务机关在核实有关情况后应予受理。

对纳税人报送的资料，税务机关受理人员应当审核资料是否齐全、是否符合法定形式。

对申报资料齐全、符合法定形式的,应当受理。申报资料不全或不符合法定形式的,应当一次性告知需要补正的事项。

(二) 办税便利化

税务机关要积极探索契税及房地产交易涉及的其他税种集成申报,减少纳税人涉税资料报送和办税负担。不断优化契税申报征收流程,合理配置征管资源,提升纳税人办税体验。积极拓展缴税渠道,提供 POS 机、网上银行等多种方式,方便纳税人缴税。

(三) 契税完税凭证

纳税人申报缴纳契税后,税务机关应当向纳税人开具契税完税凭证。

五、涉税信息采集与应用

税务机关应当根据契税管理需要,整理涉税信息类型,登录涉税信息数据库,实现信息共享。利用第三方信息对契税征收信息进行比对分析,及时发现信息差异,查找并堵塞管理漏洞。

六、风险管理

税务机关要及时梳理契税管理中的风险,不断优化征管流程,有针对性地加强内控机制建设,强化第三方信息比对,防范管理风险,促进纳税遵从。

(一) 主要风险点

契税管理中的主要风险包括:

(1) 纳税人向不动产登记机构提供虚假不征税证明材料办理不动产权证书,产生不征税风险;

(2) 不符合契税减免税条件的纳税人,提供虚假减免税证明材料办理减免税,产生少征税或不征税风险;

(3) 纳税人享受减免税后,改变土地、房屋的用途,不再符合减免税条件,产生少征税或不征税风险;

(4) 不符合退税条件的纳税人,提供虚假证明材料办理退税,产生误退税风险;

(5) 纳税人低报合同成交价格,产生少征税风险;

(6) 其他可能造成不征税、少征税、误退税的情形。

(二) 完善内控机制

税务机关应当科学设置契税申报征收管理流程和岗位。办税流程中应当设置申报信息复核环节,由业务复核岗人员对申报受理岗确认的申报信息进行核对。复核发现申报信息有误的,应当退回申报受理岗进行修正,不得自行修改有关信息。

契税申报受理岗人员不得兼任业务复核岗工作,税款征收岗人员不得兼任票证管理岗工作。

税务机关应当严格管理征管系统账号,禁止一个账号多人使用,杜绝一人全程办税。

课后习题

一、选择题

1. 下列各项中,应当征收契税的有(　　)。

A. 以房产抵债　　B. 将房产赠与他人

C. 以房产作投资　　D. 子女继承父母房产

2. 下列关于契税计税依据的表述中,正确的有(　　)。

A. 购买的房屋以成交价格作为计税依据

B. 接受赠与的房屋参照市场价格核定计税依据

C. 采取分期付款方式购买的房屋参照市场价格核定计税依据

D. 转让以划拨方式取得的土地使用权以补交的土地使用权出让金作为计税依据

二、计算题

某公司 2018 年发生两笔互换房产业务,并已办理了相关手续。第一笔业务换出的房产价值 500 万元,换进的房产价值 800 万元;第二笔业务换出的房产价值 600 万元,换进的房产价值 300 万元。已知当地政府规定的契税税率为 3%。

要求:计算该公司应缴纳的契税。

三、思考题

1. 如何看待征收契税?

2. 契税的税收优惠有哪些?

第十三章　车船税

赋敛厚，则下怨上矣。

——《管子·权修》

车船税是指对在中国境内应税的车辆、船舶，根据其种类，按照规定的计税依据和年税额标准计算征收的一种财产税。从2007年7月1日开始，车辆拥有者在投保交强险时由保险机构代收代缴车船税。

第一节　纳税人与征税范围

一、车船税概述

（一）车船税概念

车船税是依照法律规定、对在我国境内的车辆、船舶，按照规定的税目、计税单位和年税额标准计算征收的一种税。

（二）车船税制变革

2011年2月25日，全国人民代表大会常务委员会通过《中华人民共和国车船税法》（以下简称《车船税法》）。2011年12月5日，国务院颁布《中华人民共和国车船税法实施条例》（中华人民共和国国务院令第61）。《车船税法》及其实施条例自2012年1月1日起施行。

二、纳税人与扣缴义务人

（一）纳税义务人

《车船税法》第一条规定，在中华人民共和国境内属于本法所附《车船税税目税额表》规定的车辆、船舶（以下简称车船）的所有人或者管理人，为车船税的纳税人，应当依照本法缴纳车船税。

车船的所有人或者管理人是车船税的纳税义务人。其中，所有人是指在我国境内拥有车船的单位和个人；管理人是指对车船具有管理权或者使用权，不具有所有权的单位。上述单位，包括在中国境内成立的行政机关、企业、事业单位、社会团体以及其他组织；上述个人，包括个体工商户以及其他个人。

（二）扣缴义务人

《车船税法》第六条规定，从事机动车第三者责任强制保险业务的保险机构为机动车车船税的扣缴义务人，应当在收取保险费时依法代收车船税，并出具代收税款凭证。

从事机动车交通事故责任强制保险业务的保险机构为机动车车船税的扣缴义务人，应当在收取保险费时按照规定的税目税额代收车船税，并在机动车交强险的保险单以及保费发票上注明已收税款的信息，作为代收税款凭证。由保险机构在办理机动车交强险业务时代收代缴机动车的车船税，可以方便纳税人缴纳车船税，节约征纳双方的成本，实现车辆车船税的源泉控管。

没有扣缴义务人的，纳税人应当向主管税务机关自行申报缴纳车船税。

（三）代收税款凭证

根据《车船税法实施条例》第 12 条的规定，机动车车船税扣缴义务人在代收车船税时，应当在机动车交通事故责任强制保险的保险单以及保费发票上注明已收税款的信息，作为代收税款凭证。

《国家税务总局关于保险机构代收车船税开具增值税发票问题的公告》（国家税务总局公告 2016 年第 51 号，自 2016 年 5 月 1 日起施行）规定，保险机构作为车船税扣缴义务人，在代收车船税并开具增值税发票时，应在增值税发票备注栏中注明代收车船税税款信息。具体包括：保险单号、税款所属期（详细至月）、代收车船税金额、滞纳金金额、金额合计等。该增值税发票可作为纳税人缴纳车船税及滞纳金的会计核算原始凭证。

三、征税范围

（一）车船税的征税范围

车船税对在中国境内《车船税税目税额表》规定的车辆、船舶征收。

根据《车船税法实施条例》第二条的规定，《车船税法》第一条所称车辆、船舶，是指：

（1）依法应当在车船登记管理部门登记的机动车辆和船舶；

（2）依法不需要在车船登记管理部门登记的在单位内部场所行驶或者作业的机动车辆和船舶。

《车船税法》规定的征税范围是税法所附《车船税税目税额表》所列的车辆、船舶，包括依法应当在车船登记管理部门登记的机动车辆和船舶，也包括依法不需要在车船登记管理部门登记的在单位内部场所行驶或者作业的机动车辆和船舶。

上述机动车辆包括乘用车、商用车（包括客车、货车）、挂车、专用作业车、轮式专用机械车、摩托车。拖拉机不需要缴纳车船税。

（二）车辆、船舶的界定

根据《车船税法实施条例》第 26 条的规定，车船税法所附《车船税税目税额表》中车辆、船舶的含义如下：

乘用车，是指在设计和技术特性上主要用于载运乘客及随身行李，核定载客人数包括驾驶员在内不超过 9 人的汽车。

商用车,是指除乘用车外,在设计和技术特性上用于载运乘客、货物的汽车,划分为客车和货车。

半挂牵引车,是指装备有特殊装置用于牵引半挂车的商用车。

三轮汽车,是指最高设计车速不超过每小时 50 公里,具有三个车轮的货车。

低速载货汽车,是指以柴油机为动力,最高设计车速不超过每小时 70 公里,具有四个车轮的货车。

挂车,是指就其设计和技术特性需由汽车或者拖拉机牵引,才能正常使用的一种无动力的道路车辆。

专用作业车,是指在其设计和技术特性上用于特殊工作的车辆。

轮式专用机械车,是指有特殊结构和专门功能,装有橡胶车轮可以自行行驶,最高设计车速大于每小时 20 公里的轮式工程机械车。

摩托车,是指无论采用何种驱动方式,最高设计车速大于每小时 50 公里,或者使用内燃机,其排量大于 50 毫升的两轮或者三轮车辆。

(三) 不征收车船税的车船

根据《车船税法实施条例》第 24 条的规定,临时入境的外国车船和香港特别行政区、澳门特别行政区、台湾地区的车船,不征收车船税。

对纯电动乘用车、燃料电池乘用车、非机动车船(不包括非机动驳船)、临时入境的外国车船和香港特别行政区、澳门特别行政区、台湾地区的车船,不征收车船税。

(四) 境内外租赁船舶征收车船税问题

根据《国家税务总局关于车船税征管若干问题的公告》(国家税务总局公告 2013 年第 42 号)第七条的规定,境内单位和个人租入外国籍船舶的,不征收车船税。境内单位和个人将船舶出租到境外的,应依法征收车船税。

第二节　适用税额与应纳税额

一、适用税额

(一) 车船的适用税额

《车船税法》第二条规定,车船的适用税额依照本法所附《车船税税目税额表》(见表 13-1)执行。

车辆的具体适用税额由省、自治区、直辖市人民政府依照《车船税税目税额表》规定的税额幅度和国务院的规定确定。

船舶的具体适用税额由国务院在《车船税税目税额表》规定的税额幅度内确定。

表 13-1　车船税税目税额表

税　目		计税单位	年基准税额	备　注
乘用车〔按发动机汽缸容量(排气量)分档〕	1.0 升(含)以下的	每辆	60 元至 360 元	核定载客人数 9 人(含)以下
	1.0 升以上至 1.6 升(含)的		300 元至 540 元	
	1.6 升以上至 2.0 升(含)的		360 元至 660 元	
	2.0 升以上至 2.5 升(含)的		660 元至 1 200 元	
	2.5 升以上至 3.0 升(含)的		1 200 元至 2 400 元	
	3.0 升以上至 4.0 升(含)的		2 400 元至 3 600 元	
	4.0 升以上的		3 600 元至 5 400 元	
商用车	客车	每辆	480 元至 1 440 元	核定载客人数 9 人以上,包括电车
	货车	整备质量每吨	16 元至 120 元	包括半挂牵引车、三轮汽车和低速载货汽车等
挂车		整备质量每吨	按照货车税额的 50%计算	
其他车辆	专用作业车	整备质量每吨	16 元至 120 元	不包括拖拉机
	轮式专用机械车		16 元至 120 元	
摩托车		每辆	36 元至 180 元	
船舶	机动船舶	净吨位每吨	3 元至 6 元	拖船、非机动驳船分别按照机动船舶税额的 50%计算
	游艇	艇身长度每米	600 元至 2 000 元	

《车船税税目税额表》规定的车辆税额幅度为:

1. 乘用车

按照排气量区间划分为 7 个档次,每辆每年税额为:

(1) 1.0 升(含)以下的,税额为 60 元至 360 元;

(2) 1.0 升以上至 1.6 升(含)的,税额为 300 元至 540 元;

(3) 1.6 升以上至 2.0 升(含)的,税额为 360 元至 660 元;

(4) 2.0 升以上至 2.5 升(含)的,税额为 660 元至 1 200 元;

(5) 2.5 升以上至 3.0 升(含)的,税额为 1 200 元至 2 400 元;

(6) 3.0 升以上至 4.0 升(含)的,税额为 2 400 元至 3 600 元;

(7) 4.0 升以上的,税额为 3 600 元至 5 400 元。

2. 商用车

划分为客车和货车。其中,客车(核定载客人数 9 人以上,包括电车)每辆每年税额为

480 元至 1 440 元;货车(包括半挂牵引车、三轮汽车和低速载货汽车等)按整备质量每吨每年税额为 16 元至 120 元。

根据《国家税务总局关于车船税征管若干问题的公告》(国家税务总局公告 2013 年第 42 号)第二条"关于税务机关核定客货两用车的征税问题"规定,客货两用车,又称多用途货车,是指在设计和结构上主要用于载运货物,但在驾驶员座椅后带有固定或折叠式座椅,可运载 3 人以上乘客的货车。客货两用车依照货车的计税单位和年基准税额计征车船税。

3. 挂车

按相同整备质量的货车税额的 50%计算应纳税额。

4. 其他车辆

包括专用作业车和轮式专用机械车,按整备质量每吨每年税额为 16 元至 120 元。

根据《国家税务总局关于车船税征管若干问题的公告》(国家税务总局公告 2013 年第 42 号)第一条"关于专用作业车的认定"规定,对于在设计和技术特性上用于特殊工作,并装置有专用设备或器具的汽车,应认定为专用作业车,如汽车起重机、消防车、混凝土泵车、清障车、高空作业车、洒水车、扫路车等。以载运人员或货物为主要目的的专用汽车,如救护车,不属于专用作业车。

5. 摩托车

每辆每年税额为 36 元至 180 元。

车辆的具体适用税额由省、自治区、直辖市人民政府依照《车船税税目税额表》规定的税额幅度和国务院的规定确定。

(二) 车辆具体适用税额的确定

根据《车船税法实施条例》第三条的规定,省、自治区、直辖市人民政府根据《车船税法》所附《车船税税目税额表》确定车辆具体适用税额,应当遵循以下原则:

(1) 乘用车依排气量从小到大递增税额;

(2) 客车按照核定载客人数 20 人以下和 20 人(含)以上两档划分,递增税额。

省、自治区、直辖市人民政府确定的车辆具体适用税额,应当报国务院备案。

根据《车船税法实施条例》第 17 条的规定,车辆车船税的纳税人按照纳税地点所在的省、自治区、直辖市人民政府确定的具体适用税额缴纳车船税。

(三) 船舶适用税额的确定

根据《车船税法实施条例》第四条的规定,机动船舶具体适用税额为:

(1) 净吨位不超过 200 吨的,每吨 3 元;

(2) 净吨位超过 200 吨但不超过 2 000 吨的,每吨 4 元;

(3) 净吨位超过 2 000 吨但不超过 10 000 吨的,每吨 5 元;

(4) 净吨位超过 10 000 吨的,每吨 6 元。

拖船按照发动机功率每 1 千瓦折合净吨位 0.67 吨计算征收车船税。

拖船、非机动驳船分别按照机动船舶税额的 50%计算。

(四) 游艇适用税额的确定

根据《车船税法实施条例》第五条的规定,游艇具体适用税额为:

(1) 艇身长度不超过 10 米的，每米 600 元；

(2) 艇身长度超过 10 米但不超过 18 米的，每米 900 元；

(3) 艇身长度超过 18 米但不超过 30 米的，每米 1 300 元；

(4) 艇身长度超过 30 米的，每米 2 000 元；

(5) 辅助动力帆艇，每米 600 元。

(五) 计税单位的确定

根据《车船税法实施条例》第六条的规定，《车船税法》和本条例所涉及的排气量、整备质量、核定载客人数、净吨位、千瓦、艇身长度，以车船登记管理部门核发的车船登记证书或者行驶证所载数据为准。

依法不需要办理登记的车船和依法应当登记而未办理登记或者不能提供车船登记证书、行驶证的车船，以车船出厂合格证明或者进口凭证标注的技术参数、数据为准；不能提供车船出厂合格证明或者进口凭证的，由主管税务机关参照国家相关标准核定，没有国家相关标准的参照同类车船核定。

(六) 纳税相关信息凭证的提供

纳税人缴纳车船税时，应当提供反映排气量、整备质量、核定载客人数、净吨位、千瓦、艇身长度等与纳税相关信息的相应凭证以及税务机关根据实际需要要求提供的其他资料。

纳税人以前年度已经提供前款所列资料信息的，可以不再提供。

二、应纳税额的计算

(一) 应纳税额的确定

购置的新车船，购置当年的应纳税额自纳税义务发生的当月起按月计算。应纳税额为年应纳税额除以 12 再乘以应纳税月份数。

在一个纳税年度内，已完税的车船被盗抢、报废、灭失的，纳税人可以凭有关管理机关出具的证明和完税凭证，向纳税所在地的主管税务机关申请退还自被盗抢、报废、灭失月份起至该纳税年度终了期间的税款。

已办理退税的被盗抢车船失而复得的，纳税人应当从公安机关出具相关证明的当月起计算缴纳车船税。

《车船税法》及其实施条例涉及的整备质量、净吨位、艇身长度等计税单位，有尾数的一律按照含尾数的计税单位据实计算车船税应纳税额。计算得出的应纳税额小数点后超过两位的可四舍五入保留两位小数。

乘用车以车辆登记管理部门核发的机动车登记证书或者行驶证书所载的排气量毫升数确定税额区间。

(二) 已纳税车船过户的处理

已缴纳车船税的车船在同一纳税年度内办理转让过户的，不另纳税，也不退税。

(三) 车船退货时的退税

已经缴纳车船税的车船,因质量原因,车船被退回生产企业或者经销商的,纳税人可以向纳税所在地的主管税务机关申请退还自退货月份起至该纳税年度终了期间的税款。退货月份以退货发票所载日期的当月为准。

第三节　税收优惠

一、法定免税

《车船税法》第三条规定,下列车船免征车船税:

(1) 捕捞、养殖渔船。

捕捞、养殖渔船,是指在渔业船舶登记管理部门登记为捕捞船或者养殖船的船舶。

(2) 军队、武装警察部队专用的车船。

军队、武装警察部队专用的车船,是指按照规定在军队、武装警察部队车船登记管理部门登记,并领取军队、武警牌照的车船。

(3) 警用车船。

警用车船,是指公安机关、国家安全机关、监狱、劳动教养管理机关和人民法院、人民检察院领取警用牌照的车辆和执行警务的专用船舶。

(4) 外国驻华使领馆、国际组织驻华代表机构及其有关人员的车船。

二、国务院决定的减免税

(一) 节约能源车船减半征收车船税

1. 减半征收车船税的节约能源乘用车应同时符合的标准

(1) 获得许可在中国境内销售的排量为1.6升以下(含1.6升)的燃用汽油、柴油的乘用车(含非插电式混合动力乘用车和双燃料乘用车);

(2) 综合工况燃料消耗量应符合标准;

(3) 污染物排放符合《轻型汽车污染物排放限值及测量方法(中国第五阶段)》(GB 18352.5— 2013)标准中Ⅰ型试验的限值标准。

2. 减半征收车船税的节约能源商用车应符合的标准

(1) 获得许可在中国境内销售的燃用天然气、汽油、柴油的重型商用车(含非插电式混合动力和双燃料重型商用车);

(2) 燃用汽油、柴油的重型商用车综合工况燃料消耗量应符合标准;

(3) 污染物排放符合《车用压燃式、气体燃料点燃式发动机与汽车排气污染物排放限值及测量方法(中国Ⅲ、Ⅳ、Ⅴ阶段)》(GB 17691—2005)标准中第Ⅴ阶段的标准。

(二) 使用新能源车船免征车船税

免征车船税的使用新能源汽车是指纯电动商用车、插电式(含增程式)混合动力汽车、燃料电池商用车。纯电动乘用车和燃料电池乘用车不属于车船税征税范围，对其不征车船税。

三、省级人民政府决定的减免

（一）公共交通车船、摩托车、三轮汽车和低速载货汽车优惠

《车船税法》第五条规定，省、自治区、直辖市人民政府根据当地实际情况，可以对公共交通车船，农村居民拥有并主要在农村地区使用的摩托车、三轮汽车和低速载货汽车定期减征或者免征车船税。

（二）严重自然灾害影响纳税困难的减免

对受地震、洪涝等严重自然灾害影响纳税困难以及其他特殊原因确需减免税的车船，可以在一定期限内减征或者免征车船税。具体减免期限和数额由省、自治区、直辖市人民政府确定，报国务院备案。

第四节 征收管理

一、纳税义务发生时间

（一）纳税义务发生时间

车船税纳税义务发生时间为取得车船所有权或者管理权的当月。

取得车船所有权或者管理权的当月，应当以购买车船的发票或者其他证明文件所载日期的当月为准。

（二）纳税期限

车船税按年申报，分月计算，一次性缴纳。纳税年度为公历 1 月 1 日至 12 月 31 日。

由保险机构代收代缴机动车车船税的，纳税人应当在购买机动车交强险的同时缴纳车船税。

（三）扣缴义务人解缴税款和滞纳金的期限

扣缴义务人应当及时解缴代收代缴的税款和滞纳金，并向主管税务机关申报。扣缴义务人向税务机关解缴税款和滞纳金时，应当同时报送明细的税款和滞纳金扣缴报告。扣缴义务人解缴税款和滞纳金的具体期限，由省、自治区、直辖市税务机关依照法律、行政法规的规定确定。

二、纳税地点

车船税的纳税地点为车船的登记地或者车船税扣缴义务人所在地。依法不需要办理登记的车船，车船税的纳税地点为车船的所有人或者管理人所在地。

三、减免及退税管理

(一)已办理减免税手续的车船不再代收代征车船税

税务机关应当依法减免车船税。保险机构、代征单位对已经办理减免税手续的车船不再代收代征车船税。

税务机关、保险机构、代征单位应当严格执行财政部、国家税务总局、工业和信息化部公布的节约能源、使用新能源车船减免税政策。对不属于车船税征税范围的纯电动乘用车和燃料电池乘用车,应当积极获取车辆的相关信息予以判断,对其征收了车船税的应当及时予以退税。

税务机关应当将本地区车船税减免涉及的具体车船明细信息和相关减免税额存档备查。

(二)车船税退税管理

车船税退税管理应当按照税款缴库退库有关规定执行。

1. 车船被退回生产企业或者经销商的退税

已经缴纳车船税的车船,因质量原因,车船被退回生产企业或者经销商的,纳税人可以向纳税所在地的主管税务机关申请退还自退货月份起至该纳税年度终了期间的税款,退货月份以退货发票所载日期的当月为准。

2. 已完税车辆被盗抢、报废、灭失而申请车船税退税

已完税车辆被盗抢、报废、灭失而申请车船税退税的,由纳税人纳税所在地的主管税务机关按照有关规定办理。

3. 税务机关征收已被代扣代收车船税的退还

纳税人在车辆登记地之外购买机动车第三者责任强制保险,由保险机构代收代缴车船税的,凭注明已收税款信息的机动车第三者责任强制保险单或保费发票,车辆登记地的主管税务机关不再征收该纳税年度的车船税,已经征收的应予退还。

课后习题

一、选择题

1. 下列车船中,应以“辆”作为车船税计税单位的有(　　)。

A. 电车　　B. 摩托车　　C. 微型客车　　D. 半挂牵引车

2. 根据车船税法的规定,下列表述错误的是(　　)。

A. 拖船按照发动机功率每 2 马力折合净吨位 1 吨计算征收车船税

B. 在机场、港口以及其他企业内部场所行驶或者作业且依法不需在车船登记管理部门登记的车船不缴纳车船税

C. 车船税按年申报缴纳,具体申报纳税期限由省、自治区、直辖市人民政府规定

D. 按照规定缴纳船舶吨税的机动船舶,自车船税法实施之日起 5 年内免征车船税

二、思考题

1. 车船税的征税范围如何确定?

2. 车船税有哪些减免规定?

第十四章　印花税

民贫轻揖让，力尽畏征输。

——(清)沈德潜《夏日述感》

印花税起源于荷兰。印花税是对经济活动和经济交往中书立、领受具有法律效力的凭证的行为所征收的一种税。因采用在应税凭证上粘贴“印花税票”作为完税的标志而得名。印花税赋予贸易、交易凭证以法律效力，同时也为政府提供了一定份额的税收收入。

第一节　纳税人与征税范围

一、印花税概述

（一）印花税的概念

印花税，是税的一种，是对合同、凭证、书据、账簿及权利许可证等文件征收的税种。纳税人通过在文件上加贴印花税票，或者盖章来履行纳税义务。现行印花税只对《印花税暂行条例》列举的凭证征税，具体有五类：合同或者具有合同性质的凭证，产权转移书据，营业账簿，权利、许可证照和经财政部确定征税的其他凭证。

（二）印花税税制变革

印花税是世界各国普遍开征的一种税种，最早始于1624年的荷兰。辛亥革命后，北洋政府于1912年10月公布《印花税法》，并于1913年正式实施，这是中国征收印花税的肇始。1927年，国民党政府公布了《印花税条例》。新中国成立后，中央人民政府于1950年12月公布《印花税暂行条例》，并于1951年1月公布《印花税暂行条例施行细则》，规定印花税为全国统一开征的14个税种之一。1958年简化税制，将印花税并入工商统一税，不再单独征收。

1988年8月，国务院发布《中华人民共和国印花税暂行条例》(国务院令第11号)，同年9月财政部颁布《中华人民共和国印花税暂行条例施行细则》(财税字[1988]255号)，自1988年10月1日起重新在全国统一开征印花税。

二、纳税义务人

（一）纳税人的一般规定

在中华人民共和国境内书立、领受《印花税暂行条例》所列举凭证的单位和个人，都是印花税的纳税义务人(以下简称纳税人),应当按照规定缴纳印花税。

在中华人民共和国境内书立、领受《印花税暂行条例》所列举凭证,是指在中国境内具有法律效力,受中国法律保护的凭证。

上述凭证无论在中国境内或者境外书立,均应依照《印花税暂行条例》规定贴花。

单位和个人,是指国内各类企业、事业、机关、团体、部队以及中外合资企业、合作企业、外资企业、外国公司企业和其他经济组织及其在华机构等单位和个人。

同一凭证,由两方或者两方以上当事人签订并各执一份的,应当由各方就所执的一份各自全额贴花。

当事人,是指对凭证有直接权利义务关系的单位和个人,不包括保人、证人、鉴定人。立合同人,是指合同的当事人。当事人的代理人有代理纳税的义务。

(二) 纳税人的具体规定

1. 产权转移书据的纳税人

产权转移书据由立据人贴花,如未贴或者少贴印花,书据的持有人应负责补贴印花。所立书据以合同方式签订的,应由持有书据的各方分别按全额贴花。

2. 货运凭证的纳税人

在货运业务中,凡直接办理承、托运运费结算凭证的双方,均为货运凭证印花税的纳税人。

代办承、托运业务的单位负有代理纳税的义务;代办方与委托方之间办理的运费清算单据,不缴纳印花税。

铁路货运业务中运费结算凭证载明的承、托运双方,均为货运凭证印花税的纳税人。

代办托运业务的代办方在向铁路运输企业交运货物并取得运费结算凭证时,应当代托运方缴纳印花税。代办方与托运方之间办理的运费结算清单,不缴纳印花税。

三、征税范围

下列凭证为应纳税凭证:(1) 购销、加工承揽、建设工程承包、财产租赁、货物运输、仓储保管、借款、财产保险、技术合同或者具有合同性质的凭证;(2) 产权转移书据;(3) 营业账簿;(4) 权利、许可证照;(5) 经财政部确定征税的其他凭证。

(一) 合同或具有合同性质的凭证

合同,是指根据《中华人民共和国合同法》和其他有关合同法规订立的合同。具有合同性质的凭证,是指具有合同效力的协议、契约、合约、单据、确认书及其他各种名称的凭证。

1. 单据是否贴花的确定

对货物运输、仓储保管、财产保险、银行借款等,办理一项业务既书立合同,又开立单据的,只就合同贴花;凡不书立合同,只开立单据,以单据作为合同使用的,应按照规定贴花。

2. 要货单据

外贸企业开具的各种名称、各种形式具有合同性质和作用的要货单据,均应按规定贴花。

3. 购销合同

根据《印花税税目税率表》的规定,购销合同的征税范围包括供应、预购、采购、购销结合及协作、调剂、补偿、易货等合同,购销合同按购销金额 3‱贴花,以立合同人为纳税人。

对发电厂与电网之间、电网与电网之间(国家电网公司系统、南方电网公司系统内部各级电网互供电量除外)签订的购售电合同按购销合同征收印花税。电网与用户之间签订的供用电合同不属于印花税列举征税的凭证,不征收印花税。

4. 加工承揽合同

加工承揽合同的征税范围,包括加工、定作、修缮、修理、印刷、广告、测绘、测试等合同。加工承揽合同按加工或承揽收入 5‱贴花,以立合同人为纳税人。对商店、门市部的零星加工修理业务开具的修理单,不贴印花。

5. 建设工程承包合同

建设工程承包合同,是指建设工程勘察设计合同和建筑安装工程承包合同。

建设工程承包合同包括总包合同、分包合同和转包合同。

建设工程勘察设计合同的征税范围,包括勘察、设计合同。建设工程勘察设计合同按收取费用万分之五贴花,以立合同人为纳税人。

建筑安装工程承包合同的征税范围包括建筑、安装工程承包合同。建筑安装工程承包合同按承包金额 3‱贴花,以立合同人为纳税人。

6. 财产租赁合同

财产租赁合同的征税范围包括租赁房屋、船舶、飞机、机动车辆、机械、器具、设备等合同。财产租赁合同按租赁金额千分之一贴花。税额不足一元的按一元贴花。财产租赁合同以立合同人为纳税人。

对房地产管理部门与个人订立的租房合同,凡用于生活居住的,暂免贴印花;用于生产经营的,应按规定贴花。企业、个人出租门店、柜台等签订的合同,属于财产租赁合同,应按照规定贴花。企业与主管部门等签订的租赁承包经营合同,不属于财产租赁合同,不应贴花。

各航空公司与外国公司签订的飞机租赁合同,属于《印花税暂行条例》列举征税的凭证。在飞机租赁业务中,对采取经营租赁方式签订的租赁合同,按"财产租赁合同"税目税率计税贴花;对采取融资租赁方式签订的租赁合同,暂按租金总额的 0.5‱税率计税贴花。

7. 货物运输合同

货物运输合同的征税范围包括民用航空、铁路运输、海上运输、内河运输、公路运输和联运合同。货物运输合同按运输费用 5‱贴花,以立合同人为纳税人。单据作为合同使用的,按合同贴花。

8. 仓储保管合同

仓储保管合同的征税范围包括仓储、保管合同。仓储保管合同按仓储保管费用 1‰贴花,以立合同人为纳税人。仓单或栈单作为合同使用的,按合同贴花。

仓储保管业务的应税凭证为仓储保管合同或作为合同使用的仓单、栈单(或称入库单等)。对有些凭证使用不规范,不便计税的,可就其结算单据作为计税贴花的凭证。

9. 借款合同

借款合同印花税的征税范围为银行及其他金融组织和借款人(不包括银行同业拆借)所签订的借款合同。借款合同按借款金额 0.5‱贴花,以立合同人为纳税人。单据作为合同使用的,按合同贴花。

10. 财产保险合同

财产保险合同的征税范围包括财产、责任、保证、信用等保险合同。财产保险合同按保险费收入1‰贴花,以立合同人为纳税人。单据作为合同使用的,按合同贴花。对《印花税暂行条例》中列举征税的各类保险合同,其计税依据为保险费收入。

11. 技术合同

技术合同的征税范围包括技术开发、转让、咨询、服务等合同。技术合同按所载金额3‱贴花,以立合同人为纳税人。

12. 副本视同正本使用应另贴印花

以副本或者抄本视同正本使用的,应另贴印花。纳税人的已缴纳印花税凭证的正本遗失或毁损,而以副本替代的,即为副本视同正本使用,应另贴印花。

13. 以电子形式签订的应税凭证

对纳税人以电子形式签订的各类应税凭证按规定征收印花税。

14. 不属于应税凭证的合同

在代理业务中,代理单位与委托单位之间签订的委托代理合同,凡仅明确代理事项、权限和责任的,不属于应税凭证,不贴印花。

出版合同不属于印花税列举征税的凭证,不贴印花。

一般的法律、法规、会计、审计等方面的咨询不属于技术咨询,其所立合同不贴印花。

(二) 产权转移书据

产权转移书据,是指单位和个人产权的买卖、继承、赠与、交换、分割等所立的书据。

产权转移书据的征税范围包括财产所有权和版权、商标专用权、专利权、专有技术使用权等转移书据。产权转移书据按所载金额5‱贴花,以立据人为纳税人。

"财产所有权"转移书据的征税范围是:经政府管理机关登记注册的动产、不动产的所有权转移所立的书据,以及企业股权转让所立的书据。

对土地使用权出让合同、土地使用权转让合同按产权转移书据征收印花税。

专利申请权转让、非专利技术转让所书立的合同,适用"技术合同"税目;专利权转让、专利实施许可所书立的合同、书据,适用"产权转移书据"税目。

对商品房销售合同按照产权转移书据征收印花税。

(三) 营业账簿

1. 营业账簿

营业账簿,是指单位或者个人记载生产经营活动的财务会计核算账簿。营业账簿的征税范围为生产经营用账册。

中国人民银行各级机构经理国库业务及委托各商业银行各级机构代理国库业务设置的账簿,不是核算银行本身经营业务的账簿,不贴印花。

2. 记载资金的账簿

记载资金的账簿,是指总分类账簿。记载资金的账簿,按实收资本和资本公积的合计金额万分之五贴花。记载资金的账簿按规定贴花后,以后年度资金总额比已贴花资金总额增加的,增加部分应按规定贴花。凡是记载资金的账簿,启用新账时,资金未增加的,不再按件定额贴花。

经企业主管部门批准的国营、集体企业兼并，对并入单位的资产，凡已按资金总额贴花的，接收单位对并入的资金不再补贴印花。企业发生分立、合并和联营等变更后，凡依照有关规定办理法人登记的新企业所设立的资金账簿，应于启用时按规定计税贴花；凡无需重新进行法人登记的企业原有的资金账簿，已贴印花继续有效。

外国银行分行记载由其境外总行拨付的“营运资金”账簿，应按核拨的账面资金数额计税贴花。

3. 其他账簿

其他账簿，是指除总分类账簿以外的账簿，包括日记账簿和各明细分类账簿。其他账簿按件贴花五元，以立账簿人为纳税人。

对采用一级核算形式的，只就财会部门设置的账簿贴花；采用分级核算形式的，除财会部门的账簿应贴花外，财会部门设置在其他部门和车间的明细分类账，亦应按规定贴花。

车间、门市部、仓库设置的不属于会计核算范围或虽属会计核算范围，但不记载金额的登记簿、统计簿、台账等，不贴印花。

对日常用单页表式记载资金活动情况，以表代账的，在未形成账簿(册)前，暂不贴花，待装订成册时，按册贴花。

4. 有经营收入的事业单位使用的账簿

对有经营收入的事业单位，凡属由国家财政部门拨付事业经费，实行差额预算管理的单位，其记载经营业务的账簿，按其他账簿定额贴花，不记载经营业务的账簿不贴花；凡属经费来源实行自收自支的单位，其营业账簿，应对记载资金的账簿和其他账簿分别按规定贴花。

5. 跨地区经营的分支机构使用的营业账簿

跨地区经营的分支机构使用的营业账簿，应由各分支机构在其所在地缴纳印花税。对上级单位核拨资金的分支机构，其记载资金的账簿按核拨的账面资金数额计税贴花，其他账簿按定额贴花；对上级单位不核拨资金的分支机构，只就其他账簿按定额贴花。为避免对同一资金重复计税贴花，上级单位记载资金的账簿，应按扣除拨给下属机构资金数额后的其余部分计税贴花。

(四) 权利、许可证照

权利、许可证照的征税范围包括政府部门发给房屋产权证、工商营业执照、商标注册证、专利证、土地使用证。权利、许可证照按件贴花五元，以领受人为纳税人。工商行政管理机关核发的各类营业执照正本和商标注册证，应由其领受单位和个人负责贴花。

营业执照正本贴花，应统一粘贴在其左下角花边框内；商标注册证贴花，应统一粘贴在其内页右上角(“使用商品类”右面)边框内。粘贴的印花一律采用5元面值的税票，税票粘贴应端正、清洁，在税票与证照的骑缝处，用钢笔或圆珠笔画两条横线注销，画销笔迹要整齐、清晰。

对因各种原因更换营业执照正本和商标注册证的，均视为新领营业执照正本和商标注册证，应按规定纳税。

(五) 经财政部确定征税的其他凭证

其他应征印花税的应纳税凭证，由财政部确定。

第二节　税率与应纳税额

一、税目、税率

印花税税目税率表如表14-1所示。

表14-1　印花税税目税率表

税　目	范　围	税　率	纳税义务人	说　明
1. 购销合同	包括供应、预购、采购、购销结合及协作、调剂、补偿、易货等合同	按购销金额3‰贴花	立合同人	
2. 加工承揽合同	包括加工、定作、修缮、修理、印刷、广告、测绘、测试等合同	按加工或承揽收入5‰贴花	立合同人	
3. 建设工程勘察设计合同	包括勘察、设计合同	按收取费用5‰贴花	立合同人	
4. 建筑安装工程承包合同	包括建筑、安装工程承包合同	按承包金额3‰贴花	立合同人	
5. 财产租赁合同	包括租赁房屋、船舶、飞机、机动车辆、机械、器具、设备等	按租赁金额1‰贴花。税额不足1元的按1元贴花	立合同人	
6. 货物运输合同	包括民用航空、铁路运输、海上运输、内河运输、公路运输和联运合同	按运输费用5‰贴花	立合同人	单据作为合同使用的，按合同贴花
7. 仓储保管合同	包括仓储、保管合同	按仓储保管费用1‰贴花	立合同人	仓单或栈单作为合同使用的，按合同贴花
8. 借款合同	银行及其他金融组织和借款人(不包括银行同业拆借)所签订的借款合同	按借款金额0.5‰贴花	立合同人	单据作为合同使用的，按合同贴花
9. 财产保险合同	包括财产、责任、保证、信用等保险合同	按保费的1‰贴花	立合同人	单据作为合同使用的，按合同贴花
10. 技术合同	包括技术开发、转让、咨询、服务等合同	按所载金额5‰贴花	立合同人	
11. 产权转移书据	包括财产所有权和版权、商标专用权、专利权、专有技术使用权等转移书据	按所载金额5‰贴花	立据人	

续 表

税 目	范 围	税 率	纳税义务人	说 明
12. 营业账簿	生产经营用账册	记载资金的账簿，按实收资本与资本公积总额 5‰贴花。其他账簿按件贴花 5 元	立账簿人	
13. 权利、许可证照	包括政府部分发给的房屋产权证、工商营业执照、商标注册证、专利证、土地使用证	按件贴花 5 元	领受人	

二、应纳税额的计算

纳税人根据应纳税凭证的性质，分别按比例税率或者按件定额计算应纳税额。具体税率、税额的确定，依照《印花税税目税率表》执行。

应纳税额不足 1 角的，免纳印花税。应纳税额在 1 角以上的，其税额尾数不满 5 分的不计，满 5 分的按 1 角计算缴纳。

应纳税凭证所载金额为外国货币的，纳税人应按照凭证书立当日的国家外汇管理局公布的外汇牌价折合人民币，计算应纳税额。

三、应纳税额的具体规定

（一）应税凭证未标明金额的处理

按金额比例贴花的应税凭证，未标明金额的，应按照凭证所载数量及国家牌价计算金额；没有国家牌价的，按市场价格计算金额，然后按规定税率计算应纳税额。

有些合同在签订时无法确定计税金额，如技术转让合同中的转让收入，是按销售收入的一定比例收取或是按实现利润分成的；财产租赁合同，只是规定了月（天）租金标准而却无租赁期限的。对这类合同，可在签订时先按定额 5 元贴花，以后结算时再按实际金额计税，补贴印花。

（二）已贴花凭证修改后金额变化的处理

已贴花的凭证，修改后所载金额增加的，其增加部分应当补贴印花税票。

（三）同一凭证的多个经济事项的处理

同一凭证，因载有两个或者两个以上经济事项而适用不同税目税率，如分别记载金额的，应分别计算应纳税额，相加后按合计税额贴花；如未分别记载金额的，按税率高的计税贴花。

（四）受托方提供原材料的加工定作合同

由受托方提供原材料的加工、定作合同，凡在合同中分别记载加工费金额与原材料金额的,应分别按“加工承揽合同”“购销合同”计税,两项税额相加数,即为合同应贴印花;合同中不划分加工费金额与原材料金额的,应按全部金额,依照“加工承揽合同”计税贴花。

(五)实际结算金额与合同所载金额不一致的处理

依照《印花税暂行条例》规定,纳税人应在合同签订时按合同所载金额计税贴花。因此,对已履行并贴花的合同,发现实际结算金额与合同所载金额不一致的,一般不再补贴印花。

(六)汇总缴纳印花税的税额计算

实行印花税按期汇总缴纳的单位,对征税凭证和免税凭证汇总时,凡分别汇总的,按本期征税凭证的汇总金额计算缴纳印花税;凡确属不能分别汇总的,应按本期全部凭证的实际汇总金额计算缴纳印花税。

(七)以货换货合同应纳税额的确定

商品购销活动中,采用以货换货方式进行商品交易签订的合同,是反映既购又销双重经济行为的合同。对此,应按合同所载的购、销合计金额计税贴花。合同未列明金额的,应按合同所载购、销数量依照国家牌价或市场价格计算应纳税金额。

第三节　税收优惠

一、法定减免

《印花税暂行条例》第四条规定,下列凭证免纳印花税:

(一)已纳印花税凭证的副本或者抄本

已缴纳印花税的凭证的副本或者抄本免纳印花税,是指凭证的正式签署本已按规定缴纳了印花税,其副本或者抄本对外不发生权利义务关系,仅备存查的免贴印花。

以副本或者抄本视同正本使用的,应另贴印花。

(二)财产赠给政府、社会福利单位、学校所立的书据

财产所有人将财产赠给政府、社会福利单位、学校所立的书据免纳印花税。社会福利单位,是指抚养孤老伤残的社会福利单位。

(三)经财政部批准免税的其他凭证

1. 农副产品收购合同免征印花税优惠

国家指定的收购部门与村民委员会、农民个人书立的农副产品收购合同免纳印花税。

2. 无息、贴息贷款合同免征印花税优惠

无息、贴息贷款合同免纳印花税。

3. 外国政府或国际金融组织优惠贷款免征

外国政府或者国际金融组织向我国政府及国家金融机构提供优惠贷款所书立的合同，免纳印花税。

4. 账簿印花税优惠

自2018年5月1日起，对按5‰税率贴花的资金账簿减半征收印花税，对按件贴花五元的其他账簿免征印花税。

二、改善民生优惠

（一）住房印花税优惠

对个人销售或购买住房暂免征收印花税。

对廉租住房、经济适用住房经营管理单位与廉租住房、经济适用住房相关的印花税以及廉租住房承租人、经济适用住房购买人涉及的印花税予以免征。

开发商在经济适用住房、商品住房项目中配套建造廉租住房，在商品住房项目中配套建造经济适用住房，如能提供政府部门出具的相关材料，可按廉租住房、经济适用住房建筑面积占总建筑面积的比例免征开发商应缴纳的印花税。

对个人出租、承租住房签订的租赁合同，免征印花税。

对改造安置住房建设用地免征城镇土地使用税。对改造安置住房经营管理单位、开发商与改造安置住房相关的印花税以及购买安置住房的个人涉及的印花税予以免征。

在商品住房等开发项目中配套建造安置住房的，依据政府部门出具的相关材料、房屋征收（拆迁）补偿协议或棚户区改造合同（协议），按改造安置住房建筑面积占总建筑面积的比例免征城镇土地使用税、印花税。

对公共租赁住房经营管理单位免征建设、管理公共租赁住房涉及的印花税。在其他住房项目中配套建设公共租赁住房，依据政府部门出具的相关材料，按公共租赁住房建筑面积占总建筑面积的比例免征建设、管理公共租赁住房涉及的印花税。

对公共租赁住房经营管理单位购买住房作为公共租赁住房，免征契税、印花税；对公共租赁住房租赁双方免征签订租赁协议涉及的印花税。

对房地产管理部门与个人订立的租房合同，凡用于生活居住的，暂免贴印花；用于生产经营的，应按规定贴花。

（二）运输部门承运快件行李、包裹的托运单据

对铁路、公路、航运、水路承运快件行李、包裹开具的托运单据，暂免贴印花。

三、促进小微企业发展优惠

自2011年11月1日起至2020年12月31日止，对金融机构与小型、微型企业签订的借款合同免征印花税。

上述小型、微型企业的认定，按照《工业和信息化部 国家统计局 国家发展和改革委员会 财政部关于印发〈中小企业划型标准规定〉的通知》（工信部联企业[2011]300号）的有关规定执行。

四、转制升级优惠

（一）资金账簿的印花税

(1) 实行公司制改造的企业在改制过程中成立的新企业（重新办理法人登记的），其新启用的资金账簿记载的资金或因企业建立资本纽带关系而增加的资金，凡原已贴花的部分可不再贴花，未贴花的部分和以后新增加的资金按规定贴花。

公司制改造包括国有企业依《公司法》整体改造成国有独资有限责任公司；企业通过增资扩股或者转让部分产权，实现他人对企业的参股，将企业改造成有限责任公司或股份有限公司；企业以其部分财产和相应债务与他人组建新公司；企业将债务留在原企业，而以其优质财产与他人组建的新公司。

(2) 以合并或分立方式成立的新企业，其新启用的资金账簿记载的资金，凡原已贴花的部分可不再贴花，未贴花的部分和以后新增加的资金按规定贴花。

合并包括吸收合并和新设合并。分立包括存续分立和新设分立。

(3) 企业债权转股权新增加的资金按规定贴花。

(4) 企业改制中经评估增加的资金按规定贴花。

(5) 企业其他会计科目记载的资金转为实收资本或资本公积的资金按规定贴花。

自 2018 年 5 月 1 日起，根据《财政部税务总局关于对营业账簿减免印花税的通知》（财税〔2018〕50 号）的规定，对按万分之五税率贴花的资金账簿减半征收印花税，对按件贴花五元的其他账簿免征印花税。

（二）各类应税合同的印花税

企业改制前签订但尚未履行完的各类应税合同，改制后需要变更执行主体的，对仅改变执行主体、其余条款未作变动且改制前已贴花的，不再贴花。

（三）产权转移书据的印花税

企业因改制签订的产权转移书据免予贴花。

五、支持金融资本市场优惠

（一）人民银行向商业银行发放的日拆性贷款

人民银行各级机构向商业银行发放的日拆性贷款（在此专指 20 天内的贷款），由于其期限短，利息低，并且贷放和使用均有较强的政策性，因此，对此类贷款所签的合同或借据，暂免征收印花税。

（二）证券投资者保护基金印花税优惠

对证券投资者保护基金有限责任公司（以下简称保护基金公司）新设立的资金账簿免征印花税。

对保护基金公司与中国人民银行签订的再贷款合同、与证券公司行政清算机构签订的借款合同，免征印花税。

对保护基金公司接收被处置证券公司财产签订的产权转移书据，免征印花税。

对保护基金公司以证券投资者保护基金（以下简称保护基金）自有财产和接收的受偿资产与保险公司签订的财产保险合同，免征印花税。

对与保护基金公司签订上述应税合同或产权转移书据的其他当事人照章征收印花税。

（三）证券投资基金免征印花税

对投资者（包括个人和机构）买卖封闭式证券投资基金免征印花税。

对投资者申购和赎回基金单位，暂不征收印花税。

（四）融资性售后回租中出售及购回租赁资产

在融资性售后回租业务中，对承租人、出租人因出售租赁资产及购回租赁资产所签订的合同，不征收印花税。

（五）暂免征收飞机租赁购机环节印花税

自2014年1月1日起至2018年12月31日止，暂免征收飞机租赁企业购机环节购销合同印花税。

（六）股权分置改革股权转让优惠

股权分置改革过程中因非流通股股东向流通股股东支付对价而发生的股权转让，暂免征收印花税。

（七）转持国有股充实社保基金证券交易印花税

对有关国有股东按照《境内证券市场转持部分国有股充实全国社会保障基金实施办法》（财企[2009]94号）向全国社会保障基金理事会转持国有股，免征证券（股票）交易印花税。

（八）信贷资产证券化印花税优惠

信贷资产证券化的发起机构[指通过设立特定目的的信托项目（以下简称信托项目）转让信贷资产的金融机构，下同]将实施资产证券化的信贷资产信托予受托机构（指因承诺信托而负责管理信托项目财产并发售资产支持证券的机构，下同）时，双方签订的信托合同暂不征收印花税。

受托机构委托贷款服务机构（指接受受托机构的委托，负责管理贷款的机构，下同）管理信贷资产时，双方签订的委托管理合同暂不征收印花税。

发起机构、受托机构在信贷资产证券化过程中，与资金保管机构（指接受受托机构委托，负责保管信托项目财产账户资金的机构，下同）、证券登记托管机构（指中央国债登记结算有限责任公司）以及其他为证券化交易提供服务的机构签订的其他应税合同，暂免征收发起机构、受托机构应缴纳的印花税。

受托机构发售信贷资产支持证券以及投资者买卖信贷资产支持证券暂免征收印花税。

发起机构、受托机构因开展信贷资产证券化业务而专门设立的资金账簿暂免征收印花税。

（九）外国银行分行改制为外商独资银行印花税优惠

外国银行分行改制为外商独资银行(或其分行)后，其在外国银行分行已经贴花的资金账簿、应税合同，在改制后的外商独资银行(或其分行)不再重新贴花。

（十）被撤销金融机构接收债权、清偿债务产权转移书据免征印花税

对被撤销金融机构接收债权、清偿债务过程中签订的产权转移书据，免征印花税。

六、支持三农优惠

（一）农民专业合作社与本社成员签订的购销合同免征印花税

自2008年7月1日起，对农民专业合作社与本社成员签订的农业产品和农业生产资料购销合同，免征印花税。农民专业合作社，是指依照《农民专业合作社法》规定设立和登记的农民专业合作社。

（二）饮水工程印花税优惠

自2011年1月1日至2018年12月31日止，对农村饮水安全工程(简称饮水工程)运营管理单位为建设饮水工程取得土地使用权而签订的产权转移书据，以及与施工单位签订的建设工程承包合同免征印花税。

饮水工程，是指为农村居民提供生活用水而建设的供水工程设施。饮水工程运营管理单位是指负责农村饮水安全工程运营管理的自来水公司、供水公司、供水(总)站(厂、中心)、村集体、在民政部门注册登记的用水户协会等单位。对于既向城镇居民供水，又向农村居民供水的饮水工程运营管理单位，依据向农村居民供水收入占总供水收入的比例免征增值税；依据向农村居民供水量占总供水量的比例免征契税、印花税、房产税和城镇土地使用税。无法提供具体比例或所提供数据不实的，不得享受上述税收优惠政策。

七、支持文化教育体育优惠

（一）高校学生公寓租赁合同免征印花税

自2013年1月1日至2018年12月31日止，对与高校学生签订的高校学生公寓租赁合同，免征印花税。

“高校学生公寓”是指为高校学生提供住宿服务，按照国家规定的收费标准收取住宿费的学生公寓。

（二）财产所有人将财产赠给学校所立的书据免征印花税

对财产所有人将财产赠给学校所立的书据，免征印花税。

（三）图书、报刊等征订凭证印花税优惠

图书、报纸、期刊以及音像制品的出版发行业务订立的征订发行合同及其订购单据(实际发生数)属于应纳印花税的经济凭证。各类发行单位之间，以及发行单位与订阅单位或个人之间书立的征订凭证，暂免征印花税。

八、支持交通运输优惠

凡附有军事运输命令或使用专用的军事物资运费结算凭证，免纳印花税。

凡附有县级以上(含县级)人民政府抢险救灾物资运输证明文件的运费结算凭证，免纳印花税。

为新建铁路运输施工所需物料，使用工程临管线专用运费结算凭证，免纳印花税。

由外国运输企业运输进出口货物的，外国运输企业所持的一份运费结算凭证免纳印花税；托运方所持的一份运费结算凭证应缴纳印花税。

对铁路、公路、航运、水路承运快件行李、包裹开具的托运单据，暂免贴印花。

第四节　征收管理

一、纳税义务发生时间

(一) 纳税义务发生时间

纳税人书立、领受或者使用《印花税暂行条例》列举的应纳税凭证和经财政部确定征税的其他凭证时，即发生纳税义务，应当根据应纳税凭证的性质，分别按《印花税暂行条例》所附《印花税税目税率表》对应的税目、税率，自行计算应纳税额，购买并一次贴足印花税票(以下简称“贴花”)。

(二) 书立或者领受时贴花

应纳税凭证应当于书立或者领受时贴花。书立或者领受时贴花，是指在合同的签订时、书据的立据时、账簿的启用时和证照的领受时贴花。

如果合同在国外签订的，应在国内使用时贴花。这是指《印花税暂行条例》列举征税的合同在国外签订时，不便按规定贴花，因此，应在带入境内时办理贴花完税手续。

依照《印花税暂行条例》规定，合同签订时即应贴花，履行完税手续。因此，不论合同是否兑现或能否按期兑现，都一律按照规定贴花。

二、税款征收

(一) 纳税方法

1. 自行贴花

《印花税暂行条例》第 5 条第 1 款规定，印花税实行由纳税人根据规定自行计算应纳税额，购买并一次贴足印花税票(以下简称贴花)的缴纳办法。

印花税票应当粘贴在应纳税凭证上，并由纳税人在每枚税票的骑缝处盖戳注销或者画销。已贴用的印花税票不得重用。

在营业账簿上贴印花税票，须在账簿首页右上角粘贴，不准粘贴在账夹上。纳税人没有印章的，可用钢笔(圆珠笔)画几条横线注销。注销标记应与骑缝处相交。骑缝处是指粘贴的印花税票与凭证及印花税票之间的交接处。

2. 代替贴花

一份凭证应纳税额超过500元的,应当向税务机关申请填写缴款书或者完税证,将其中一联粘贴在凭证上或者由税务机关在凭证上加注完税标记代替贴花。

(二)按期汇总申报缴纳

《印花税暂行条例》第五条第二款规定,为简化贴花手续,应纳税额较大或者贴花次数频繁的,纳税人可向税务机关提出申请,采取以缴款书代替贴花或者按期汇总缴纳的办法。

同一种类应纳税凭证,需频繁贴花的,可由纳税人根据实际情况自行决定是否采用按期汇总申报缴纳印花税的方式。汇总申报缴纳的期限不得超过1个月。采用按期汇总申报缴纳方式的,一年内不得改变。

实行印花税按期汇总缴纳的单位,对征税凭证和免税凭证汇总时,凡分别汇总的,按本期征税凭证的汇总金额计算缴纳印花税;凡确属不能分别汇总的,应按本期全部凭证的实际汇总金额计算缴纳印花税。

(三)核定征收

纳税人应按规定据实计算、缴纳印花税。税务机关可以根据《税收征收管理法》及相关规定核定纳税人应纳税额。

主管税务机关核定征收印花税,应当向纳税人送达《税务事项通知书》,并注明核定征收的方法和税款缴纳期限。

税务机关应分行业对纳税人历年印花税的纳税情况、主营业务收入情况、应税合同的签订情况等进行统计、测算,评估各行业印花税纳税状况及税负水平,确定本地区不同行业应纳税凭证的核定标准。

实行核定征收印花税的,纳税期限为1个月,税额较小的,纳税期限可为一个季度,具体由主管税务机关确定。纳税人应当自纳税期满之日起15日内,填写国家税务总局统一制定的纳税申报表申报缴纳核定征收的印花税。

纳税人对主管税务机关核定的应纳税额有异议的,或因生产经营情况发生变化需要重新核定的,可向主管税务机关提供相关证据,主管税务机关核实后进行调整。

根据《税收征管法》第35条规定和印花税的税源特征,为加强印花税征收管理,纳税人有下列情形的,税务机关可以核定纳税人印花税计税依据:

(1)未按规定建立印花税应税凭证登记簿,或未如实登记和完整保存应税凭证的;

(2)拒不提供应税凭证或不如实提供应税凭证致使计税依据明显偏低的;

(3)采用按期汇总缴纳办法的,未按税务机关规定的期限报送汇总缴纳印花税情况报告,经税务机关责令限期报告,逾期仍不报告的或者税务机关在检查中发现纳税人有未按规定汇总缴纳印花税情况的。

税务机关核定征收印花税,应向纳税人发放核定征收印花税通知书,注明核定征收的计税依据和规定的税款缴纳期限。

税务机关核定征收印花税,应根据纳税人的实际生产经营收入,参考纳税人各期印花税纳税情况及同行业合同签订情况,确定科学合理的数额或比例作为纳税人印花税计税依据。

(四)委托代征

税务机关根据印花税征收管理的需要,本着既加强源泉控管,又方便纳税人的原则,按照《国家税务总局关于发布〈委托代征管理办法〉的公告》(国家税务总局公告 2013 年第 24 号)有关规定,可委托银行、保险、工商、房地产管理等有关部门,代征借款合同、财产保险合同、权利许可证照、产权转移书据、建设工程承包合同等的印花税。

(五) 印花税应纳税凭证管理

纳税人应当如实提供、妥善保存印花税应纳税凭证(以下简称应纳税凭证)等有关纳税资料,统一设置、登记和保管《印花税应纳税凭证登记簿》(以下简称《登记簿》),及时、准确、完整记录应纳税凭证的书立、领受情况。

《登记簿》的内容包括:应纳税凭证种类、应纳税凭证编号、凭证书立各方(或领受人)名称、书立(领受)时间、应纳税凭证金额、件数等。

应纳税凭证保存期限按照《税收征管法》的有关规定执行。

三、印花税票管理

印花税票由国家税务总局监制。票面金额以人民币为单位。

印花税票为有价证券,各税务机关应按照国家税务总局制定的管理办法严格管理。

印花税票的票面金额以人民币为单位,分为壹角、贰角、伍角、壹元、贰元、伍元、拾元、伍拾元、壹百元九种。

印花税票可以委托单位或者个人代售,并由税务机关付给代售金额 5%的手续费。支付来源从实征印花税款中提取。

课后习题

一、选择题

1. 下列属于印花税纳税义务人描述正确的有(　　)。

A. 各类合同的纳税义务人是立合同人包括担保人,但不包括证人、鉴定人

B. 在国外书立在国内使用的应税凭证其纳税人是使用人

C. 电子形式签订的各类应税凭证的当事人

D. 在中国境内书立、使用、领受税法所列举凭证应履行纳税义务的单位和个人,都是印花税的纳税义务人

E. 订立财产转移书据的以立据人为纳税人

2. 下列凭证中,属于印花税征税范围的有(　　)。

A. 银行设置的现金收付登记簿

B. 个人出租门面房签订的租赁合同

C. 电网与用户之间签订的供用电合同

D. 出版单位与发行单位之间订立的图书订购单

E. 融资租赁合同

二、思考题

1. 印花税的征税范围有无必要减少?

2. 印花税的减免税规定有哪些?

第五篇

资源和环境税

第十五章　资源税

人间行路难，踏地出赋租。

——（宋）苏轼《鱼蛮子》

土地是财富之母，劳动是财富之父。针对土地及其之上的资源征税，体现调节“资源级差收入”并体现国有资源有偿使用而征收的一种税，同时也在一定程度上试图解决“荷兰病”（某一初级产品部门异常繁荣而导致其他部门的衰落的现象，或者依赖资源收入从而全要素生产率降低的现象）。资源税在理论上可区分为对“绝对矿租“课征的一般资源税和对“级差矿租”课征的级差资源税，体现在税收政策上就叫作“普遍征收，级差调节”。

第一节　纳税人与征税范围

一、立法延革

1984 年 9 月，国务院发布《中华人民共和国资源税条例（草案）》和《中华人民共和国盐税条例（草案）》（以下简称两个条例草案），规定自 1984 年 10 月 1 日起，对开采原油、天然气、煤炭等矿产品和生产盐的单位和个人征收资源税。1993 年 12 月 25 日，国务院发布《中华人民共和国资源税暂行条例》（以下简称《资源税暂行条例》），同时废止了两个条例草案。《资源税暂行条例》规定，自 1994 年 1 月 1 日起将资源税的征收范围扩大到原油、天然气、煤炭、其他非金属矿原矿、黑色金属矿原矿、有色金属矿原矿和盐等七类，并明确实行从量定额的征收办法。2011 年 9 月，国务院对《资源税暂行条例》进行了修订，明确资源税实行从价定率或者从量定额的征收办法。

根据党中央、国务院的决策部署，自 2011 年 11 月起，陆续实施了原油、天然气、煤炭等资源税从价计征改革，自 2016 年 7 月起全面实施改革，对绝大部分应税产品实行从价计征方式。改革坚持“清费立税、合理负担、适度分权、循序渐进”的原则，建立了税收与资源价格挂钩的自动调节机制，增强了税收弹性，形成了规范公平、调控合理、征管高效的资源税制度，有效发挥了其组织收入、调节经济、促进资源节约集约利用和生态环境保护的功能作用。1994 年至 2016 年，全国累计征收资源税 7972 亿元，年均增长 14.8%，其中 2016 年征收资源税 951 亿元。

党的十九大报告明确指出，“坚持节约资源和保护环境的基本国策”“推进资源全面节约和循环利用”。为了更好地发挥税收促进资源节约和环境保护的作用，2019 年 8 月 26 日，第十三届全国人民代表大会常务委员会第十二次会议通过了《中华人民共和国资源税法》（以下简称资源税法），自 2020 年 9 月 1 日起施行。1993 年 12 月 25 日国务院发布的《资源税暂行条例》同时废止。

二、纳税义务人

根据《资源税法》第一条的规定，在中华人民共和国领域和中华人民共和国管辖的其他海域开发应税资源的单位和个人，为资源税的纳税人，应当照《资源税法》规定缴纳资源税。应税资源的具体范围，由该法所附《资源税税目税率表》确定。

在开征范围内利用取水工程或者设施直接从江河、湖泊(含水库)和地下取用地表水、地下水的单位和个人，为水资源税纳税人。纳税人应按照《中华人民共和国水法》《取水许可和水资源费征收管理条例》等规定申领取水许可证。

三、征税范围

资源税的征税范围为《资源税税目税率表》确定的应税产品，包括能源矿产、金属矿产、非金属矿产、水汽矿产和盐。

根据《资源税法》第五条的规定，纳税人开采或者生产应税产品自用的，应当依照本法规定缴纳资源税；但是，自用于连续生产应税产品的，不缴纳资源税。

根据《资源税法》第15条的规定，中外合作开采陆上、海上石油资源的企业依法缴纳资源税。2011年11月1日前已依法订立中外合作开采陆上、海上石油资源合同的，在该合同有效期内，继续依照国家有关规定缴纳矿区使用费，不缴纳资源税；合同期满后，依法缴纳资源税。

表15-1　资源税税目税率表

税目			征税对象	税率
能源矿产	原油		原矿	6%
	天然气、页岩气、天然气水合物		原矿	6%
	煤		原矿或者选矿	2%～10%
	煤成(层)气		原矿	1%～2%
	铀、钍		原矿	4%
	油页岩、油砂、天然沥青、石煤		原矿或者选矿	1%～4%
	地热		原矿	1%～20%或者每立方米1～30元
金属矿产	黑色金属	铁、锰、铬、钒、钛	原矿或者选矿	1%～9%
	有色金属	铜、铅、锌、锡、镍、锑、镁、钴、铋、汞	原矿或者选矿	2%～10%
		铝土矿	原矿或者选矿	2%～9%
		钨	选矿	6.5%
		钼	选矿	8%
		金、银	原矿或者选矿	2%～6%

续表

税目			征税对象	税率
金属矿产	有色金属	铂、钯、钌、锇、铱、铑	原矿或者选矿	5%～10%
		轻稀土	选矿	7%～12%
		中重稀土	选矿	20%
		铍、锂、锆、锶、铷、铯、铌、钽、锗、镓、铟、铊、铪、铼、镉、硒、碲	原矿或者选矿	2%～10%
非金属矿产	矿物类	高岭土	原矿或者选矿	1%～6%
		石灰岩	原矿或者选矿	1%～6%或者每吨(或者每立方米)1～10元
		磷	原矿或者选矿	3%～8%
		石墨	原矿或者选矿	3%～12%
		萤石、硫铁矿、自然硫	原矿或者选矿	1%～8%
		天然石英砂、脉石英、粉石英、水晶、工业用金刚石、冰洲石、蓝晶石、硅线石(矽线石)、长石、滑石、刚玉、菱镁矿、颜料矿物、天然碱、芒硝、钠硝石、明矾石、砷、硼、碘、溴、膨润土、硅藻土、陶瓷土、耐火粘土、铁矾土、凹凸棒石粘土、海泡石粘土、伊利石粘土、累托石粘土	原矿或者选矿	1%～12%
		叶蜡石、硅灰石、透辉石、珍珠岩、云母、沸石、重晶石、毒重石、方解石、蛭石、透闪石、工业用电气石、白垩、石棉、蓝石棉、红柱石、石榴子石、石膏	原矿或者选矿	2%～12%
		其他粘土(铸型用粘土、砖瓦用粘土、陶粒用粘土、水泥配料用粘土、水泥配料用红土、水泥配料用黄土、水泥配料用泥岩、保温材料用粘土)	原矿或者选矿	1%～5%或者每吨(或者每立方米)0.1～5元
	岩石类	大理岩、花岗岩、白云岩、石英岩、砂岩、辉绿岩、安山岩、闪长岩、板岩、玄武岩、片麻岩、角闪岩、页岩、浮石、凝灰岩、黑曜岩、霞石正长岩、蛇纹岩、麦饭石、泥灰岩、含钾岩石、含钾砂页岩、天然油石、橄榄岩、松脂岩、粗面岩、辉长岩、辉石岩、正长岩、火山灰、火山渣、泥炭	原矿或者选矿	1%～10%
		砂石	原矿或者选矿	1%～5%或者每吨(或者每立方米)0.1～5元
	宝玉石类	宝石、玉石、宝石级金刚石、玛瑙、黄玉、碧玺	原矿或者选矿	4%～20%

续表

税目		征税对象	税率
水气矿产	二氧化碳气、硫化氢气、氦气、氡气	原矿	2%～5%
	矿泉水	原矿	1%～20%或者每立方米1～30元
盐	钠盐、钾盐、镁盐、锂盐	选矿	3%～15%
	天然卤水	原矿	3%～15%或者每吨(或者每立方米)1～10元
	海盐		2%～5%

第二节　税目税率与应纳税额

一、税目、税率

根据《资源税法》第二条的规定，资源税的税目、税率，依照《资源税税目税率表》执行。

《资源税税目税率表》中规定实行幅度税率的，其具体适用税率由省、自治区、直辖市人民政府统筹考虑该应税资源的品位、开采条件以及对生态环境的影响等情况，在《资源税税目税率表》规定的税率幅度内提出，报同级人民代表大会常务委员会决定，并报全国人民代表大会常务委员会和国务院备案。《资源税税目税率表》中规定征税对象为原矿或者选矿的，应当分别确定具体适用税率。

二、从价计征与从量计征

根据《资源税法》第三条的规定，资源税按照《资源税税目税率表》实行从价计征或者从量计征。

《资源税税目税率表》中规定可以选择实行从价计征或者从量计征的，具体计征方式由省、自治区、直辖市人民政府提出，报同级人民代表大会常务委员会决定，并报全国人民代表大会常务委员会和国务院备案。

实行从价计征的，应纳税额按照应税资源产品(以下称应税产品)的销售额乘以具体适用税率计算。实行从量计征的，应纳税额按照应税产品的销售数量乘以具体适用税率计算。

应税产品为矿产品的，包括原矿和选矿产品。

三、分别核算要求

根据《资源税法》第四条的规定，纳税人开采或者生产不同税目应税产品的，应当分别核算不同税目应税产品的销售额或者销售数量；未分别核算或者不能准确提供不同税目应税产品的销售额或者销售数量的，从高适用税率。

第三节　税收优惠

根据《资源税法》第八条的规定，纳税人的免税、减税项目，应当单独核算销售额或者销售数量；未单独核算或者不能准确提供销售额或者销售数量的，不予免税或者减税。

一、法定免征

根据《资源税法》第六条第一款的规定，有下列情形之一的，免征资源税：

(1) 开采原油以及在油田范围内运输原油过程中用于加热的原油、天然气；

(2) 煤炭开采企业因安全生产需要抽采的煤成(层)气。

二、法定减征

根据《资源税法》第六条第二款的规定，有下列情形之一的，减征资源税：

(1) 从低丰度油气田开采的原油、天然气，减征百分之二十资源税；

(2) 高含硫天然气、三次采油和从深水油气田开采的原油、天然气，减征百分之三十资源税；

(3) 稠油、高凝油减征百分之四十资源税；

(4) 从衰竭期矿山开采的矿产品，减征百分之三十资源税。

三、国务规定的其他减免税情形

根据《资源税法》第六条第三款的规定，根据国民经济和社会发展需要，国务院对有利于促进资源节约集约利用、保护环境等情形可以规定免征或者减征资源税，报全国人民代表大会常务委员会备案。

四、省级地方政府规定减免税

根据《资源税法》第七条的规定，有下列情形之一的，省、自治区、直辖市可以决定免征或者减征资源税：

(1) 纳税人开采或者生产应税产品过程中，因意外事故或者自然灾害等原因遭受重大损失；

(2) 纳税人开采共伴生矿、低品位矿、尾矿。

前款规定的免征或者减征资源税的具体办法，由省、自治区、直辖市人民政府提出，报同级人民代表大会常务委员会决定，并报全国人民代表大会常务委员会和国务院备案。

第四节　水资源税

根据《资源税法》第 14 条的规定，国务院根据国民经济和社会发展需要，依照本法的原则，对取用地表水或者地下水的单位和个人试点征收水资源税。征收水资源税的，停止征收水资源费。水资源税根据当地水资源状况、取用水类型和经济发展等情况实行差别税率。

水资源税试点实施办法由国务院规定，报全国人民代表大会常务委员会备案。国务院自本法施行之日起五年内，就征收水资源税试点情况向全国人民代表大会常务委员会报告，并及时提出修改法律的建议。

一、征税对象

水资源税的征税对象为地表水和地下水。地表水是陆地表面上动态水和静态水的总称，包括江、河、湖泊(含水库)、雪山融水等水资源。地下水是埋藏在地表以下各种形式的水资源。

二、税额标准

(一) 税额标准的确定

按地表水和地下水分类确定水资源税适用税额标准。地表水分为农业、工商业、城镇公共供水、水力发电、火力发电贯流式、特种行业及其他取用地表水。地下水分为农业、工商业、城镇公共供水、特种行业及其他取用地下水。特种行业取用水包括洗车、洗浴、高尔夫球场、滑雪场等取用水。

开征范围内[如河北、北京、天津、山西、内蒙古、山东、河南、四川、陕西、宁夏等10个省(自治区、直辖市)]的省级人民政府可以在上述分类基础上，结合本地区水资源状况、产业结构和调整方向等进行细化分类。

(二) 发电取水税额标准

对水力发电和火力发电贯流式以外的取用水设置最低税额标准，地表水平均不低于每立方米0.4元，地下水平均不低于每立方米1.5元。

水力发电和火力发电贯流式取用水的税额标准为每千瓦小时0.005元。

具体取用水分类及适用税额标准由省级人民政府提出建议，报财政部会同有关部门确定核准。

(三) 取用地下水税额标准的确定

对取用地下水从高制定税额标准。

对同一类型取用水，地下水水资源税税额标准要高于地表水，水资源紧缺地区地下水水资源税税额标准要大幅高于地表水。

超采地区的地下水水资源税税额标准要高于非超采地区，严重超采地区的地下水水资源税税额标准要大幅高于非超采地区。在超采地区和严重超采地区取用地下水(不含农业生产取用水和城镇公共供水取水)的具体适用税额标准，由省级人民政府在非超采地区税额标准2～5倍幅度内提出建议，报财政部会同有关部门确定核准；超过五倍的，报国务院备案。

城镇公共供水管网覆盖范围内取用地下水的，水资源税税额标准要高于公共供水管网未覆盖地区，原则上要高于当地同类用途的城市供水价格。

对特种行业取用水，从高制定税额标准。

对超计划或者超定额取用水，从高制定税额标准。除水力发电、城镇公共供水取用水外，取用水单位和个人超过水行政主管部门批准的计划（定额）取用水量，在原税额标准基础上加征 1～3 倍，具体办法由省级人民政府提出建议，报财政部会同有关部门确定核准；加征超过三倍的，报国务院备案。

对超过规定限额的农业生产取用水，以及主要供农村人口生活用水的集中式饮水工程取用水，从低制定税额标准。农业生产取用水包括种植业、畜牧业、水产养殖业、林业取用水。

对企业回收利用的采矿排水（疏干排水）和地温空调回用水，从低制定税额标准。

三、应纳税额计算

水资源税实行从量计征。应纳税额计算公式：

应纳税额＝取水口所在地税额标准×实际取用水量

水力发电和火力发电贯流式取用水量按照实际发电量确定。

四、税收优惠

对下列取用水减免征收水资源税：

(1) 对规定限额内的农业生产取用水，免征水资源税。

(2) 对取用污水处理回用水、再生水等非常规水源，免征水资源税。

(3) 财政部、国家税务总局规定的其他减税和免税情形。

第五节　征收管理

一、征收机关

资源税由税务机关依照本法和《税收征收管理法》的规定征收管理。

税务机关与自然资源等相关部门应当建立工作配合机制，加强资源税征收管理。

二、纳税义务发生时间

根据《资源税法》第 10 条的规定，纳税人销售应税产品，纳税义务发生时间为收讫销售款或者取得索取销售款凭据的当日；自用应税产品的，纳税义务发生时间为移送应税产品的当日。

三、纳税期限

根据《资源税法》第 12 条的规定，资源税按月或者按季申报缴纳；不能按固定期限计算缴纳的，可以按次申报缴纳。

纳税人按月或者按季申报缴纳的，应当自月度或者季度终了之日起 15 日内，向税务机关办理纳税申报并缴纳税款；按次申报缴纳的，应当自纳税义务发生之日起 15 日内，向税务机关办理纳税申报并缴纳税款。

四、纳税地点

根据《资源税法》第 11 条的规定，纳税人应当向应税产品开采地或者生产地的税务机关申报缴纳资源税。

课后习题

一、选择题

1. 下列各项中,属于资源税纳税义务的人有(　　)。

A. 进口盐的外贸企业
B. 开采原煤的私营企业
C. 生产盐的外商投资企业
D. 开采天然原油的外商投资企业

2. 下列各项中,不征收资源税的有(　　)。

A. 液体盐
B. 人造原油
C. 以未税原煤加工的洗煤、选煤
D. 煤矿生产的天然气
E. 地面抽采的煤层气

二、思考题

1. 资源税的征税范围如何确定?
2. 如何在中央和地方之间实现资源税的合理分配?

第十六章　环境保护税

税收上的任何特权都是不公平的。

——[法]伏尔泰

环境保护税是由英国经济学家庇古最先提出的，他的观点已经为西方发达国家普遍接受。欧美各国的环保政策逐渐减少直接干预手段的运用，越来越多地采用生态税、绿色环保税等多种特指税种来维护生态环境，针对污水、废气、噪音和废弃物等突出的"显性污染"进行强制征税。中国目前的环境保护税是环境保护收费的平移，主要是针对法人主体征税，征税税目还比较有限。

2016 年 12 月 25 日，十二届全国人大常委会第二十五次会议表决通过了《环境保护税法》，于 2018 年 1 月 1 日起开始实施。这是贯彻"落实税收法定原则"要求后，全国人大常委会审议通过的第一部单行税法，也是我国第一部专门体现"绿色税制"单行税法。

《环境保护税法》的总体思路是由"费"改"税"，即按照"税负平移"原则，实现排污费制度向环保税制度的平稳转移。法律将"保护和改善环境，减少污染物排放，推进生态文明建设"写入立法宗旨，明确"直接向环境排放应税污染物的企业事业单位和其他生产经营者"为纳税人，确定大气污染物、水污染物、固体废物和噪声为应税污染物。

第一节　纳税人与征税范围

一、环境保护税概述

根据党的十八届三中全会提出的环境保护费改税要求，为促进形成节约能源资源、保护生态环境的产业结构、发展方式和消费模式，加快转变经济发展方式，保护和改善环境，减少污染物排放，推进生态文明建设，2016 年 12 月 25 日，第十二届全国人民代表大会常务委员会第二十五次会议表决通过了《中华人民共和国环境保护税法》(以下简称《环境保护税法》)，规定自 2018 年 1 月 1 日起征收环境保护税，这是我国第一部专门体现"绿色税制"的单行税法。

二、纳税义务人

《环境保护税法》第二条规定，在中华人民共和国领域和中华人民共和国管辖的其他海域，直接向环境排放应税污染物的企业事业单位和其他生产经营者为环境保护税的纳税人，应当依照本法规定缴纳环境保护税。

2015 年 1 月 1 日起施行的新《环境保护法》规定，排污费的缴纳人为排放污染物的企业事业单位和其他生产经营者。为与排污费有关规定相衔接,《环境保护税法》规定,环境保护税的纳税人,为在中华人民共和国领域以及管辖的其他海域,直接向环境排放应税污染物的企业事业单位和其他生产经营者。

根据《海洋工程环境保护税申报征收办法》(国家税务总局公告 2017 年第 50 号)第二条的规定,在中华人民共和国内水、领海、毗连区、专属经济区、大陆架以及中华人民共和国管辖的其他海域内从事海洋石油、天然气勘探开发生产等作业活动,并向海洋环境排放应税污染物的企业事业单位和其他生产经营者为海洋工程环境保护税纳税人。

三、征税范围

(一) 征税范围

环境保护税的征税对象是应税污染物。根据《环境保护税法》第三条的规定,应税污染物,是指本法所附《环境保护税税目税额表》《应税污染物和当量值表》规定的大气污染物、水污染物、固体废物和噪声。

(二) 不征税情形

根据《环境保护税法》第四条和《环境保护税法实施条例》第四条的规定,有下列情形之一的,不属于直接向环境排放污染物,不缴纳相应污染物的环境保护税。

(1) 企业事业单位和其他生产经营者向依法设立的污水集中处理、生活垃圾集中处理场所排放应税污染物的。

(2) 企业事业单位和其他生产经营者在符合国家和地方环境保护标准的设施、场所贮存或者处置固体废物的。

(3) 依法对畜禽养殖废弃物进行综合利用和无害化处理的。

第二节　税率与应纳税额

一、应纳税额

根据《环境保护税法》第 11 条的规定,环境保护税应纳税额按照下列方法计算:

(1) 应税大气污染物的应纳税额为污染当量数乘以具体适用税额;

(2) 应税水污染物的应纳税额为污染当量数乘以具体适用税额;

(3) 应税固体废物的应纳税额为固体废物排放量乘以具体适用税额;

(4) 应税噪声的应纳税额为超过国家规定标准的分贝数对应的具体适用税额。

二、税目、税额

(一) 税目、税额的确定与调整

根据《环境保护税法》第六条的规定,环境保护税的税目、税额,依照《环境保护税税目税

额表》执行。

应税大气污染物和水污染物的具体适用税额的确定和调整，由省、自治区、直辖市人民政府统筹考虑本地区环境承载能力、污染物排放现状和经济社会生态发展目标要求，在《环境保护税税目税额表》规定的税额幅度内提出，报同级人民代表大会常务委员会决定，并报全国人民代表大会常务委员会和国务院备案。

环境保护税税额标准与现行排污费的征收标准基本一致。省级人民政府可以统筹考虑本地区环境承载能力、污染排放现状和经济社会生态发展目标要求，在规定的税额标准上适当上浮应税污染物的适用税额，并报国务院备案。为落实《大气污染防治行动计划》《节能减排"十二五"规划》、新《环境保护法》等要求，促使企业减少污染物排放，对超标、超总量排放污染物的，加倍征收环保税。对依照《环境保护税法》规定征收环保税的，不再征收排污费。

（二）环境保护税税目税额表

环境保护税税目税额表如表 16－1 所示。

表 16－1 环境保护税税目税额表

<table>
<tr><th colspan="2">税 目</th><th>计税单位</th><th>税 额</th><th>备 注</th></tr>
<tr><td colspan="2">大气污染物</td><td>每污染当量</td><td>1.2 元至 12 元</td><td></td></tr>
<tr><td colspan="2">水污染物</td><td>每污染当量</td><td>1.4 元至 14 元</td><td></td></tr>
<tr><td rowspan="4">固体废物</td><td>煤矸石</td><td>每吨</td><td>5 元</td><td rowspan="4"></td></tr>
<tr><td>尾矿</td><td>每吨</td><td>15 元</td></tr>
<tr><td>危险废物</td><td>每吨</td><td>1 000 元</td></tr>
<tr><td>冶炼渣、粉煤灰、炉渣、其他固体废物（含半固态、液态废物）</td><td>每吨</td><td>25 元</td></tr>
<tr><td rowspan="6">噪声</td><td rowspan="6">工业噪声</td><td>超标 1～3 分贝</td><td>每月 350 元</td><td rowspan="6">1. 一个单位边界上有多处噪声超标，根据最高一处超标声级计算应纳税额；当沿边界长度超过 100 米有两处以上噪声超标，按照两个单位计算应纳税额。
2. 一个单位有不同地点作业场所的，应当分别计算应纳税额，合并计征。
3. 昼、夜均超标的环境噪声，昼、夜分别计算应纳税额，累计计征。
4. 声源一个月内超标不足 15 天的，减半计算应纳税额。
5. 夜间频繁突发和夜间偶然突发厂界超标噪声，按等效声级和峰值噪声两种指标中超标分贝值高的一项计算应纳税额。</td></tr>
<tr><td>超标 4～6 分贝</td><td>每月 700 元</td></tr>
<tr><td>超标 7～9 分贝</td><td>每月 1 400 元</td></tr>
<tr><td>超标 10～12 分贝</td><td>每月 2 800 元</td></tr>
<tr><td>超标 13～15 分贝</td><td>每月 5 600 元</td></tr>
<tr><td>超标 16 分贝以上</td><td>每月 11 200 元</td></tr>
</table>

三、计税依据

(一) 计税依据的确定方法

根据《环境保护税法》第七条的规定,应税污染物的计税依据,按照下列方法确定:

(1) 应税大气污染物按照污染物排放量折合的污染当量数确定;

(2) 应税水污染物按照污染物排放量折合的污染当量数确定;

(3) 应税固体废物按照固体废物的排放量确定;

(4) 应税噪声按照超过国家规定标准的分贝数确定。

1. 应税大气污染物、水污染物污染当量数

根据《环境保护税法》第八条的规定,应税大气污染物、水污染物的污染当量数,以该污染物的排放量除以该污染物的污染当量值计算。每种应税大气污染物、水污染物的具体污染当量值,依照《应税污染物和当量值表》(见表16-2)执行。

表16-2 应税污染物和当量值表

一、第一类水污染物污染当量值		
污染物	污染当量值(千克)	
1. 总汞	0.0005	
2. 总镉	0.005	
3. 总铬	0.04	
4. 六价铬	0.02	
5. 总砷	0.02	
6. 总铅	0.025	
7. 总镍	0.025	
8. 苯并(a)芘	0.000 003	
9. 总铍	0.01	
10. 总银	0.02	
二、第二类水污染物污染当量值		
污染物	污染当量值(千克)	备　注
11. 悬浮物(SS)	4	
12. 生化需氧量(BOD_5)	0.5	同一排放口中的化学需氧量、生化需氧量和总有机碳,只征收一项
13. 化学需氧量(CODcr)	1	
14. 总有机碳(TOC)	0.49	
15. 石油类	0.1	

续 表

污染物	污染当量值（千克）	备 注
16. 动植物油	0.16	
17. 挥发酚	0.08	
18. 总氰化物	0.05	
19. 硫化物	0.125	
20. 氨氮	0.8	
21. 氟化物	0.5	
22. 甲醛	0.125	
23. 苯胺类	0.2	
24. 硝基苯类	0.2	
25. 阴离子表面活性剂(LAS)	0.2	
26. 总铜	0.1	
27. 总锌	0.2	
28. 总锰	0.2	
29. 彩色显影剂(CD－2)	0.2	
30. 总磷	0.25	
31. 单质磷(以 P 计)	0.05	
32. 有机磷农药(以 P 计)	0.05	
33. 乐果	0.05	
34. 甲基对硫磷	0.05	
35. 马拉硫磷	0.05	
36. 对硫磷	0.05	
37. 五氯酚及五氯酚钠(以五氯酚计)	0.25	
38. 三氯甲烷	0.04	
39. 可吸附有机卤化物(AOX)(以 Cl 计)	0.25	
40. 四氯化碳	0.04	
41. 三氯乙烯	0.04	
42. 四氯乙烯	0.04	
43. 苯	0.02	
44. 甲苯	0.02	
45. 乙苯	0.02	
46. 邻一二甲苯	0.02	

续 表

污染物	污染当量值（千克）	备 注
47. 对一二甲苯	0.02	
48. 间一二甲苯	0.02	
49. 氯苯	0.02	
50. 邻二氯苯	0.02	
51. 对二氯苯	0.02	
52. 对硝基氯苯	0.02	
53. 2,4-二硝基氯苯	0.02	
54. 苯酚	0.02	
55. 间-甲酚	0.02	
56. 2,4-二氯酚	0.02	
57. 2,4,6-三氯酚	0.02	
58. 邻苯二甲酸二丁酯	0.02	
59. 邻苯二甲酸二辛酯	0.02	
60. 丙烯腈	0.125	
61. 总硒	0.02	

三、pH值、色度、大肠菌群数、余氯量水污染物污染当量值

污染物		污染当量值	备 注
1. pH值	1.0-1,13-14	0.06吨污水	pH值5～6指大于等于5,小于6;pH值9～10指大于9,小于等于10,其余类推
	2.1-2,12-13	0.125吨污水	
	3.2-3,11-12	0.25吨污水	
	4.3-4,10-11	0.5吨污水	
	5.4-5,9-10	1吨污水	
	6.5-6	5吨污水	
2. 色度		5吨水·倍	
3. 大肠菌群数(超标)		3.3 吨污水	大肠菌群数和余氯量和征收一项
4. 余氯量(用氯消毒的医院废水)		3.3 吨污水	

四、禽畜养殖业、小型企业和第三产业水污染物污染当量值

(本表仅适用于计算无法进行实际监测或者物料衡算的禽畜养殖业、小型企业和第三产业等小型排污者的水污染物污染当量数)

类 型		污染当量值	备 注
禽畜养殖场	1. 牛	0.1头	仅对存栏规模大于50头牛、500头猪、5 000羽鸡鸭等的禽畜养殖场征收
	2. 猪	1头	
	3. 鸡、鸭等家禽	30羽	

续　表

<table>
<tr><th colspan="2">类　型</th><th>污染当量值</th><th>备　注</th></tr>
<tr><td colspan="2">4. 小型企业</td><td>1.8 吨污水</td><td></td></tr>
<tr><td colspan="2">5. 饮食娱乐服务业</td><td>0.5 吨污水</td><td></td></tr>
<tr><td rowspan="4">6. 医院</td><td rowspan="2">消　毒</td><td>0.14 床</td><td rowspan="4">医院病床数大于 20 张的按照本表计算污染当量数</td></tr>
<tr><td>2.8 吨污水</td></tr>
<tr><td rowspan="2">不消毒</td><td>0.07 床</td></tr>
<tr><td>1.4 吨污水</td></tr>
<tr><td colspan="4">五、大气污染物污染当量值</td></tr>
<tr><td colspan="2">污染物</td><td colspan="2">污染当量值(千克)</td></tr>
<tr><td colspan="2">1. 二氧化硫</td><td colspan="2">0.95</td></tr>
<tr><td colspan="2">2. 氮氧化物</td><td colspan="2">0.95</td></tr>
<tr><td colspan="2">3. 一氧化碳</td><td colspan="2">16.7</td></tr>
<tr><td colspan="2">4. 氯气</td><td colspan="2">0.34</td></tr>
<tr><td colspan="2">5. 氯化氢</td><td colspan="2">10.75</td></tr>
<tr><td colspan="2">6. 氟化物</td><td colspan="2">0.87</td></tr>
<tr><td colspan="2">7. 氰化氢</td><td colspan="2">0.005</td></tr>
<tr><td colspan="2">8. 硫酸雾</td><td colspan="2">0.6</td></tr>
<tr><td colspan="2">9. 铬酸雾</td><td colspan="2">0.000 7</td></tr>
<tr><td colspan="2">10. 苯及其化合物</td><td colspan="2">0.000 1</td></tr>
<tr><td colspan="2">11. 一般性粉尘</td><td colspan="2">4</td></tr>
<tr><td colspan="2">12. 石棉尘</td><td colspan="2">0.53</td></tr>
<tr><td colspan="2">13. 玻璃棉尘</td><td colspan="2">2.13</td></tr>
<tr><td colspan="2">14. 炭黑尘</td><td colspan="2">0.59</td></tr>
<tr><td colspan="2">15. 铅及其化合物</td><td colspan="2">0.02</td></tr>
<tr><td colspan="2">16. 镉及其化合物</td><td colspan="2">0.03</td></tr>
<tr><td colspan="2">17. 铍及其化合物</td><td colspan="2">0.000 4</td></tr>
<tr><td colspan="2">18. 镍及其化合物</td><td colspan="2">0.13</td></tr>
<tr><td colspan="2">19. 锡及其化合物</td><td colspan="2">0.27</td></tr>
<tr><td colspan="2">20. 烟尘</td><td colspan="2">2.18</td></tr>
<tr><td colspan="2">21. 苯</td><td colspan="2">0.05</td></tr>
<tr><td colspan="2">22. 甲苯</td><td colspan="2">0.18</td></tr>
<tr><td colspan="2">23. 二甲苯</td><td colspan="2">0.27</td></tr>
<tr><td colspan="2">24. 苯并(a)芘</td><td colspan="2">0.000 002</td></tr>
</table>

续 表

污染物	污染当量值(千克)
25. 甲醛	0.09
26. 乙醛	0.45
27. 丙烯醛	0.06
28. 甲醇	0.09
29. 酚类	0.35
30. 沥青烟	0.19
31. 苯胺类	0.21
32. 氯苯类	0.72
33. 硝基苯	0.17
34. 丙烯腈	0.22
35. 氯乙烯	0.55
36. 光气	0.04
37. 硫化氢	0.29
38. 氨	9.09
39. 三甲胺	0.32
40. 甲硫醇	0.04
41. 甲硫醚	0.28
42. 二甲二硫	0.28
43. 苯乙烯	25
44. 二硫化碳	20

根据《环境保护税法》第九条的规定，每一排放口或者没有排放口的应税大气污染物，按照污染当量数从大到小排序，对前三项污染物征收环境保护税。每一排放口的应税水污染物，按照《应税污染物和当量值表》(见表 19-2)，区分第一类水污染物和其他类水污染物，按照污染当量数从大到小排序，对第一类水污染物按照前五项征收环境保护税，对其他类水污染物按照前三项征收环境保护税。

省、自治区、直辖市人民政府根据本地区污染物减排的特殊需要，可以增加同一排放口征收环境保护税的应税污染物项目数，报同级人民代表大会常务委员会决定，并报全国人民代表大会常务委员会和国务院备案。

根据《环境保护税法实施条例》第八条的规定，从两个以上排放口排放应税污染物的，对每一排放口排放的应税污染物分别计算征收环境保护税；纳税人持有排污许可证的，其污染物排放口按照排污许可证载明的污染物排放口确定。

根据《环境保护税法实施条例》第七条的规定，应税大气污染物、水污染物的计税依据，按照污染物排放量折合的污染当量数确定。纳税人有下列情形之一的，以其当期应税大气污染物、水污染物的产生量作为污染物的排放量：

(1) 未依法安装使用污染物自动监测设备或者未将污染物自动监测设备与环境保护主管部门的监控设备联网；

(2) 损毁或者擅自移动、改变污染物自动监测设备；

(3) 篡改、伪造污染物监测数据；

(4) 通过暗管、渗井、渗坑、灌注或者稀释排放以及不正常运行防治污染设施等方式违法排放应税污染物；

(5) 进行虚假纳税申报。

2. 应税固体废物的排放量的确定

根据《环境保护税法实施条例》第五条的规定，应税固体废物的计税依据，按照固体废物的排放量确定。固体废物的排放量为当期应税固体废物的产生量减去当期应税固体废物的贮存量、处置量、综合利用量的余额。

前款规定的固体废物的贮存量、处置量，是指在符合国家和地方环境保护标准的设施、场所贮存或者处置的固体废物数量；固体废物的综合利用量，是指按照国务院发展改革、工业和信息化主管部门关于资源综合利用要求以及国家和地方环境保护标准进行综合利用的固体废物数量。

根据《环境保护税法实施条例》第六条的规定，纳税人有下列情形之一的，以其当期应税固体废物的产生量作为固体废物的排放量：非法倾倒应税固体废物；进行虚假纳税申报。

（二）排放量和分贝数的计算方法与顺序

根据《环境保护税法》第十条的规定，应税大气污染物、水污染物、固体废物的排放量和噪声的分贝数，按照下列方法和顺序计算：

1. 自动监测数据

纳税人安装使用符合国家规定和监测规范的污染物自动监测设备的，按照污染物自动监测数据计算。

2. 监测机构数据

纳税人未安装使用污染物自动监测设备的，按照监测机构出具的符合国家有关规定和监测规范的监测数据计算。

根据《环境保护税法实施条例》第九条的规定，属于该种情形的纳税人，自行对污染物进行监测所获取的监测数据，符合国家有关规定和监测规范的，视同监测机构出具的监测数据。

3. 排污系数、物料衡算方法计算

因排放污染物种类多等原因不具备监测条件的，按照国务院环境保护主管部门规定的排污系数、物料衡算方法计算。

4. 按抽样测算方法核定计算

不能按照上述第一至三规定的方法计算的，按照省、自治区、直辖市人民政府环境保护主管部门规定的抽样测算的方法核定计算。

依照规定核定计算污染物排放量的，由税务机关会同环境保护主管部门核定污染物排放种类、数量和应纳税额。

根据《环境保护税法实施条例》第21条的规定，纳税人申报的污染物排放数据与环境保护主管部门交送的相关数据不一致的，按照环境保护主管部门交送的数据确定应税污染物的计税依据。

第三节 税收优惠

一、环境保护税的免征

根据《环境保护税法》第12条的规定，下列情形，暂予免征环境保护税：

(1) 农业生产(不包括规模化养殖)排放应税污染物的；

(2) 机动车、铁路机车、非道路移动机械、船舶和航空器等流动污染源排放应税污染物的；

(3) 依法设立的城乡污水集中处理、生活垃圾集中处理场所排放相应应税污染物，不超过国家和地方规定的排放标准的；

(4) 纳税人综合利用的固体废物，符合国家和地方环境保护标准的；

(5) 国务院批准免税的其他情形。

国务院批准的其他情形，由国务院报全国人民代表大会常务委员会备案。

二、环境保护税的减征

根据《环境保护税法》第13条的规定，纳税人排放应税大气污染物或者水污染物的浓度值低于国家和地方规定的污染物排放标准30%的，减按75%征收环境保护税。纳税人排放应税大气污染物或者水污染物的浓度值低于国家和地方规定的污染物排放标准50%的，减按50%征收环境保护税。

根据《环境保护税法实施条例》第11条的规定，依照规定减征环境保护税的，应当对每一排放口排放的不同应税污染物分别计算。

第四节 征收管理

按照“企业申报、税务征收、环保协同、信息共享”的环境保护税征管模式，纳税人向税务机关申报纳税，对申报的真实性和合法性承担责任；对重点监控(排污)纳税人和非重点监控(排污)纳税人进行分类管理；税务机关发现纳税人有申报数据明显不实、逃避纳税等行为的，可提请环保部门审核纳税人的污染物排放情况；环保部门和税务机关建立相关信息共享机制。

一、纳税时间

纳税义务发生时间为纳税人排放应税污染物的当日。

环境保护税按月计算，按季申报缴纳。不能按固定期限计算缴纳的，可以按次申报缴纳。

纳税人申报缴纳时，应当向税务机关报送所排放应税污染物的种类、数量，大气污染物、水污染物的浓度值，以及税务机关根据实际需要要求纳税人报送的其他纳税资料。

纳税人应当按照税收征收管理的有关规定，妥善保管应税污染物监测和管理的有关资料。

《环境保护税法》第19条规定，纳税人按季申报缴纳的，应当自季度终了之日起15日内，向税务机关办理纳税申报并缴纳税款。纳税人按次申报缴纳的，应当自纳税义务发生之日起15日内，向税务机关办理纳税申报并缴纳税款。

纳税人应当依法如实办理纳税申报，对申报的真实性和完整性承担责任。

二、纳税地点

纳税人应当向应税污染物排放地的税务机关申报缴纳环境保护税。应税污染物排放地是指：

（1）应税大气污染物、水污染物排放口所在地；

（2）应税固体废物产生地；

（3）应税噪声产生地。

纳税人跨区域排放应税污染物，税务机关对税收征收管辖有争议的，由争议各方按照有利于征收管理的原则协商解决；不能协商一致的，报请共同的上级税务机关决定。

三、征管机关

环境保护税由税务机关依照《税收征收管理法》和《环境保护税法》的有关规定征收管理。税务机关依法履行环境保护税纳税申报受理、涉税信息比对、组织税款入库等职责。

环境保护主管部门依照《环境保护税法》和有关环境保护法律法规的规定负责对污染物的监测管理。环境保护主管部门依法负责应税污染物监测管理，制定和完善污染物监测规范。

县级以上地方人民政府应当加强对环境保护税征收管理工作的领导，建立税务机关、环境保护主管部门和其他相关单位分工协作工作机制，加强环境保护税征收管理，保障税款及时足额入库。及时协调、解决环境保护税征收管理工作中的重大问题。

纳税人从事海洋工程向中华人民共和国管辖海域排放应税大气污染物、水污染物或者固体废物，申报缴纳环境保护税的具体办法，由国务院税务主管部门会同国务院海洋主管部门规定。

课后习题

一、选择题

1．环境保护税的征税对象是应税污染物。下列各项中属于应税污染物的有（　　）。

A．大气污染物　　B．水污染物　　C．固体废物　　D．噪声

2．根据《环境保护税法》的相关规定，环境保护税应纳税额按照下列（　　）方法计算。

A．应税大气污染物的应纳税额为污染当量数乘以具体适用税额

B．应税水污染物的应纳税额为污染当量数乘以具体适用税额

C．应税固体废物的应纳税额为固体废物排放量乘以具体适用税额

D．应税噪声的应纳税额为超过国家规定标准的分贝数对应的具体适用税额

二、思考题

1．自然人的垃圾排放是否有必要纳入征税范围？

2．如何强化环境保护税中污染排放信息的获取？

第十七章　土地增值税

不农之征必多，市利之租必重。

——《商君书·外内篇》

土地增值税带有中国的国有土地社会化经营的特色，它是指经营单位和个人，以相应收入减除法定扣除项目金额后的增值额为计税依据向国家缴纳的一种税赋。土地增值税的开征，有利于增强国家对房地产开发商和房地产交易市场的调控，有利于国家抑制炒买炒卖土地获取暴利的行为，也有利于增加国家财政收入为经济建设积累资金。土地增值税意味着对“土地国有”、“经营私有”的管理，体现了对“公共利益”和“私人利益”的协调。

第一节　纳税人与征税范围

土地增值税是以纳税人转让国有土地使用权、地上的建筑物及其附着物所取得的增值额为征税对象，依照规定税率征收的一种税。它是国家为了规范土地、房产市场交易秩序，合理调节土地增值收益，维护国家权益而开征的财产税。

国务院在 1993 年 12 月 13 日发布了《中华人民共和国土地增值税暂行条例》(国务院令第 138 号)，规定土地增值税从 1994 年 1 月 1 日起在全国开征。

财政部于 1995 年 1 月 27 日颁布了《中华人民共和国土地增值税暂行条例实施细则》(财法字〔1995〕6 号)，自发布之日起施行。1994 年 1 月 1 日至细则发布之日期间的土地增值税参照细则的规定计算征收。

一、纳税义务人

转让国有土地使用权、地上的建筑物及其附着物(以下简称转让房地产)并取得收入的单位和个人，为土地增值税的纳税义务人(以下简称纳税人)，应当依照土地增值税暂行条例及其实施细则的规定缴纳土地增值税。

单位，是指各类企业单位、事业单位、国家机关和社会团体及其他组织。个人，包括个体经营者。根据《国务院关于外商投资企业和外国企业适用增值税、消费税、营业税等税收暂行条例的有关问题的通知》(国发〔1994〕10 号)的规定，土地增值税也同样适用于涉外企业、单位和个人。因此，外商投资企业、外国企业、外国驻华机构、外国公民、华侨以及港澳台同胞等，只要转让房地产并取得收入，就是土地增值税的纳税义务人，均应按规定照章纳税。

二、征税范围

(一) 土地增值税的征税范围

凡转让国有土地使用权、地上的建筑物及其附着物并取得收入的行为都应缴纳土地增值税。国有土地，是指按国家法律规定属于国家所有的土地。地上的建筑物，是指建于土地上的一切建筑物，包括地上地下的各种附属设施。对转让码头泊位、机场跑道等基础设施性质的建筑物行为，应当征收土地增值税。附着物，是指附着于土地上的不能移动，一经移动即遭损坏的物品。

这样界定有三层含义：

1. 仅对转让国有土地使用权征收

土地增值税仅对转让国有土地使用权征收，对转让集体土地使用权不征税。这是因为，根据《中华人民共和国土地管理法》的规定，国家为了公共利益，可以依照法律规定对集体土地实行征用，依法被征用后的土地属于国家所有。未经国家征用的集体土地不得转让。如要自行转让是一种违法行为。对这种违法行为应由有关部门依照相关法律来处理，而不应纳入土地增值税的征税范围。

2. 只对转让的房地产征收土地增值税

只对转让的房地产征收土地增值税，不转让的不征税。如房地产的出租，虽然取得了收入，但没有发生房地产的产权转让，不应属于土地增值税的征收范围。

3. 对转让房地产并取得收入的征税

对转让房地产并取得收入的征税，对发生转让行为，而未取得收入的不征税。如通过继承、赠与方式转让房地产的，虽然发生了转让行为，但未取得收入，除另有规定外，就不能征收土地增值税。

（二）转让房地产并取得收入

转让国有土地使用权、地上的建筑物及其附着物（简称转让房地产）并取得收入，是指以出售或者其他方式有偿转让房地产的行为。不包括以继承、赠与方式无偿转让房地产的行为。

不征土地增值税的“赠与”是指如下情况：

(1) 房产所有人、土地使用权所有人将房屋产权、土地使用权赠与直系亲属或承担直接赡养义务人的。

(2) 房产所有人、土地使用权所有人通过中国境内非营利的社会团体、国家机关将房屋产权、土地使用权赠与教育、民政和其他社会福利、公益事业的。

上述社会团体是指中国青少年发展基金会、希望工程基金会、宋庆龄基金会、减灾委员会、中国红十字会、中国残疾人联合会、全国老年基金会、老区促进会以及经民政部门批准成立的其他非营利的公益性组织。

第二节　税率与应纳税额

一、税率与预征率

（一）土地增值税的税率

土地增值税实行四级超率累进税率：

(1) 增值额未超过扣除项目金额50%的部分,税率为30%。

(2) 增值额超过扣除项目金额50%、未超过扣除项目金额100%的部分,税率为40%。

(3) 增值额超过扣除项目金额100%、未超过扣除项目金额200%的部分,税率为50%。

(4) 增值额超过扣除项目金额200%的部分,税率为60%。

土地增值税四级超率累进税率中"每级增值额未超过扣除项目金额"的比例,均包括本比例数。如增值额未超过扣除项目金额50%的部分,包括50%在内,均适用30%的税率。

(二) 土地增值税的预征率

土地增值税是保障收入公平分配、促进房地产市场健康发展的有力工具。预征是土地增值税征收管理工作的基础,是实现土地增值税调节功能、保障税收收入均衡入库的重要手段。

除保障性住房外,东部地区省份预征率不得低于2%,中部和东北地区省份不得低于1.5%,西部地区省份不得低于1%,各地要根据不同类型房地产确定适当的预征率(地区的划分按照国务院有关文件的规定执行)。确保土地增值税在预征阶段及时、充分发挥调节作用。

二、计税依据

土地增值税按照纳税人转让房地产所取得的增值额和规定的税率计算征收。纳税人转让房地产所取得的收入减除规定扣除项目金额后的余额,为增值额。

土地增值税的计税依据是转让国有土地使用权、地上的建筑物及其附着物所取得的增值额。计算增值额需要把握两个关键点:一是转让房地产的收入,二是扣除项目金领。

(一) 转让房地产的收入

土地增值税纳税人转让房地产取得的收入包括纳税人转让房地产的全部价款及有关的经济收益,不含增值税。从收入形式上看转让房地产取得的收入包括货币收入、实物收入和其他收入。对纳税人申报的转让房地产的收入,税务机关要进行核实,对隐瞒收入等情况要按评估价格确定其转让收入。

土地增值税以人民币为计算单位。转让房地产所取得的收入为外国货币的,以取得收入当天或当月1日国家公布的市场汇价折合成人民币,据以计算应纳土地增值税税额。对于以分期收款形式取得的外币收入,也应按实际收款日或收款当月1日国家公布的市场汇价折合人民币。

1. 非直接销售和自用房地产的收入确定

房地产开发企业将开发产品用于职工福利、奖励、对外投资、分配给股东或投资人、抵偿债务、换取其他单位和个人的非货币性资产等,发生所有权转移时应视同销售房地产,其收入按下列方法和顺序确认:

(1) 按本企业在同一地区、同一年度销售的同类房地产的平均价格确定;

(2) 由主管税务机关参照当地当年、同类房地产的市场价格或评估价值确定。

房地产开发企业将开发的部分房地产转为企业自用或用于出租等商业用途时,如果产权未发生转移,不征收土地增值税,在税款清算时不列收入,不扣除相应的成本和费用。

2. 土地增值税应税收入不含增值税

自2016年5月1日起，全面实施营业税改征增值税后，纳税人转让房地产的土地增值税应税收入不含增值税。适用增值税一般计税方法的纳税人，其转让房地产的土地增值税应税收入不含增值税销项税额；适用简易计税方法的纳税人，其转让房地产的土地增值税应税收入不含增值税应纳税额。

房地产开发企业在营改增后进行房地产开发项目土地增值税清算时，按以下方法确定土地增值税应税收入金额：

土地增值税应税收入＝营改增前转让房地产取得的收入＋营改增后转让房地产取得的不含增值税收入

3. 免征增值税的转让房地产取得的收入不扣减增值税额

免征增值税的，确定计税依据时，成交价格、转让房地产取得的收入不扣减增值税额。

4. 税务机关核定的计税价格或收入不含增值税

在计征土地增值税、个人所得税、房产税等税种时，税务机关核定的计税价格或收入不含增值税。

（二）计算增值额的扣除项目

计算土地增值税增值额的扣除项目有以下几项：

1. 取得土地使用权所支付的金额

取得土地使用权所支付的金额，是指纳税人为取得土地使用权所支付的地价款和按国家统一规定交纳的有关费用。具体为：以出让方式取得土地使用权的，为支付的土地出让金；以行政划拨方式取得土地使用权的，为转让土地使用权时按规定补交的出让金；以转让方式取得土地使用权的，为支付的地价款。

房地产开发企业为取得土地使用权所支付的契税，应视同“按国家统一规定交纳的有关费用”，计入“取得土地使用权所支付的金额”中扣除。

对房地产企业以外符合条件的企业整体改建、合并、分立、投资等行为涉及的土地、房屋权属转移变更暂不征收土地增值税的，企业改制重组后再转让国有土地使用权并申报缴纳土地增值税时，应以改制前取得该宗国有土地使用权所支付的地价款和按国家统一规定缴纳的有关费用，作为该企业“取得土地使用权所支付的金额”扣除。企业在重组改制过程中经省级以上（含省级）国土管理部门批准，国家以国有土地使用权作价出资入股的，在转让该宗国有土地使用权并申报缴纳土地增值税时，应以该宗土地作价入股时省级以上（含省级）国土管理部门批准的评估价格，作为该企业“取得土地使用权所支付的金额”扣除。办理纳税申报时，企业应提供该宗土地作价入股时省级以上（含省级）国土管理部门的批准文件和批准的评估价格，不能提供批准文件和批准的评估价格的，不得扣除。

2. 房地产开发成本

开发土地和新建房及配套设施（以下简称房地产开发）的成本，是指纳税人房地产开发项目实际发生的成本（以下简称房地产开发成本），包括土地征用及拆迁补偿费、前期工程费、建筑安装工程费、基础设施费、公共配套设施费、开发间接费用。这些成本允许按实际发生额扣除。

（1）土地征用及拆迁补偿费。土地征用及拆迁补偿费，包括土地征用费、耕地占用税、劳动力安置费及有关地上、地下附着物拆迁补偿的净支出、安置动迁用房支出等。

(2) 前期工程费。前期工程费,包括规划、设计、项目可行性研究和水文、地质、勘察、测绘、“三通一平”等支出。

(3) 建筑安装工程费。建筑安装工程费,是指以出包方式支付给承包单位的建筑安装工程费,以自营方式发生的建筑安装工程费。

(4) 基础设施费。基础设施费,包括开发小区内道路、供水、供电、供气、排污、排洪、通讯、照明、环卫、绿化等工程发生的支出。

(5) 公共配套设施费。公共配套设施费,包括不能有偿转让的开发小区内公共配套设施发生的支出。

(6) 开发间接费用。开发间接费用,是指直接组织、管理开发项目发生的费用,包括工资、职工福利费、折旧费、修理费、办公费、水电费、劳动保护费、周转房摊销等。

3. 房地产开发费用

开发土地和新建房及配套设施的费用(以下简称房地产开发费用),是指与房地产开发项目有关的销售费用、管理费用、财务费用。

财务费用中的利息支出,凡能够按转让房地产项目计算分摊并提供金融机构证明的,允许据实扣除,但最高不能超过按商业银行同类同期贷款利率计算的金额。其他房地产开发费用,按“取得土地使用权所支付的金额”和“房地产开发成本”两项金额之和的5%以内计算扣除。

凡不能按转让房地产项目计算分摊利息支出或不能提供金融机构证明的,房地产开发费用按“取得土地使用权所支付的金额”和“房地产开发成本”金额之和的10%以内计算扣除。全部使用自有资金,没有利息支出的,按照以上方法扣除。

上述计算扣除的具体比例,由各省、自治区、直辖市人民政府规定。

房地产开发企业既向金融机构借款,又有其他借款的,其房地产开发费用计算扣除时不能同时适用上述两种办法。

土地增值税清算时,已经计入房地产开发成本的利息支出,应调整至财务费用中计算扣除。利息的上浮幅度按国家的有关规定执行,超过上浮幅度的部分不允许扣除;对于超过贷款期限的利息部分和加罚的利息不允许扣除。

4. 旧房及建筑物的评估价格

旧房及建筑物的评估价格,是指在转让已使用的房屋及建筑物时,由政府批准设立的房地产评估机构评定的重置成本价乘以成新度折扣率后的价格。评估价格须经当地税务机关确认。

5. 与转让房地产有关的税金

与转让房地产有关的税金,是指在转让房地产时缴纳的城市维护建设税、印花税。因转让房地产交纳的教育费附加,也可视同税金予以扣除。

(1) 印花税的扣除。计算增值额时允许扣除的印花税,是指在转让房地产时缴纳的印花税。在2016年12月2日以前,执行企业会计准则的房地产开发企业,其缴纳的印花税列入管理费用,已相应予以扣除。其他的土地增值税纳税义务人在计算土地增值税时允许扣除在转让时缴纳的印花税。

自2016年12月3日起,根据《增值税会计处理规定》(财会〔2016〕22号)的规定,全面试行营业税改征增值税后,“营业税金及附加”科目名称调整为“税金及附加”科目,该科目核算企业经营活动发生的消费税、城市维护建设税、资源税、教育费附加及房产税、土地使用税、车船税、印花税等相关税费。因而，土地增值税纳税义务人在计算土地增值税时应允许扣除在转让时缴纳的印花税。

(2) 契税的扣除。对于个人购入房地产再转让的，其在购入时已缴纳的契税，在旧房及建筑物的评估价中已包括了此项因素，在计征土地增值税时，不另作为“与转让房地产有关的税金”予以扣除。

纳税人转让旧房及建筑物，凡不能取得评估价格，但能提供购房发票的，经当地税务部门确认，“取得土地使用权支付的金额”“旧房及建筑物的评估价”两项规定的扣除项目的金额，可按发票所载金额并从购买年度起至转让年度止每年加计5%计算。对纳税人购房时缴纳的契税，凡能提供契税完税凭证的，准予作为“与转让房地产有关的税金”予以扣除，但不作为加计5%的基数。

房地产开发企业为取得土地使用权所支付的契税，应视同“按国家统一规定交纳的有关费用”，计入“取得土地使用权所支付的金额”中扣除。

(3) 扣除项目涉及增值税进项税额的扣除。土地增值税扣除项目涉及的增值税进项税额，允许在销项税额中计算抵扣的，不计入扣除项目；不允许在销项税额中计算抵扣的，可以计入扣除项目。

(4) 营改增后与转让房地产有关的税金的扣除。2016年5月1日全面实施营业税改征增值税后，计算土地增值税增值额的扣除项目中“与转让房地产有关的税金”不包括增值税。

营改增后，房地产开发企业实际缴纳的城市维护建设税(以下简称“城市维护建设税”)、教育费附加，凡能够按清算项目准确计算的，允许据实扣除。凡不能按清算项目准确计算的，则按该清算项目预缴增值税时实际缴纳的城市维护建设税、教育费附加扣除。

其他转让房地产行为的城市维护建设税、教育费附加扣除比照上述规定执行。

房地产开发企业在营改增后进行房地产开发项目土地增值税清算时，按以下方法确定与转让房地产有关的税金的金额：

与转让房地产有关的税金＝营改增前实际缴纳的营业税、城市维护建设税、教育费附加＋营改增后允许扣除的城市维护建设税、教育费附加

6. 财政部规定的其他扣除项目

对从事房地产开发的纳税人可按“取得土地使用权所支付的金额”与“房地产开发成本”之和，加计20%扣除。

三、应纳税额

(一) 转让开发产品应纳税额的计算

1. 转让开发产品的扣除项目

对取得土地使用权后进行房地产开发建造的，在计算转让开发产品增值额时，允许扣除取得土地使用权时支付的地价款和有关费用、开发土地和新建房及配套设施的成本和规定的费用、转让房地产有关的税金，并允许加计20%的扣除。这可以使从事房地产开发的纳税人有一个基本的投资回报，以调动其从事正常房地产开发的积极性。

2. 土地增值税税额计算

应纳土地增值税税额等于增值额乘以适用税率。如果增值额超过扣除项目金额50%以

上,在计算增值额时,需要分别用各级增值额乘以适用税率,得出各级税额,然后再将各级税额相加,得出总税额。在实际征收中,为了方便计算,可按增值额乘以适用税率减去扣除项目金额乘以速算扣除系数的简便方法计算土地增值税税额,具体计算公式如下:

(1) 增值额未超过扣除项目金额50%:

土地增值税税额=增值额×30%

(2) 增值额超过扣除项目金额50%,未超过100%的:

土地增值税税额=增值额×40%-扣除项目金额×5%

(3) 增值额超过扣除项目金额100%,未超过200%的:

土地增值税税额=增值额×50%-扣除项目金额×15%

(4) 增值额超过扣除项目金额200%:

土地增值税税额=增值额×60%-扣除项目金额×35%

公式中的5%、15%、35%为速算扣除系数。

(二) 转让旧房应纳税额的计算

新建房是指建成后未使用的房产。凡是已使用一定时间或达到一定磨损程度的房产均属旧房。使用时间和磨损程度标准可由各省、自治区、直辖市财政厅(局)和税务局具体规定。

1. 转让旧房的扣除项目

转让旧房的,应按房屋及建筑物的评估价格、取得土地使用权所支付的地价款和按国家统一规定交纳的有关费用以及在转让环节缴纳的税金作为扣除项目金额计征土地增值税。对取得土地使用权时未支付地价款或不能提供已支付的地价款凭据的,不允许扣除取得土地使用权所支付的金额。

2. 评估费用的扣除

纳税人转让旧房及建筑物时因计算纳税的需要而对房地产进行评估,其支付的评估费用允许在计算增值额时予以扣除。对纳税人隐瞒、虚报房地产成交价格;提供扣除项目金额不实的;转让房地产的成交价格低于房地产评估价格,又无正当理由的等情形而按房地产评估价格计算征收土地增值税所发生的评估费用,不允许在计算土地增值税时扣除。

3. 房地产评估价格

房地产评估价格,是指由政府批准设立的房地产评估机构根据相同地段、同类房地产进行综合评定的价格。评估价格须经当地税务机关确认。对应纳税房地产的评估结果进行严格审核及确认,对不符合实际情况的评估结果不予采用。

除转让旧房以外,纳税人有下列情形之一的,按照房地产评估价格计算征收:

(1) 隐瞒、虚报房地产成交价格的。隐瞒、虚报房地产成交价格,是指纳税人不报或有意低报转让土地使用权、地上建筑物及其附着物价款的行为。

隐瞒、虚报房地产成交价格,应由评估机构参照同类房地产的市场交易价格进行评估。税务机关根据评估价格确定转让房地产的收入。

(2) 提供扣除项目金额不实的。提供扣除项目金额不实的,是指纳税人在纳税申报时不据实提供扣除项目金额的行为。

提供扣除项目金额不实的，应由评估机构按照房屋重置成本价乘以成新度折扣率计算的房屋成本价和取得土地使用权时的基准地价进行评估。税务机关根据评估价格确定扣除项目金额。

(3) 成交价格低于房地产评估价格又无正当理由的。转让房地产的成交价格低于房地产评估价格，又无正当理由，是指纳税人申报的转让房地产的实际成交价低于房地产评估机构评定的交易价，纳税人又不能提供凭据或无正当理由的行为。

转让房地产的成交价格低于房地产评估价格，又无正当理由的，由税务机关参照房地产评估价格确定转让房地产的收入。

4. 不能取得评估价但能提供购房发票的处理

纳税人转让旧房及建筑物，凡不能取得评估价格，但能提供购房发票的，经当地税务部门确认，“取得土地使用权支付的金额”和“旧房及建筑物的评估价”两项规定的扣除项目的金额，可按发票所载金额并从购买年度起至转让年度止每年加计5%计算。对纳税人购房时缴纳的契税，凡能提供契税完税凭证的，准予作为“与转让房地产有关的税金”予以扣除，但不作为加计5%的基数。

计算扣除项目时“每年”按购房发票所载日期起至售房发票开具之日止，每满12个月计一年；超过一年，未满12个月但超过6个月的，可以视同为一年。

5. 营改增后转让旧房及建筑物的处理

营改增后，纳税人转让旧房及建筑物，凡不能取得评估价格，但能提供购房发票的，“取得土地使用权支付的金额”和“旧房及建筑物的评估价”两项规定的扣除项目的金额按照下列方法计算：

(1) 提供的购房凭据为营改增前取得的营业税发票的，按照发票所载金额(不扣减营业税)并从购买年度起至转让年度止每年加计5%计算。

(2) 提供的购房凭据为营改增后取得的增值税普通发票的，按照发票所载价税合计金额从购买年度起至转让年度止每年加计5%计算。

(3) 提供的购房发票为营改增后取得的增值税专用发票的，按照发票所载不含增值税金额加上不允许抵扣的增值税进项税额之和，并从购买年度起至转让年度止每年加计5%计算。

(三) 转让土地使用权应纳税额计算

1. 未进行开发即转让土地使用权的扣除项目

对取得土地使用权后，未进行开发即转让的，计算其增值额时，只允许扣除取得土地使用权时支付的地价款，交纳的有关费用，以及在转让环节缴纳的税金。这样规定，其目的主要是抑制“炒”买“炒”卖地皮的行为。

2. 将生地变为熟地转让的扣除项目

对取得土地使用权后投入资金，将生地变为熟地转让的，计算其增值额时，允许扣除取得土地使用权时支付的地价款、交纳的有关费用，和开发土地所需成本再加计开发成本的20%以及在转让环节缴纳的税金。这样规定，是鼓励投资者将更多的资金投向房地产开发。

(四) 土地增值税的核定征收

房地产开发企业有下列情形之一的，税务机关可以参照与其开发规模和收入水平相近的当地企业的土地增值税税负情况，按不低于预征率的征收率核定征收土地增值税：

(1) 依照法律、行政法规的规定应当设置但未设置账簿的；

(2) 擅自销毁账簿或者拒不提供纳税资料的；

(3) 虽设置账簿，但账目混乱或者成本资料、收入凭证、费用凭证残缺不全，难以确定转让收入或扣除项目金额的；

(4) 符合土地增值税清算条件，未按照规定的期限办理清算手续，经税务机关责令限期清算，逾期仍不清算的；

(5) 申报的计税依据明显偏低，又无正当理由的。

第三节　税收优惠

一、普通标准住宅增值率未超过20%的免征土地增值税

纳税人建造普通标准住宅出售，增值额未超过规定扣除项目金额之和20%的(含20%)，免征土地增值税；增值额超过扣除项目金额之和20%的，应就其全部增值额按规定计税(包括未超过扣除项目金额20%的部分)。

二、因国家建设需要依法征收、收回或自行转让房地产优惠

(一) 因国家建设需要依法征收、收回或自行转让房地产优惠

因国家建设需要依法征收、收回的房地产，是指因城市实施规划、国家建设的需要而被政府批准征用的房产或收回的土地使用权，免征土地增值税。

(二) 城市实施规划、国家建设需要而搬迁自行转让房地产的优惠

因"城市实施规划"而搬迁，是指因旧城改造或因企业污染、扰民(指产生过量废气、废水、废渣和噪音，使城市居民生活受到一定危害)，而由政府或政府有关主管部门根据已审批通过的城市规划确定进行搬迁的情况；因"国家建设的需要"而搬迁，是指因实施国务院、省级人民政府、国务院有关部委批准的建设项目而进行搬迁的情况。

三、个人销售住房暂免土地增值税

自2008年11月1日起，根据《财政部、国家税务总局关于调整房地产交易环节税收政策的通知》(财税〔2008〕137号)第三条的规定，对个人销售住房暂免征收土地增值税。

根据《财政部、国家税务总局关于土地增值税一些具体问题规定的通知》(财税字〔1995〕48号)第五条"关于个人互换住房的征免税问题"规定，对个人之间互换自有居住用房地产的，可以免征土地增值税。

四、转让旧房作为改造安置住房房源且增值率未超过 20%的优惠

根据《财政部、国家税务总局关于棚户区改造有关税收政策的通知》（财税〔2013〕101号）第 2 条的规定，企事业单位、社会团体以及其他组织转让旧房作为改造安置住房房源且增值额未超过扣除项目金额 20%的，免征土地增值税。

五、合作建房自用的免征土地增值税

根据《财政部、国家税务总局关于土地增值税一些具体问题规定的通知》（财税字〔1995〕48 号）第二条的规定，对于一方出地，一方出资金，双方合作建房，建成后按比例分房自用的，暂免征收土地增值税；建成后转让的，应征收土地增值税。

六、企业改制重组土地增值税优惠

2018 年 5 月 16 日，财政部、国家税务总局联合发布了财税[2018]57 号《财政部、国家税务总局关于继续实施企业改制重组有关土地增值税政策的通知》（简称“57 号文”），对之前应于 2017 年 12 月 31 日执行到期的企业重组的土地增值税优惠政策予以延续三年，于 2020 年 12 月 31 日到期。57 号文基本沿袭了 2015 年 5 号文件精神，对公司整体改制、合并、分立等改制重组中有关土增税问题作出了阶段性优惠规定。

（一）非公司制企业整体改制为有限责任公司或股份有限公司、有限责任公司整体变更为股份有限公司，继续采取暂不征收土地增值税政策

对这种整体改制模式，57 号文继续沿用了 5 号文“暂不征”提法并视为一种税收优惠。按公司法规定，类似有限责任公司整体变更为股份有限公司这种整体改制过程，不涉及资产权属转让，理应不属于土地增值税征税范围，但 57 号文依旧采取了“暂不征”说法。

（二）继续对房地产开发企业采取限制适用政策

2015 年 5 号文规定，改制重组中的有关土地增值税优惠不适用房地产开发企业。57 号文继续延续了这一政策，并且明确房地产转移任意一方为房地产开发企业的，不能适用土地增值税改制重组的有关优惠。但对什么是房地产开发企业、何个时点上判断等问题，依旧没有明确。

（三）继续对企业合并中，原企业投资主体存续的，暂不征收土地增值税

57 号文对原投资主体存续做出了解释，原出资主体必须存在于重组后企业中，但出资人出资比例可以发生变动。在合并重组中，要注意的是如果企业所得税上要采取特殊性税务处理，原出资主体的现金支付不能超过交易总价的 15%。

（四）继续对企业分设分立中，原企业投资主体存续的，暂不征收土地增值税

和合并一样，57 号文对原投资主体存续做出了解释，原出资主体必须存在于重组后企业中，但出资人出资比例可以发生变动。57 号文虽然用了分设、分立二种提法，但究其实质，和公司法中分立是同一概念，原投资主体必须继续是分立后的企业的投资主体，因此排除了向现存企业分立的情形。在分立重组中，如果企业所得税上要采取特殊性税务处理，原

出资主体的现金支付不能超过交易对价的15%,并且原出资主体的持股比例不能发生变化,因此企业所得税上特殊性税务处理,比土地增值税条件更为苛刻。

第四节　征收管理

土地增值税征管是系统性工作,各环节紧密联系,预征是土地增值税征管工作的基础,清算是落实土地增值税功能的关键,对房地产开发项目的全流程监管是夯实税源的保障。

一、纳税申报与纳税地点

纳税人应当自转让房地产合同签订之日起七日内向房地产所在地主管税务机关办理纳税申报,并在税务机关核定的期限内缴纳土地增值税。税务机关核定的纳税期限,应在纳税人签订房地产转让合同之后、办理房地产权属转让(即过户及登记)手续之前。

纳税人因经常发生房地产转让而难以在每次转让后申报(是指房地产开发企业开发建造的房地产、因分次转让而频繁发生纳税义务、难以在每次转让后申报纳税的情况),土地增值税可按月或按各省、自治区、直辖市和计划单列市税务局规定的期限申报缴纳。

房地产所在地,是指房地产的坐落地。纳税人转让房地产坐落在两个或两个以上地区的,应按房地产所在地分别申报纳税。

二、土地增值税的预征

(一)土地增值税的预征

纳税人在项目全部竣工结算前转让房地产取得的收入,由于涉及成本确定或其他原因,而无法据以计算土地增值税的,可以预征土地增值税,待该项目全部竣工、办理结算后再进行清算,多退少补。具体办法由各省、自治区、直辖市税务局根据当地情况制定。

对纳税人预售房地产所取得的收入,当税务机关规定预征土地增值税的,纳税人应当到主管税务机关办理纳税申报,并按规定比例预交,待办理决算后,多退少补。

为方便纳税人,简化土地增值税预征税款计算,房地产开发企业采取预收款方式销售自行开发的房地产项目的,可按照以下方法计算土地增值税预征计征依据:

土地增值税预征的计征依据=预收款-应预缴增值税税款

(二)未按预征规定期限预缴税款加收滞纳金

各地应进一步完善土地增值税预征办法,根据本地区房地产业增值水平和市场发展情况,区别普通住房、非普通住房和商用房等不同类型,科学合理地确定预征率,并适时调整。工程项目竣工结算后,应及时进行清算,多退少补。

对未按预征规定期限预缴税款的,应根据《税收征收管理法》及其实施细则的有关规定,从限定的缴纳税款期限届满的次日起,加收滞纳金。

纳税人按规定预缴土地增值税后,清算补缴的土地增值税,在主管税务机关规定的期限内补缴的,不加收滞纳金。对超过主管税务机关规定的期限补缴的税款,应按规定加收滞纳金。

三、土地增值税的清算

土地增值税清算是纳税人应尽的法定义务。组织土地增值税清算工作是实现土地增值税调控功能的关键环节。税务机关应全面开展土地增值税清算审核工作。对未按照税收法律法规要求及时进行清算的纳税人，依法进行处罚；对审核中发现重大疑点的，及时移交税务稽查部门进行稽查；对涉及偷逃土地增值税税款的重大稽查案件及时向社会公布案件处理情况。

（一）土地增值税的清算单位

土地增值税以国家有关部门审批的房地产开发项目为单位进行清算，对于分期开发的项目，以分期项目为单位清算。开发项目中同时包含普通住宅和非普通住宅的，应分别计算增值额。

对纳税人既建普通标准住宅又搞其他房地产开发的，应分别核算增值额。不分别核算增值额或不能准确核算增值额的，其建造的普通标准住宅不能适用“纳税人建造普通标准住宅出售，增值额未超过扣除项目金额 20%的”的免税规定。

（二）土地增值税的清算条件

1. 应进行土地增值税清算的条件

符合下列情形之一的，纳税人应进行土地增值税的清算：

(1) 房地产开发项目全部竣工、完成销售的；

(2) 整体转让未竣工决算房地产开发项目的；

(3) 直接转让土地使用权的。

2. 可要求进行土地增值税清算的条件

符合下列情形之一的，主管税务机关可要求纳税人进行土地增值税清算：

(1) 已竣工验收的房地产开发项目，已转让的房地产建筑面积占整个项目可售建筑面积的比例在 85%以上，或该比例虽未超过 85%，但剩余的可售建筑面积已经出租或自用的。

对已竣工验收的房地产项目，凡转让的房地产的建筑面积占整个项目可售建筑面积的比例在 85%以上的，税务机关可以要求纳税人按照转让房地产的收入与扣除项目金额配比的原则，对已转让的房地产进行土地增值税的清算。具体清算办法由各省、自治区、直辖市和计划单列市税务局规定。

(2) 取得销售(预售)许可证满三年仍未销售完毕的。

(3) 纳税人申请注销税务登记但未办理土地增值税清算手续的。

(4) 省税务机关规定的其他情况。

（三）清算收入的确认

1. 土地增值税清算时收入的确认

土地增值税清算时，已全额开具商品房销售发票的，按照发票所载金额确认收入；未开具发票或未全额开具发票的，以交易双方签订的销售合同所载的售房金额及其他收益确认收入。销售合同所载商品房面积与有关部门实际测量面积不一致，在清算前已发生补、退房款的,应在计算土地增值税时予以调整。

房地产开发企业在营改增后进行房地产开发项目土地增值税清算时,按以下方法确定相关金额:

土地增值税应税收入=营改增前转让房地产取得的收入+营改增后转让房地产取得的不含增值税收入

2. 视同销售房地产的土地增值税应税收入确认

根据《国家税务总局关于营改增后土地增值税若干征管规定的公告》(国家税务总局公告2016年第70号)第二条的规定,纳税人将开发产品用于职工福利、奖励、对外投资、分配给股东或投资人、抵偿债务、换取其他单位和个人的非货币性资产等,发生所有权转移时应视同销售房地产,其收入按下列方法和顺序确认:

(1) 按本企业在同一地区、同一年度销售的同类房地产的平均价格确定;

(2) 由主管税务机关参照当地当年、同类房地产的市场价格或评估价值确定。

(四) 房地产开发成本的扣除

1. 销售已装修房屋装修费的扣除

房地产开发企业销售已装修的房屋,其装修费用可以计入房地产开发成本。

2. 未支付的质量保证金的扣除

房地产开发企业在工程竣工验收后,根据合同约定,扣留建筑安装施工企业一定比例的工程款,作为开发项目的质量保证金,在计算土地增值税时,建筑安装施工企业就质量保证金对房地产开发企业开具发票的,按发票所载金额予以扣除;未开具发票的,扣留的质保金不得计算扣除。

纳税人提供建筑服务,被工程发包方从应支付的工程款中扣押的质押金、保证金,未开具发票的,以纳税人实际收到质押金、保证金的当天为增值税纳税义务发生时间。

3. 分期分批开发、转让房地产扣除项目的确定

纳税人成片受让土地使用权后,分期分批开发、转让房地产的,其扣除项目金额的确定,可按转让土地使用权的面积占总面积的比例计算分摊,或按建筑面积计算分摊,也可按税务机关确认的其他方式计算分摊。

4. 多个项目共同成本费用的扣除

属于多个房地产项目共同的成本费用,应按清算项目可售建筑面积占多个项目可售总建筑面积的比例或其他合理的方法,计算确定清算项目的扣除金额。

5. 开发成本不实的核定

房地产开发企业办理土地增值税清算所附送的前期工程费、建筑安装工程费、基础设施费、开发间接费用的凭证或资料不符合清算要求或不实的,税务机关可参照当地建设工程造价管理部门公布的建安造价定额资料,结合房屋结构、用途、区位等因素,核定上述四项开发成本的单位面积金额标准,并据以计算扣除。具体核定方法由省税务机关确定。

(五) 计算增值额时不得扣除的项目

房地产开发企业的预提费用,除另有规定外,不得在计算增值额时扣除。

房地产开发企业逾期开发缴纳的土地闲置费不得在计算土地增值税增值额时扣除。

（六）相关项目的处理

1. 公共设施的处理

房地产开发企业开发建造的与清算项目配套的居委会和派出所用房、会所、停车场（库）、物业管理场所、变电站、热力站、水厂、文体场馆、学校、幼儿园、托儿所、医院、邮电通讯等公共设施，按以下原则处理：

（1）建成后产权属于全体业主所有的，其成本、费用可以扣除；

（2）建成后无偿移交给政府、公用事业单位用于非营利性社会公共事业的，其成本、费用可以扣除；

（3）建成后有偿转让的，应计算收入，并准予扣除成本、费用。

2. 拆迁安置的土地增值税处理

房地产企业用建造的本项目房地产安置回迁户的，安置用房视同销售处理，按《国家税务总局关于房地产开发企业土地增值税清算管理有关问题的通知》（国税发〔2006〕187 号）第三条第（一）款规定确认收入，同时将此确认为房地产开发项目的拆迁补偿费。房地产开发企业支付给回迁户的补差价款，计入拆迁补偿费；回迁户支付给房地产开发企业的补差价款，应抵减本项目拆迁补偿费。根据国税发〔2006〕187 号第三条第（一）款的规定，其收入按下列方法和顺序确认：

（1）按本企业在同一地区、同一年度销售的同类房地产的平均价格确定；

（2）由主管税务机关参照当地当年、同类房地产的市场价格或评估价值确定。

开发企业采取异地安置，异地安置的房屋属于自行开发建造的，房屋价值按国税发〔2006〕187 号第三条第（一）款的规定计算，计入本项目的拆迁补偿费；异地安置的房屋属于购入的，以实际支付的购房支出计入拆迁补偿费。

货币安置拆迁的，房地产开发企业凭合法有效凭据计入拆迁补偿费。

3. 代收费用的处理

对于县级及县级以上人民政府要求房地产开发企业在售房时代收的各项费用，如果代收费用是计入房价中向购买方一并收取的，可作为转让房地产所取得的收入计税；如果代收费用未计入房价中，而是在房价之外单独收取的，可以不作为转让房地产的收入。

对于代收费用作为转让收入计税的，在计算扣除项目金额时，可予以扣除，但不允许作为加计 20%扣除的基数；对于代收费用未作为转让房地产的收入计税的，在计算增值额时不允许扣除代收费用。

（七）扣除项目的合法有效凭证

房地产开发企业办理土地增值税清算时计算与清算项目有关的扣除项目金额，应根据土地增值税暂行条例及其实施细则的相关规定执行。除另有规定外，扣除取得土地使用权所支付的金额、房地产开发成本、费用及与转让房地产有关税金，须提供合法有效凭证；不能提供合法有效凭证的，不予扣除。

提供建筑服务，纳税人自行开具或者税务机关代开增值税发票时，应在发票的备注栏注明建筑服务发生地县（市、区）名称及项目名称。营改增后，土地增值税纳税人接受建筑安装服务取得的增值税发票，应按照规定，在发票的备注栏注明建筑服务发生地县（市、区）名称及项目名称，否则不得计入土地增值税扣除项目金额。

（八）清算后再转让房地产的处理

在土地增值税清算时未转让的房地产，清算后销售或有偿转让的，纳税人应按规定进行土地增值税的纳税申报，扣除项目金额按清算时的单位建筑面积成本费用乘以销售或转让面积计算。

单位建筑面积成本费用＝清算时的扣除项目总金额÷清算的总建筑面积

四、减免税备案

符合免征土地增值税规定的单位和个人，须向房地产所在地税务机关提出免税申请，经税务机关备案后，免予征收土地增值税。

课后习题

一、选择题

1. 下列情形中，应当计算缴纳土地增值税的是（　　）。

A. 工业企业向房地产开发企业转让国有土地使用权

B. 房产所有人通过希望工程基金会将房屋产权赠与西部教育事业

C. 甲企业出资金、乙企业出土地，双方合作建房，建成后按比例分房自用

D. 房地产开发企业代客户进行房地产开发，开发完成后向客户收取代建收入

2. 下列关于土地增值税优惠政策的说法中，正确的有（　　）。

A. 建造普通住宅出售增值额超过扣除项目金额20%的，应就其超过部分的增值额征税

B. 企事业单位转让旧房作为公共租赁住房房源的，免征土地增值税

C. 居民个人转让住房需要缴纳土地增值税

D. 因国家建设需要而被政府征收的房产免征土地增值税

3. 下列有关房地产开发企业土地增值税扣除项目的说法中，正确的有（　　）。

A. 为取得土地使用权支付的契税，应计入取得土地使用权支付的金额进行扣除

B. 房地产开发费用中的销售费用应按照实际发生额进行扣除

C. 土地增值税清算时，企业财务处理时已经计入房地产开发成本的利息支出，应调整到财务费用中，按土地增值税相关规定扣除

D. 超过银行贷款期限支付的超期利息不允许扣除

二、计算题

1. 2010年10月，甲房地产开发公司在江苏某地级市取得国有土地使用权100亩，土地出让价款50万元/亩，共计支付土地出让金5 000万元，另缴纳契税100万元、缴纳印花税2.5万元。经相关政府部门批准，开发A住宅小区项目。后因资金紧张等原因没有及时开发建设。

2017年6月，甲房地产开发公司将该宗地块以575万元/亩的价格转让给乙房地产公司，取得价款57 500万元。土地价款及相关税费都已取得合法有效凭据，甲房地产开发企业选择适用简易计税方法计算缴纳转让土地使用权的增值税。

2010年以来，甲公司共计支付A住宅小区项目贷款利息3 000万元。

要求：计算转让土地使用权应缴纳的土地增值税等相关税收。

2. 2018 年 8 月，位于江苏某市区的甲房地产开发公司对其开发建设竣工的写字楼项目进行土地增值税清算。有关情况如下：

(1) 2009 年 2 月，取得该项目土地使用权时支付土地出让价款 5 000 万元，甲公司按规定缴纳了受让土地使用权的契税。根据当地政府的招商引资政策规定，2009 年 3 月，收到财政部门按土地出让金的 20% 拨付的财政奖励款 1 000 万元。后因逾期开发，缴纳土地闲置费 500 万元。

(2) 该项目的房地产开发成本 10 000 万元，其中：支付装修费用 1 000 万元；支付建筑安装工程费 5 150 万元，取得的增值税专用发票上注明的增值税额为 150 万元。

(3) 该项目共发生房地产开发费用 450 万元，其中支付非金融企业利息 200 万元。

(4) 该项目可售建筑面积 20 000 平方米，2016 年 8 月至 2017 年 8 月底已售 18 000 平方米，取得含增值税收入 31 500 万元，剩余的 2 000 平方米企业自用。已按规定预征土地增值税 612 万元。

(5) 其他相关资料：该公司选择简易计税办法计算转让写字楼增值税；当地承受土地使用权适用的契税税率为 4%；当地政府规定计算土地增值税时房地产开发费用计算扣除比例为国家规定的最高比例。

要求：计算写字楼项目清算应补缴的土地增值税等相关税费。

三、思考题

1. 简述土地增值税的征税范围。

2. 土地增值税有无必要和增值税合并？

第十八章　城镇土地使用税

纳税是为权利受保护付费。

——[美]詹姆士·韦恩

城镇土地使用税能够适当调节不同地区、不同地段之间的土地级差收入。现行《中华人民共和国城镇土地使用税暂行条例》规定：在城市、县城、建制镇、工矿区范围内使用土地的单位和个人，为城镇土地使用税的纳税义务人，应当依照本条例的规定缴纳土地使用税。与耕地占用税类似，城镇土地使用税同样也体现了对农业、农村、农民的专业补偿和特殊保护。

第一节　纳税人与征税范围

一、城镇土地使用税概述

（一）城镇土地使用税概念

城镇土地使用税，是以开征范围内的土地为征税对象，以实际占用的土地面积为计税依据，按规定税额对使用土地的单位和个人征收的一种税。

（二）土地使用税制变革

为了合理利用城镇土地，调节土地级差收入，提高土地使用效益，加强土地管理，1988年9月27日，国务颁布《中华人民共和国城镇土地使用税暂行条例》（国务院令第17号），规定于当年11月1日起开始施行。2006年12月31日，国务院第163次常务会议通过《关于修改〈中华人民共和国城镇土地使用税暂行条例〉的决定》（国务院令第483号），对1988年9月颁布的《中华人民共和国城镇土地使用税暂行条例》的部分内容进行修改。

二、纳税义务人

（一）纳税人的一般规定

《城镇土地使用税暂行条例》第二条规定，在城市、县城、建制镇、工矿区范围内使用土地的单位和个人，为城镇土地使用税（以下简称土地使用税）的纳税人，应当依照本条例的规定缴纳土地使用税。

需缴纳土地使用税的单位，包括国有企业、集体企业、私营企业、股份制企业、外商投资企业、外国企业以及其他企业和事业单位、社会团体、国家机关、军队以及其他单位。需缴纳土地使用税的个人，包括个体工商户以及其他个人。

（二）纳税人具体确定原则

土地使用税由拥有土地使用权的单位或个人缴纳。拥有土地使用权的纳税人不在土地所在地的，由代管人或实际使用人纳税；土地使用权未确定或权属纠纷未解决的，由实际使用人纳税；土地使用权共有的，由共有各方分别纳税。

房管部门经租的公房用地，凡土地使用权属于房管部门的，由房管部门缴纳土地使用税。

（三）集体土地纳税人的确定

1. 实际使用集体土地的单位和个人

在城镇土地使用税征税范围内实际使用应税集体所有建设用地，但未办理土地使用权流转手续的，由实际使用集体土地的单位和个人按规定缴纳城镇土地使用税。

2. 直接承租集体所有建设用地的单位和个人

在城镇土地使用税征税范围内，承租集体所有建设用地的，由直接从集体经济组织承租土地的单位和个人，缴纳城镇土地使用税。

三、征税范围

根据《城镇土地使用税暂行条例》第二条的规定，城镇土地使用税在城市、县城、建制镇、工矿区范围内的土地征收。

城市、县城、建制镇、工矿区范围内土地，是指在这些区域范围内属于国家所有和集体所有的土地。

城市、县城、建制镇、工矿区的具体征税范围，由各省、自治区、直辖市人民政府划定。关于建制镇具体征税范围，由各省、自治区、直辖市税务局提出方案，经省、自治区、直辖市人民政府确定批准后执行，并报国家税务总局备案。对农林牧渔业用地和农民居住用房屋及土地，不征收房产税和土地使用税。

第二节　税率与应纳税额

一、应纳税额

根据《城镇土地使用税暂行条例》第三条规定，土地使用税以纳税人实际占用的土地面积为计税依据，依照规定税额计算征收。

因而，土地使用税的年应纳税额可以通过纳税人实际占用的土地面积乘以该土地所在地段的适用税额求得。计算公式为：

全年应纳税额＝实际占用应税土地面积×适用税额

二、税率

城镇土地使用税采用定额税率，即采用有幅度的差别税额，按大、中、小城市和县城、建制镇、工矿区分别规定每平方米土地使用税年应纳税额。

根据《城镇土地使用税暂行条例》第四条的规定,土地使用税每平方米年税额如下:

(1) 大城市 1.5 元至 30 元;

(2) 中等城市 1.2 元至 24 元;

(3) 小城市 0.9 元至 18 元;

(4) 县城、建制镇、工矿区 0.6 元至 12 元。

省、自治区、直辖市人民政府,应当在上述规定的税额幅度内,根据市政建设状况、经济繁荣程度等条件,确定所辖地区的适用税额幅度。

市、县人民政府应当根据实际情况,将本地区土地划分为若干等级,在省、自治区、直辖市人民政府确定的税额幅度内,制定相应的适用税额标准,报省、自治区、直辖市人民政府批准执行。

经省、自治区、直辖市人民政府批准,经济落后地区土地使用税的适用税额标准可以适当降低,但降低额不得超过本条例第四条规定最低税额的 30%。经济发达地区土地使用税的适用税额标准可以适当提高,但须报经财政部批准。

三、计税依据

土地使用税以纳税人实际占用的土地面积为计税依据。土地占用面积的组织测量工作,由省、自治区、直辖市人民政府根据实际情况确定。

根据《关于土地使用税若干具体问题的解释和暂行规定》(〔1988〕国税地字第 15 号)第六条的规定,纳税人实际占用的土地面积,是指由省、自治区、直辖市人民政府确定的单位组织测定的土地面积。尚未组织测量,但纳税人持有政府部门核发的土地使用证书的,以证书确认的土地面积为准;尚未核发土地使用证书的,应由纳税人据实申报土地面积。

四、应纳税额的具体规定

(一) 土地使用权共有应纳税额的计算

土地使用权共有的各方,应按其实际使用的土地面积占总面积的比例,分别计算缴纳土地使用税。

(二) 纳税与免税单位共用多层建筑用地

纳税单位与免税单位共同使用共有使用权土地上的多层建筑,对纳税单位可按其占用的建筑面积占建筑总面积的比例计征土地使用税。

(三) 地下建筑用地应纳税额的计算

对在城镇土地使用税征税范围内单独建造的地下建筑用地,按规定征收城镇土地使用税。其中,已取得地下土地使用权证的,按土地使用权证确认的土地面积计算应征税款;未取得地下土地使用权证或地下土地使用权证上未标明土地面积的,按地下建筑垂直投影面积计算应征税款。

对上述地下建筑用地暂按应征税款的 50%征收城镇土地使用税。

（四）免税与纳税单位之间无偿使用土地

对免税单位无偿使用纳税单位的土地（如公安、海关等单位使用铁路、民航等单位的土地），免征土地使用税；对纳税单位无偿使用免税单位的土地，纳税单位应照章缴纳土地使用税。

第三节　税收优惠

一、国家机关、人民团体、军队自用的土地免缴

（一）国家机关人民团体军队自用土地免缴土地使用税

人民团体是指经国务院授权的政府部门批准设立或登记备案并由国家拨付行政事业费的各种社会团体。国家机关、人民团体、军队自用的土地，是指这些单位本身的办公用地和公务用地。

对行使国家行政管理职能的中国人民银行总行（含国家外汇管理局）所属分支机构自用的房产、土地，免征房产税、城镇土地使用税。

以上免税单位的生产、营业用地和其他用地，不属于免税范围，应按规定缴纳土地使用税。

（二）军队系统用地优惠

军办企业（包括军办集体企业）的用地、军队与地方联营或合资的企业用地，均应依照规定征收土地使用税。军队无租出借的房产占地，由使用人代缴土地使用税。

军需工厂用地，凡专门生产军品的，免征土地使用税；生产经营民品的，依照规定征收土地使用税；既生产军品又生产经营民品的，可按各占的比例划分征免土地使用税。

从事武器修理的军需工厂，其所需的靶场、试验场、危险品销毁场用地及周围的安全区用地，免予征收土地使用税。

军人服务社用地，专为军人和军人家属服务的免征土地使用税，对外营业的应按规定征收土地使用税。

军队实行企业经营的招待所（包括饭店、宾馆），专为军内服务的免征土地使用税；兼有对外营业的，按各占的比例划分征免土地使用税。

二、由财政部门拨付事业经费的单位自用土地免征

（一）由财政拨付事业经费单位自用土地免缴土地使用税

由国家财政部门拨付事业经费的单位，是指由国家财政部门拨付经费、实行全额预算管理或差额预算管理的事业单位。不包括实行自收自支、自负盈亏的事业单位。事业单位自用的土地，是指这些单位本身的业务用地。

这类单位的生产、营业用地和其他用地，不属于免税范围，应按规定缴纳土地使用税。

(二)企业办的学校、医院、托儿所、幼儿园自用土地优惠

企业办的学校、医院、托儿所、幼儿园,其用地能与企业其他用地明确区分的,可以比照由国家财政部门拨付事业经费的单位自用的土地,免征土地使用税。

(三)高等学校校用土地优惠

"对高等学校校用房产和土地免征房产税、土地使用税",是指对高等学校用于教学及科研等本身业务用房产和土地免征房产税和土地使用税。对高等学校举办的校办工厂、商店、招待所等的房产及土地以及出租的房产及用地,均不属于自用房产和土地的范围,应按规定征收房产税、土地使用税。

三、宗教寺庙、公园、名胜古迹自用的土地

根据《城镇土地使用税暂行条例》第六条第三项的规定,宗教寺庙、公园、名胜古迹自用的土地免缴土地使用税。

宗教寺庙自用的土地,是指举行宗教仪式等的用地和寺庙内的宗教人员生活用地。"宗教寺庙"包括寺、庙、宫、观、教堂等各种宗教活动场所。

公园、名胜古迹自用的土地,是指供公共参观游览的用地及其管理单位的办公用地。

宗教寺庙的生产、营业用地和其他用地,公园、名胜古迹中附设的营业单位,如影剧院、饮食部、茶社、照相馆等使用的土地,应征收土地使用税。根据《财政部、国家税务总局关于房产税城镇土地使用税有关问题的通知》(财税〔2008〕152 号)第二条的规定,公园、名胜古迹内的索道公司经营用地,应按规定缴纳城镇土地使用税。

四、市政街道、广场、绿化地带等公共用地

根据《城镇土地使用税暂行条例》第六条第四项的规定,市政街道、广场、绿化地带等公共用地免缴土地使用税。

对企业厂区(包括生产、办公及生活区)以内的绿化用地,应照章征收土地使用税,厂区以外的公共绿化用地和向社会开放的公园用地,暂免征收土地使用税。

五、直接用于农、林、牧、渔业的生产用地

(一)直接用于农林牧渔业生产用地免缴土地使用税

根据《城镇土地使用税暂行条例》第六条第五项的规定,直接用于农、林、牧、渔业的生产用地免缴土地使用税。

直接用于农、林、牧、渔业的生产用地,是指直接从事于种植、养殖、饲养的专业用地,不包括农副产品加工场地和生活、办公用地。

(二)直接用于采摘、观光的种植、养殖、饲养用地优惠

在城镇土地使用税征收范围内经营采摘、观光农业的单位和个人,其直接用于采摘、观光的种植、养殖、饲养的土地,免征城镇土地使用税。

（三）农产品批发市场、农贸市场用地优惠

根据《财政部、国家税务总局关于继续实行农产品批发市场、农贸市场房产税城镇土地使用税优惠政策的通知》（财税[2016]1号）的规定，自2016年1月1日至2018年12月31日止，对专门经营农产品的农产品批发市场、农贸市场使用（包括自有和承租，下同）的房产、土地，暂免征收房产税和城镇土地使用税。对同时经营其他产品的农产品批发市场和农贸市场使用的房产、土地，按其他产品与农产品交易场地面积的比例确定征免房产税和城镇土地使用税。

六、开山填海整治的土地和改造的废弃土地定期免缴

根据《城镇土地使用税暂行条例》第六条第六项的规定，经批准开山填海整治的土地和改造的废弃土地，从使用的月份起免缴土地使用税5年至10年。

根据《国家税务总局关于填海整治土地免征城镇土地使用税问题的批复》（国税函〔2005〕968号）的规定，享受免缴土地使用税5～10年的填海整治的土地，是指纳税人经有关部门批准后自行填海整治的土地，不包括纳税人通过出让、转让、划拨等方式取得的已填海整治的土地。

七、搬迁后原场地不使用土地优惠

根据《国家税务局关于印发〈关于土地使用税若干具体问题的补充规定〉的通知》（〔1989〕国税地字第140号）第10条规定，企业搬迁后，其原有场地和新场地都使用的，均应照章征收土地使用税；原有场地不使用的，可暂免征收土地使用税。

企业按上述规定暂免征收城镇土地使用税的土地开始使用时，应从使用的次月起自行计算和申报缴纳城镇土地使用税。

八、支持电力建设土地使用税优惠

（一）电力行业土地使用税优惠

根据《国家税务局关于电力行业征免土地使用税问题的规定》（〔1989〕国税地字第13号）的规定，对火电厂厂区围墙内的用地，均应照章征收土地使用税。对厂区围墙外的灰场、输灰管、输油（气）管道、铁路专用线用地，免征土地使用税；厂区围墙外的其他用地，应照章征税。

对供电部门的输电线路用地、变电站用地，免征土地使用税。

（二）企业内部电厂应征城镇土地使用税

根据《国家税务局关于企业内部电厂应征城镇土地使用税问题的批复》（国税函〔1996〕441号）的规定，“电力行业”，主要是指电力系统所属专业生产电产品的企业，不包括其他各类企业自办自备的电厂。企业内部自办的电厂，其生产的电主要用于满足本企业内部的电力供应，不是为社会用电服务，且供电距离较近，这与专业电力行业有很大不同。因此，不能按前述有关文件规定享受免税照顾。

(三)核电站与生产核产品厂矿用地优惠

根据《财政部、国家税务总局关于核电站用地征免城镇土地使用税的通知》(财税〔2007〕124号)的规定,对核电站的核岛、常规岛、辅助厂房和通讯设施用地(不包括地下线路用地),生活、办公用地按规定征收城镇土地使用税,其他用地免征城镇土地使用税。对核电站应税土地在基建期内减半征收城镇土地使用税。

九、水利设施用地优惠

根据《国家税务局关于水利设施用地征免土地使用税问题的规定》(〔1989〕国税地字第14号)的规定,对水利设施及其管护用地(如水库库区、大坝、堤防、灌渠、泵站等用地),免征土地使用税;其他用地,如生产、办公、生活用地,应照章征收土地使用税。

对兼有发电的水利设施用地征免土地使用税问题,比照电力行业征免土地使用税的有关规定办理。即对水电站的发电厂房用地(包括坝内、坝外式厂房),生产、办公、生活用地,照章征收土地使用税;对其他用地给予免税照顾。

十、交通运输用地优惠

(一)民航机场用地优惠

机场飞行区(包括跑道、滑行道、停机坪、安全带、夜航灯光区)用地,场内外通讯导航设施用地和飞行区四周排水防洪设施用地,免征土地使用税。

机场道路,区分为场内、场外道路。场外道路用地免征土地使用税;场内道路用地依照规定征收土地使用税。

机场工作区(包括办公、生产和维修用地及候机楼、停车场)用地、生活区用地、绿化用地,均须依照规定征收土地使用税。

(二)公交站场、道路客运站场与轨道交通用地

自2016年1月1日至2018年12月31日,对城市公交站场、道路客运站场、城市轨道交通系统运营用地,免征城镇土地使用税。

城市公交站场运营用地,包括城市公交首末车站、停车场、保养场、站场办公用地、生产辅助用地。道路客运站场运营用地,包括站前广场、停车场、发车位、站务用地、站场办公用地、生产辅助用地。城市轨道交通系统运营用地,包括车站(含出入口、通道、公共配套及附属设施)、运营控制中心、车辆基地(含单独的综合维修中心、车辆段)以及线路用地,不包括购物中心、商铺等商业设施用地。

(三)铁路系统用地优惠

1. 铁路运输企业自用土地免征城镇土地使用税

根据《财政部、国家税务总局关于调整铁路系统房产税城镇土地使用税政策的通知》(财税〔2003〕149号)的规定,铁道部所属铁路运输企业自用的房产、土地继续免征房产税和城镇土地使用税。

铁道部所属其他企业、单位的房产和土地,继续按税法规定征收房产税和城镇土地使

用税。

根据《财政部、国家税务总局关于明确免征房产税城镇土地使用税的铁路运输企业范围及有关问题的通知》(财税〔2004〕36 号)第二条的规定，地方铁路运输企业自用的房产、土地应缴纳的房产税、城镇土地使用税比照铁道部所属铁路运输企业的政策执行。

2. 企业的铁路专用线、公路等用地

对企业的铁路专用线、公路等用地，除另有规定者外，在企业厂区(包括生产、办公及生活区)以内的，应照章征收土地使用税；在厂区以外、与社会公用地段未加隔离的，暂免征收土地使用税。

(四) 港口用地优惠

对港口的码头(即泊位，包括岸边码头、伸入水中的浮码头、堤岸、堤坝、栈桥等)用地，免征土地使用税。

除上述规定外，港口的其他用地，应按规定征收土地使用税。

十一、由省级税务局确定减免税项目

下列土地的征免税，由省、自治区、直辖市税务局确定：

(一) 个人所有的居住房屋及院落用地

个人所有的居住房屋及院落用地的征免税，由省、自治区、直辖市税务局确定。

(二) 未办理土地使用权过户期间的房改房用地

根据《财政部、国家税务总局关于房改房用地未办理土地使用权过户期间城镇土地使用税政策的通知》(财税〔2013〕44 号)的规定，应税单位按照国家住房制度改革有关规定，将住房出售给职工并按规定进行核销账务处理后，住房用地在未办理土地使用权过户期间的城镇土地使用税征免，比照各省、自治区、直辖市对个人所有住房用地的现行政策执行。

(三) 房产管理部门在房租调整改革前经租的居民住房用地

房产管理部门在房租调整改革前经租的居民住房用地的征免税，由省、自治区、直辖市税务局确定。

根据《国家税务局关于房产管理部门经租的居民住房用地在房租调整改革后征收土地使用税问题的批复》(国税函发〔1991〕403 号)的规定，房租调整改革后，房产管理部门经租的居民住房用地(不论是何时经租的)，都应照章缴纳土地使用税。

至于房租调整改革后，有的房产管理部门按规定缴纳土地使用税还有实际困难的，可按税收管理体制的规定，报经批准后再给予适当的减征或免征土地使用税的照顾。

(四) 免税单位职工家属的宿舍用地

免税单位职工家属的宿舍用地的征免税，由省、自治区、直辖市税务局确定。

(五) 集体和个人办的各类学校、医院、托儿所、幼儿园用地

集体和个人办的各类学校、医院、托儿所、幼儿园用地的征免税，由省、自治区、直辖市税

务局确定。

(六) 城镇内的集贸市场(农贸市场)用地

城镇内的集贸市场(农贸市场)用地,按规定应征收土地使用税。为了促进集贸市场的发展及照顾各地的不同情况,各省、自治区、直辖市税务局可根据具体情况自行确定对集贸市场用地征收或者免征土地使用税。

(七) 落实私房政策后已归还产权但尚未收回房屋用地

原房管部门代管的私房,落实政策后,有些私房产权已归还给房主,但由于各种原因,房屋仍由原住户居住,并且住户仍是按照房管部门在房租调整改革之前确定的租金标准向房主交纳租金。对这类房屋用地,房主缴纳土地使用税确有困难的,可由各省、自治区、直辖市税务局根据实际情况,给予定期减征或免征土地使用税的照顾。

(八) 防火、防爆、防毒等安全防范用地

根据《国家税务局关于印发〈关于土地使用税若干具体问题的补充规定〉的通知》(〔1989〕国税地字第 140 号)第八条规定,对于各类危险品仓库、厂房所需的防火、防爆、防毒等安全防范用地,可由各省、自治区、直辖市税务局确定,暂免征收土地使用税;对仓库库区、厂房本身用地,应照章征收土地使用税。

第四节 征收管理

一、纳税义务发生时间

(一) 新征用的土地

根据《城镇土地使用税暂行条例》第九条的规定,新征用的土地依照下列规定缴纳土地使用税:

(1) 征用的耕地,自批准征用之日起满一年时开始缴纳土地使用税;

(2) 征用的非耕地,自批准征用次月起缴纳土地使用税。

根据《关于土地使用税若干具体问题的解释和暂行规定》([1988]国税地字第 15 号)第 12 条的规定,征用的耕地与非耕地,以土地管理机关批准征地的文件为依据确定。

(二) 招拍挂取得土地

《国家税务总局关于通过招拍挂方式取得土地缴纳城镇土地使用税问题的公告》(国家税务总局公告 2014 年第 74 号)规定:通过招标、拍卖、挂牌方式取得的建设用地,不属于新征用的耕地,纳税人应按照《财政部、国家税务总局关于房产税、城镇土地使用税有关政策的通知》(财税〔2006〕186 号)第二条规定,从合同约定交付土地时间的次月起缴纳城镇土地使用税;合同未约定交付土地时间的,从合同签订的次月起缴纳城镇土地使用税。

（三）购置房产占地

根据《国家税务总局关于房产税城镇土地使用税有关政策规定的通知》（国税发〔2003〕89号）第二条的规定，购置新建商品房，自房屋交付使用之次月起计征房产税和城镇土地使用税。

购置存量房，自办理房屋权属转移、变更登记手续，房地产权属登记机关签发房屋权属证书之次月起计征房产税和城镇土地使用税。

（四）出租出售房产占地

出租、出借房产，自交付出租、出借房产之次月起计征房产税和城镇土地使用税。

（五）有偿取得土地使用权

根据《财政部、国家税务总局关于房产税、城镇土地使用税有关政策的通知》（财税〔2006〕186号，自2007年1月1日起执行）第二条的规定，以出让或转让方式有偿取得土地使用权的，应由受让方从合同约定交付土地时间的次月起缴纳城镇土地使用税；合同未约定交付土地时间的，由受让方从合同签订的次月起缴纳城镇土地使用税。

（六）纳税义务截止时间

纳税人因房产、土地的实物或权利状态发生变化而依法终止房产税、城镇土地使用税纳税义务的，其应纳税款的计算应截止到房产、土地的实物或权利状态发生变化的当月末。

二、征收机关

土地使用税由土地所在地的税务机关征收。土地管理机关应当向土地所在地的税务机关提供土地使用权属资料。

纳税人使用的土地不属于同一省（自治区、直辖市）管辖范围的，应由纳税人分别向土地所在地的税务机关缴纳土地使用税。

在同一省（自治区、直辖市）管辖范围内，纳税人跨地区使用的土地，如何确定纳税地点，由各省、自治区、直辖市税务局确定。

三、纳税期限

《城镇土地使用税暂行条例》第八条规定，土地使用税按年计算、分期缴纳。缴纳期限由省、自治区、直辖市人民政府确定。

在江苏根据苏政发〔2008〕26号第10条的规定，城镇土地使用税按年计征，企业按季缴纳，个人按半年缴纳。具体缴纳期限由市、县税务机关按实际情况确定。

纳税年度自公历1月1日起，至12月31日止。

四、减免税管理

核准类减免税是指法律、法规规定应当由税务机关核准的减免税项目。城镇土地使用税困难减免是核准类减免税项目。税务机关应加强对城镇土地使用税困难减免税核准的管理工作。

城镇土地使用税困难减免税按年核准。因自然灾害或其他不可抗力因素遭受重大损失导致纳税确有困难的，税务机关应当在困难情形发生后，于规定期限内受理纳税人提出的减免税申请。其他纳税确有困难的，应当于年度终了后规定期限内，受理纳税人提出的减免税申请。

课后习题

一、选择题

1. 下列有关城镇土地使用税的优惠事项中，属于核准类减免税的是(　　)。

A. 纳税有困难的企业城镇土地使用税优惠

B. 安置残疾人员就业的企业城镇土地使用税优惠

C. 城市公交站场、道路客运站场城镇土地使用税优惠

D. 搬迁企业用地城镇土地使用税优惠

E. 企业拥有并运营管理的大型体育场馆，其用于体育活动的土地，减半征收城镇土地使用税

2. 下列符合城镇土地使用税规定的是(　　)。

A. 购置新建商品房，自房地产权属登记机关签发房屋权属证书之次月起，计征城镇土地使用税

B. 按年计算、分期缴纳，缴纳期限由省、自治区、直辖市税务机关确定

C. 房地产开发企业自用、出租本企业建造的商品房，自房屋使用或交付当月起计征房产税

D. 纳税人在全国范围内跨省、自治区、直辖市使用的土地，其城镇土地使用税的纳税地点由国家税务总局确定

E. 国家机关、军队、人民团体、财政补助事业单位、居民委员会、村民委员会拥有的体育场馆，用于体育活动的房产、土地，免征房产税和城镇土地使用税

二、思考题

1. 简述城镇土地使用税的征税范围。

2. 城镇土地使用税的减免税项目有哪些？

第六篇

特定目的税

第十九章　城市维护建设税

世界上只有两件事是不可避免的，那就是税收和死亡。

——[美]本·富兰克林

城市维护建设税是国家对缴纳增值税、消费税的单位和个人就其缴纳的“增值税、消费税”税额为计税依据而征收的一种税。城市维护建设税的税收收入专款专项用于城市维护和建设，体现财政服务职能，以及税收“取之于民，用之于民”的性质。

城市维护建设税（以下简称城市维护建设税）是对从事工商经营，缴纳消费税、增值税的单位和个人征收的一种税。城市维护建设税的基本规范是国务院1985年发布的《中华人民共和国城市维护建设税暂行条例》。

第一节　纳税人、税率与应纳税额

一、纳税人与扣缴义务人

（一）纳税义务人

凡缴纳增值税、消费税的单位和个人，都是城市维护建设税的纳税义务人（以下简称纳税人），都应当依照《中华人民共和国城市维护建设税暂行条例》的规定缴纳城市维护建设税。

自2010年12月1日起，对外商投资企业、外国企业及外籍个人征收城市维护建设税和教育费附加。

（二）扣缴义务人

增值税、消费税的代扣代缴义务人同时也是城市维护建设税的代扣代缴、代收代缴义务人。

二、税率

（一）税率

城市维护建设税税率如下：

纳税人所在地在市区的，税率为7%；

纳税人所在地在县城、镇的，税率为5%；

纳税人所在地不在市区、县城或镇的,税率为1%。

市区、县城、镇的范围,应按行政区划作为划分标准,这里的镇是指建制镇。

中国海洋石油总公司及其所属地区公司、专业公司自营油田生产的原油、天然气应随增值税按7%的税率缴纳城市维护建设税。

中外合作油(气)田开采的原油、天然气,在依据规定按5%税率缴纳实物增值税后,以合作油(气)田实际缴纳的增值税税额为计税依据,缴纳城市维护建设税和教育费附加。开采海洋石油资源的中外合作油(气)田所在地在海上,其城市维护建设税适用1%的税率。

(二)税率的适用

纳税单位或个人缴纳城市维护建设税的适用税率,一律按其纳税所在地的规定税率执行。县政府设在城市市区,其在市区办的企业,按市区的规定税率计算纳税。

城市维护建设税的适用税率,应按纳税人所在地的规定税率执行。但对下列两种情况,可按缴纳增值税、消费税所在地的规定税率就地缴纳城市维护建设税:

① 由受托方代征代扣增值税、消费税的单位和个人;② 流动经营等无固定纳税地点的单位和个人。

纳税人所在地为工矿区的,应根据行政区划分按照7%、5%、1%的税率缴纳城市维护建设税。

撤县建市后,城市维护建设税适用税率应为7%。

三、应纳税额

(一)计税依据

城市维护建设税,以纳税人实际缴纳的增值税、消费税税额为计税依据,分别与增值税、消费税同时缴纳。

经税务局正式审核批准的当期免抵的增值税税额应纳入城市维护建设税和教育费附加的计征范围,分别按规定的税(费)率征收城市维护建设税和教育费附加。

享受增值税期末留抵退税政策的集成电路企业,其退还的增值税期末留抵税额,应在城市维护建设税、教育费附加和地方教育附加的计税(征)依据中予以扣除。

(二)应纳税额的计算

城市维护建设税的应纳税额=(实纳增值税税额+实纳消费税税额)×适用税率

第二节 税收优惠与征收管理

一、税收优惠

城市维护建设税是以增值税、消费税的纳税额作为计税依据并同时征收的,故不应予以减免税。

为支持国家重大水利工程建设,对国家重大水利工程建设基金免征城市维护建设税和教育费附加。

二、征收管理

城市维护建设税的征收、管理、纳税环节、奖罚等事项，比照增值税、消费税的有关规定办理。这里的“征收、管理”包括城市维护建设税的代扣代缴、代收代缴，一律比照增值税、消费税的有关规定办理。

（一）与增值税、消费税同查补同罚款

纳税人在被查补增值税、消费税和被处以罚款时，依照《城市维护建设税暂行条例》第五条的规定，应同时对其偷漏的城市维护建设税进行补税和罚款。

（二）出口不退，进口不征

对出口产品退还增值税、消费税的，不退还已纳的城市维护建设税。

海关对进口产品代征的增值税、消费税不征收城市维护建设税。

（三）减免退增值税、消费税退还城市维护建设税

对由于减免增值税、消费税而发生的退税，同时退还已纳的城市维护建设税。

（四）增值税、消费税先征后返等不退（返）城市维护建设税

对增值税、消费税实行先征后返、先征后退、即征即退办法的，除另有规定外，对随其附征的城市维护建设税和教育费附加，一律不予退（返）还。

（五）纳税地点

中国铁路总公司的分支机构预征1%增值税所应缴纳的城市维护建设税和教育费附加，由中国铁路总公司按季向北京市税务局缴纳。

纳税人跨地区提供建筑服务、销售和出租不动产的，应在建筑服务发生地、不动产所在地预缴增值税时，以预缴增值税税额为计税依据，并按预缴增值税所在地的城市维护建设税适用税率和教育费附加征收率就地计算缴纳城市维护建设税和教育费附加。

预缴增值税的纳税人在其机构所在地申报缴纳增值税时，以其实际缴纳的增值税税额为计税依据，并按机构所在地的城市维护建设税适用税率和教育费附加征收率就地计算缴纳城市维护建设税和教育费附加。

课后习题

一、选择题

1. 下列各项中，应作为城市维护建设税计税依据的有（　　）。

A. 纳税人被查补的增值税、消费税税额

B. 纳税人应缴纳的增值税、消费税税额

C. 经税务局批准的当期免抵增值税税额

D. 缴纳的进口产品增值税税额和消费税税额

2. 下列有关城市维护建设税的说法中，正确的有(　　)。

A. 城市维护建设税是对从事工商经营，缴纳消费税、增值税的单位和个人征收的一种税

B. 凡缴纳增值税、消费税的单位和个人，都是城市维护建设税的纳税义务人

C. 增值税、消费税的代扣代缴义务人同时也是城市维护建设税的代扣代缴、代收代缴义务人

D. 纳税人所在地在市区的，城市维护建设税的税率为 7%

二、思考题

1. 如何看待城市维护建设税的征管和使用？

2. 城市维护建设税有哪些减免规定？

第二十章　车辆购置税

取于民有度，用之有止，国虽小必安；取于民无度，用之不止，国虽大必危。

——《管子·权修》

车辆购置税是对在中国境内购置应税车辆的单位和个人征收的一种税，它由车辆购置附加费演变而来。车辆购置税是一次性征收的税种，对于组织财政收入、促进交通基础设施建设和引导汽车产业发展都发挥了重要作用。

2000 年 10 月 22 日，国务院颁布了《中华人民共和国车辆购置税暂行条例》（国务院令〔2000〕294 号），规定自 2001 年 1 月 1 日起，对购置应税车辆的单位和个人征收车辆购置税，车辆购置税实行从价计征，税率为 10%。2001—2016 年，全国累计征收车辆购置税 22 933 亿元，年均增长 17%，其中 2016 年征收车辆购置税 2 674 亿元。

2018 年 12 月 29 日，第十三届全国人民代表大会常务委员会第七次会议通过了《中华人民共和国车辆购置税法》（中华人民共和国主席令第 19 号，以下简称车辆购置税法），自 2019 年 7 月 1 日起施行。《中华人民共和国车辆购置税暂行条例》同时废止。

第一节　纳税人与征税范围

一、纳税义务人

根据《车辆购置税法》第一条的规定，在中华人民共和国境内购置汽车、有轨电车、汽车挂车、排气量超过一百五十毫升的摩托车（以下统称应税车辆）的单位和个人，为车辆购置税的纳税人，应当依照该法规定缴纳车辆购置税。

这里所称购置，是指以购买、进口、自产、受赠、获奖或者其他方式取得并自用应税车辆的行为。

根据财政部、税务总局公告 2019 年第 71 号第七条的规定，已经办理免税、减税手续的车辆因转让、改变用途等原因不再属于免税、减税范围的，纳税人按规定的确定方法是：发生转让行为的，受让人为车辆购置税纳税人；未发生转让行为的，车辆所有人为车辆购置税纳税人。

二、征税范围

车辆购置税的征税范围为应税车辆，包括汽车、有轨电车、汽车挂车、排气量超过一百五十毫升的摩托车。根据国家重新发布的机动车技术标准，已将农用运输车、电车中的无轨电车统一纳入汽车管理。为了与现行机动车技术标准保持一致，《车辆购置税法》将车辆购置税的征税对象改为汽车、有轨电车、汽车挂车、排气量超过一百五十毫升的摩托车四类。

根据《财政部、税务总局关于车辆购置税有关具体政策的公告》(财政部、税务总局公告2019年第71号)第一条的规定，地铁、轻轨等城市轨道交通车辆，装载机、平地机、挖掘机、推土机等轮式专用机械车，以及起重机(吊车)、叉车、电动摩托车，不属于应税车辆。

第二节　税率与应纳税额

一、应纳税额

车辆购置税实行从价定率的办法计算应纳税额。根据《车辆购置税法》第五条的规定，车辆购置税的应纳税额按照应税车辆的计税价格乘以税率计算。

计算公式为：

应纳税额＝计税价格×税率

二、税率

《车辆购置税法》第四条规定，车辆购置税的税率为10%。

三、计税价格

(一) 计税价格的确定

根据《车辆购置税法》第六条的规定，应税车辆的计税价格，按照下列规定确定：

1. 购买自用应税车辆的计税价格

纳税人购买自用应税车辆的计税价格，为纳税人实际支付给销售者的全部价款，不包括增值税税款。

根据《财政部、税务总局关于车辆购置税有关具体政策的公告》(财政部、税务总局公告2019年第71号)第二条的规定，纳税人购买自用应税车辆实际支付给销售者的全部价款，依据纳税人购买应税车辆时相关凭证载明的价格确定，不包括增值税税款。

2. 进口自用应税车辆的计税价格

纳税人进口自用应税车辆的计税价格，为关税完税价格加上关税和消费税。

根据财政部、税务总局公告2019年第71号第三条的规定，纳税人进口自用应税车辆，是指纳税人直接从境外进口或者委托代理进口自用的应税车辆，不包括在境内购买的进口车辆。

3. 自产自用应税车辆的计税价格

纳税人自产自用应税车辆的计税价格，按照纳税人生产的同类应税车辆的销售价格确定，不包括增值税税款。

根据财政部、税务总局公告2019年第71号第四条的规定，纳税人自产自用应税车辆的计税价格，按照同类应税车辆(即车辆配置序列号相同的车辆)的销售价格确定，不包括增值税税款；没有同类应税车辆销售价格的，按照组成计税价格确定。组成计税价格计算公式如下：

组成计税价格＝成本×(1＋成本利润率)

属于应征消费税的应税车辆，其组成计税价格中应加计消费税税额。

上述公式中的成本利润率，由国家税务总局各省、自治区、直辖市和计划单列市税务局确定。

4. 其他方式取得自用应税车辆的计税价格

纳税人以受赠、获奖或者其他方式取得自用应税车辆的计税价格，按照购置应税车辆时相关凭证载明的价格确定，不包括增值税税款。

（二）外币折算

根据《车辆购置税法》第八条的规定，纳税人以外汇结算应税车辆价款的，按照申报纳税之日的人民币汇率中间价折合成人民币计算缴纳税款。

四、应纳税额的核定

根据《车辆购置税法》第七条的规定，纳税人申报的应税车辆计税价格明显偏低，又无正当理由的，由税务机关依照《中华人民共和国税收征收管理法》的规定核定其应纳税额。

五、一次征收制

根据《车辆购置税法》第三条的规定，车辆购置税实行一次性征收。购置已征车辆购置税的车辆，不再征收车辆购置税。

六、退补税款的计算

（一）减免车辆因转让、改变用途等税款计算

根据《车辆购置税法》第 14 条的规定，免税、减税车辆因转让、改变用途等原因不再属于免税、减税范围的，纳税人应当在办理车辆转移登记或者变更登记前缴纳车辆购置税。计税价格以免税、减税车辆初次办理纳税申报时确定的计税价格为基准，每满一年扣减 10%。

根据财政部、税务总局公告 2019 年第 71 号第七条的规定，已经办理免税、减税手续的车辆因转让、改变用途等原因不再属于免税、减税范围的，应纳税额计算公式为：

应纳税额＝初次办理纳税申报时确定的计税价格×(1－使用年限×10%)×10%－已纳税额

应纳税额不得为负数。

使用年限的计算方法是，自纳税人初次办理纳税申报之日起，至不再属于免税、减税范围的情形发生之日止。使用年限取整计算，不满一年的不计算在内。

（二）已征税车辆退回应退税款的计算

根据《车辆购置税法》第 15 条的规定，纳税人将已征车辆购置税的车辆退回车辆生产企业或者销售企业的，可以向主管税务机关申请退还车辆购置税。退税额以已缴税款为基准，自缴纳税款之日至申请退税之日，每满一年扣减 10%。

根据财政部、税务总局公告 2019 年第 71 号第八条的规定，已征车辆购置税的车辆退回车辆生产或销售企业，纳税人申请退还车辆购置税的，应退税额计算公式如下：

$$应退税额=已纳税额\times(1-使用年限\times10\%)$$

应退税额不得为负数。

使用年限的计算方法是,自纳税人缴纳税款之日起,至申请退税之日止。

第三节　税收优惠

根据《车辆购置税法》第九条的规定,下列车辆免征车辆购置税:

一、外国驻华使馆、领事馆和国际组织驻华机构及其有关人员自用车辆

根据国际惯例和对等原则,《车辆购置税法》第九条第一款第(一)项规定,依照法律规定应当予以免税的外国驻华使馆、领事馆和国际组织驻华机构及其有关人员自用的车辆免征车辆购置税。

二、列入部队装备订货计划的车辆

为支持国防建设,《车辆购置税法》第九条第一款第(二)项规定,中国人民解放军和中国人民武装警察部队列入装备订货计划的车辆免征车辆购置税。

三、悬挂专用号牌国家综合性消防救援车辆

根据《车辆购置税法》第九条第一款第(三)项的规定,悬挂应急救援专用号牌的国家综合性消防救援车辆免征车辆购置税。

四、设有固定装置的非运输专用作业车辆

考虑到设有固定装置的非运输车辆主要用于建筑施工等专项作业,不以载人或者载货运输为主要功能。因此,《车辆购置税法》第九条第一款第(四)项规定,设有固定装置的非运输专用作业车辆免征车辆购置税。

五、城市公交企业购置的公共汽电车辆

根据《车辆购置税法》第九条第一款第(五)项的规定,城市公交企业购置的公共汽电车辆免征车辆购置税。

根据财政部、税务总局公告 2019 年第 71 号第五条的规定,城市公交企业购置的公共汽电车辆免征车辆购置税中的城市公交企业,是指由县级以上(含县级)人民政府交通运输主管部门认定的,依法取得城市公交经营资格,为公众提供公交出行服务,并纳入《城市公共交通管理部门与城市公交企业名录》的企业;公共汽电车辆是指按规定的线路、站点票价营运,用于公共交通服务,为运输乘客设计和制造的车辆,包括公共汽车、无轨电车和有轨电车。

六、国务院规定的其他减免税

根据《车辆购置税法》第九条第二款的规定,根据国民经济和社会发展的需要,国务院可以规定减征或者其他免征车辆购置税的情形,报全国人民代表大会常务委员会备案。

根据《财政部、税务总局关于继续执行的车辆购置税优惠政策的公告》(财政部、税务总局公告2019年第75号)的规定，① 回国服务的在外留学人员用现汇购买1辆个人自用国产小汽车和长期来华定居专家进口1辆自用小汽车免征车辆购置税。防汛部门和森林消防部门用于指挥、检查、调度、报汛(警)、联络的由指定厂家生产的设有固定装置的指定型号的车辆免征车辆购置税；② 自2018年1月1日至2020年12月31日，对购置新能源汽车免征车辆购置税；③ 自2018年7月1日至2021年6月30日，对购置挂车减半征收车辆购置税；④ 中国妇女发展基金会"母亲健康快车"项目的流动医疗车免征车辆购置税；⑤ 北京2022年冬奥会和冬残奥会组织委员会新购置车辆免征车辆购置税；⑥ 原公安现役部队和原武警黄金、森林、水电部队改制后换发地方机动车牌证的车辆(公安消防、武警森林部队执行灭火救援任务的车辆除外)，一次性免征车辆购置税。

第四节 征收管理

一、征收机关

车辆购置税由税务机关负责征收。车辆购置税的征收管理，依照《车辆购置税法》和《税收征收管理法》的规定执行。

根据《车辆购置税法》第16条的规定，税务机关和公安、商务、海关、工业和信息化等部门应当建立应税车辆信息共享和工作配合机制，及时交换应税车辆和纳税信息资料。

二、纳税地点

根据《车辆购置税法》第11条的规定，纳税人购置应税车辆，应当向车辆登记地的主管税务机关申报缴纳车辆购置税；购置不需要办理车辆登记的应税车辆的，应当向纳税人所在地的主管税务机关申报缴纳车辆购置税。

三、纳税义务发生时间与纳税期限

根据《车辆购置税法》第12条的规定，车辆购置税的纳税义务发生时间为纳税人购置应税车辆的当日。纳税人应当自纳税义务发生之日起60日内申报缴纳车辆购置税。

根据财政部、税务总局公告2019年第71号的规定第六条的规定，车辆购置税的纳税义务发生时间以纳税人购置应税车辆所取得的车辆相关凭证上注明的时间为准。

根据财政部、税务总局公告2019年第71号第七条的规定，已经办理免税、减税手续的车辆因转让、改变用途等原因不再属于免税、减税范围的，纳税义务发生时间为车辆转让或者用途改变等情形发生之日。

根据《车辆购置税法》第13条的规定，纳税人应当在向公安机关交通管理部门办理车辆注册登记前，缴纳车辆购置税。

公安机关交通管理部门办理车辆注册登记，应当根据税务机关提供的应税车辆完税或者免税电子信息对纳税人申请登记的车辆信息进行核对，核对无误后依法办理车辆注册登记。

课后习题

一、选择题

1. 根据车辆购置税法规定,下列行为属于车辆购置税应税行为的有(　　)。

A. 应税车辆的购买自用行为

B. 应税车辆的销售行为

C. 自产自用应税车辆的行为

D. 以获奖方式取得并自用应税车辆的行为

2. 我国车辆购置税实行法定减免税,下列不属于车辆购置税减免税范围的是(　　)。

A. 外国驻华使馆、领事馆和国际组织驻华机构及其外交人员自用车辆

B. 回国服务的留学人员用人民币现金购买 1 辆个人自用国产小汽车

C. 设有固定装置的非运输车辆

D. 长期来华定居专家进口 1 辆自用小汽车

二、计算题

2019 年 8 月王某从汽车 4S 店购置了一辆排气量为 2.0 升的乘用车,支付购车款(含增值税)232 000 元并取得“机动车销售统一发票”,支付代收保险费 5 000 元并取得保险公司开具的发票。

要求:计算王某应缴纳的车辆购置税。

三、思考题

1. 车辆购置税的征税范围如何确定?

2. 针对车辆购置税减免税的优惠,如何有效落实?

第二十一章　耕地占用税

税收的合法性取决于其实质，而不是其名称。

——[美]本杰明·N.卡多佐

“民以食为天”，耕地占用税体现了对耕地的保护与补偿，限制乱占耕地。1987年4月1日国务院发布《中华人民共和国耕地占用税暂行条例》，征税目的在于限制非农业建设占用耕地，建立发展农业专项资金，促进农业生产的全面协调发展。耕地占用税作为一个出于特定目的、对特定的土地资源课征的税种，与其他税种相比，具有比较鲜明的特点，是对农业、农村、农民的专业补偿和特殊保护。

第一节　纳税人与征税范围

一、耕地占用税概述

（一）耕地占用税概念

耕地占用税，以纳税人实际占用的属于耕地占用税征税范围的土地面积为计税依据，按应税土地当地适用税额计税，实行一次性征收的一种税。

（二）耕地占用税制的变革

为了合理利用土地资源，加强土地管理，保护耕地，1987年4月1日，国务院发布了《中华人民共和国耕地占用税暂行条例》，决定对占用耕地建房或者从事非农业建设的单位或者个人征收耕地占用税。

2007年，国务院对《耕地占用税暂行条例》进行了修订。2007年12月1日，中华人民共和国国务院令第511号公布了修订后的《中华人民共和国耕地占用税暂行条例》，自2008年1月1日起施行。2008年2月26日，财政部、国家税务总局公布了《中华人民共和国耕地占用税暂行条例实施细则》(中华人民共和国财政部、国家税务总局令第49号)，自公布之日起实施。新条例及其实施细则统一了内外资企业税收政策，提高了税额标准，缩小了减免范围，加大了耕地占用税征收力度。

2018年12月29日，第十三届全国人民代表大会常务委员会第七次会议通过了《中华人民共和国耕地占用税法》(以下简称耕地占用税法)，自2019年9月1日起施行。2017年12月1日，国务院公布的《中华人民共和国耕地占用税暂行条例》同时废止。制定耕地占用税法，是贯彻落实税收法定原则的重要步骤，有利于进一步完善耕地占用税制度，增强其权威性和执法刚性，有利于进一步发挥税收调节作用，促进土地资源合理利用，加强土地管理，实施最严格的耕地保护制度，有利于推进国家治理体系和治理能力现代化。

为贯彻落实《耕地占用税法》，财政部、税务总局、自然资源部、农业农村部、生态环境部制定了《中华人民共和国耕地占用税法实施办法》(财政部公告 2019 年第 81 号，以下简称实施办法)，自 2019 年 9 月 1 日起施行。

二、纳税义务人

(一) 纳税人与征税对象

根据《耕地占用税法》第二条的规定，在中华人民共和国境内占用耕地建设建筑物、构筑物或者从事非农业建设的单位和个人，为耕地占用税的纳税人，应当依照本法规定缴纳耕地占用税。占用耕地建设农田水利设施的，不缴纳耕地占用税。

《耕地占用税法》延续了《耕地占用税暂行条例》对征税对象和纳税人的规定，明确占用耕地建设建筑物、构筑物或者从事非农业建设的单位和个人，应当缴纳耕地占用税。由于农田水利用地属于农业用地的一部分，不属于建设用地，不需要办理农用地转用手续，考虑到其特殊性，将农田水利设施占用耕地排除在征税范围之外。

(二) 纳税人的具体规定

根据《实施办法》第二条的规定，经批准占用耕地的，纳税人为农用地转用审批文件中标明的建设用地人；农用地转用审批文件中未标明建设用地人的，纳税人为用地申请人，其中用地申请人为各级人民政府的，由同级土地储备中心、自然资源主管部门或政府委托的其他部门、单位履行耕地占用税申报纳税义务。未经批准占用耕地的，纳税人为实际用地人。

三、征税范围

(一) 征税范围的具体规定

耕地占用税征税范围是耕地，即用于种植农作物的土地。根据《耕地占用税法》第 12 条的规定，占用园地、林地、草地、农田水利用地、养殖水面、渔业水域滩涂以及其他农用地建设建筑物、构筑物或者从事非农业建设的，依照该法的规定缴纳耕地占用税。

占用前款规定的农用地的，适用税额可以适当低于本地区按照该法第四条第二款确定的适用税额，但降低的部分不得超过百分之五十。具体适用税额由省、自治区、直辖市人民政府提出，报同级人民代表大会常务委员会决定，并报全国人民代表大会常务委员会和国务院备案。

占用本条第一款规定的农用地建设直接为农业生产服务的生产设施的，不缴纳耕地占用税。

根据《实施办法》第 19 条的规定，因挖损、采矿塌陷、压占、污染等损毁耕地属于税法所称的非农业建设，应依照税法规定缴纳耕地占用税；自然资源、农业农村等相关部门认定损毁耕地之日起三年内依法复垦或修复，恢复种植条件的，比照耕地占用税法第 11 条规定办理退税。

园地，包括果园、茶园、橡胶园、其他园地。其他园地包括种植桑树、可可、咖啡、油棕、胡椒、药材等其他多年生作物的园地。

林地，包括乔木林地、竹林地、红树林地、森林沼泽、灌木林地、灌丛沼泽、其他林地，不包括城镇村庄范围内的绿化林木用地，铁路、公路征地范围内的林木用地，以及河流、沟渠的护堤林用地。

其他林地包括疏林地、未成林地、迹地、苗圃等林地。

草地，包括天然牧草地、沼泽草地、人工牧草地，以及用于农业生产并已由相关行政主管部门发放使用权证的草地。

养殖水面，包括人工开挖或者天然形成的用于水产养殖的河流水面、湖泊水面、水库水面、坑塘水面及相应附属设施用地。

渔业水域滩涂，包括专门用于种植或者养殖水生动植物的海水潮浸地带和滩地，以及用于种植芦苇并定期进行人工养护管理的苇田。

（二）临时占用耕地

根据《耕地占用税法》第 11 条的规定，纳税人因建设项目施工或者地质勘查临时占用耕地，应当依照规定缴纳耕地占用税。纳税人在批准临时占用耕地期满之日起一年内依法复垦，恢复种植条件的，全额退还已经缴纳的耕地占用税。

根据《实施办法》第 18 条的规定，临时占用耕地，是指经自然资源主管部门批准，在一般不超过两年内临时使用耕地并且没有修建永久性建筑物的行为。依法复垦应由自然资源主管部门会同有关行业管理部门认定并出具验收合格确认书。

（三）不征税情形

占用耕地建设农田水利设施的，不缴纳耕地占用税。农田水利用地，包括农田排灌沟渠及相应附属设施用地。

根据《耕地占用税法》第 12 条的规定，占用园地、林地、草地、农田水利用地、养殖水面、渔业水域滩涂以及其他农用地建设直接为农业生产服务的生产设施的，不缴纳耕地占用税。

根据《实施办法》第 26 条的规定，直接为农业生产服务的生产设施是指直接为农业生产服务而建设的建筑物和构筑物。具体包括：储存农用机具和种子、苗木、木材等农业产品的仓储设施；培育、生产种子、种苗的设施；畜禽养殖设施；木材集材道、运材道；农业科研、试验、示范基地；野生动植物保护、护林、森林病虫害防治、森林防火、木材检疫的设施；专为农业生产服务的灌溉排水、供水、供电、供热、供气、通讯基础设施；农业生产者从事农业生产必需的食宿和管理设施；其他直接为农业生产服务的生产设施。

第二节　税率与应纳税额

一、应纳税额

（一）应纳税额的计算

根据《耕地占用税法》第三条的规定，耕地占用税以纳税人实际占用的耕地面积为计税依据,按照规定的适用税额一次性征收,应纳税额为纳税人实际占用的耕地面积(平方米)乘以适用税额。

根据《实施办法》第三条的规定,实际占用的耕地面积,包括经批准占用的耕地面积和未经批准占用的耕地面积。

根据《实施办法》第17条的规定,纳税人改变原占地用途,不再属于免征或减征情形的,应自改变用途之日起30日内申报补缴税款,补缴税款按改变用途的实际占用耕地面积和改变用途时当地适用税额计算。

根据《国家税务总局关于耕地占用税征收管理有关事项的公告》(国家税务总局公告2019年第30号)第一条的规定,耕地占用税以纳税人实际占用的属于耕地占用税征税范围的土地(以下简称"应税土地")面积为计税依据,按应税土地当地适用税额计税,实行一次性征收。

耕地占用税计算公式为:

应纳税额=应税土地面积×适用税额

应税土地面积包括经批准占用面积和未经批准占用面积,以平方米为单位。

当地适用税额是指省、自治区、直辖市人民代表大会常务委员会决定的应税土地所在地县级行政区的现行适用税额。

(二)占用基本农田应纳税额计算

基本农田,是指依据《基本农田保护条例》划定的基本农田保护区范围内的耕地。根据《耕地占用税法》第六条的规定,占用基本农田的,应当按照本法第四条第二款或者第五条确定的当地适用税额,加按百分之一百五十征收。

根据《国家税务总局关于耕地占用税征收管理有关事项的公告》(国家税务总局公告2019年第30号)第二条的规定,按照《耕地占用税法》第六条规定,加按百分之一百五十征收耕地占用税的计算公式为:

应纳税额=应税土地面积×适用税额×150%

二、税率

(一)税额幅度

根据《耕地占用税法》第四条第一款的规定,耕地占用税的税额如下:

人均耕地不超过一亩的地区(以县、自治县、不设区的市、市辖区为单位,下同),每平方米为十元至五十元;

人均耕地超过一亩但不超过二亩的地区,每平方米为八元至四十元;

人均耕地超过二亩但不超过三亩的地区,每平方米为六元至三十元;

人均耕地超过三亩的地区,每平方米为五元至二十五元。

(二)适用税额的确定

根据《耕地占用税法》第四条第二款的规定,各地区耕地占用税的适用税额,由省、自治区、直辖市人民政府根据人均耕地面积和经济发展等情况,在上述规定的税额幅度内提出,报同级人民代表大会常务委员会决定，并报全国人民代表大会常务委员会和国务院备案。各省、自治区、直辖市耕地占用税适用税额的平均水平，不得低于本法所附《各省、自治区、直辖市耕地占用税平均税额表》（如表 21－1 所示）规定的平均税额。

表 21－1　各省、自治区、直辖市耕地占用税平均税额表

省、自治区、直辖市	平均税额（元/平方米）
上海	45
北京	40
天津	35
江苏、浙江、福建、广东	30
辽宁、湖北、湖南	25
河北、安徽、江西、山东、河南、重庆、四川	22.5
广西、海南、贵州、云南、陕西	20
山西、吉林、黑龙江	17.5
内蒙古、西藏、甘肃、青海、宁夏、新疆	12.5

（三）适用税额的提高与降低

根据《耕地占用税法》第五条的规定，在人均耕地低于零点五亩的地区，省、自治区、直辖市可以根据当地经济发展情况，适当提高耕地占用税的适用税额，但提高的部分不得超过该法第四条第二款确定的适用税额的百分之五十。具体适用税额按照该法第四条第二款规定的程序确定。

根据《耕地占用税法》第 12 条的规定，占用园地、林地、草地、农田水利用地、养殖水面、渔业水域滩涂以及其他农用地建设建筑物、构筑物或者从事非农业建设的，依照规定缴纳耕地占用税。占用规定的农用地的，适用税额可以适当低于本地区按照该法第四条第二款确定的适用税额，但降低的部分不得超过百分之五十。具体适用税额由省、自治区、直辖市人民政府提出，报同级人民代表大会常务委员会决定，并报全国人民代表大会常务委员会和国务院备案。

三、计税依据

耕地占用税以纳税人实际占用的耕地面积为计税依据，按照规定的适用税额一次性征收。实际占用的耕地面积，包括经批准占用的耕地面积和未经批准占用的耕地面积。

第三节　税收优惠

一、军事设施占用耕地免征耕地占用税

根据《耕地占用税法》第七条第一款的规定，军事设施占用耕地，免征耕地占用税。

根据《实施办法》第五条的规定，免税的军事设施，具体范围为《中华人民共和国军事设施保护法》规定的军事设施。根据《国家税务总局关于耕地占用税征收管理有关事项的公告》(国家税务总局公告 2019 年第 30 号)第三条第(一)的规定，免税的军事设施，是指《中华人民共和国军事设施保护法》第二条所列建筑物、场地和设备。具体包括：指挥机关，地面和地下的指挥工程、作战工程；军用机场、港口、码头；营区、训练场、试验场；军用洞库、仓库；军用通信、侦察、导航、观测台站，测量、导航、助航标志；军用公路、铁路专用线，军用通信、输电线路，军用输油、输水管道；边防、海防管控设施；国务院和中央军事委员会规定的其他军事设施。

二、学校、幼儿园占用耕地免征耕地占用税

根据《耕地占用税法》第七条第一款的规定，学校、幼儿园占用耕地，免征耕地占用税。

根据《实施办法》第六条的规定，免税的学校，具体范围包括县级以上人民政府教育行政部门批准成立的大学、中学、小学，学历性职业教育学校和特殊教育学校，以及经省级人民政府或其人力资源社会保障行政部门批准成立的技工院校。学校内经营性场所和教职工住房占用耕地的，按照当地适用税额缴纳耕地占用税。

根据《实施办法》第七条的规定，免税的幼儿园，具体范围限于县级以上人民政府教育行政部门批准成立的幼儿园内专门用于幼儿保育、教育的场所。

三、社会福利机构占用耕地免征耕地占用税

根据《耕地占用税法》第七条第一款的规定，社会福利机构占用耕地，免征耕地占用税。

根据《实施办法》第八条的规定，免税的社会福利机构，具体范围限于依法登记的养老服务机构、残疾人服务机构、儿童福利机构、救助管理机构、未成年人救助保护机构内，专门为老年人、残疾人、未成年人、生活无着的流浪乞讨人员提供养护、康复、托管等服务的场所。

根据《国家税务总局关于耕地占用税征收管理有关事项的公告》(国家税务总局公告 2019 年第 30 号)第三条第(二)的规定，免税的社会福利机构，是指依法登记的养老服务机构、残疾人服务机构、儿童福利机构及救助管理机构、未成年人救助保护机构内专门为老年人、残疾人、未成年人及生活无着的流浪乞讨人员提供养护、康复、托管等服务的场所。

四、医疗机构占用耕地免征耕地占用税

根据《耕地占用税法》第七条第一款的规定，医疗机构占用耕地，免征耕地占用税。

根据《实施办法》第九条的规定，免税的医疗机构，具体范围限于县级以上人民政府卫生健康行政部门批准设立的医疗机构内专门从事疾病诊断、治疗活动的场所及其配套设施。

医疗机构内职工住房占用耕地的，按照当地适用税额缴纳耕地占用税。

根据《国家税务总局关于耕地占用税征收管理有关事项的公告》(国家税务总局公告 2019 年第 30 号)第三条第(三)的规定，免税的医疗机构，是指县级以上人民政府卫生健康行政部门批准设立的医疗机构内专门从事疾病诊断、治疗活动的场所及其配套设施。

五、水利工程占用耕地减征耕地占用税

根据《耕地占用税法》第七条第二款的规定，水利工程占用耕地，减按每平方米二元的税

额征收耕地占用税。

根据《实施办法》第 15 条的规定，减税的水利工程，具体范围限于经县级以上人民政府水行政主管部门批准建设的防洪、排涝、灌溉、引(供)水、滩涂治理、水土保持、水资源保护等各类工程及其配套和附属工程的建筑物、构筑物占压地和经批准的管理范围用地。

六、交通运输设施占用耕地减征耕地占用税

根据《耕地占用税法》第七条第二款的规定，铁路线路、公路线路、飞机场跑道、停机坪、港口、航道占用耕地，减按每平方米二元的税额征收耕地占用税。

根据《实施办法》的规定，减税的铁路线路，具体范围限于铁路路基、桥梁、涵洞、隧道及其按照规定两侧留地、防火隔离带。专用铁路和铁路专用线占用耕地的，按照当地适用税额缴纳耕地占用税。

七、农村宅基地减免耕地占用税

根据《耕地占用税法》第七条第三款的规定，农村居民在规定用地标准以内占用耕地新建自用住宅，按照当地适用税额减半征收耕地占用税；其中农村居民经批准搬迁，新建自用住宅占用耕地不超过原宅基地面积的部分，免征耕地占用税。

八、耕地占用税困难性减免

根据《耕地占用税法》第七条第四款的规定，农村烈士遗属、因公牺牲军人遗属、残疾军人以及符合农村最低生活保障条件的农村居民，在规定用地标准以内新建自用住宅，免征耕地占用税。

九、增值税小规模纳税人减征

根据《财政部、税务总局关于实施小微企业普惠性税收减免政策的通知》(财税〔2019〕13 号)的规定，由省、自治区、直辖市人民政府根据本地区实际情况，以及宏观调控需要确定，对增值税小规模纳税人可以在 50%的税额幅度内减征资源税、城市维护建设税、房产税、城镇土地使用税、印花税(不含证券交易印花税)、耕地占用税和教育费附加、地方教育附加。

增值税小规模纳税人已依法享受资源税、城市维护建设税、房产税、城镇土地使用税、印花税、耕地占用税、教育费附加、地方教育附加其他优惠政策的，可叠加享受上述规定的优惠政策。

十、其他优惠情形

根据国民经济和社会发展的需要，国务院可以规定免征或者减征耕地占用税的其他情形，报全国人民代表大会常务委员会备案。

根据《财政部、税务总局、海关总署关于北京 2022 年冬奥会和冬残奥会税收政策的通知》(财税〔2017〕60 号)第一条第(十五)款的规定，对北京 2022 年冬奥会场馆及其配套设施建设占用耕地免征耕地占用税(同时适用于北京冬奥组委、北京冬奥会测试赛赛事组委会)。

十一、优惠管理

(一) 改变用途不再属于减免税情形的退税

根据《耕地占用税法》第八条的规定，军事设施、学校、幼儿园、社会福利机构、医疗机构占用耕地免征耕地占用税，铁路线路、公路线路、飞机场跑道、停机坪、港口、航道、水利工程占用耕地减按每平方米二元的税额征收耕地占用税后，纳税人改变原占地用途，不再属于免征或者减征耕地占用税情形的，应当按照当地适用税额补缴耕地占用税。

根据《国家税务总局关于耕地占用税征收管理有关事项的公告》(国家税务总局公告2019年第30号)第十条的规定，纳税人符合《耕地占用税法》第11条、《实施办法》第19条的规定申请退税的，纳税人应提供身份证明查验，并提交以下材料复印件：

(1) 税收缴款书、税收完税证明；

(2) 复垦验收合格确认书。

根据《国家税务总局关于耕地占用税征收管理有关事项的公告》(国家税务总局公告2019年第30号)第11条的规定，纳税人、建设用地人符合《实施办法》第29条规定共同申请退税的，纳税人、建设用地人应提供身份证明查验，并提交以下材料复印件：

(1) 纳税人应提交税收缴款书、税收完税证明；

(2) 建设用地人应提交使用耕地用途符合免税规定的证明材料。

(二) 优惠管理方式与留存备查资料

纳税人符合税法规定情形，享受免征或者减征耕地占用税的，应当留存相关证明资料备查。

根据《国家税务总局关于耕地占用税征收管理有关事项的公告》(国家税务总局公告2019年第30号)第九条的规定，耕地占用税减免优惠实行“自行判别、申报享受、有关资料留存备查”办理方式。纳税人根据政策规定自行判断是否符合优惠条件，符合条件的，纳税人申报享受税收优惠，并将有关资料留存备查。纳税人对留存材料的真实性和合法性承担法律责任。

(三) 减免税操作

根据《实施办法》第29条的规定，在农用地转用环节，用地申请人能证明建设用地人符合《耕地占用税法》第七条第一款规定的免税情形的，免征用地申请人的耕地占用税；在供地环节，建设用地人使用耕地用途符合规定的免税情形的，由用地申请人和建设用地人共同申请，按退税管理的规定退还用地申请人已经缴纳的耕地占用税。

第四节　征收管理

一、纳税义务发生时间

根据《耕地占用税法》第十条的规定，耕地占用税的纳税义务发生时间为纳税人收到自然资源主管部门办理占用耕地手续的书面通知的当日。纳税人应当自纳税义务发生之日起三十日内申报缴纳耕地占用税。

自然资源主管部门凭耕地占用税完税凭证或者免税凭证和其他有关文件发放建设用地批准书。

根据《实施办法》第 27 条的规定，未经批准占用耕地的，耕地占用税纳税义务发生时间为自然资源主管部门认定的纳税人实际占用耕地的当日。因挖损、采矿塌陷、压占、污染等损毁耕地的纳税义务发生时间为自然资源、农业农村等相关部门认定损毁耕地的当日。

根据《国家税务总局关于耕地占用税征收管理有关事项的公告》（国家税务总局公告 2019 年第 30 号）第四条的规定，根据《耕地占用税法》第八条的规定，纳税人改变原占地用途，需要补缴耕地占用税的，其纳税义务发生时间为改变用途当日，具体为：经批准改变用途的，纳税义务发生时间为纳税人收到批准文件的当日；未经批准改变用途的，纳税义务发生时间为自然资源主管部门认定纳税人改变原占地用途的当日。

根据《国家税务总局关于耕地占用税征收管理有关事项的公告》（国家税务总局公告 2019 年第 30 号）第五条的规定，未经批准占用应税土地的纳税人，其纳税义务发生时间为自然资源主管部门认定其实际占地的当日。

二、征收机关与部分配合

耕地占用税由税务机关负责征收。

税务机关应当与相关部门建立耕地占用税涉税信息共享机制和工作配合机制。县级以上地方人民政府自然资源、农业农村、水利等相关部门应当定期向税务机关提供农用地转用、临时占地等信息，协助税务机关加强耕地占用税征收管理。

根据《实施办法》第 30 条的规定，县级以上地方人民政府自然资源、农业农村、水利、生态环境等相关部门向税务机关提供的农用地转用、临时占地等信息，包括农用地转用信息、城市和村庄集镇按批次建设用地转而未供信息、经批准临时占地信息、改变原占地用途信息、未批先占农用地查处信息、土地损毁信息、土壤污染信息、土地复垦信息、草场使用和渔业养殖权证发放信息等。各省、自治区、直辖市人民政府应当建立健全本地区跨部门耕地占用税部门协作和信息交换工作机制。

三、纳税地点

根据《实施办法》第 28 条的规定，纳税人占用耕地，应当在耕地所在地申报纳税。

四、纳税申报

耕地占用税实行全国统一的纳税申报表。

耕地占用税纳税人依法纳税申报时，应填报《耕地占用税纳税申报表》，同时依占用应税土地的不同情形分别提交下列材料：

（1）农用地转用审批文件复印件；

（2）临时占用耕地批准文件复印件；

（3）未经批准占用应税土地的，应提供实际占地的相关证明材料复印件。

其中第（1）项和第（2）项，纳税人提交的批准文书信息能够通过政府信息共享获取的，纳税人只需要提供上述材料的名称、文号、编码等信息供查询验证，不再提交材料复印件。

主管税务机关接收纳税人申报资料后,应审核资料是否齐全、是否符合法定形式、填写内容是否完整、项目间逻辑关系是否相符。审核无误的即时受理;审核发现问题的当场一次性告知应补正资料或不予受理原因。

课后习题

一、选择题

1. 根据耕地占用税有关规定,下列各项土地中属于耕地的有( )。

A. 果园　B. 花圃　C. 茶园　D. 菜地

2. 下列耕地占用的情形中,属于免征耕地占用税的是( )。

A. 医院占用耕地　B. 建厂房占用鱼塘

C. 高尔夫球场占用耕地　D. 商品房建设占用林地

二、思考题

1. 耕地占用税的征税范围如何确定?

2. 耕地占用税的税负有无必要增加?

第二十二章　烟叶税

税收是喂养政府的奶娘。

——[德]马克思

2006年4月28日,《中华人民共和国烟叶税暂行条例》公布施行。烟叶税的诞生既是税制改革的结果,也是国家对烟草实行“寓禁于征”政策的延续。2006年农村税费改革后,基层政府的财力受到了较大的削弱,特别是对经济发展相对落后的西部地区来说更是雪上加霜。在一些地方基层政府独享税种税源零散、收入少、征管难,还不能承担财政支出的情况下,烟叶税作为一个与地方经济发展、产业结构紧密相关的特色税种理应得到发展和壮大。烟叶税也是目前唯一仅存的农业税。

第一节　纳税人与征税范围

一、烟叶税概述

2006年4月28日,国务院公布《中华人民共和国烟叶税暂行条例》(国务院令第464号),自2006年4月28日起施行。该暂行条例实施以来,运行比较平稳,2006—2016年,全国累计征收烟叶税1 097亿元,年均增长12%。除北京、天津、上海、江苏、海南、西藏、青海、新疆外,有23个省、自治区、直辖市征收了烟叶税,税源主要集中在西南地区,其中云南、贵州、四川三省烟叶税收入分别占全国烟叶税收入的42.5%、11.8%、7.4%,三省合计占61.7%。烟叶税为地方税,收入一般归属县、乡两级政府,是烟叶产地县、乡两级财政收入的重要来源。

《中共中央关于全面深化改革若干重大问题的决定》提出“落实税收法定原则”。2017年12月27日,第十二届全国人民代表大会常务委员会第三十一次会议通过《中华人民共和国烟叶税法》(中华人民共和国主席令第84号),自2018年7月1日起施行。《中华人民共和国烟叶税暂行条例》同时废止。

二、纳税义务人

根据《烟叶税法》第一条的规定,在中华人民共和国境内,依照《中华人民共和国烟草专卖法》(简称《烟草专卖法》)的规定收购烟叶的单位为烟叶税的纳税人。纳税人应当依照本法规定缴纳烟叶税。

收购烟叶的单位,是指依照《烟草专卖法》的规定有权收购烟叶的烟草公司或者受其委托收购烟叶的单位。

依照《烟草专卖法》查处没收的违法收购的烟叶，由收购罚没烟叶的单位按照购买金额计算缴纳烟叶税。

三、征税范围

烟叶税的征税对象是烟叶。根据《烟叶税法》第二条的规定，烟叶，是指烤烟叶、晾晒烟叶。

晾晒烟叶，包括列入名晾晒烟名录的晾晒烟叶和未列入名晾晒烟名录的其他晾晒烟叶。

第二节　税率与应纳税额

一、税率

根据《烟叶税法》第四条的规定，烟叶税实行比例税率，烟叶税的税率为20%。

二、计税依据

根据《烟叶税法》第三条的规定，烟叶税的计税依据为纳税人收购烟叶实际支付的价款总额。

根据《财政部、国家税务总局关于明确烟叶税计税依据的通知》(财税[2018]75号)的规定：纳税人收购烟叶实际支付的价款总额，包括纳税人支付给烟叶生产销售单位和个人的烟叶收购价款和价外补贴。其中价外补贴统一按烟叶收购价款的10%计算。收购金额计算公式如下：

收购金额＝收购价款×(1＋10%)

三、应纳税额

根据《烟叶税法》第五条的规定，烟叶税的应纳税额按照纳税人收购烟叶实际支付的价款总额乘以税率计算。应纳税额的计算公式为：

应纳税额＝价款总额×税率

应纳税额以人民币计算。

第三节　征收管理

一、纳税义务发生时间

根据《烟叶税法》第九条的规定，烟叶税按月计征，纳税人应当于纳税义务发生月终了之日起15日内申报并缴纳税款。

根据《烟叶税法》第八条的规定，烟叶税的纳税义务发生时间为纳税人收购烟叶的当日。

二、征收机关

烟叶税由税务机关依照《烟叶税法》和《税收征收管理法》的有关规定征收管理。

三、纳税地点

纳税人应当向烟叶收购地的主管税务机关申报缴纳烟叶税。

根据《关于烟叶税若干具体问题的规定》第五条的规定，“烟叶收购地的主管税务机关”是指烟叶收购地的县级税务局或者其所指定的税务分局、所。

课后习题

一、选择题

1. 下列关于烟叶税的说法中，正确的有（　　）。

A. 纳税人应当向烟叶收购地的主管税务机关申报缴纳烟叶税

B. 烟叶税按季计征

C. 烟叶税的纳税义务发生时间为纳税人收购烟叶的当日

D. 烟叶税的应纳税额按照纳税人收购烟叶实际支付的价款总额乘以税率计算

2. 下列关于烟叶税的说法中，符合现行税法规定的有（　　）。

A. 烟叶税实行比例税率，烟叶税的税率为 20%

B. 烟叶税的计税依据为纳税人收购烟叶实际支付的价款总额

C. 烟叶税向烟叶收购地的主管税务机关申报缴纳

D. 烟叶税按月计征，纳税人应当于纳税义务发生月终了之日起 15 日内申报缴纳

二、思考题

1. 烟叶税的征税范围有如何确定？

2. 烟叶税是否有必要与消费税或其他税种合并？

第二十三章　船舶吨税

农夫税多长辛苦，弃业宁为贩宝翁。

——(唐)张籍《贾客乐》

船舶吨税的历史十分悠久，也称“灯塔税”“吨税”。海关对外国籍船舶航行进出本国港口时，按船舶净吨位征收的税。其原因主要是外国船舶在本国港口行驶，使用了港口设施和助航设备，如灯塔、航标等，故应支付一定的费用。船舶吨税体现了对公共产品、公共服务成本的一种补偿形式。

第一节　纳税人、税率与应纳税额

一、税制变革

船舶吨税(以下简称吨税)是针对船舶使用海上航标等助航设施的行为设置的税种。1952年经原政务院财政经济委员会批准，海关总署发布了《中华人民共和国海关船舶吨税暂行办法》。在此基础上，2011年12月国务院制定了《中华人民共和国船舶吨税暂行条例》。

2017年12月27日，中华人民共和国第十二届全国人民代表大会常务委员会第三十一次会议通过《中华人民共和国船舶吨税法》(主席令第85号)，自2018年7月1日起施行。

二、征税对象

自中华人民共和国境外港口进入境内港口的船舶(以下称应税船舶)，应当依照《船舶吨税法》缴纳船舶吨税。

三、税目税率

(一) 税目、税率

吨税的税目、税率依照《吨税税目税率表》见表23-1执行。

(二) 优惠税率和普通税率

吨税设置优惠税率和普通税率。

中华人民共和国籍的应税船舶，船籍国(地区)与中华人民共和国签订含有相互给予船舶税费最惠国待遇条款的条约或者协定的应税船舶，适用优惠税率。

其他应税船舶，适用普通税率。

表 23-1　吨税税目税率表

<table>
<tr><th rowspan="3">税　目
（按船舶净吨位划分）</th><th colspan="6">税　率（元/净吨）</th><th rowspan="3">备　注</th></tr>
<tr><th colspan="3">普通税率
（按执照期限划分）</th><th colspan="3">优惠税率
（按执照期限划分）</th></tr>
<tr><th>1年</th><th>90日</th><th>30日</th><th>1年</th><th>90日</th><th>30日</th></tr>
<tr><td>不超过 2 000 净吨</td><td>12.6</td><td>4.2</td><td>2.1</td><td>9.0</td><td>3.0</td><td>1.5</td><td rowspan="4">1. 拖船按照发动机功率每千瓦折合净吨位 0.67 吨
2. 无法提供净吨位证明文件的游艇，按照发动机功率每千瓦折合净吨位 0.05 吨
3. 拖船和非机动驳船分别按相同净吨位船舶税率的 50%计征税款</td></tr>
<tr><td>超过 2 000 净吨，但不超过 10 000 净吨</td><td>24.0</td><td>8.0</td><td>4.0</td><td>17.4</td><td>5.8</td><td>2.9</td></tr>
<tr><td>超过 10 000 净吨，但不超过 50 000 净吨</td><td>27.6</td><td>9.2</td><td>4.6</td><td>19.8</td><td>6.6</td><td>3.3</td></tr>
<tr><td>超过 50 000 净吨</td><td>31.8</td><td>10.6</td><td>5.3</td><td>22.8</td><td>7.6</td><td>3.8</td></tr>
</table>

净吨位，是指由船籍国（地区）政府签发或者授权签发的船舶吨位证明书上标明的净吨位；非机动船舶，是指自身没有动力装置，依靠外力驱动的船舶；非机动驳船，是指在船舶登记机关登记为驳船的非机动船舶；捕捞、养殖渔船，是指在中华人民共和国渔业船舶管理部门登记为捕捞船或者养殖船的船舶；拖船，是指专门用于拖（推）动运输船舶的专业作业船舶；吨税执照期限，是指按照公历年、日计算的期间。

四、应纳税额

吨税按照船舶净吨位和吨税执照期限征收。

应税船舶负责人在每次申报纳税时，可以按照《吨税税目税率表》选择申领一种期限的吨税执照。

吨税的应纳税额按照船舶净吨位乘以适用税率计算。

吨税税款、税款滞纳金、罚款以人民币计算。

应税船舶在吨税执照期限内，因修理、改造导致净吨位变化的，吨税执照继续有效。应税船舶办理出入境手续时，应当提供船舶经过修理、改造的证明文件。

应税船舶在吨税执照期限内，因税目税率调整或者船籍改变而导致适用税率变化的，吨税执照继续有效。

因船籍改变而导致适用税率变化的，应税船舶在办理出入境手续时，应当提供船籍改变的证明文件。

吨税执照在期满前毁损或者遗失的，应当向原发照海关书面申请核发吨税执照副本，不再补税。

第二节　税收优惠与征收管理

一、税收优惠

下列船舶免征吨税：

（1）应纳税额在人民币 50 元以下的船舶；

（2）自境外以购买、受赠、继承等方式取得船舶所有权的初次进口到港的空载船舶；

(3) 吨税执照期满后 24 小时内不上下客货的船舶;

(4) 非机动船舶(不包括非机动驳船);

(5) 捕捞、养殖渔船;

(6) 避难、防疫隔离、修理、改造、终止运营或者拆解,并不上下客货的船舶;

(7) 军队、武装警察部队专用或者征用的船舶;

(8) 警用船舶;

(9) 依照法律规定应当予以免税的外国驻华使领馆、国际组织驻华代表机构及其有关人员的船舶;

(10) 国务院规定的其他船舶。由国务院报全国人民代表大会常务委员会备案。

在吨税执照期限内,应税船舶发生下列情形之一的,海关按照实际发生的天数批注延长吨税执照期限:① 避难、防疫隔离、修理、改造,并不上下客货;② 军队、武装警察部队征用。

符合第(5)项至第(9)项免税和延长吨税执照期限的船舶,应当提供海事部门、渔业船舶管理部门或者出入境检验检疫部门等部门、机构出具的具有法律效力的证明文件或者使用关系证明文件,申明免税或者延长吨税执照期限的依据和理由。

二、征收管理

(一) 征收机关

吨税由海关负责征收。海关征收吨税应当制发缴款凭证。

应税船舶负责人缴纳吨税或者提供担保后,海关按照其申领的执照期限填发吨税执照。

应税船舶在进入港口办理入境手续时,应当向海关申报纳税领取吨税执照,或者交验吨税执照(或者申请核验吨税执照电子信息)。应税船舶在离开港口办理出境手续时,应当交验吨税执照(或者申请核验吨税执照电子信息)。

应税船舶负责人申领吨税执照时,应当向海关提供下列文件:

(1) 船舶国籍证书或者海事部门签发的船舶国籍证书收存证明;

(2) 船舶吨位证明。

应税船舶因不可抗力在未设立海关地点停泊的,船舶负责人应当立即向附近海关报告,并在不可抗力原因消除后,依照规定向海关申报纳税。

(二) 纳税义务发生时间

吨税纳税义务发生时间为应税船舶进入港口的当日。

应税船舶在吨税执照期满后尚未离开港口的,应当申领新的吨税执照,自上一次执照期满的次日起续缴吨税。

(三) 纳税期限

应税船舶负责人应当自海关填发吨税缴款凭证之日起 15 日内缴清税款。未按期缴清税款的,自滞纳税款之日起至缴清税款之日止,按日加收滞纳税款 5‱的税款滞纳金。

（四）纳税担保

应税船舶到达港口前，经海关核准先行申报并办结出入境手续的，应税船舶负责人应当向海关提供与其依法履行吨税缴纳义务相适应的担保；应税船舶到达港口后，依照规定向海关申报纳税。

下列财产、权利可以用于担保：

(1) 人民币、可自由兑换货币；

(2) 汇票、本票、支票、债券、存单；

(3) 银行、非银行金融机构的保函；

(4) 海关依法认可的其他财产、权利。

（五）补征与退税管理

海关发现少征或者漏征税款的，应当自应税船舶应当缴纳税款之日起一年内，补征税款。但因应税船舶违反规定造成少征或者漏征税款的，海关可以自应当缴纳税款之日起三年内追征税款，并自应当缴纳税款之日起按日加征“少征或者漏征税款5‰”的税款滞纳金。

海关发现多征税款的，应当在24小时内通知应税船舶办理退还手续，并加算银行同期活期存款利息。

应税船舶发现多缴税款的，可以自缴纳税款之日起三年内以书面形式要求海关退还多缴的税款并加算银行同期活期存款利息；海关应当自受理退税申请之日起30日内查实并通知应税船舶办理退还手续。

应税船舶应当自收到规定的通知之日起三个月内办理有关退还手续。

（六）罚则

应税船舶有下列行为之一的，由海关责令限期改正，处2 000元以上30 000元以下的罚款；不缴或者少缴应纳税款的，处不缴或者少缴税款50%以上五倍以下的罚款，但罚款不得低于2 000元：

(1) 未按照规定申报纳税、领取吨税执照；

(2) 未按照规定交验吨税执照（或者申请核验吨税执照电子信息）以及提供其他证明文件。

课后习题

一、选择题

1. 下列有关船舶吨税的说法中，符合税法规定的有（　　）。

A. 吨税设置优惠税率和普通税率

B. 吨税按照船舶净吨位和吨税执照期限征收

C. 吨税的应纳税额按照船舶净吨位乘以适用税率计算

D. 吨税由海关负责征收

2. 下列有关船舶吨税优惠的说法中，正确的有（　　）。

A. 应纳税额在人民币100元以下的船舶，免征船舶吨税

B. 吨税执照期满后 24 小时内不上下客货的船舶免征船舶吨税

C. 非机动船舶(不包括非机动驳船)免征船舶吨税

D. 捕捞、养殖渔船免征船舶吨税

E. 军队、武装警察部队专用或者征用的船舶免征船舶吨税

二、思考题

1. 船舶吨税的征税范围如何确定?

2. 船舶吨税与车船税有什么区别?

第七篇

理论与实务前沿

第二十四章　税收前沿问题

> 世界上唯一不变的是税制的变化。在经济社会的发展模式、背景环境不断变化的背景下，各国的税制一直在变革之中，以求制度完备。中国税收制度也一样具备这样的特征，并同时具有自身税制改革的变化要求。
>
> ——［中国］朱军

税收的改革与发展是一个永恒的话题。税制的改革既有税收理论的共性特征，也受经济发展状况、国家体制、社会观念等多方面因素的影响。在经济社会高速发展变化的当代，整个社会经济管理组织模式不断更新，各国的税制结构也在调整和完善。

第一节　全球税制改革趋势

纵观全球，税收制度应当与经济发展程度与模式相适应。每一轮全球税制改革均与当时的政治、经济发展模式有关。目前全球已经经历了五轮全球税制改革。

第一轮由英国主导，1798 年英国为筹备战争所需的经费开征所得税，但战争过后停征；

第二轮是在 20 世纪 30 年代起，社会保险问题日益得到人们的重视，世界各国普遍开征社会保险税；

第三轮是 1954 年法国率先开征增值税，随后增值税逐渐推广到世界其他国家；

第四轮是为了避免重复征税问题，对公司来源的所得税免除双重征税；

第五轮是在 20 世纪 80 年代，美国开启了全球性的减税浪潮。

第五轮全球税制改革之后，当前税制改革的趋势如下：

一、信息化时代的税收改革

信息、互联网科技的快速发展推动了税收信息化的发展。一方面，互联网带来的新概念、新技术，如分享经济、共享经济、人工智能、大数据、云计算，给税收的征管带来冲击和挑战；另一方面，税收与信息化的结合也推动了征管体制改革和征管能力的提升。

（一）分享、共享经济与税收

分享经济是通过互联网平台连接需求方和生产方的一种新型交易模式。分享经济的核心是通过互联网将需求方和生产方直接对接，生产产品或提供服务。互联网在此扮演着平台和数据分析的角色，使得供求双方信息对称。分享经济能够提供一种便捷平台，在这个平台上，供给方和需求方签订合约的灵活性大大提升。分享经济的发展提升了数据信息的价值，弱化了组织边界概念，原有的“以票控税”的税收征管模式难以适应当前情况，同时分享经济可以超越边界的限制，给税收管辖权的确定同样带来困难。

共享经济是指拥有闲置资源的机构或个人有偿让渡资源使用权给他人，让渡者获取回报，分享者利用分享自己的闲置资源创造价值。[①] 与分享经济相比，共享经济具有所有权与使用权分离、不同经济主体均可拥有、不同的盈利模式、资源整合与利用率高等特点。从某种意义上来说，共享经济就是平台经济，如苹果商店(Apple Store)中应用软件下载，所有用户均可下载使用，不具有明显的排他性，属于共享经济模式。

分享、共享经济本质仍属于提供商品或服务，理应纳入增值税的征收范围。考虑到分享经济的特点，在现有税制的基础上，可以将互联网中间平台作为税款代扣主体，将税款缴纳作为信用指标约束供求双方。同时，在税收征管方面，应当加入"交易痕迹"来展现税收实质，发挥电子发票在互联网经济中的作用。

(二) 机器人经济与税收

2017 年，比尔·盖茨(Bill Gates)在一次采访中指出："当人们说机器人的到来造成了失业，人们的收入不断减少、亏损的时候，可以通过征税，甚至是提高税率来减慢机器人应用的速度"。[②] 诺贝尔经济学奖得主罗伯特·席勒(Robert Shiller)也赞成对机器人征税。但美国机器人联合会(IFR)等机构对机器人征税表示强烈反对。机器人征税问题立刻在全球引发激烈的讨论。具有人工智能(Artificial Intelligence)的机器人在工厂普及后，必然会导致工人失业，那么是否对机器人征收税款，来延缓态势、补贴失业工人，进而达到社会公平呢?

机器人并不是真正的人，对机器人征税其实是对制造机器人的资本征税，相当于财产税。支持方认为，对机器人征税可以促进社会公平，所征收税款可以用来资助失业人群。反对方认为，税收政策具有导向性，当前人工智能高速发展，如果对机器人征税，就会阻碍该行业的发展，并不利于从事该行业的人员。从法理上讲，对机器人征税是对拥有、使用机器人的法人或自然人征税，征税动机与鼓励发展人工智能相矛盾，征税理由并不充分。如果仅仅是因为机器人的普及影响就业就被征收税款，那么机器也应当被征收税款。

(三) 数字经济与税收

根据 BEPS(Base Erosion and Profit Shift，税基侵蚀与利润转移)行动计划第 1 项的定义，数字经济是信息和通讯技术转型过程的产物。数字经济的商业模式主要包括电子商务、各类应用软件商店、在线广告、云计算、在线支付服务等。通讯技术的发展使得数字产品的传播成为现实，互联网巨大的影响力推动了数字经济的发展。数字经济的发展使得货物、劳务提供更加便捷，原有的征税模型已经难以适应。

数字经济本质是依赖于无形资产，通过产品、服务获利的一种商业模式。税务机关应对产生价值的这部分商品征收税款，但数字经济的流动性使得对数字交易的甄别、管辖地的确认变得愈发困难。消费者可以通过网络平台直接从国外通过邮寄或快递购进货物，而不经过国内实体机构，给税款征收带来困难。数字经济给税收征管带来的挑战有如下几点：

(1) 远程数字服务税款难以征收。互联网的联通性使得售销双方可以通过远程在线提

---

① 张鑫. 一字之差，玄妙之大——"共享经济"与"分享经济"有点不一样[EB/OL]. www.jfdaily.com/news/detail?id=61521，2017-08-10.

② Financial Times. Bill Gates Calls for Income Tax on Robots[EB/OL]. https://www.ft.com/content/d04a89c2-f6c8-11e6-9516-2d969e0d3b65.

供服务或无形资产。而这种远程服务的税款难以征收，一方面，该税收行为难以确定；另一方面，如果该数字化服务是在本地提供，那么一些国家的本地供应商将缴纳相应的增值税，这就对本地同类服务的供应商造成很大压力。

(2) 跨国公司运用无形资产和成本分摊协议转嫁增值税。数字经济参与者可以向税收优惠地区转移无形资产或者无形资产的相关使用权，利用公司的内部协议和营销价格转移利润。例如，数字经济公司可以利用成本分摊协议等手段，改变供应链条，进行避税。①

为了应对数字经济问题，许多国家推出了相关政策或政策建议。以欧盟为例，欧盟发布的《增值税行动计划》指出：推行"一站式注册机制"，统一商务市场增值税；创新税收征管方法，加强欧盟内部合作，打击逃避税；审核增值税低税率适用名单，改革税率政策；谋求构建欧盟区域内的单一税制。

(四) 税收与信息化应用

在20世纪90年代，西方发达国家就意识到互联网与税务的结合能够有效提升税收征管效率。在税收管理论坛上，OECD(2007—2010)提出"互联网＋税务"模式，实现涉税信息共享，实现服务的多元化、一体化，推动征管体系和征管能力的提升。目前，几乎所有发达国家已形成了拥有完善体系的税务信息系统。以美国为例，美国国内收入署(Internal Revenue Service，IRS)于20世纪90年代已经建立起一套基于互联网的高效税收管理系统，最大限度地方便了纳税人申报、缴纳税款。

互联网的蓬勃发展推动了大数据、云计算时代的到来。大数据、云计算拓宽了税收发展的方向。大数据最直观的感觉就是"数据大"，大量的数据能够为政策的制定、出台提供分析的基础。在大数据和云计算的帮助下，可以辅助税收政策的决策。税务机关深入挖掘、分析和整合海量涉税数据的基础上，对纳税人进行客观的风险识别、确认和排序，实行税收风险管理。

二、税收与养老金

养老保险是社会保障制度的重要组成部门。是否对养老保险征税直接影响着养老保险税收成本和预期净收益。适当的税收政策能够推动养老保险制度的发展，对于维护社会稳定，促进经济发展有重要意义。

(一) 养老保险税收政策

在中国，养老保险主要分为基本养老保险和商业养老保险。根据《财政部、国家税务总局关于基本养老保险费、基本医疗保险费、失业保险费、住房公积金有关个人所得税政策的通知》(财税[2006]10号)(以下简称[2006]10号文)的规定，养老保险在缴费阶段(单位和个人缴纳)免征个人所得税。在养老保险投资阶段，根据《财政部、国家税务总局关于住房公积金、医疗保险金、基本养老保险金、失业保险基金个人账户存款利息所得免征个人所得税的通知》(财税[1999]267号)的规定，基本养老保险金在个人账户内的利息免缴个人所得税。在领取环节，根据[2006]10号文的规定，个人养老金在领取环节无需缴纳所得税。

《关于企业年金职业年金个人所得税有关问题的通知》(财税[2013]103号)的规定，单

① 李森焱.数字经济给增值税征管带来的挑战及应对思路[J].国际税收，2017(07)：51－53.

位承担的缴费部分不作为个人收入,不缴纳个人所得税。个人缴费部分在不超过工资计税基数以内的部分可以扣除。在投资环节,投资收益的增加缴纳个人所得税。最后,在领取环节,无论是按月、按季或一次性领取,都要分摊到各月,按"工资、薪金所得"计征个人所得税。

(二)税收递延型养老保险

税收递延型养老保险是指企业和个人在缴纳和投资个人养老保险和收益免征所得税,在领取阶段缴纳个人所得税。

表 24-1 养老保险征税模式

税收模式	非延税模式			延税模式			特殊模式	
	TTE	TEE	TET	EET	ETT	ETE	EEE	TTT
缴费阶段	T	T	T	E	E	E	E	T
收益阶段	T	E	E	E	T	T	E	T
领取阶段	E	E	T	T	T	E	E	T

E:免税 T:征税

以上几种税收模式中属于"延税模式"的有:EET、ETT、ETE,而在西方国家广泛推广的模式主要是企业年金计划与个税递延型养老保险。

(三)企业年金

企业年金,是企业及其职工在依法参加基本养老保险的基础上,自愿建立的补充养老保险制度,属于"第二支柱"的养老保险范畴。企业年金类型如表 24-2 所示。

表 24-2 企业年金类型①

类型特征	缴费方式	投资风险承担方	退休收入	发展趋势
确定给付型	雇主缴纳	雇主承担主要风险	固定	成本较高,在发展中逐步被确定缴费型替代
确定缴费型	雇主与员工按照一定比例共同缴纳	风险完全由员工承担	不固定	逐渐成为企业年金的主要形式

企业年金和个人缴纳养老保险类似,分为缴纳阶段、投资阶段和领取阶段。根据在不同阶段是否征收税款,企业年金税收组合可以有 EEE、EET、ETE、TEE、ETT、TET、TTE、TTT 八种模式。主要的延税型模式有:

EET 模式:企业和职工向该计划的缴费和投资收益阶段免税,仅对退休领取养老金阶段计征个人所得税。目前,各国普遍使用该模式。

ETT 模式:企业和职工向计划的缴费阶段可以享受免税,但对其投资收益和退休领取过程进行课税。

① 刘美洁. 我国递延型养老保险税收政策探讨[D]. 成都:西南财经大学,2014.

ETE 模式：企业和职工在年金账户的缴费和领取阶段享受免税待遇，而对企业年金计划的投资收益，按收入所得实行课税。①

（四）个人储蓄性养老保险制度

个人储蓄性养老保险，主要指那些由个人（家庭）自愿参加的，通过购买金融机构的养老保险产品或通过银行储蓄存款及其他投资方式实现的养老储蓄计划。

2018 年五部门联合发布《关于开展个人税收递延型商业养老保险试点的通知》，该通知标志着我国个人商业养老保险试点工作正式推开。《通知》指出，自 2018 年 5 月 1 日起，在上海市、福建省（含厦门市）和苏州工业园区实施个人税收递延型商业养老保险试点。试点期限暂定一年。试点政策的主要内容是，对试点地区个人通过个人商业养老资金账户购买符合规定的商业养老保险产品的支出，允许在一定标准内税前扣除（扣除限额为当月工资薪金、连续性劳务报酬的 6%和 1 000 元孰低的办法确定）；计入个人商业养老资金账户的投资收益，暂不征收个人所得税；个人领取商业养老金时再征收个人所得税。

三、税收管理精细化与便利性的兼容

（一）税收管理精细化的概念

税收精细化管理是将科学管理和依法治税相结合，为纳税人提供精细、准确、高效的税收管理服务。税收管理精细化要求税务机关在税收征管过程中要全面、高效、合理分工，实现税收管理精细化发展。

（二）税收精细化管理实现途径

税收精细化管理要以目标为指导，以制度为基础，以执行为重点，以考核为手段，全面提高税收征管工作的水平。

（1）目标明确。税收精细化管理一方面要求提高管理质量与效率，同时通过精细化管理降低管理成本。

（2）制度细化。税收管理应当涵盖征收、管理、稽查三环节，建立健全三环节的税收管理制度，是税收精细化管理的前提。制度精细化应当本着补足短板的态度，完善规章制度，使得税收征管有法可依、有章可循。

（3）执行到位。执行是精细化管理的重要环节，直接关系到精细化管理的效果。税收管理精细化要围绕征收、管理、稽查工作中存在的弱势环节，采取切实有效措施，确保各项制度落实到位。②

（三）"税收征管便利化"的概念

税收便利化原则最早来源于威廉·配第提出的公平、简便、节省的税收三原则。税收便利化的核心是为纳税人提供便利，提升纳税征管的效率。

① 刘美洁. 我国递延型养老保险税收政策探讨[D]. 成都：西南财经大学，2014.

② 罗智锋，张娅，李小兵. 浅析税收的精细化管理[J]. 中国经贸，2010(16)：224－224.

(四)税收征管便利化的重要途径——信息化

税收信息化建设是税收征管便利化的重要途径。许多国家建立了多个部门联合的信息系统,企业通过信息系统完成企业涉税信息的报送,各个部门之间可以共享,提升税收征管协作效率,便利税收征管。

以美国为例,美国于1995年开始实施统一的国际贸易数据系统。企业将贸易数据上传系统,美国海关等其他政府部门可以获取对应业务的加密数据,促进了政府与企业、企业与企业和企业与第三方机构的信息互换,税务机关的管理成本和企业纳税的经济成本大大降低。

(五)税收征管精细化与税收征管便利化的兼容

税收征收管理的精细化与便利化可能存在一定的矛盾。两者的关系如图24-1所示。

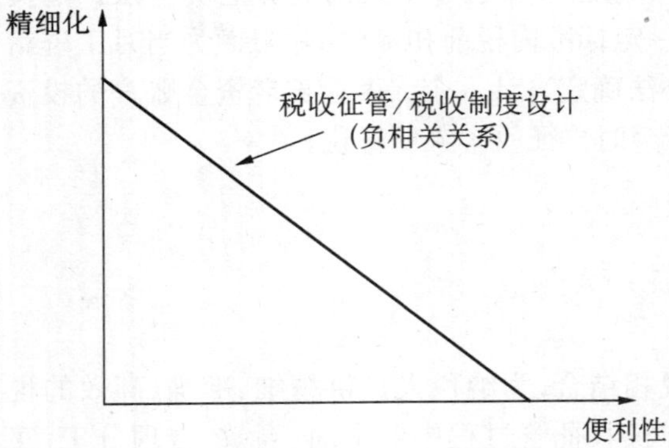

图24-1 税收征管精细化与便利性的相关关系

精细化和便利性成负相关关系,税收制度设计越复杂、越精细,税收征管的困难程度越大,越不便利,但是税收征收管理的精细化和便利化一定程度上可以实现"兼容"。在信息化时代,信息技术的发展在一定程度上促进了精细化和便利性的兼容。信息技术在税收征管中的应用能够有效提升税收征管的效率,同时,准确、完整的税收制度设计也可以为纳税人提供纳税便利。

四、"特朗普减税"与全球税收竞争

美国第45任总统唐纳德·特朗普(Donald Trump)在任期内推出号称"美国历史上最大规模的减税计划"(参见表24-3)。面对美国经济遭遇到的各种问题,特朗普试图从税收改革入手加以解决。特朗普政府减税计划期望达成的目标如下:

表24-3 特朗普政府税改计划与美国之前的税法对比(部分条目)

项 目	2017年现行税法	税改计划
企业所得税	35%	21%
个人所得税	七档,10%,15%,25%,28%,33%,35%,39.6%	七档,10%,12%,22%,24%,32%,35%,37%
个人免征额	单独申报人:6 350美元 共同申报人:12 700美元	单独申报人:12 000美元 共同申报人:24 000美元
遗产税	免征额543万美元,超出部分按遗产总额征收18%~48%	起征点提高到1 100万美元
儿童税收优惠	儿童税收抵免额1 000美元	儿童税收优惠额度增至2 000美元,可全额退还额度增至1 400美元

续　表

项　目	2017年现行税法	税改计划
一次性利润汇回	美国企业将海外利润汇回国内需征收35%的税	美国企业将海外利润汇回国内需征收14%的税
全球课税收制	美国大公司取得的全球所得征收所得税	对纳税人来自国外的收入不予征税

第一，减轻中产阶级家庭的税负。

第二，为广大的美国人民简化税收申报程序。

第三，减轻企业尤其是小企业的税收负担。

第四，抑制工作、资本和税收收入向海外转移的趋势。

第五，通过消除特殊利息税优惠和税收漏洞以促进公平。

美国是世界上最大的经济体和世界资本的集聚地，作为最大的发达国家，美国的税收制度改革具有较强的示范作用。2017年12月22日，最终法案正式提交美国总统唐纳德·特朗普签署生效，全球新一轮的税收竞争展开。特朗普税改法案将产生巨大的"虹吸效应"，影响世界其他国家财税政策的选择、贸易投资的流向和全球经济发展。

第二节　中国税制改革的前沿问题

一、增值税未来改革的前沿问题

（一）取消增值税的思考

福耀玻璃集团创始人、董事长曹德旺曾提出"像美国一样，把增值税取消，改成所得税，同时把所得税提高，赚钱了交税，没有赚钱就不用交税。"他认为很多小微企业长期以来无法发展壮大，增值税的存在是其主要原因之一，使其很难和大企业做生意。如此反复形成恶性循环，将许多受到影响的小微企业扼杀在摇篮里。美国税收以企业所得税为主，美国没有增值税，企业是否产生利润是征税的依据。有利润则征税，没利润就不需要缴纳税收。因而，美国企业可以放手去投资和发展。反观中国增值税是主体税种之一，且存在于企业生产、销售的各个环节。与美国不同的是，无论我们的企业是否盈利，都需要缴纳增值税。第二，当企业用工成本、原材料上游提价、国有上游垄断性企业提高水电煤气价格时，政府增值税减税的效应难以发挥。第三，中国企业除了缴纳增值税，还需要缴纳各种各样其他的费用。各种税费的叠加，导致企业只有通过提高产品的价格才能维持利润，或是导致各种减税政策的"降负效应"并不明显。对此，有一些学者的建议是"直接取消增值税"。

中国增值税主要采用的是销项税额减去进项税额，但企业的进项税额在很多情形下不能抵扣，增加了企业的经营负担。譬如，根据当前的增值税税收政策，工资、折旧费、管理费以及运输费等均不能抵扣，不能抵扣的项目占企业成本费用的支出近40%，甚至50%。对此，天和智库（北京）经济研究所所长龚成钰指出，中国推行的先征税后返还的政策，若存在税款返还不及时的情况，则可能增加企业的营运周转成本。

(二)进一步合并、简化税率档次

2019年4月1日以来,增值税的基本税率由16%调整至13%,低税率由原来的10%调整至9%,减税力度比以往更大。制造业、交通运输业、建筑业等主要行业企业的税负都得到了明显的降低。通过减税降费,加快经济发展方式转变,促进经济结构优化升级,进而实现经济高质量发展。但是根据时任财政部税政司司长王建凡的观点,"此次改革并非单纯的下调税率,而是注重与税制改革相衔接,注重突出普惠性,通过完善税制向建立现代增值税制度的目标迈进,还为下一步税率三档并二档预留了空间。"

除了上述的取消增值税的观点,进一步深化增值税制度改革,推进税率由三档并两档并简化税制是增值税改革的另一种主流观点。对此,通过完善和优化而不是取消增值税,是减轻企业的税收负担、增加纳税人获得感的备选方案。

(三)优化征收管理的信息集成和共享

随着财税体制改革的深化以及税率的调整,增值税征收范围不断扩大,其征收管理也遇到了一定的挑战。对此,未来需要不断完善增值税的征管质量与效率。具体本章建议:一方面,继续加快增值税征收系统的数据化、信息化。互联网技术的发展使得以票控税成了中国增值税主要的管理办法,很大程度上可以节约税款征收的时间、控制增值税虚开犯罪等行为。但是税收信息的覆盖、信息化水平,区域之间存在差异;税收信息在地区之间的沟通、交换、交流成本高、时间滞后严重。因此,加快税收征管系统的数据化、信息化、共同化,优化征管的措施和提高征管水平,必不可少。另一方面,应积极构建税收信息共享平台。如果纳税人信息仅仅依靠税收机关征集,势必会影响到税款征收的准确性和完整性。上位法应授予税收部门信息采集权。也就是,强调金融部门、市场监督管理部门、大额资产管理部门、房产管理部门等机构的配合,增强纳税人信息的共通性,以期避免税收征收过程中的信息不足、不当信息。为避免信息孤岛的存在,建议在后面修订《中华人民共和国政府信息公开条例(2019)》进一步规定:强化税收信息综合协调治理机制的建设,金融部门、市场监督管理部门、大额资产管理部门、房产管理部门等机构必须配合税务部门的信息获取、制定违规处罚规定。

总之,通过税务部门区域之间的联通强化信息稽查,强化区域内部门之间的信息共享,是强化税收征管、防范增值税税收流失的核心问题。

(四)做好资管产品的征税问题

在增值税之中,金融资产管理公司可抵扣的进项税额少,主要集中在办公楼租金、物业费、律师费、咨询费等,最主要的支出成本是资金成本,不能抵扣。对此,建议酌情考虑金融资产管理的特点,按照建立规范的消费型增值税这一目标,研究出台相关优惠政策,减轻金融资产管理公司税负。其次,应持续地推动资产管理业务的监管标准,从"有限的统一"过渡到"完全的统一",消除资产管理产品增值税计税规则的差异;并且,要加快出台完善资管新规相对应的配套细则;在政策执行过程中,要注意重视解决地方监管与中央监管执行尺度不够一致的问题。最后,资产产品的税收征管应注重"服务实体经济"为导向,强化税收的征管,避免资产产品带来的金融风险和社会危机。

（五）完善增值税的立法

2019年的政府工作报告指出：增值税现行三档税率（本次政府工作报告后的6%、9%、13%）会继续减并至两档税率。根据我国的立法规划，2019年至2020年，现行的《增值税暂行条例》将逐渐统一到《增值税法》。加快增值税的立法，将会推动增值税税制的不断完善。在增值税立法的过程中，中国将会在多大程度上继续推进增值税完善，并与OECD的增值税基本原则趋同也是一个重要的问题。

二、个人所得税未来改革的前沿问题

个人所得税的征管及其改革完善，未来面临以下几个方面的问题：

（一）个人收入的认定

1. 非现金交易行为——如家教收入、医生的非工资收入是否涵盖

关于家教收入，《中华人民共和国个人所得税法》规定：个人从事讲学等活动取得收入属于劳务报酬所得，应该缴纳个人所得税。但目前只有通过正规的家教中介教育机构，发生缴纳个人所得税的行为。通过其他渠道进行家教兼职行为的，由于信息的隐蔽性、现金交易，目前难以监管，相关规定也未明确征管和处罚规定。

2. 发红包、网络交易等是否属于个人收入

根据《关于个人取得有关收入适用个人所得税应税所得项目的公告》，以下个人取得的礼品收入按照“偶然所得”项目计算缴纳个人所得税：

（1）企业在业务宣传、广告等活动中，随机向本单位以外的个人赠送礼品（包括网络红包，下同）；

（2）企业在年会、座谈会、庆典以及其他活动中向本单位以外的个人赠送礼品；

（3）不包括企业赠送的具有价格折扣或折让性质的消费券、代金券、抵用券、优惠券等礼品。

因而，企业发放的网络红包若带有中奖性质，则需要缴纳个人所得税；若发放的红包具有销售折扣或折让性质，不征收个人所得税。

根据权威部门人士的解读，《关于个人取得有关收入适用个人所得税应税所得项目的公告》所指“网络红包”，仅包括企业向个人发放的网络红包，不包括亲戚朋友之间互相赠送的网络红包。亲戚朋友之间互相赠送的礼品（包括网络红包），不在个人所得税征税范围之内。

但在现实经济中，经济行为主体之间存在通过红包结算的行为。目前，由于海量信息和金额的大小不一，还难以进行有效征管。

（二）个人收入的信息统一

个人所得税改革推进的困难之处是其征管能力能否与之匹配，能否很好地掌握个人收入信息。为了强化征管，将个人所得税改革落到实处，建议未来的《税收征管法》增加条款：公安、人民银行、金融监督管理等相关部门应当协助税务机关确认纳税人的身份、银行账户信息。教育、卫生、医疗保障、民政、人力资源社会保障、住房城乡建设、人民银行、金融监督管理等相关部门应当向税务机关提供纳税人子女教育、继续教育、大病医疗、住房贷款利息、住房租金等专项附加扣除信息。这意味着：随着个人所得税改革的正式实施，税务部门将可

以逐渐全面掌握个人相关信息,尤其是银行账户信息。

但是这些方面的信息,往往面临使用人和所有人信息分离的问题,譬如房产信息;此外,存在前面所述的,税务部门难以获得各种现金收入、隐性收入的情况。

(三) 个人所得税的反避税问题

2018 年的《个人所得税法》加入了包含转让定价、受控外国公司以及一般反避税条款的反避税规则。引入反避税条款对促进个人所得税公平提供了有效的保护,同时将一些不当的避税行为进行遏制,加强了个人所得税的完整征管。

未来在具体操作中,强化中国涉外反避税的制度完善还包括:在法律层面完善现有的个人所得税制、匹配个人所得税与企业所得税反避税的规则、优化个人所得税的征收管理体制(建立负责的内设机构或是科室)、加快对境外纳税人信息的披露机制、加强个人所得税征管的国际协作、完善中国的个人所得税的纳税服务。

最后,对于反避税的问题不应局限于涉外的交易行为,应涵盖境内人员的避税管理。未来在《一般反避税管理办法(试行)》的基础上,税制细则应针对境内企业高管人员,明确收入的范围,对于公司支出与个人支出行为进行登记、分类和对照核对,避免公私混用情形下的避税问题。

三、电子商务税收管理

(一) 电子商务征税的必要性与可行性

从本质上看,电子商务是以营利为根本目的的商业贸易活动。与传统的贸易活动相比,电子商务在征税方面并不具有豁免的权力。为了保持税收中性,应当对电子商务进行征税。目前,我国电子商务的发展势头强劲,已经形成规模化效应。我们认为,对电子商务的征税并不会影响电子商务行业的发展。

(二) 电子商务中税收问题

电子商务便捷的优势导致越来越多的人从事电子商务贸易,如果不对电子商务征税,则会导致税收流失。但电子商务的跨地域化、无纸化、信息化的特点导致原有的征税模式难以适用,目前税收征管主体又缺乏应对的制度措施和技术手段,从而容易出现税收征管的真空。

(三) 电子商务税收问题产生的原因

总体上,影响电子商务税收征管、导致税收流失的主要原因包括以下几个方面:

(1) 无纸化交易和网络支付影响税收的征收和管理。电子商务利用了现代信息技术,交易通过网络完成,所有的信息通过网络传输,呈现出"无纸化交易"和"网络支付"的特征。在现行的税收征收管理制度下,电子商务的这些交易特征使税收征管缺乏可信的"计税依据",不利于税务机关的征管和稽查。其次,电子货币、电子支票、网上银行等匿名操作流程增大了税收征管的难度,网络交易双方常常不开具发票和不做账目,这导致电子商务的销售数量、销售收入和交易成本都难以被税务机关掌握。最后,交易主体很容易修改网络流水记录中的电子商务痕迹和线索,使得税务部门难以掌握交易主体的真实销售收入。

(2) 个人金融和信用记录不健全造成税收管理的困难。我国金融、信用方面的信息联通不健全、货币流向具有的“不可见性”、个人信用记录的不完善性等因素，增加了税务部门检查的难度，税务机关难以获取电子商务交易的价格和款项支付信息。另一方面，对于通过银行和网络平台形成的销售记录，税务部门难以掌握交易双方的实际经营情况，从而就不能够及时地进行征税，也不能进行有效的税务检查和违规处罚。

(3) 难以认定纳税人身份和税收管辖权。电子商务使得传统税收管理中的常设机构概念受到挑战。对于法人居民的税收管辖权，判断标准一般是以“管理中心”和“控制中心”为准，但是电子商务的出现使得认定这些中心存在困难。并且，电子商务对“收入来源地”的判定也引发了许多争议。此外，居民身份认定的复杂化，如网络公司注册地与控制地的分离，导致电子商务在课税基础方面的登记管理和跨国交易管理上存在一定的困难和问题。

(4) 数字化产品和交易的快捷性使得国际避税有所增加。对传统经济活动的征税是根据“交易标的性质”和“交易形式”来区分交易所得性质的税收管理法律。这对网络交易的数字化产品和服务难以适用。许多贸易对象均被转化为数字化资讯在网络上传送，这使得税务部门难以确定意向受让所得是销售所得、劳务所得还是特许权使用费所得。另一方面，电子商务交易的迅捷性使得跨国公司加快了内容管理功能的整合。跨国公司能更容易地将产品开发、生产、销售等“成本”合理地通过网上交易分散到世界各地，更灵活地调整影响关联公司产品成本的各种费用和隐私来转移利润。对此，刘和霍尔基亚德(Lau and Halkyard, 2003)认为：相关税收征管主体、OECD 国家及其他组织应努力形成一个多国讨论平台，以更好地对电子商务进行征税。

此外，我国税务部门强化电子商务税收征管的税收努力不一致、征管与稽查制度不完善等也是造成电子商务税收流失的重要方面。

(四) 电子商务征税困境的解决

第一，加强税务部门对网络交易主体的信息拥有。基于我国 2004 年 8 月发布的《电子签名法》，税务部门应明确各个网络交易主体在数字认证中心(Certification Authority)登记。具体可以根据国家工商总局 2010 年 6 月出台的《网络商品交易及有关服务行为管理暂行办法》及地方规定，由税务部门统一要求网络纳税人在网络交易平台进行电子商务税收登记。其次，各级政府部门应联合建立“网络经济管理信息中心”以加强信息管理。税务部门要与工商管理登记地的网络交易平台合作，明确交易主体只有进行税务登记、登录纳税人身份、税务登记号时才能向服务商申请域名、开展网上交易。再次，在网络登记之后，税务部门应制定《网络交易税收征收管理暂行条例》，网络交易主体必须将网上交易对象、税基、税率、税收处罚等内容进行明确。最后，财政部门与税务总局应研究安全电子发票系统、电子发票管理与服务建设。税务部门应根据税务登记号和识别码对纳税人确认后，依据营业范围为纳税人提供相应的电子发票，强化电子发票管理。

第二，强化电子商务税收征管中的信息交流。为减除征纳双方的信息不对称，税务部门加强与银行、海关、第三方支付、网络交易平台和物流企业的信息交流可以有效地强化治理。首先，考虑到纳税人不可能完全隐藏个人金融信息，税务机构可与银行建立联系对纳税人的网络支付进行监督。其次，考虑到电子商务的货物配送工作必须在线下完成(数字产品除外)，税务部门应通过“货物流管理”强化治理。再次，通过数据采集软件，税务部门应专门针对企业的涉税电子数据进行采集,并将其转化为标准的电子账簿供稽查人员检查。最后,税务部门应对经营负责人、某些关键人员的往来账目进行银行协查,获得其账外资金信息,然后进行税务处理。

第三,加强机构建设与信息化基础设施建设。在我国现行的税务机关中,应设立专门的机构、建立电子税务管理系统负责电子商务税务登记、税收征收与管理、税务稽查管理和信息交流。其次,在电子商务税收信息网络建设中,应加强税务信息数据库与外部电话网、广播电视网、计算机网和无线网的信息传递。再次,应在我国现行商品和服务税类条款中补充对电子商务征税的相关条款,对网络交易中出现的征税范围、征税对象、税目等方面的问题给予明确并及时进行调整。最后,应由专门设立的税务机构人员将税收信息资源数据库化、网络化,构建税收情报网络,并逐步在全国范围内将各地局部的税收信息整合成全国共享的税收信息库。

第四,利用信息化降低征管成本,提高税收遵从度。建立基于网络中介的"信息报告制度",借助征管机构"纵向"和"横向"的内部信息共享降低征管、稽查成本;其次,通过专业协会组织、多个专业期刊和内部报告、学术交流活动介绍电子商务的税收征管经验,通过强化"经验共享"降低"分散征管"的初始成本;最后,通过建立一个基于网络中介信息的电子商务税收遵从模式,通过个人诚信档案建设,加强税务机关对特定类型纳税人的稽查率和处罚率,提高全社会的税收遵从度。

第五,建立个体电子申报与交易平台的代扣代缴制度。基于"第三方支付平台"的佣金和费用收取为税收的征管提供了技术可行性。在此,建议通过网络交易平台进行税收"代扣代缴",税务部门可对网络平台的"代扣代缴"工作提供一定的手续费。另一方面,在强调自主申报纳税和税收遵从的情况下,应对未履行代扣代缴义务、代收代缴义务的网络平台及未履行纳税义务的交易主体采取一定的处罚措施,发挥其警示作用。并且,除进行经济方面的处罚外,还可以在网络交易平台的指定位置对特殊的店铺进行公示,在网络店铺主页予以标记,为消费者的消费选择提供参考。

四、房(地)产税改革与完善

房(地)产税是对房产交易、保有环节征收的税收,房产税是针对土地及其地上建筑物和附属物所征收的一种税,具有税源的非流动性、税收收入的成长性、课税的直接受益性、对地方的强依附性等特点。①

(一) 房(地)产税功能定位的理论依据

基于公共经济学视角,房(地)产税能够为地方政府财政支出提供资金支持,调节收入分配,优化资源配置。

(二) 房(地)产税的功能定位

房(地)产税是一项涉及面广、影响大、程序复杂的税种。认清房(地)产税的功能定位将为房(地)产税政策的制定提供清晰的思路。一些研究希望借助房地产税的开征完成一系列任务,如形成地方主体税种、调节房价、调节贫富差距、推进税制改革、加快地方治理现代化

① 樊慧霞. 房产税功能定位的理论依据与现实选择[J]. 税务研究,2012(10):21-25.

进程，等等。

1. 筹集财政收入——首要功能

分税制改革后，央地财政矛盾加剧，地方财力下降但事权增加，导致地方政府事权和财力的不匹配。房（地）产税作为地方税能够为地方政府筹集资金，提供地方公共产品与服务。从理论角度看，房（地）产税的税源具有非流动性，房地产税收入可以直接用于地方公共产品供给，适合作为地方政府的稳定收入。

2. 调节贫富差距、优化资源配置——辅助功能

它具有调节贫富差距的功能。对于高端住宅、房产征收税款能够一定程度上调节收入分配，促进再分配的公平。但由于房（地）产税局限于地区，全局性的房（地）产税尚未开征，其调节功能只能是辅助性质的。

（三）房（地）产税的发展方向

中共十八届三中全会通过的《中共中央关于全面深化改革若干重大问题的决定》针对房地产税改革做出了"加快房地产税立法并适时推进改革"的有关规定，为税制改革和房地产税改革的研究提出了新命题。2018 年 3 月，李克强总理在十三届全国人大上所做的《政府工作报告》提出，健全地方税体系，稳妥推进房地产税立法。房地产税的提出，使得房产税与地产税由原来的两个税种，变成了一个税种中的两个税目。房地产税的政策动向引人注目。

首先，从房地产税的功能定位来说，房地产税应当成为地方政府的主体税种，发挥着为地方政府筹集资金的作用。从这个意义上说，房地产税应当普遍征收。

其次，房地产税的征收不能带来新的不公平。房地产的保值增值的特征意味着房地产税的征收应当以房地产的评估价格为准进行征收。在这里，无论什么性质的住房，都应当以评估价格进行征收。从这个意义上说，房地产税的开征成本相当巨大。同时，免征一套或者两套住房同样涉及不公平的问题。不同住房免征会因为住房价值差异太大而带来严重的不公平。

再次，不要期待房地产税收来调节房价。房子一涨价，人们希望房价降一点。但在中国一线城市房价迅猛上涨的背景下，引入房地产税可能弊大于利。若房地产税率难以抵消房价上涨率，则房地产税调控房价的作用可以说是微乎其微。另一方面，现阶段中国一线城市的房价上涨具有不可持续性，房价有内在下调的动力。如果房价下跌，房地产税可能对下跌的房价产生更大的冲击，辅之以税收的乘数效应，后果难以预计。

最后，房地产税的开征需要严密的征管体系。个人住房房地产税的征收可能面临比较大的问题，一方面，人们是否愿意缴纳房地产税，过高的税率势必会引起逃税、漏税行为，而过低的税率则会稀释房地产税的功能。另一方面，人们的支付能力也需要考虑。在房价快速上涨的背景下，个人收入增长赶不上房价增长，房地产税的支付能力不足同样给开征带来困难。房地产税如果开征，必须有严密、合理的征管体系配合，否则可能带来国家治理风险。

五、环境保护税

（一）现状

2018 年 1 月 1 日起，中国开始实施《环境保护税法》。环保税的征税范围涵盖《环境保护税税目税额表》《应税污染物和当量值表》规定的大气污染物、水污染物、固体废物和噪声。它采用从量定额方式征收。《环境保护税法》确立了"企业申报、税务征收、环保协同、信息共

享”的征管模式。税务部门与环保部门合作,税务部门负责环境保护税的征收管理,环保部门对纳税企业污染排放进行检测管理,税务部门与环保部门之间建立涉税信息共享平台,环保部门向税务部门提供环境相关数据,税务部门向环保部门提供纳税相关信息。

(二)环保税的完善

1. 征税范围的扩充

目前,我国环境保护税征税范围与排污费类似,税目包括大气污染物、水污染物、固体废料污染物和噪声四大类。与其他国家相比,我国目前环境税征税范围仍然较小。以荷兰为例,荷兰是征收环保税比较成功的国家。荷兰环保税税目众多,包括噪声税、垃圾税、燃料税、钓鱼税等,其中将居民生活垃圾同样纳入环保税的征收范围。

从长远来看,环保税不应仅局限于规范企业环保行为,还应当扩大征税范围,将居民生活污染纳入征收,对居民保护环境进行政策上的引导。

2. 税率的调整

目前,我国环境保护税采用幅度定额税率,与排污费类似,税额较小,不能很好地发挥税收的调节作用。在未来,环保税的税率应当根据环境状况进行适度的调整,发挥税收政策的引导作用,规范企业环保行为。

3. 针对居民污染物排放的规制和征税

环境保护税对居民污染物的排放也应当纳入征税范围。居民生活产生的生产、生活垃圾同样对环境产生较大的污染。目前,我国环境保护税法尚未把居民污染物排放纳入征税范围,从长远来看,环境保护税应当发挥政策引导作用,鼓励人们保护环境、分类垃圾、节约资源、净化卫生,因此,应把居民污染物排放纳入税征税范围。

4. 减免税规定

目前,现有的减免税规定主要限于对农业生产、机动车以及污染综合处理的减免税优惠政策。如果在未来环保税征税范围扩大,现有的税收优惠政策将无法满足环境保护税的发展要求。因此,新的优惠措施(如鼓励生活垃圾分类、鼓励污染综合处理等)应当出台。

六、税收征管体制的改革问题

(一)大区征管机构的设置——跨区税务局

例如,设立长三角税务局、港珠澳税务局。中国主管税务局的划分通常是根据行政区域划分,该管理模式意味着如果公司想要在同一个城市将公司注册地址从一个行政区搬到另外一个行政区域,需要变更主管税务局。从现有的主管税务局注销,然后到新的主管税务局登记。该管理模式十分复杂和消耗纳税人以及税务机关的时间。目前,北京、青岛等多处地方为深入贯彻“放管服”改革精神,在电子税务局推行“跨区迁移”网上自助办理功能。2019年8月9日,国家税务总局广州市税务局发布了《粤港澳大湾区税收服务指南》,为开展大湾区科技发展企业所得税优惠政策和支持港澳青年创新创业个人所得税政策进行宣讲与解读。

在税收体制完善方面,为进一步促进大湾区等地区的统筹发展,可以考虑设置大区税制机构——港珠澳税务局。因为利用区域性的税务机构,可以简化纳税人办事程序、畅通信息沟通。

其他区域性的税收机构可以考虑设立：长三角税务局、成渝经济区税务局、黄海经济区税务局等，以区域代替行政制设置，促进区域经济的一体化和经济行为的便利化。

（二）税务机构与财政部的合署办公机构

1. 税务总局与财政部合署办公机构

建立由顶层设计牵引、共同部门参与的合署机构，是未来税务机构改革的重点。财政部税费政策的制定应该与税务局总局的政策法规部门建立共同工作的合署办公室。这一办公室的职能是：(1) 统一涉及的税费经济行为的政策口径；(2) 共同制定相应的政策措施；(3) 通过部门的信息沟通、联通机构，形成有效的政策协调和政策合力。省级及至县级的机构依次递推设立。

2. 税务总局、海关总署与财政部的司局合署办公机构

在税务部门与财政部门合署的基础上，对于关税和涉外税费的征管，建议成立包括税务总局、海关总署与财政部司局的合署办公机构。这一合署办公机构包括：(1) 统一对外关税政策的口径，形成针对外部贸易情况改变的迅速反应机制；(2) 解决涉外税收管理中的特殊问题，制定共同应对的政策措施；(3) 构建“走出去”企业的综合涉外税收的服务和治理机制。省级及至县级的机构依次递推设立。

（三）从“橄榄型”的人员机构配置转为“哑铃型”

目前，中国的税务机构存在顶层机构人员不足的突出问题。对于总局而言，存在“政策制定研究人员不足、税收分析中定量评估人员严重不足、政策协调与征管信息沟通人员不足”等问题；同时还存在一线基层征管人员（税务所）严重不足的问题。对此，中国目前的税务机构呈现出明显的“橄榄型”状态——两头人员不足，中间省、市、县税务机构臃肿的问题。

未来，借鉴美国国内收入署人员设置，建议增加两头的人员——增加总局人员、基层税务所人员的配备，削减省、市、县税务机构的人员配备，形成“哑铃型”的人员机构配置是中国未来税收征管体制改革的趋势。

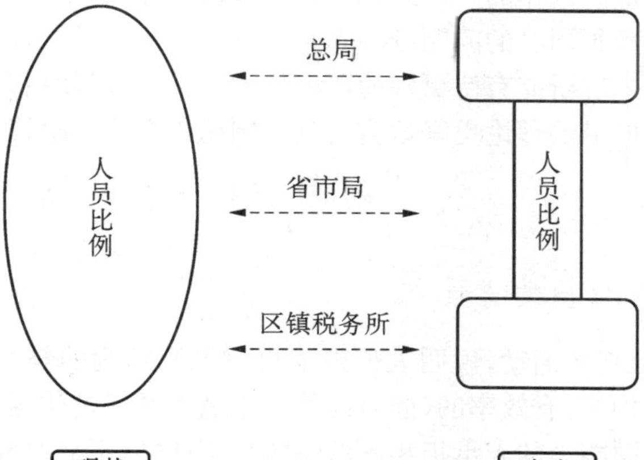

图 24-2 改革前后税务机关的人员配置

第三节 税收基础理论中的热点问题

一、最优资本收入税问题

对于最优资本收入税研究,或者被称之为的"新动态公共财政",在理论上可以说是一个假设相对更加接近现实的研究框架,在分析公式上也是较为前瞻的、重要的。这也是后续研究较多、影响较大的重要原因。当然,对于这一研究更为系统化的理论概括、严密论证相对还显不足。但无论如何,"最优资本收入税研究"正日益形成一个不断完善的税收理论体系或宏观经济理论体系,在未来的理论研究方面具有举足轻重的地位。并且,在具体的研究方面,"最优资本收入税研究"也将形成更多的理论成果,当然更加深入的研究也会面临较大的困难。解决这些困难形成更多、更重要的理论成果将是后续研究的重要内容。

对于这一研究结论的稳健性,非常重要的概念是政府税收政策是否是连续稳定的,或者说政府的税收政策能否实现动态一致性(Dynamic Consistent)? 答案显然是否定的。几乎所有的"最优资本收入税研究"研究文献都假设政府的行为是完全承诺一致的(Full Commitment)。而在动态不一致(Dynamic Inconsistent)的情况下,研究肯定是非常复杂的(涉及多次重复博弈),在技术操作上也将是一项非常具有挑战性的研究(Golosov,Tsyvinski & Werning,2006)。这有待后面的学者进行更进一步的研究来解决,有待在数值模拟方面进行深入的挖掘。

其次,对于"最优资本收入税研究"而言,其遵循的是莫里斯框架(Mirrlees' Framework),而对于这一"代表性消费者满足相关条件的假设"同样可以适用于任何其他宏观经济领域的分析和研究。前述的"相关研究"正是这一方面的重要体现,后续研究可以在效用函数改变、附加人力资本改变等方面进行。并且,在放松相关条件的情况下,研究分散经济下不完备市场中的其他特殊情况(如企业竞争不充分)也可以成为理论研究的另一个重要方面。

最后,在代表性消费者能力受到冲击的情况下,经济系统需要社会保险(Social Insurance)。这在标准模型中则是完全由政府去实现的,但在现实生活中社会保险既有政府承担的,又有社会私有部门运作的。对此,如何解决政府保险和市场保险的边界问题将是一个非常重要、在理论上亟须回答的问题(Kocherlakota,2008)。

总之,最优资本收入税研究有待更多的国内外学者关注,以使更多的决策者了解这一理论问题和政策结论,将前沿的理论更好地应用到中国税收理论和政策实践中去。

二、单一税问题

(一) 单一税方案提出的背景

世界性税制改革浪潮的涌动,说明人们追求更好税制结构的努力一直没有停止。一般认为,一个好的税制结构是:有效率的(能对经济产生最大的促进作用)、公平的(所有人都按照自己的能力纳税,相同能力的人承担相同的税负)、中性的(不会对经济行为产生扭曲)、简单的(成本低、易操作)。在讨论具体选择怎样一种税制结构时由拉尔文·拉布什卡(Alvin Rabushka)和他的同事罗伯特·E.霍尔(Robert E. Hall)提出的单一税方案逐渐走入了人们的视线，并引起大家的关注。

单一税方案是为了取代复杂繁琐的美国联邦所得税制度，为对个人和企业征税提供一种高效公平而简便易行的方法而提出的。美国是以所得税为主体税种的国家，所得税收入占美国联邦税收收入的比例超过60%。但与此同时，在美国，人们对现实所得税制度的合理性、公平性也提出了许多质疑。

首先，所得税制度极其繁琐，有如天书般错综复杂。官方出版的美国联邦税法典厚度达2 000页，配套法规超过6 000页，令人望而生畏。每年美国国内收入署向大约1亿纳税人发放80亿张表格和指导说明。这不仅造成了纸张的浪费及对环境的破坏，更糟糕的是也给纳税人带来了高昂的一层成本，纳税人不仅需要花费很多时间填写各类申报表格，还需要承受如审计费、通信费、起诉费等各项成本以及强制征收带来的心理压力等。

其次，现行所得税制的间接成本更是高得惊人。过高的税率、过重的税负减少并挤压了私人部门投资的积极性，有的企业主因税负过重而放弃投资经营意愿，新成立公司的数量逐年减少，有的企业主不是靠创造财富，而是靠减少纳税来获得更多的收益，以逃避税收为目的的地下经济日益盛行。不合理的所得税制度对经济的抑制作用所造成的间接损失甚至比每年6 000亿美元的所得税收入数字本身还要大。

最后，所得税的设置本是以促进社会公平为目的。但事实是，今天很少美国人感到他们的所得税制是公平的。一直以来，一些政策制定者致力于增加累进级差，提高边际税率，以求增强所得税的公平效应。然而，对美国税收历史的实践研究表明，情况恰恰相反。较低的税率反而可以增强累进税制"劫富济贫"的作用。换句话说，从富人手中得到更多税收的有效办法不是提高边际税率，而是降低边际税率，不是增加了累进级差，而是减少累进级差。

（二）单一税方案的具体内容

所谓单一税(The Flat Tax)，就是按单一税率课征的税。它的三大特征是：对所有收入都按统一的低税率征税；仅以消费为税基，投资可在当年全额扣除；所有的收入只征一次税，并尽可能在其源头征收。单一税主要是对企业征收的所得税和对工资薪金收入征收的个人所得税。企业所得税和个人所得税允许扣除必要的成本费用。拉布什卡在其著作《单一税》中指出，美国企业所得税应对纳税人的所有收入按统一的19%的低税率征税，废除当前复杂的税收制度，取消特定税收减免，拓宽税基，明晰税制，提高纳税遵从。在个人所得税方面，拉布什卡设计特定的免征额，向社会普遍征收；同时，允许个人减去投资部分，鼓励社会投资，拓宽税基，促进经济发展，提高政府收入。

（三）单一税的影响

对于单一税改革建议，虽然因为种种原因没有被美国政府采纳，但是在美国国内引发了一场关于税收公平与效率的争论。通过这场争论，降低税率、扩大税基、简化征管的税收中性思想被广泛接受，其他国家的税收理论界也越来越重视这种理论思想精髓的研究与领会。受单一税思想的启发和影响，俄罗斯、牙买加、爱沙尼亚、拉脱维亚和克罗地亚等一些国家先后实施了具有单一税性质的税制改革。

三、BEPS问题

BEPS(Base Erosion and Profit Shifting，税基侵蚀与利润转移)行动计划是由G20

(20国集团)领导人背书并委托经济合作与发展组织(OECD)推动的一项一揽子税收改革项目,旨在通过协调各国税制,修订税收协定和转让定价国际规则,提高税收透明度和确定性,以应对跨国企业税基侵蚀和利润转移给各国政府财政收入和国际税收公平秩序带来的挑战。[①]

(一) BEPS行动的内容

BEPS一揽子行动计划含有15个项目,除数字经济(第一项行动)涉及增值税问题以外,其余主要涉及所得税,基本涵盖了所得税国际方面的全部内容。通过转让定价和滥用税收协定等形式转移利润是税基侵蚀的主要形式,也是该行动计划的主要针对对象,其中的11项行动都与此有关。BEPS行动计划根据其性质和特点分为五大类,具体见表24-4。

表24-4 BEPS行动计划分类表

类 别	行动计划
应对数字经济带来的挑战	(1) 数字经济
协调各国企业所得税税制	(2) 混合错配 (3) 受控外国公司规则 (4) 利息扣除 (5) 有害税收实践
重塑现行税收协定和转让定价国际规则	(6) 税收协定滥用 (7) 常设机构 (8) 无形资产 (9) 风险和资本 (10) 其他高风险交易
提高税收透明度和确定性	(11) 数据统计分析 (12) 强制披露原则 (13) 转让定价同期资料 (14) 争端解决
开发多边工具促进行动计划实施	(15) 多边工具

各项行动的具体内容包括:

(1) 数字经济:根据数字经济下的商业模式特点,重新审视现行税收协定和转让定价规则存在的问题,并就国内立法和国际规则的调整提出建议;

(2) 混合错配:针对利用同一实体、所得或交易在不同国家税收处理不同,以及滥用协定进行的税收筹划,提出对税收协定范本和国内法的修改建议;

(3) 受控外国公司规则:在强化受控外国公司税收规则,防止利润滞留或转移境外避税方面提出政策建议;

(4) 利息扣除:在制止利用利息支出和金融工具交易避税方面提出政策建议;

(5) 有害税收实践:在OECD发起的有害税收竞争论坛的基础上,审议包括非OECD成员国在内的各国优惠税制,提出解决有害税收竞争问题的建议;

(6) 税收协定滥用:针对各种违反协定立法意图套取优惠待遇的现象,补充完善协定条款,并辅以必要的国内法修订或多边法律工具的开发,防止协定滥用行为;

(7) 常设机构:修订税收协定常设机构条款相关内容,以防止通过人为规避常设机构以逃避来源地纳税义务;

(8)~(10)无形资产、风险和资本以及其他高风险交易:通过制定规则遏制集团内部和关联企业间通过无形资产、风险和资本的人为分配从而转移利润逃避税收的行为;

(11) 建立方法论来收集和分析BEPS的数据以及采取相应的行动:研究并确定针对

① 廖体忠.BEPS行动计划的影响及我国的应对[J].国际税收,2014(07):13-15.

BEPS 行为的数据收集体系，构建分析指标体系，设计监控及预警指标，开展分析研究以估算 BEPS 行为的规模和经济影响；

(12) 强制披露原则：为加强税收遵从风险防控，针对纳税人应披露的交易内容、披露方式、相关惩罚措施和信息使用等提出建议性规则框架，以帮助各国设计税收筹划方案披露机制；

(13) 转让定价同期资料：在考虑企业遵从成本的基础上，制订转让定价同期资料通用模板，提高税收透明度并减轻纳税人负担；

(14) 争端解决：在现有大量双边税收协定还不包括仲裁条款，部分国家对纳税人申请相互协商程序有不少限制性规定的情况下，建立更为有效的争端解决机制，切实避免双重征税；

(15) 多边工具：开发一个可快速落实行动计划成果的法律工具，例如签署多边协议，以替换和实施现有双边和多边协定条款中部分相关内容。

(二) BEPS 行动计划的影响

从税收国际合作的角度看，BEPS 行动计划为各国税收协定和转让定价规则的制定提供了依据。BEPS 行动计划顺应全球价值链发展的趋势，完善国际税收制度。从国内角度看，BEPS 行动计划能够推动各国修改、完善国内企业所得税法，压缩跨国公司避税的空间，促进国际税收协作。

对于我国而言，我国参与了 BEPS 行动计划部分制定工作，能够有效地提升我国在国际税收制度、规则制定的话语权，提升我国国际税收地位。但与此同时，行动计划和转让定价规则的修改将使得我国跨国企业走出去面临更严格的税务环境，也促使我国跨国公司规范好税务管理，促进税收专业化发展。

课后习题

一、选择题

1. 特朗普“税改计划”的内容主要包括(　　)。

A. 降低企业所得税税率　　B. 降低个人所得税税率

C. 取消遗产税　　D. 加大儿童税收优惠力度

2. 下列属于税基侵蚀和利润转移产生的负面影响的有(　　)。

A. 影响纳税遵从　　B. 跨国企业注册地转移

C. 形成资本弱化　　D. 扭曲资源配置

E. 造成税负不公平

3. 以下各项中，属于税基侵蚀与利润转移项目行动计划的有(　　)。

A. 数字经济　　B. 有害税收实践

C. 数据统计分析　　D. 实际管理机构规则

二、思考题

1. 简述递延型养老保险的征税模式。

2. 税收管理精细化与便利化如何实现兼容？

3. 简述房产税的税收功能。

参考文献

[1] Angrist, J. D., Pischke, J. S. *Mostly Harmless Econometrics: An Empiricist's Companion*[M]. Princeton University Press, 2008.

[2] Basu, S. *Global Erspectives on E-Commerce Taxation Law*[M]. Ashgate Publishing, Ltd., 2007.

[3] Boadway, R. W. *From Optimal Tax Theory to Tax Policy: Retrospective and Prospective Views*[M]. MIT Press, 2012.

[4] Camerer, C. F., Loewenstein, G., Rabin, M.(eds). Advances in Behavioral Economics[C]. Princeton University Press, 2011.

[5] Greenstein, R., Shapiro, I. *The New Definitive CBO Data on Income and Tax Trends*[M]. Washington, D C: Center on Budget and Policy Priorities, 2003.

[6] Hardesty, D. E. *Electronic Commerce: Taxation and Planning*[M]. Warren, Gorham & Lamont, Inc., 1999.

[7] Little, I M D., Mirrlees, J A. *Project Appraisal and Planning for Developing Countries*[M]. New York: Avebury, 1974.

[8] Mirrlees, J. A. *Dimensions of Tax Design: the Mirrlees Review*[M]. Oxford University Press, 2010.

[9] Tepper, I. Taxation and Corporate Pension Policy[J]. *The Journal of Finance*, 1981,36(1):1 - 13.

[10] Auerbach, A. J. The Theory of Excess Burden and Optimal Taxation[J]. *Handbook of Public Economics*, 1985,1:61 - 127.

[11] Brys, B., Matthews, S., Owens, J. Tax Reform Trends in OECD Countries[R]. OECD Taxation Working Papers, No. 1,2011.

[12] Chetty, R. Sufficient Statistics for Welfare Analysis [J]. *Annual Review of Economics*, 2009,1(1): 451 - 488.

[13] Cockfield, A. J. Transforming the Internet Into a Taxable Forum: A Case Study in E-Commerce Taxation[J]. *Minnesota Law Review*, 2000,85:1171.

[14] Diamond, P. A., Mirrlees, J. A. Optimal Taxation and Public Production I: Production Efficiency[J]. *American Economic Review*, 1971,61(1):8 - 27.

[15] Diamond P A. Optimal Income Taxation: An Example with a U-Shaped Pattern oOf Optimal Marginal Tax Rates[J]. *American Economic Review*, 1998:83 - 95.

[16] Dixit, A. Tax Policy in Open Economies[J]. *Handbook of Public Economics*, 1985,1:313 - 374.

[17] Thaler R. H. Behavioral Economics: Past, Present, Future[J]. *Advances in Behavioral Economics*, 2011:1.

[18] Domar, E. D., Musgrave, R. A. Proportional Income Taxation and Risk-Taking[J]. *The Quarterly Journal of Economics*, 1944,58(3):388 - 422.

[19] Dynarski, S. M., Scott□ Clayton, J. E. The Cost of Complexity in Federal Student Aid: Lessons from Optimal Tax Theory and Behavioral Economics[R]. NBER Working Papers, No. 12227,2006.

[20] Heady, C. Optimal Taxation as a Guide to Tax Policy: A Survey[J]. *Fiscal Studies*, 1993,14(1): 15 - 36.

[21] Heckman, J. J. Econometric Causality[J]. *International Statistical Review*, 2008,76(1):1 - 27.

[22] Heckman, J. J., Ichimura, H., Todd, P. E. Matching as an Econometric Evaluation Estimator:

Evidence from Evaluating a Job Training Programme[J]. *The Review of Economic Studies*, 1997,64(4):605-654.

[23] Heckman, J. J., Robb, Jr R. Alternative Methods for Evaluating the Impact of Interventions: An Overview[J]. *Journal of Econometrics*, 1985,30(1-2):239-237.

[24] Jones, L. E., Manuelli, R. E., Rossi, P. E. On the Optimal Taxation of Capital Income[J]. *Journal of Economic Theory*, 1997,73(1):93-117.

[25] McLure, Jr. C. E. Taxation of Electronic Commerce: Economic Objectives, Technological Constraints, and Tax Laws[J]. *Tax Law Review*, 1996,52:269.

[26] Mirrlees, J. A. An Exploration in the Theory of Optimum Income Taxation[J]. *The Review of Economic Studies*, 1971,38(2):175-208.

[27] Mirrlees, J. A. Optimal Tax Theory: A Synthesis[J]. *Journal of Public Economics*, 1976,6(4):327-358.

[28] Mirrlees, J. A. The Theory of Optimal Taxation[J]. *Handbook of Mathematical Economics*, 1986,3:1197-1249.

[29] Mitsui, H. E□Commerce Taxation: A Key to Restructuring the Income Tax System[D]. Stanford University, 2001.

[30] Saez, E., Stantcheva, S. Generalized Social Marginal Welfare Weights for Optimal Tax Theory[J]. *American Economic Review*, 2016,106(1):24-45.

[31] Skov, P., Kreiner, C T K., Leth□ Petersen, S L P. Pension Saving Responses to Anticipated Tax Changes[J]. *Economics Letters*, 2017,150(s):104-107.

[32] Slemrod, J. Optimal Taxation and Optimal Tax Systems[R]. NBER Working Papers, No. 3038, 1989.

[33] Tuomala, M. *Optimal Income Tax and Redistribution*[M]. Clarendon Press, 1990.

[34] Wendner, R. An Applied Dynamic General Equilibrium Model of Environmental Tax Reforms and Pension Policy[J]. *Journal of Policy Modeling*, 2001,23(1):25-50.

[35] Yoo, K Y., De Serres, A. Tax Treatment of Private Pension Savings in OECD Countries and the Net Tax Cost Per Unit of Contribution to Tax□ Favoured Schemes[R]. OECD Working Papers, No. 406, 2004.

[36] 高培勇.公共经济学[M].北京:中国人民大学出版社,2012.

[37] 国家税务总局税收科学研究所.税收行为的经济心理学[M].北京:中国财政经济出版社,2012.

[38] 哈维・罗森,泰德・盖尔.财政学:Public Finance[M].北京:清华大学出版社,2015.

[39] 胡怡建.税收学(第三版)[M].上海:上海财经大学出版社,2011.

[40] 黄桦.税收学[M].北京:中国人民大学出版社,2014.

[41] 吉恩・希瑞克斯,加雷思・D・迈尔.中级公共经济学[M].上海:格致出版社,2011.

[42] 拉本德拉・贾.现代公共经济学(第 2 版)[M].北京:清华大学出版社,2017.

[43] 刘宇飞.当代西方财政学[M].北京:北京大学出版社,2003.

[44] 约翰・利奇(John Leach).公共经济学教程[M].上海:上海财经大学出版社,2005.

[45] 廖体忠,李俊生.税基侵蚀与利润转移:解析与应对[M].北京:中国税务出版社,2015.

[46] 企业所得税申报与业务处理研究小组.企业所得税年度纳税申报方法与业务处理技巧[M].北京:中国经济出版社,2018.

[47] 伯纳德・萨拉尼耶(Bernard Salanié).税收经济学[M].北京:中国人民大学出版社,2005.

[48] 谭光荣,曹越,曹燕萍.税收学[M].北京:清华大学出版社,2016.

[49] 王玮.税收学原理[M].北京:清华大学出版社,2010.

[50] 吴健,封标,盛光明.企业所得税:政策精析、财务处理与实务操作[M].徐州:中国矿业大学出版社,2014.

[51] 吴健,陆新葵.个人所得税政策精析[M].徐州:中国矿业大学出版社,2013.

[52] 吴健,吕士柏.个人所得税实务[M].北京:中国市场出版社,2017.
[53] 杨斌.税收学[M].北京:科学出版社,2011.
[54] 杨斌.税收学原理[M].北京:高等教育出版社,2008.
[55] 杨志勇.税收经济学[M].大连:东北财经大学出版社,2011.
[56] 杨志勇.大国轻税[M].广州:广东经济出版社,2018.
[57] 约瑟夫·E.斯蒂格利茨.公共部门经济学[M].北京:中国人民大学出版社,2013.
[58] 詹姆斯·A.莫里斯.福利、政府激励与税收[M].北京:中国人民大学出版社,2012.
[59] 赵书博.税收学[M].北京:首都经济贸易大学出版社,2014.
[60] 中国注册会计师协会组织编写.税法[M].北京:中国财政经济出版社,2018.
[61] 朱为群.中国税制[M].北京:高等教育出版社,2016.
[62] 朱军.高级财政学[M].上海:上海财经大学出版社,2010.
[63] 安体富,葛静.关于房地产税立法的几个相关问题研究[J].财贸经济,2014,(08):5-12+48.
[64] 曹瑞.从OECD国家税制发展探究我国税制结构改革趋势[J].知识经济,2013,(20):79-80.
[65] 邓晓兰,廖凯,邢敏芝.电子商务征税模式初探[J].经济问题探索,2001,(07):52-56.
[66] 董其文.信息不对称与我国税收信息化建设的思考[J].税收与企业,2003,(04):13-14+17.
[67] 杜丽娟.财政部:结合增值税改革和立法进程优化税制[N].中国经营报,2017-01-09(A03).
[68] 樊慧霞.房产税功能定位的理论依据与现实选择[J].税务研究,2012,(10):21-25.
[69] 范愿.美国对电子商务征税问题的研究及其对我国的借鉴意义[J].税务与经济,2003,(03):53-57.
[70] 个人所得税改革方案及征管条件研究课题组.个人所得税改革方案及征管条件研究[J].税务研究,2017,(02):38-44.
[71] 郭宇.环保税:让税制更绿化[J].法制与社会,2017,(08):83-93.
[72] 国家税务总局税收科学研究所课题组.国外税制改革发展方向与经验的研究[J].经济社会体制比较,2012,(06):13-23.
[73] 杭州市国家税务局课题组.借鉴国际经验完善我国大企业税收征管方式[J].涉外税务,2013,(04):29-33.
[74] 雷晴.论电子商务的征税影响[J].税务研究,2015,(03):88-94.
[75] 李旭红.后"营改增"时期的增值税改革探讨[J].中国财政,2016,(11):26-28.
[76] 李蕴.企业涉税行为研究[D].西南财经大学,2008.
[77] 厉征.开征环保税意义重大十分必要[N].中国税务报,2016(A01).
[78] 廖体忠,韩霖.OECD最新报告:税制改革趋势发生明显改变[J].国际税收,2017,(03):12-14+2.
[79] 廖体忠.BEPS行动计划的影响及我国的应对[J].国际税收,2014,(07):13-15.
[80] 廖体忠.国际税收合作迎来明媚阳光——在新的经济背景下解读BEPS行动计划成果[J].国际税收,2015,(10):6-11.
[81] 刘美洁.我国递延型养老保险税收政策探讨[D].西南财经大学,2014.
[82] 刘建秋.美国国税局1998年税收信息化改革研究及对金税三期工程建设启示[D].财政部财政科学研究所,2010.
[83] 刘窈君.房产税改革产生的影响及其发展方向[J].中国集体经济,2017,(05):99-100.
[84] 刘重.法国国有企业管理制度及其启示[J].经营与管理,1994,(11):48+16.
[85] 卢艳平.关于构建我国环境税体系的探讨[D].天津财经大学,2012.
[86] 鲁钰锋.互联网+智慧税务:趋势、规律和建议[J].国际税收,2017,(04):15-18.
[87] 罗秦.OECD成员国增值税最新发展及启示[J].国际税收,2017,(03):14-19.
[88] 马军红.关于我国开征环境保护税问题的思考[J].财贸研究,1997,(03):17-20.
[89] 潘静,高辉.关于我国开征碳税相关问题的思考[J].当代经济,2010,(14):86-87.
[90] 全国税务领军人才法国大企业税务管理课题组.法国大企业税收管理制度及启示[J].国际税收,2017,(03):75-78.
[91] 史明霞.后"营改增"时代增值税税率简并方案的选择[J].中央财经大学学报,2017,(04):21-29.

[92] 四川省国际税收研究会课题组.借鉴国际经验完善我国税收征管模式[J].税务研究,2013,(12):53-55.
[93] 孙亦军,梁云凤.我国个人所得税改革效果评析及对策建议[J].中央财经大学学报,2013,(01):13-19.
[94] 王根贤.如何对电子商务征税[J].中央财经大学学报,2002,(04):27-29.
[95] 王淼.我国开征物业税相关问题的思考[A].第七届“环首都·沿渤海·京津冀协同发展论坛”论文集[C].廊坊市应用经济学会.2013:6.
[96] 王伟.美国电子商务征税困境与新对策[J].国际税收,2014,(06):47-50.
[97] 吴晓强,赵健江.论后营改增时期的增值税改革[J].税务研究,2017,(02):90-93.
[98] 萧明同.电子商务征税主张的国际比较[J].税务研究,2001,(01):75-78.
[99] 徐润,陈斌开.个人所得税改革可以刺激居民消费吗[J].金融研究,2015,(11):80-97.
[100] 徐慎刚.中国纳税遵从问题的研究[D].华中科技大学,2011.
[101] 严成樑,龚六堂.最优资本税收研究评述[J].经济学动态,2009(12):124-129.
[102] 闫坤,程瑜.我国个人所得税改革研究[J].税务研究,2016,(11):40-44.
[103] 阎坤.国际电子商务征税政策分析(上)[J].涉外税务,2001,(08):27-32.
[104] 阎坤.国际电子商务征税政策分析(下)[J].涉外税务,2001,(09):29-33.
[105] 杨晓妹,尹音频,吴菊.个人所得税改革与收入再分配改善 [J].税务与经济,2015,(01):89-94.
[106] 姚巧燕.信息化视角下纳税服务研究[D].东北财经大学,2011.
[107] 叶金珍,安虎森.开征环保税能有效治理空气污染吗[J].中国工业经济,2017,(05):54-74.
[108] 叶晓宇.由“网购”引起的电子商务征税思考[J].中国税务,2009,(08):62.
[109] 尹音频,杨晓妹.劳动供给对个人所得税改革敏感吗 [J].财经科学,2013,(10):99-107.
[110] 岳希明,徐静,刘谦等.2011年个人所得税改革的收入再分配效应[J].经济研究,2012,(09):113-124.
[111] 张晖.推进我国税收信息化建设的思考[J].中国科技信息,2006,(19):194-195.
[112] 张静.“互联网+”背景下我国税收信息化建设的思考[D].浙江财经大学,2017.
[113] 张泽平.BEPS行动计划对我国国内税收立法的影响及应对 [J].国际税收,2015,(06):28-31.
[114] 赵国庆.跨国公司全球避税安排机制研究 [J].国际税收,2014(3):38-42.
[115] 重庆市国际税收研究会课题组.借鉴国外经验完善我国税收征管模式[J].涉外税务,2013,(03):38-43.
[116] 周锋.国外税收信息化现状及借鉴意义[J].财会学习,2016,(03):124.
[117] 朱军,贾绍华.深化区域经济协调战略的税制改革研究[J].经济体制改革,2014(05):53-57.
[118] 朱军,李新星.我国出口货物退(免)税制度的问题及完善对策[J].经济纵横,2015(03):120-124.
[119] 朱军,赵灵萍.个人住房房产税改革及其完善[J].税务研究,2011(12):44-46.
[120] 朱军.我国电子商务税收流失问题及其治理措施[J].财经论丛,2013(02):42-49.
[121] 朱军.我国开征遗产税的可行性和现实路径[J].税务研究,2013(03):51-54.
[122] 朱军. 中国宏观DSGE模型中的税收模式选择及其实证研究[J]. 数量经济技术经济研究,2015(1):67-81.

后 记

骆马湖畔"话税收"

2015 年 6 月，笔者出差到宿迁地税调研，晚餐前，宿迁地税的吴健邀我在骆马湖畔交流。针对中国税制改革、税务培训和人才培养，彼此相谈甚欢，对前沿税收理论、税务高端人才供给不足的现状，感慨万千。特别是在财税学科、税收制度快速发展的当今，现有的税收学教材在基础理论方面缺少对前沿理论的吸纳，在未来税收改革和税制发展展望方面乏善可陈。当晚，我们两人就萌生了编写一本体现理论前沿+实务前沿的《中国税制》教材的想法。两人把酒言欢"话税收"，从下午 3 点多一直聊到晚上 11 点多才回去。

志同道合的业界好友

宿迁地税吴健长期从事一线的税务实务工作，同时也担任高端税收实务培训的主讲教师。吴健既有丰富的税收征管、稽查经验，又跟踪、熟悉中国最新的税制、税务管理问题；而本人长期从事税收基础理论研究，紧跟税收理论发展的新动态。骆马湖畔"话税收"之后，双方即开始筹编一本能够体现最新学科理论和最新税制改革问题的《中国税制》教材。朱军负责了第一、二、三、四、五章和最后一章——第二十四章的编写，吴健负责了第六～二十三章（即 18 个税种）的编写，并且朱军统领了全书的整合和每章的引论、习题。

匍匐前行的编写历程

全新《中国税制》教材的内容编写，说实话是一项浩大的工程。在当前中国税制重大变革的背景下，现有市面的绝大部分教材已较为落后。在此，本教材力图体现以下几个方面的特色：(1) 为方便教材使用者把握税收理论动态、实务，作者参考、借鉴了国内外税收基础理论，一一阅读、总结提炼，展现最易懂、最经典的税收理论研究。(2) 本书还吸收当前税收理论和改革的新发展，融合最优资本税理论、单一税制、BEPS 问题等领域的新内容。与此同时，还紧跟数字经济与税收、机器人征税等税收前沿热点问题，展示学科发展活力，培养学生理论联系实际的前瞻性思维。(3) 编者重点借鉴斯坦福大学经济学家哈吉·柴提（Raj Chetty）、芝加哥大学米哈伊尔·哥洛索夫（Mikhail Golosov）等著名公共经济学学者有关税收学理论研究最新进展，参考欧美国家流行的《公共经济学》教材。

尤为值得一提的是，编纂教材的同时也迎来了中国税制的大变革，"营改增"、增值税优化改革、环保税出台、房产税呼之欲出……税制的诸多变革也考验着作者对税收实务的跟进能力。在此，第二主编吴健紧跟税收实务，截至书稿定稿，所有税收改革的新内容均在教材中有所体现！对于这一项繁重的工作，笔者特别感谢吴健同志对这本教材的辛劳付出！

献给关心我的人们

在本书形成之际，首先要感谢南京财经大学财政与税务学院党政领导的关怀和支持，以及同事的大力关心和支持！其间，南京财经大学财政与税务学院陶学荣副教授、史玲副教授、张秀莲副教授先后审读、审定了书稿，其中史玲副教授、张秀莲副教授都是长期从事"中国税制"一线教学的实务专家，在此衷心感谢她们！

这本书的编写断断续续历时 3 年多，税制一直在变，笔者的科研工作重心也一直在变。在此特别感谢我的研究助手杨晨曦同学（对外经济贸易大学税务硕士）提供的帮助，谢谢他的耐心支持！我们常在“一家人”群、北京出差的间隙对话中，热烈讨论中国的税收实务问题！期待他在未来的税收业界有一个远大的前程！我相信，像杨晨曦这样勤劳、踏实、刻苦、敏行的学生孩子们，也一定会成为中国未来税收业界的良才和骨干！

也感谢我的爱人，感谢她独自带领儿子适应一年级的生活。虽然常言“我指导学生的时间比陪伴儿子的更多”“耐心都给了别人”，但是她仍然坚决支持我的各项工作，保证我有充足的时间。感谢所有关心我成长的家人、亲友、师长，使我能够专心读文献、写论文、编教材。真心地祝福：愿他们在未来的日子里生活幸福！

不吝指正与海纳不足

本书是编辑的，在此引用了许多同行的教材和资料，虽列出了参考文献，但不免遗漏。在此请原作者谅解！若有引用不当或是遗漏文献，或是本书中如有错漏、观点不适之处，欢迎指正！作者邮箱：247937882@qq.com（朱军）。

诚惶诚恐，期待本书的出版能对中国的“双一流”高校建设和财税、会计人才培养有所裨益！

期待不会有太多的知识性错误！不致以讹传讹！

也诚恳期待同行纠错！以便再版时进行更正！

南京财经大学　公共财政研究中心财政与税务学院　朱　军
2019 年 10 月修订于德经楼 416